国家社会科学基金一般项目"以提升价值观自信为指向的中华传统美德创造性转化研究"（16BKS108）

U0653291

吴翠丽 ◎ 著

传统美德的现代转化

——基于社会主义核心价值观的研究视域

南京大学出版社

图书在版编目（CIP）数据

传统美德的现代转化：基于社会主义核心价值观的研究视域 / 吴翠丽著. —— 南京：南京大学出版社，2023.2

ISBN 978 - 7 - 305 - 26095 - 7

Ⅰ. ①传… Ⅱ. ①吴… Ⅲ. ①品德教育－研究－中国 Ⅳ. ①D648

中国版本图书馆 CIP 数据核字(2022)第 151287 号

出版发行 南京大学出版社
社　　址 南京市汉口路 22 号　　　　邮　编　210093
出 版 人 金鑫荣
书　　名 **传统美德的现代转化——基于社会主义核心价值观的研究视域**
著　　者 吴翠丽
责任编辑 黄隽翀　　　　　　　　　编辑热线 025 - 83592193
照　　排 南京南琳图文制作有限公司
印　　刷 江苏凤凰通达印刷有限公司
开　　本 880 mm×1230 mm　1/32　印张 12.5　字数 338 千
版　　次 2023 年 2 月第 1 版　2023 年 2 月第 1 次印刷
ISBN 978 - 7 - 305 - 26095 - 7
定　　价 60.00 元

网址：http://www.njupco.com
官方微博：http://weibo.com/njupco
官方微信号：njupress
销售咨询热线：(025) 83594756

目　录

第一章

导　论

　　自党的十八大以来，习近平总书记先后提出了"中华优秀传统文化是涵养社会主义核心价值观的重要源泉""中华传统美德是中华文化精髓，蕴含着丰富的思想道德资源"、中华传统美德要"做好创造性转化和创新性发展""增强文化自信和价值观自信"等一系列重大理论命题。既深刻揭示了弘扬中华传统美德与培育社会主义核心价值观之间的相互关系，又为中华传统美德创造性转化指明了目标方向，提出了规范和要求。如何基于价值观自信的战略高度，引导和规约中华传统美德的创造性转化与创新性发展，是亟须深入研究的重要课题。

　　中华传统美德是中华民族经过几千年历史洗礼的产物，是中国人民的内在精神实质和文化宝藏，是反映时代发展要求、调整社会关系的实践成果，从古到今，都蕴含着其永不磨灭的社会价值，为培育与践行社会主义核心价值观提供了坚实的道德基础。价值观自信是一种由内而外的自信，对于当代中国来说，价值观自信是对先进文化和主流意识形态的充分认同，特别是对社会主义核心价值观的认同。对于大众而言，社会主义核心价值观反映出其对社会主义价值的根本态度与深层认识，其自身的建立和发展必须从我国的传统美德中汲取养分。在新的历史起点上，赋予中华传统美德时代意蕴，促进中华传统美德的创造性转化和创新性发展，并以此来提升价值观自信，才能更好地传承中华传统美德，更有力地提升价值观自信，切实推动中国特色社会主义伟大实践奋勇向前。

第一节　研究缘起

一、当代多元价值观的冲击

改革开放以来,我国经济领域取得了巨大进步,然而不可忽略的是当前我国正处于社会转型期,国际局势也尚不稳定,导致各种社会矛盾交织,尤其是利益格局的复杂化和利益需求的多元化,也影响了传统价值观的传承与弘扬。随之而来的是政治、经济、文化等各方面都发生转变,社会道德面临新的挑战,表现在思想领域就是社会价值观念空前的多元化。可以说,当前国际国内形势发生了深刻变化,我国也面临着"两个大局",这反映了意识形态领域建设的任务更加艰巨。因为伴随着世界性的交往,"过去那种地方的和民族的自给自足和闭关自守状态,被各民族的各方面的互相往来和各方面的互相依赖所代替了"①,也就是打破了原来封闭统一的文化空间,其中,异质性更多地取代了同质性,迎来了多元文化思潮的碰撞交融,这也不可避免地带来了当代多元价值观的冲击。多元价值观的冲击,一方面表现为价值观的多元化。传统与现代、本土与外来、主流与非主流、先进与腐朽等各种价值观交织在一起,价值观的多元化趋势愈来愈明显,不利于核心价值观的确立。另一方面,表现为价值观之间的矛盾与冲突。其中最为明显的是"每一次社会转型都会对利益观念予以不同程度的解放,每一次利益观念的解放都会较大地冲击社会的道德观念"②,造成工具理性与价值理性之间的冲突。由此,人的需求多样多元,人们在价值判断、价值标准和价值选择上具有不可通约性,难以达到一种共识认同,不利于核心价值观深入人心。此外,互联网的发展转变了信息

---

① 《马克思恩格斯选集》(第1卷),北京:人民出版社1995年版,第276页。

② 兰久富:《社会转型与价值冲突》,载《北京师范大学学报》1999年第3期。

传播逻辑,受众转变为用户的角色,大众拥有了更为广阔的信息获取渠道,在新闻"把关人"缺位和互联网快速传播等多重影响下,人们往往很容易被错误的、片面的或工具性的价值观念所误导,造成主导价值观失范问题,危害我国价值观自信的建设。

从根本上来说,我国价值观自信的建设就是社会主义核心价值观自信的建设,这是当今中国精神话语体系中最根本、最核心的一种自信,也是汇聚中国力量的基本前提。对于社会主义现代化强国建设而言,社会主义核心价值观是其灵魂,同时,社会主义核心价值观也是实现美好生活的核心,是中华传统美德的延续与升华,在推动中华民族砥砺前行中发挥着重要的作用。就其内容定位而言,社会主义核心价值观是从价值观维度凝练而成的思想理念,其中展现了社会主义意识形态的本质属性,是中国共产党100年来认识和探索社会发展道路的理论成果,充分展现了共产党人在不同的奋斗时期所形成的符合国情的价值追求。自党的十八大以来,习近平总书记就曾在多个场合论述社会主义核心价值观的重要性,提出:"对一个民族、一个国家来说,最持久、最深层的力量是全社会共同认可的核心价值观。"①

因此,从全民族、全社会的角度提升社会主义核心价值观自信,并以此为指导来抵御意识形态的渗透,应对转型时期多元价值观的冲击,维护国家意识形态安全,是新的历史时期必须要考虑的重要课题。对社会主义核心价值观进行积极培育与践行,这不仅是推进"十四五"规划的内在要求,也是凝聚社会力量与社会建设的切实需要。

二、传承中华传统美德的重要性

党的十八大以来,习近平总书记多次提出要对中华优秀传统

---

① 《习近平:青年要自觉践行社会主义核心价值观——在北京大学师生座谈会上的讲话》,载《人民日报》第2版,2014年5月5日。

文化进行创造性转化和创新性发展的重要论述,对党传承发展中华传统美德提供了最新的理论指导和借鉴,对进一步探索新时代中华传统美德的传承发展规律,促进全社会思想道德建设和社会主义精神文明建设意义重大。在走向 2035 年远景目标的背景下,高度重视对中华优秀传统文化的创造性转化和创新性发展问题是应有之义,有助于为涵养社会主义核心价值观提供最基本的文化基因,为实现中华民族伟大复兴汇聚起磅礴力量。这是历史和时代赋予灿烂悠久的中华文化的全新的和艰巨的使命任务。

2001 年,《公民道德建设实施纲要》印发实施,标志着加强和完善公民道德建设成为党在 21 世纪的一项重要发展任务。2016年,习近平总书记进一步强调弘扬和传承中华优秀传统文化,他指出,"中华文化延续着我们国家和民族的精神血脉,既需要薪火相传、代代守护,也需要与时俱进、推陈出新"[1],要承担起历史赋予的弘扬中华文化血脉的时代使命。2019 年,党中央修订印发《新时代公民道德建设实施纲要》,并将"传承中华传统美德"作为关键建设内容,进一步指出中华传统美德是新时代价值观自信培育的根脉与源流。

传承中华传统美德并进行创造性转化是实现当代中国现代化的必要环节。如同习近平总书记提出的那样:"努力用中华民族创造的一切精神财富来以文化人、以文育人。"[2]即要坚持把弘扬中华美德看作奠定中国现代化进程的价值根基和精神源泉,把加强传统美德涵养看作传承民族精神和弘扬时代精神的必然要求,看作自觉抵制外来消极文化侵蚀和坚定文化自信的必然出路。回顾历史,可以发现中国古人孕育、凝聚和积淀了虽跨越时空但仍永葆其魅力的优秀道德传统,例如"先天下之忧而忧,后天下之乐而乐"

---

[1] 《习近平在中国文联十大、中国作协九大开幕式上的讲话》,载《人民日报》第 2版,2016 年 12 月 1 日。

[2] 《习近平:把弘扬和培育核心价值观作为凝魂聚气强基固本的基础工程》,载《人民日报》第 1 版,2014 年 2 月 26 日。

的大义境界，"己所不欲，勿施于人"的仁爱精神，"大道之行，天下为公"的博爱精神等。

总而言之，中华传统美德内含着中华民族悠久历史中最具特色和最深层次的道德标识和精神指向，是中国传统文化的道德精髓和伦理精华，这也为推动社会向前发展提供了强大文化力量。深刻认识和深入挖掘中华传统美德的内涵与价值，推进其创造性转化和创新性发展，对于形成中国社会优良的道德品格和文明风尚、提升民族文化认同力、增强价值观自信具有无可比拟的价值优势。

三、价值观自信与中华传统美德的紧密联系

任何价值观自信的产生都不可能是孤立存在的，而是与所属国家的漫长历史文化密切相关。中华传统美德为我国的价值观自信提供了肥沃的土壤和无穷无尽的源头活水，可以说，价值观自信与中华传统美德存在内在契合的相互作用关系。

一方面，中华传统美德是核心价值观的理论源头。跨越了几千个春秋，中华优秀传统文化才逐渐形成当前系统完善的道德体系。主要分为个人道德、处世道德、家庭道德等多个范畴，通过仁、义、礼、智、信、忠、孝、节、勇、和等诸多美德，指导人们提升个人修养，是统治者实现治国理政的重要手段，将个人小我和大我相统一，实现了家国一体的国家传统结构。可以说，传统美德发挥了维系社会繁荣稳定的重要作用，时刻蔓延在日常生活当中，不断引导大众提升个人道德水平和思想境界，是我们民族最宝贵的文化精髓和精神财富。习近平总书记提到："核心价值观，其实就是一种德，既是个人的德，也是一种大德，就是国家的德、社会的德。"①明确核心价值观与"德"之间互融互通的关系，既为社会主义核心价值观的培育提供了坚实的道德支持，也为社会主义核心价值观的

①　《习近平谈治国理政》（第1卷），北京：外文出版社2014年版，第168页。

践行提供了充分的动力支持。我们要"把培育和弘扬社会主义核心价值观作为凝魂聚气、强基固本的基础工程,继承和发扬中华优秀传统文化和传统美德,广泛开展社会主义核心价值观宣传教育,积极引导人们讲道德、尊道德、守道德"①。因此,建设核心价值观应该从中华优秀传统文化中汲取养分,而传统美德作为优秀传统文化的精神核心,更为社会主义核心价值观自信的实现提供了文化根基和历史源头,只有追本溯源、传承传统美德,才能"仰望星空",增强社会主义核心价值观的社会认同感,才能增强核心价值观自信,让人们真的从内心接受,并主动外化成日常生活中的一言一行,融入社会规范中,进而创造一个现代化的文明社会,助力于美好生活和中国梦的实现。所以,重拾中华传统美德,从中汲取营养,寻找思想源头进行创造性转化,对增强价值观自信具有重要意义。

另一方面,构建价值观自信对中华传统美德的创造性转化和当代表达具有重要推动作用。其一,有利于挖掘中华传统美德中的优秀道德资源。习近平总书记提出:"培育和弘扬社会主义核心价值观必须立足中华优秀传统文化。……抛弃传统、丢掉根本,就等于割断了自己的精神命脉。"②可以看出,核心价值观是以中华传统美德为基础建立的,那么与此同时,我们就可以在探寻传统美德的过程中构建对中华传统美德的新认识。以诚信为例,社会主义核心价值观继承了古代朴实无华、重视诚信的道德传统,提出了信守承诺、言出必行的价值要求,明确了诚信在现代生活中的重要作用。其二,有利于实现中华传统美德的创造性转化和创新性发展。中华传统道德都有特定的形成背景,内容相应地保有一定现实局限性。随着社会变迁,部分传统道德在现代化语境的映射下

---

① 《习近平:把培育和弘扬社会主义核心价值观作为凝魂聚气强基固本的基础工程》,载《人民日报》第1版,2014年2月26日。

② 《习近平:把培育和弘扬社会主义核心价值观作为凝魂聚气强基固本的基础工程》,载《人民日报》第1版,2014年2月26日。

已经暴露出诸多弊端,比如,女子"三从四德"和"官本位"思想就与现代价值观中的男女平等、社会公平开放等先进理念相违背,所以有必要以社会主义核心价值观为引领,对传统道德保持清醒的头脑和扬弃的态度,促进其现代化转型,将传统道德发展为传统美德。要努力创新传播传统美德的方式方法,"通过开展一系列丰富多彩的宣传教育活动,使传统文化的优秀思想和基本精神能够真正进入人们的心灵和头脑,融入人们的思想观念和价值理念之中"①。还应将社会主义核心价值观内在的含义作为标准,对遗留在头脑中的传统美德及价值规范进行激活和更新,从而为提高社会公众的整体道德水平奠定基础,这样自然而然会促使社会环境自我优化,使人们的幸福感和满足感日益增强,更有动力投入新时代的建设当中,形成社会发展的良性循环。所以说,我们必须以核心价值观自信为目标,使中华传统美德实现创造性转化与创新性发展,营造知礼、懂礼、守礼的社会氛围。

综上所述,在当代多元化的思想文化观念中,如何更好地把握中华传统美德同社会主义核心价值观之间的内在逻辑关系,如何继承并发扬中华优秀传统文化,推动中华传统美德的创造性转化与创新性发展,从而为提升价值观自信奠定基础,是亟须深入研究的重要课题。

第二节　研究综述

一、国内外相关研究的学术史梳理及研究动态

如何正确对待中国传统道德文化,自五四运动以来就争议不断。自20世纪90年代至今,学界开始对中华传统美德加以持续

---

① 孙成武、赵然:《文化自觉视域下中国精神的培育探析》,载《北京交通大学学报(社会科学版)》2016年第3期。

关注。截至 2020 年 9 月,通过 CNKI 中国知网进行文献检索,以"中华传统美德"为主题词,检索出相关论文 2 727 篇,其中博、硕士学位论文 59 篇,加上"价值观自信"主题词联合检索,检索出论文共 2 篇,无相关学位论文。由此得出基本结论:目前关于中华传统美德的研究成果较为充足,但将价值观自信与中华传统美德结合并进行系统研究的成果较少,还有较大的研究空间。

(一)中华传统美德的内容结构

我国自古以来有重视道德原则和道德规范的传统。然而随着时代发展,有些传统道德由于不再适用于现代文明需要已被社会所淘汰、抛弃,而保留、传承下来的传统美德则需要弘扬发展,所以厘清中华传统道德的内容结构并加以区分辨别,成为研究传统美德的首要课题。目前来看,中华传统美德内容结构的研究成果相对丰富,但学界至今仍未对"中华传统美德"的内容结构形成明确而一致的认定。不过,包括张岱年、罗国杰等著名专家在内的国内众多学者都在研究梳理传统美德演变过程时提出了自己的观点,学界形成了比较有影响力的五种代表性观点。

(1)从不同社会生活领域对中华传统美德做出梳理,代表人物为张岱年和罗国杰。张岱年在 20 世纪初就提倡我国必须建立能够适应社会发展需求的伦理道德,并且提出了"六达德""六基德""生活理想四原则"等观点,对以传统儒家道德为代表的传统伦理思想进行了再创造。1930 年以后,张岱年又进一步提出要进行"道德改制"以适应社会新的发展需求,研究并提出新的道德主张,以此来替代束缚国人的旧道德。在他看来,只有这样,才能真正净化社会风俗,营造良好社会道德氛围。20 世纪 90 年代,张岱年提出了"九德",具体指"公忠、信诚、任恤、廉耻、孝慈、礼让、勤俭、勇毅、贞爱"的道德规范,并将"九德"划分为处世、家庭生活、职业生活和公共生活四方面的美德。罗国杰基于精华与糟粕的区分,认为中华民族传统美德由基本道德、职业道德、家庭美德和文明礼仪构成。而中华传统道德则既有精华,也有糟粕,简单而言,"三纲"

属于落后腐朽的"糟粕",必须被彻底抛弃,但"五常"在维护人际和谐的过程中"多少带有民主性和革命性"①,是科学的精华。在此基础上,罗国杰构筑了基本道德、职业道德、家庭美德和文明礼仪的规范体系。他认为基本道德包括文明礼貌、助人为乐、爱护公物、保护环境、遵纪守法,涉及正义、中和、诚信等18个德目;职业道德涉及爱岗敬业、诚实守信、办事公道、服务群众等内容;家庭美德则涉及爱幼、夫妻和睦、尊老这三个层次的内容;文明礼仪则涉及敬贤、待人接物、仪态言谈、庆典婚丧、交朋择友五个方面的内容。②

(2)张岂之从哲学角度,依据自然精神、社会精神、奇偶精神、会通精神对此进行了划分。第一,自然精神,即探讨所谓的"天人"关系。众所周知,中国古代物质文明、制度文明和观念文明的产生都与农耕创造的物质基础息息相关,人类社会要从自然界获取生活资料,由此诞生了人与自然的学说。除此外,自然精神指导人们从自然界吸取美的灵感,进行艺术创作,带来了艺术享受和高雅情趣。第二,社会精神。张岂之提出早在炎黄时代就出现了社会精神的萌芽,伴随着社会发展,社会精神不断完善其内在结构,重视发挥社会中基础单位即家庭的道德作用,为家庭成员设定了行为准则与道德规范,认为有了小家的和谐,才能成就社会的稳定。第三,奇偶精神。指从阴阳两面来形容自然和人、事变化,以奇偶的分离与结合来诠释中国古代文化的鲜明特征,相生相克、抑损举补、尊卑、情思、知行等辩证概念也随之而生。第四,会通精神。会通的本意是"融合、创新,而不是冲突、对抗"③。中华文化的包容性极强,会通就是强调中华文化内在不同派别之间的互通有无、取

---

① 罗国杰:《论中华民族传统道德的"精华"与"糟粕"》,载《道德与文明》2012年第1期。

② 罗国杰:《中国传统道德·规范卷》,北京:中国人民大学出版社1995年版,第4—5页。

③ 张岂之:《中华文化的会通精神》,长春:长春出版社2016年版,第272页。

长补短。研究中华传统美德需要会通精神,要把思想与文化相会通,把古今相会通,把思想文化史与其他学科相会通。把思想看作文化的核心,文化是思想的载体,既要知其脉流,又要与史学、哲学等相结合。

(3)张锡勤从历史变迁方面对中国传统道德范畴的诸多条目进行划分,认为"三纲五常"、孝、忠、友、悌、仁、恕、智等32个德目可以概括中华传统道德的全貌,提出"尚公、重礼、贵和"共同构成了中国传统道德的基本精神。其中,"尚公是中国传统道德的基本精神和基本价值取向,也是中国古代政治文化的重要特征"①;"重礼"是恭敬和谦让,注重阐发"礼对于人的情感与社会的积极作用"②,是实现社会正义和谐的重要手段;"贵和"被提升到中华民族精神的高度,认为"和"分为人与大自然、人与社会、人的身心和谐三方面。

(4)从系统思维的角度出发,张立文依据"人心—家庭—人际—社会—世界—自然"的逻辑次序,划分了与之对应的6个德目群。第一,人心德目群。张立文认为日常活动由心支配,心在身心关系中起主导作用,心和万事乐,人心德目重要性由此可见,其主要包括爱、耻、善、毅、诚等。第二,家庭德目群。自古以来都崇尚家和万事兴,家国联系之紧密囊括了整个中国历史时期,要通过孝、悌、慈、敬、友等家庭德目来建造好的家庭关系。第三,人际德目群。人是社会关系的产物,与人相处要讲仁义道德,注重诚实守信,包括仁、义、信、恭、恕等美德。第四,社会德目群。国和万事成,这一观点不断为中华民族几千年历史所印证。中华民族由56个民族组成,虽然各民族都有自己独特的风俗习惯,但却能坚持和而不同,各放异彩,反而形成丰富的文化内涵,统一成强大的内劲

---

① 张锡勤:《中国传统道德举要》,哈尔滨:黑龙江大学出版社2009年版,第47页。

② 于跃、张继军:《张锡勤先生对"五常"思想的阐释》,载《求是刊》2017年第3期。

动力。"和合"的思想成为中国人的内在基因,成为国家和谐的内在动力,包括忠、廉、德、公、洁等。第五,世界德目群。世和万事和,在世界多极化、经济全球化的今天,如何化解冲突和危机成为需要继续关注的重点问题。人类需要遵守和、合、强、美的道德规范,主张共同发展、携手共建,而不是恶性竞争。第六,自然德目群,包括顺、道、和等。① 张立文主张天地万物都是和合的生命体,与人类拥有平等在世的权利,人应当接纳、尊重,与其和合共生,不能破坏自然。

(5)从德行论的角度着眼,将传统美德的内在特质作为划分的依据。陈来将传统的德性分为性情之德、道德之德、伦理之德、理智之德四类。性情之德的概念界定源自礼乐文化,指与个人相关的德行,包括齐、圣、广、渊、宽、肃、明、允;仁、义、勇、让、信、礼则属于道德之德,道德之德"相对而言是道德的品质,而伦理之德是与人际关系直接关联的德目"②。显而易见,仁、义、信、礼都需要体现在人伦关系中,不是纯粹自我的品质,如仁、义、礼、信是爱他人、正他人、诚信于人、敬他人,都有自身品质所牵涉的对象而无法独立体现;而孝悌、慈爱、友忠属于伦理之德;"智、咨、询、度、诹、谋"③为理智之德。许建良同样从德行角度出发,把传统美德的核心精神理解为"上善若水"和"厚德载物"。其中,上善若水体现为"自然无为性,使万物因循本性发展的外在环境有了保障"④;厚德载物则意为保持担当与责任意识,为实现自我与社会统一奠定道德基础。

---

① 张立文:《中华伦理范畴与中华伦理精神的价值合理性》,载《齐鲁学刊》2008年第2期。

② 陈来:《中国近代以来重公德轻私德的偏向与流弊》,载《文史哲》2020年第1期。

③ 陈来:《古代思想文化的世界——春秋时代的宗教、伦理与社会思想》,北京:生活·读书·新知三联书店2009年版,第366页。

④ 许建良:《中华传统美德的核心精神论》,载《东南大学学报(哲学社会科学版)》2016年第18期。

（二）中华传统美德的基本性质

关于中华传统美德基本性质的研究，学界早期存在非此即彼的立场争论，认为中华传统美德具有纯粹的单面特点，然而经过多年讨论，现在学界不再以这种单一的贴标签式的方法对其进行简单判断，而是形成了中华传统美德具有多重性质的共识基础。但在对其多重性质做具体表述时仍存在差异，主要表现在如何处理传统美德的普遍性与特殊性、民族性与世界性之间的关系，以及处理的方式方法等方面。

（1）罗国杰认同张岱年于 20 世纪 80 年代提出的观点，阐述了传统道德的阶级性和共同性。张岱年主张由统治阶级及遵照其意志行动的思想家所规定的道德是社会中处于主导地位的道德，具有阶级差别。但尽管如此，在个人利益、家庭利益和阶级利益之上，还有着家国一体的公共利益，依此类推，其中反映社会公共利益的道德被称为受社会各阶级承认的共同道德。事实上传统道德还是源自"人们社会生活中的共同要求，孕育于人们互相交往中的共同需要"[①]，包括不同于统治阶级意志的内涵。罗国杰继承了这一观点，认为传统道德一方面有维护旧社会阶级利益的作用，总是与过去的政治、经济相联系，是陈旧的和保守的，某些妄图复辟的势力也常借助于传统道德，为自我复辟服务，内含着鲜明的阶级属性。但另一方面，"传统中也凝结着、包含着全人类的因素，有着新事物赖以形成和发展的基础"[②]。这种全人类要素使传统美德在一定程度上具有广泛的适用领域，可以跨越时空和场合交汇，成为普遍适用的道德理念。在道德领域内，没有传统美德的共性存在，道德的发展就犹如无根之木，没有根基和基础，无法更好地发展。一般而言，历史上各个阶级在建立起新的秩序后，传统道德都会起

---

① 张岱年：《论道德的阶级性与继承性》，载《社会科学》1986 年第 2 期。
② 罗国杰：《我们应当怎样对待传统——关于怎样正确对待传统道德的一点思考》，载《道德与文明》1998 年第 1 期。

到稳定人心、调和关系、维护秩序的重要作用,以更好地调整人与人之间的关系,巩固自己的统治需要,这其中蕴含的理论根源正是传统美德的共同性存在。

(2) 朱伯崑则从传统美德的历史流变来看,主张传统美德既具备时代性,又具备永恒性,后者决定了其可继承性。所谓时代性,是说"一个民族的道德观念和行为总是受其所经历的社会制度的制约,打上时代的烙印。所谓永恒性,是说道德作为一个民族维系其群体生活的精神支柱,其中又含有永恒的价值取向,不因某一社会制度的变迁而消失"①。任何民族的道德传统都具有这种两重性。如果只见其一,便会落入民族虚无主义和复古主义两种错误思想当中。朱伯崑主张要把一个民族在生产和生活中处理人际关系的智慧或理性抉择的道德品质,看作传统美德中所蕴含的永恒的价值因素,自然而然地使这种传统美德具有了可继承性。他认为不仅要从正面阐发而且要继承其中的永恒价值观念、命题和学理,这种继承应同现代人所处的社会制度、生活走向以及文化知识水平相适应,剔除其中曾为等级制服务的男尊女卑、君贵臣贱等压制个性和民主的封建教条,从而为现代化服务。

(3) 王元化从本源和派生角度,认为传统伦理道德观念由中华美德根本精神、当时的政治经济与社会制度等所附加的派生文化两部分组成,而排除时代赋予的特定背景后所呈现的内容则是传统美德的精神特质,要真正地认识这一特质,必须将其与特定的政治、经济、社会等派生条件进行严格区分。这二者是有区别的、可分的,而且根本精神比派生条件更具有稳定性与持久性。他指出:"可分与不可分这两种不同的观点,导致了道德可以继承与不可以继承的分歧。"②在此问题上,应当坚持可分性原则,继承传统道德中合理的精神内涵。但也要看到,在民主与法制、个性等问题

---

① 朱伯崑:《谈传统道德的两重性》,载《群言》1995 年第 7 期。

② 王元化:《简论道德继承》,载《学术月刊》1996 年第 9 期。

上,中国的传统资源比较匮乏,不仅要认同中华文化传统道德独有的民族性,也要认同各民族由人类共性所形成的相等的价值标准,要接受国际公法和人性原则。

(4)焦国成对传统美德的双重性做了细致全面的阐发,认为传统美德将学术化规范性和政治意识形态较好地融合在一起:既有阶级性特点,也有一定的全民性、大众性的普及化特点;既有具象化特殊的意义,也有上升到抽象范围的意义;既有精华,也有糟粕;既有历史遗传下来的道德精华,也有传统道德的现代化转化,即现实性与历史性相结合。并从追求和谐共生、尊道贵德尚义、昂扬向上和与时俱进、博厚恢宏、以人为本、崇尚公忠六个层次解读中华传统美德精神。

(5)除此外,还有学者从传统美德的分支内容考虑其特征,比如赵炎才从"大同均平与人格理想并存,追求理想与积极践履递进,政治诉求与道德调适互动,具体合理与目标合理统一"①四个角度强调中国传统道德理想的基本特征,都为我们探究中华传统美德的基本性质提供了样本。

(三)中华传统美德的现代转化路径

对于中华传统美德的继承问题,早在 20 世纪 90 年代前便出现了冯友兰的抽象继承法、张岱年的综合创新论、林毓生的创造转换论、成中英的本体诠释学、杜维明的儒学复兴论和周继旨的解构与重建说等。冯友兰针对文化保守主义和激进主义的争论,提出"别共殊"问题,认为社会类型是共相,国家和民族是殊相,同一个国家或民族在不同的社会历史背景下可以是不同社会类型,也就是殊相之中有共相。在共相方面,中国可以像西方国家一样得到快速发展,在殊相上也可以保留自己的民族特色。冯友兰提到:"社会上底事情,新底在一方面都是旧底的继续。有继往而不开来

---

① 赵炎才:《中国传统道德理想基本特征透视》,载《河北师范大学学报(哲学社会科学版)》2011 年第 2 期。

者,但没有开来者不在一方面是继往。"①由此可以看出,冯友兰既没有像激进派一样全盘否定中国传统文化,也没有像保守派一样过度强调中国传统文化,而是从共殊关系上强调要合理"继承"中国传统文化。张岱年在改革开放之后提出"综合创新论",即在马克思主义理论指导下"综合中西文化之长而创造新的中国文化"②。不仅是中西方文化的综合,还包括中国传统文化中的各个派别的综合,即"包括儒、墨、道、法各家的精粹思想的综合以及宋元明清以来理学与反理学思想的综合"③。"创造转换论"是林毓生在 20 世纪 70 年代反思和批判"五四"时期出现的全盘性反传统思想倾向时使用的一个概念,就是"把一些中国文化传统中的符号与价值系统加以改造,使经过改造的符号与价值系统变成有利于变迁的种子,同时在变迁的过程中继续保持文化的认同"④。成中英试图以西方当代诠释学为思想视野,对中国传统哲学进行重建,希望以此来完成中国哲学的当代诠释,"本体诠释学是在结合中西的诠释学传统的基础上提出和发展起来的"⑤。杜维明致力于将儒家思想与世界各地的精神文化传统进行对比,积极推进儒家现代化和世界化的创造性诠释,提出"儒学第三期发展"的设想,拓宽了儒家思想研究新思路。周继旨指出:"一个本是统一的文化传统走向多元分化和本是不同的文化传统趋向融合统一的现象是屡见不鲜的,甚至是相辅相伴而行的。两种不同的文化传统接触碰撞之后,往往是经历始而排拒、继而渗透、终于融合的三部曲之后,形

---

① 冯友兰:《新事论》,北京:生活·读书·新知三联书店 2007 年版,第 143 页。

② 张岱年:《张岱年全集》(第 7 卷),石家庄:河北人民出版社 1996 年版,第 14 页。

③ 张岱年:《张岱年全集》(第 8 卷),石家庄:河北人民出版社 1996 年版,第 628 页。

④ 林毓生:《中国传统的创造性转化》,北京:生活·读书·新知三联书店 2011 年版,第 364 页。

⑤ 成中英:《本体诠释学体系的建立:本体诠释与诠释本体》,载《安徽师范大学学报(人文社会科学版)》2002 年第 3 期。

成一个更高一级的新型文化。"①

20世纪90年代后,主要有两种观点。一是罗国杰基于马克思主义基本立场提出了"融入"说,强调在保留传统道德外在形式的基础上对其加以重释,指出:"对于中国传统道德,我们既不能全盘否定,也不能全盘继承。全盘否定势必导致历史虚无主义;全盘继承势必导致复古主义。这两种倾向都是错误的。正确的态度是以历史唯物主义为指导,坚持批判继承、弃糟取精、综合创新和古为今用的方针。"②陈瑛则认为应当通过去除传统美德的外在形式,保留其作为诠释性的精神资源的内容,使其隐含在社会主义道德规范体系中。二是道德改良论。牟钟鉴认为传统道德应在自身改良的基础上吸纳社会主义道德及西方道德的内容,他着力研究儒学的内涵与价值,关注儒学的现代命运和发展前景,构建了"新仁学"理论,提出返本开新、综合创新、推陈出新的"三新之路"。同时,提出了中华文明"互鉴调适、多元通和"新论断,坚持孔子的"和而不同"思想,主张融会贯通,汲取人类文明一切优秀成果,不断为中华文化增添新的时代内涵。

另外,何怀宏以"分析的方法"重释传统,提出把旧纲常转化为新纲常。何怀宏在《良心论》和《新纲常》两本著作中对如何解决中国传统道德体系的转换问题提出了深度理论反思。他认为:"如果说是一种像传统社会那样包罗万象、统摄人们的所有追求,包括最高的、对于至善和终极关切追求的'道统',那么,这样一种'道统'的追求对现代社会来说几乎是不可能的了,也将妨碍其他人在其他方向的合理追求。即在现代社会中,终极信仰或'至善'将不是唯一的。但是,如果说是一种主张基本的道德、主张基本的'天经

---

① 周继旨:《论中国古代社会与传统哲学》,北京:人民出版社1994年版,第428页。

② 罗国杰:《批判继承中国古代优秀传统道德 建设有中国特色社会主义精神文明》,载《高校理论战线》1996年第1期。

地义'的'道统',那么,在这方面,连续性肯定是存在的。"① 同时,他在《新纲常》中提出民为政纲、义为人纲、生为物纲的"新三纲"和"新五常",为现代社会的纲常构建提供了理论设想。唐凯麟认为必须突破传统,适应当代"工业-市场-信息"的文化要求。中国的社会主义道德建设离不开本土的优良道德传统。儒家道德文化作为中华民族传统道德文化的中心,内含社会主义道德建设的合理因素,剔除其封建性糟粕内容后,儒家的仁爱思想、敬业之要、处世之德等道德观念,都值得当代人们认真借鉴和批判继承。② 朱贻庭认为要从"形"与"神"两个方面的统一中去发掘优良的传统道德资源。他认为:"'文化'是具有'形神统一'内在结构的生命体。传统文化也是具有'形神统一'的文化生命体……优秀传统文化的继承和发展,本质上就是'形神统一'文化生命的历史延续,是民族'精神命脉'的延续和发展。"③

（四）核心价值观与中华传统美德的关系

关于此部分的研究内容,主要集中出现于十八大后,特别是2014年后,目前处于起步阶段。

（1）中华传统美德在社会主义核心价值观培育和践行中的作用。学界普遍认为为涵养社会主义核心价值观,中华传统美德提供了关于建构逻辑、文化根源、思想源泉和底气底蕴四方面的内容（如骆郁廷、吴潜涛、王泽应、王学俭、陈秉公、刘建军、肖琴等）。有学者认为核心价值观是对中华传统美德的传承与升华④,并详细

---

① 何怀宏、戴兆国:《道德根基的反思与重构——何怀宏教授学术访谈录》,载《安徽师范大学学报（人文社会科学版）》2014年第4期。

② 唐凯麟:《儒家传统道德观念与社会主义道德建设》,载《河北学刊》2008年第6期。

③ 朱贻庭:《中国传统道德哲学6辨》,上海:文汇出版社2017年版,第3页。

④ 麻省理:《中华优秀传统文化及传统价值观的传承和发展——访清华大学国学研究院院长陈来教授》,载《高校马克思主义理论研究》2016年第4期。

阐释了"涵养""滋养""营养"不同作用间的联系和区别①。吴潜涛强调:"要加强中华优秀传统文化教育,充分发挥中华优秀传统文化对于涵养社会主义核心价值观的特殊功能和作用。中华民族在几千年的历史发展中形成的博大精深的中华优秀传统文化,是社会主义先进文化的本源,是培植中国特色社会主义的沃土,它同社会主义核心价值观一脉相承,是社会主义核心价值观的固有之本,具有涵养社会主义核心价值观的特殊功能和作用。"②王泽应指出:"任何一个民族,尤其是中华民族这样一个历史久远的伟大民族,过去、现在和将来,核心价值观都不可能完全由外来文化重塑,只能在历史文化积淀基础上结合新的社会发展和时代要求予以创造性的发展。我们要建设社会主义的核心价值观,就不能切断中华民族自身历史文化的血脉和价值传统。当然,对于历史文化血脉和价值传统,我们必须坚持马克思主义的科学的方法和态度,注意防范价值观上的历史虚无主义和民粹主义两种风险和错误,努力建设与传统美德相承接的社会主义核心价值观。"③陈秉公指出:"中国优秀传统价值文化相对于'当代中国价值文化'而言,是'根''根基'和'根源'。也就是说'当代中国价值文化'是当代中国价值文化的本体,而中国优秀传统价值文化是当代中国价值文化的'根''根基'和'根源'。它们是价值'本体'与价值'根基'的关系。"④肖琴也说:"中华传统美德源远流长、丰厚博大,是中华民族精神的一部分,也是中华民族延续与发展的内在灵魂,体现着中华民族最深层的精神追求。而社会主义核心价值观作为社会主义意

---

① 肖贵清:《中华优秀传统文化与社会主义核心价值观的内在联系——学习习近平系列重要讲话精神》,载《南京师范大学学报(社会科学版)》2015年第6期。

② 《马克思主义学刊》记者团:《社会主义核心价值观前沿问题——吴潜涛教授学术访谈录》,载《马克思主义学刊》2016年第2期。

③ 王泽应:《社会主义核心价值观之本质规定性及路径选择》,载《湖南师范大学社会科学学报》2007年第5期。

④ 张庆花、陈秉公:《传统价值观与社会主义核心价值观关系的理论思考——陈秉公教授访谈录》,载《学术界》2017年第9期。

识形态的一部分,作为社会主义先进文化和道德规范的综合表达,其产生与发展必然立足于中华传统美德,从其中吸收丰富的精神营养,才能具有厚重的民族性,增强民族大众的认同感,产生强大的凝聚力,进而有效培育和践行社会主义核心价值观。"①针对核心价值观要传承中华传统美德的关联问题,陈来指出:"社会主义核心价值要培育、要践行。怎么培育?怎么践行?强调一点,就是要以中华传统美德体系的传承和实践作为根本条件,作为根本落脚点。我们不能抽象地、孤立地讲社会主义核心价值,一定要突出社会主义核心价值观的培育与中华文化、中华传统美德的关系。"②关于中华优秀传统文化的"涵养""滋养""营养"与社会主义核心价值观的关系问题,肖贵清阐释道:"在论述中华优秀传统文化与社会主义核心价值观的关系时,习近平使用了'涵养''滋养''营养'三个内涵相近却又各有侧重的关键词,十分清楚地表达了二者之间的关系,即中华优秀传统文化涵养了社会主义核心价值观、中华优秀传统文化为社会主义核心价值观提供了丰厚的滋养,培育和弘扬社会主义核心价值观要吸收中华优秀传统文化的营养。"③深刻论述了中华优秀传统文化与社会主义核心价值观的内在联系。

(2)通过诠释具体美德范畴的传统含义揭示其对社会主义核心价值观的涵养作用。如韩震诠释公正,认为社会主义核心价值观"这里的'公平'更加突出体现了中国特色社会主义制度的意识形态性质,古今中外都有公平的价值规范,但将其当作核心价值却是社会主义制度所决定的。公平则是最能够体现社会主义制度和

① 肖琴:《中华传统美德对社会主义核心价值观的涵养作用》,载《湖湘论坛》2015年第5期。
② 麻省理:《中华优秀传统文化及传统价值观的传承和发展——访清华大学国学研究院院长陈来教授》,载《高校马克思主义理论研究》2016年第4期。
③ 肖贵清:《中华优秀传统文化与社会主义核心价值观的内在联系——学习习近平系列重要讲话精神》,载《南京师范大学学报(社会科学版)》2015年第6期。

意识形态性质的价值"①。戴木才诠释仁义礼智信,提出"仁义礼智信是中华民族传统核心价值观的精髓,富强民主文明和谐是我国社会主义核心价值观的现实目标,自由民主幸福是我国社会主义核心价值观的未来图景"②等观点。肖群忠诠释仁义信和民本大同,提出"'大同'理想,即求大同与奔小康。'大同'理想和'小康'社会有着深厚历史文化与群众基础,易于被人们认可和接受,而'中国梦'可以说是传统中国社会求大同和奔小康理想的现代发展"③。崔宜明、孙伟平诠释了富强。孙伟平认为:"就'富强'的含义而言,富是相对于贫、穷而言的,强是相对于弱而言的。富强的含义,可以理解为'富裕、强健'。'富裕',包括了经济的良性发展、人民的丰衣足食;而'强健',则是一种健康的、充满活力的'强',是一种有生命力的'强'。'强健',更多的是强调'自强',就如同源远流长的中国武术,旨在内外双修,强筋健骨,强身健体,而不是以强凌弱,由'强'进而'霸',进而'恶'。此外,这里不宜把富强简单地拆分为民富、国强加以解释。实际上,我们既要'国富',也要'民富';既要'国强',也要'民强'。"④金民卿诠释诚信,指出:"传统文化中积淀下来的诚信道德原则,不仅符合马克思主义关于人的自由全面发展的社会发展目标,而且成为社会主义市场经济的基本伦理和社会主义制度优越性的重要体现,从而构成了社会主义核心价值观的重要内容。"⑤桑东辉诠释忠德,强调传统"忠德中的忠于社稷、忠于职守、忠信诚实、忠恕待人等'正能量'则与我们今天提倡的社会主义核心价值观中个人层面之爱国、敬业、诚信、友善

---

① 韩震:《民主、公平、和谐——论社会主义核心价值理念》,载《中国特色社会主义研究》2011年第2期。

② 戴木才:《积极培育和践行社会主义核心价值观》,载《思想政治工作研究》2014年第2期。

③ 肖群忠:《中华传统美德的时代价值》,载《天津日报》2015年第10期。

④ 孙伟平:《论作为核心价值观的"富强"》,载《学习与探索》2015年第6期。

⑤ 金民卿:《诚信在社会主义核心价值观建构中的意义》,载《前线》2014年第11期。

精神高度契合。实现传统忠德当代转换对培育和践行社会主义核心价值观具有重大而深远的现实意义"①。孙熙国诠释仁爱民本、明道正义，提出"中华优秀传统文化中的仁爱民本精神、明道正义精神、尚诚守信精神、合和大同精神，是涵养社会主义核心价值观的重要土壤和资源"②。焦国成诠释友善，认为"社会主义核心价值体系中包含着三个核心理念，这就是'人本''公忠''和谐'。它们是中国优秀传统文化、中华民族精神和时代精神的凝结，体现着社会主义中国的国家意志和全体中国人民的意志"③。孙春晨诠释明礼，指出："先秦儒家礼制伦理中蕴含的权利与责任相统一、亲民政治伦理和法律的内在道德性等思想，对当代中国社会的道德建设和法治建设具有重要的借鉴价值。"④

（3）中华传统美德的创造性转化路径。学界先后提出要遵循文化传承规律，"对传统文化和传统道德采取古为今用、推陈出新的方针，不是对历史遗产的主观偏爱，更不是发思古之幽情，而是尊重文化传承的客观规律"⑤。要增强传统文化主体性，"对于孔子、儒家、传统文化的精华要保留、要传承、要发扬、要光大，对其糟粕则要剔除，把跨越时空、超越国度、富有永恒魅力、具有当代价值的文化精神弘扬起来；又要以我为主，保留文化的主体性，不被他化或西化"⑥。要对蕴含在其中的思想理论、价值观念、规范体系、

---

① 桑东辉：《传统忠德及其当代价值辨析》，载《井冈山大学学报（社会科学版）》2017 年第 4 期。

② 孙熙国：《社会主义核心价值观的二重超越性》，载《中国特色社会主义研究》2014 年第 3 期。

③ 焦国成：《试论社会主义核心价值体系的基本理念》，载《道德与文明》2007 第 1 期。

④ 孙春晨：《先秦儒家礼制伦理及其现代价值》，载《伦理学研究》2015 年第 5 期。

⑤ 罗国杰、夏伟东：《古为今用推陈出新——论继承和弘扬中华传统美德》，载《红旗文稿》2014 年第 7 期。

⑥ 郭建宁：《社会主义核心价值观的文化根源及其实践意义》，载《毛泽东研究》2015 年第 2 期。

实践模式等内容进行创造性转换、重组和改造,"所谓中华传统美德的创造性转化,就是依据一定的指导思想和原则,将蕴含在中华传统美德中的思想理论、价值观念、规范体系、实践模式等挑选出来,通过一定的方法和途径对其进行创造性转换、重组和改造,深入挖掘其时代价值和现实意义,使之符合现代经济社会的发展需求,为培育和践行社会主义核心价值观提供直接的思想道德资源"①。"筑牢社会主义核心价值观的根基必须遵循中学为根、马学为魂、西学为鉴、综合创新的方法论,坚持'古为今用、洋为中用、推陈出新、取其精华、去其糟粕'的原则,正确处理社会主义核心价值体系、资本主义核心价值观、中国传统文化价值观、人类文明基本价值的关系,创造性转换和创新性发展中国传统文化价值观,划清与封建主义腐朽文化价值观的界线,借鉴我国传统社会培育核心价值观的基本经验,对中国传统文化价值观从理论和实践两方面进行自觉扬弃。"②以现代性生长唤醒和激活传统文化的滋养价值,赋予其符合时代要求的新内涵和新诠释,"培育和践行核心价值观必须重视传统文化滋养与现代性生长的双重关怀,以现代性生长来唤醒和激活传统文化的滋养价值,通过现代性的发育实现对传统文化的'祛魅'与整合"③。

　　以上就是目前国内学术界对中华传统美德及其与社会主义核心价值观关系所做的研究,研究成果较为丰富,取得了一定的理论成果,但也存在着不足。第一,对重大理论命题的学理研究和深度挖掘比较薄弱。目前的研究大多停留于对命题的背景和含义进行阐述,且以宣传、阐释和政策解读为主,亟待将这些重大命题贯通

---

　　① 　王易、黄刚:《探求中华传统美德的创造性转化》,载《思想理论教育导刊》2015年第 5 期。

　　② 　田海舰:《"筑牢社会主义核心价值观根基"学术研讨会综述》,载《道德与文明》2014 年第 5 期。

　　③ 　齐卫平、徐伟:《社会主义核心价值观的传统文化滋养与现代性生长》,载《社会科学战线》2015 年第 6 期。

起来,进行更加深入的学理阐释和理论论证。第二,中华传统美德内容繁杂,认知各异,亟须以核心价值观为导向对其进行简约化、具体化的精炼概括,为在新形势下实现创造性转化提供认知基础。第三,实践研究比较欠缺,亟须形成中华传统美德创造性转化的战略、步骤、方法,提出更具操作性和针对性的实践方案。第四,研究方法比较单一。需要借鉴多学科的研究方法,提高研究成果的科学性。

二、学术价值和应用价值

实现中华优秀传统文化的创造性转化和创新性发展,是党的十八大以来习近平总书记提出的重要论断,集中体现了当代中国共产党人对中华传统文化的科学态度。中华传统美德作为中华优秀传统文化的精髓,其创造性转化是中华优秀传统文化创造性转化的重要组成部分。因此,习近平总书记十分重视中华传统美德的继承与弘扬问题。在主要领导干部学习深化改革专题研讨班上的讲话中,习近平总书记提出"要理直气壮继承和弘扬中华民族传统美德",要"努力实现中华传统美德的创造性转化、创新性发展",这些重要论述对正确对待与处理中华传统美德,提高全民族思想道德水平,具有十分重要的指导意义。价值观自信是人们对自身所持有的价值观念的充分肯定和高度信任,发挥着不可替代的社会凝聚力和创造力作用。我国当前的价值观自信就是对社会主义核心价值观的认可。中华传统美德是价值观自信的思想根源,要增强社会主义核心价值观自信,必须从中华传统美德中汲取养分,结合时代特征实现中华传统美德的创造性转化。

深入研究中华传统美德的创造性转化和价值观自信问题,从理论和现实的维度上都显得紧迫而又重要。随着中国特色社会主义进入新时代,国际国内形势发生深刻变化,对社会主义文化建设提出了更高的要求,其重大理论与现实意义也愈加凸显。在新的时代背景下,中华传统美德创造性转化矛盾与困境、转化方式以及如何通过中华传统美德转化进一步增强价值观自信等基本问题成为亟待解决的新课题。

本研究的学术价值在于,当前我国正处于党高度重视弘扬核心价值观和中华传统美德的政治生态和文化氛围中,学术界在中华传统美德的内容结构、基本性质、现代化转化路径以及与核心价值观的有机联系等方面均取得了重要进展。尤其是关于"中华传统美德是中华文化精髓,蕴含着丰富的思想道德资源""增强文化自信和价值观自信""处理好继承和创造性发展的关系,重点做好创造性转化和创新性发展"等一系列重大理论命题,既深刻揭示了弘扬中华传统美德与培育社会主义核心价值观之间的相互关系,又为中华传统美德创造性转化指明了目标方向,提出了规范和要求。如何以价值观自信的战略高度指导和规范中华传统美德的创造性转化和创新性发展,是一个需要深入研究的重要课题。本书通过把中华传统美德的创造性转化与价值观自信连接贯通起来,进行系统研究,将进一步丰富和发展有关中华传统美德的理论学说,为传统美德的创造性转化提供衡量标准和目标方向,有助于整合传统美德现代转化的研究视角和成果,深化对社会主义核心价值观研究和中华传统文化传承中一些重大理论和实践问题的认识,具有一定的学术意义。一是从中华传统美德自身发展逻辑和道德作用出发,深化对中华传统美德价值、地位、内容和意义的研究。二是拓展社会主义核心价值观的理论研究视角,厘清理论根基,从而进一步提升价值观自信。三是在对中华传统美德与社会主义核心价值观关系的认识和把握上,系统分析中华传统美德创造性转化困境,探寻转化原则与方法,以高度的文化自信推动其创造性转化,保障核心价值观的价值引领作用。

习近平总书记强调:"今天,中华民族要继续前进,就必须根据时代条件,继承和弘扬我们的民族精神、我们民族的优秀文化,特

别是包含其中的传统美德。"①新的发展方位对社会主义文化建设
提出了新要求与新期待,中华传统美德作为传统文化的科学内核,
必须受社会主义核心价值观引导,适应时代发展需求,实现创造性
转化。弘扬中华传统美德的根本目的其实并不是复兴传统道德,
而是吸收、借鉴其中的文化精髓,使其更好地为当前社会服务。不
可否认,我国在从大国向强国迈进的过程中,道德问题频发且复杂
多变,成为全面建设社会主义现代化强国的一个阻碍因素。因此,
要解决这些问题,推动中华传统美德进行良性的创造性转化,必须
立足当前中国实况宣扬和提升价值观自信,充分挖掘中华传统美
德在新时代建设中的社会价值。本书通过探究核心价值观与中华
传统美德的契合关系,力图研究出中华传统美德在新时代转化的
总体构想和实施方案,使之与社会主义核心价值观相衔接,不断满
足人们对美好生活的需要,实现凝聚社会共识、增强价值观自信、
提高文化软实力和竞争力、破除对西方价值观的迷信和盲从的现
实意义。

第三节　研究方法与创新之处

一、研究方法

对于一项研究来说,新颖的选题和对该选题目前研究状况的
梳理是进行研究的"敲门砖",而恰当的研究方法则是登堂入室的
阶梯。选择合适、恰当的研究方法是关乎研究成败,也是研究结论
科学性的重要保障。没有一套科学的研究方法,任何一项研究都
是无法进行下去的。因此,在细致梳理前人研究成果的基础上,本
书坚持以马克思列宁主义、毛泽东思想、邓小平理论、"三个代表"
重要思想、科学发展观和习近平新时代中国特色社会主义思想为

---

① 《习近平谈治国理政》(第1卷),北京:外文出版社2014年版,第181页。

指导,运用理论与实践相统一的方法和唯物辩证法的基本原则,主要选取文本研究、实证研究、比较研究等研究方法开展研究,确保研究的顺利进行及所得结论的正确性。

一是文本研究。目前学术界形成了很多有关中国传统文化、传统道德、核心价值观、价值观自信等问题的研究成果,其中存在较多精辟的见解,因此我们可以通过文本研究获得一定的启示。笔者通过多种途径查阅了大量有关哲学、伦理学、教育学、心理学等方面的文献,为本书的研究奠定了坚实的基础与开阔的视野。具体包括对马克思主义经典文本和党的相关文献的深入研读;对有关中华传统美德的经典文献进行整理、分析、梳理、归纳和分类,深入把握其内容实质;对国内外专著书籍、学术期刊、报纸、互联网的相关文献进行搜集和研读,掌握研究的总体现状和发展趋势等。

二是实证研究。为准确获得研究信息,进行深入、具体、细微的观察与剖析,本书选取了实证研究方法,希望基于文本研究的成果,对研究对象展开个体分析,了解中华传统美德创造性转化现状以及社会群体的价值观自信程度。因此,本书就中华传统美德创造性转化和价值观自信的现状设计问卷,在全国不同区域、不同群体中进行多次适度样本规模的问卷调查,调查分析对传统美德的认知、传承、实践情况,揭示其转化现状、存在问题和影响因素,并灵活运用线上访谈、个案研究等方式,增强本研究相关观点的可信度和说服力。

三是比较研究。比较研究方法是指依据一定的标准对两个或两个以上的人或物进行考察,研究其相似性,从而探究二者之间关系的方法。中华传统美德已有几千年的历史,每个历史时期随着经济、政治和社会的变化,具有属于那个时期的鲜明时代特征。除此之外,社会主义核心价值观理论被提出以来,随着全球化的高速发展,其具体内涵也在不断发生变化。因此,我们需要运用比较研究方法分析出传统道德中哪些是精华,哪些是糟粕,传统美德中哪些是需要并能够进行创造性转化的内容等。通过与历史比较,对中华传统美德的价值理念、独特创造、鲜明特色做出准确概括和把握;通过与现代社会发展需要和核心价值观需求比较,明确创造性转化的目标方向;通过与西方社会思潮跨文化比较,展示中华优秀传统文化的思想精华和自身优势,并对先进的文明成果予以吸收借鉴;通过跨学科比较,突破学科界限,实现学科互涉、交叉研究和跨学科研究,使研究更具统合性。

二、创新之处

(一)研究视角

中华传统美德内容十分丰富,学者们从不同的认识角度与逻辑体系对中华传统美德的内容、基本性质、创造性转化路径和方法等进行了详尽的研究,形成了丰富的研究成果。但学术界很少将中华传统美德的创造性转化与社会主义核心价值观联系起来研究,转化成果对价值观自信的提升也很少提及。但我们应该认识到,中华传统美德与社会主义核心价值观具有高度的亲合力,一方面,中华传统美德为社会主义核心价值观提供了思想基础,特别是增强了价值观自信的历史文化底蕴;另一方面,社会主义核心价值观为中华传统美德的创造性转化指引了方向,提供了现实路径。因此,对二者之间的促进关系进行探究,对于中华传统美德的继承与弘扬、价值观自信的提升具有重要的意义。基于此,本书把中华传统美德的创造性转化置于增强价值观自信、自觉、自立的战略高度上,可以在更深层次上认识中华传统美德创造性转化的时代意义和目标方向,拓展和深化中华传统美德继承发展的研究视域和相关议题,贯通重大时代理论命题,增加研究深度和厚度。

(二)研究内容

(1)以增强价值观自信为旨归,通过寻找经纬度,尝试对中华传统美德进行简约的网格状点式的提炼概括,进行系统性、完整性的认知和把握,深入挖掘和阐发其思想精华和时代价值。中华传统美德具有深厚的思想道德资源,有些由于强大的民族品格特质直接成为社会主义核心价值观的文化来源,有些鉴于时代限制间接为社会主义核心价值观提供理论支撑,面对后一种情况,需要对中华传统美德进行现代转化。因此,我们对中华传统美德进行转化首先要做的便是分清转化目标,依据主体展开逻辑,围绕个体修养美德、社会交往美德、国家政治美德三个方面对中华传统美德的具体内容进行梳理概括。在辨别分清糟粕、精华、精华与糟粕的交织融合三种不同性质的道德成分基础上,辨析出与当前中国社会发展密切相关,并能通过创造性转化为现代社会发展所用的优秀道德,充分发挥提升价值观自信的滋养作用。

(2)以"创造性转化"为中心线索,寻求研究内容间的内在逻辑关系,建构逻辑谱系,使研究主题更聚焦集中,重点更鲜明突出。中华传统美德产生于以封建小农经济为基础的传统社会,具有一定的历史和阶级局限性,并不能完全适应当代经济社会的发展。弘扬中华传统美德,必须要从中寻找与当前主流价值观相契合的生发之点,才能在推动其创造性转化的过程中有效发挥其当代价值。社会主义核心价值观与中华传统美德的内在契合主要包括历史契合、理论契合和实践契合。历史契合基于社会主义核心价值观继承吸收了中华传统美德的思想精华;理论契合体现在每一社会道德实践的鲜明而独特的思想规范中,社会主义核心价值观是中华优秀传统文化基因的崭新呈现;实践契合源于中华传统美德在回应核心价值观培育这一时代任务中,通过文化生活、精神生产的诸多环节形成传统美德与核心价值观间的良性互动。

(3)提出以价值观自信为目标方向、以现代社会需求为基本依据,从国家、社会、公民三个维度设计分层次、差异化、立体化的创造性转化路径,增强措施、方案的针对性和有效性。通过理论研究与实践调查两种方式,展开分析中华传统美德创造性转化过程中的困难之处,有针对性地提出中华传统美德创造性转化需要坚持的基本原则、主要要求和评估指标。基本原则主要是坚持马克思主义道德观和社会主义道德观的思想性；与当代文化相契合、与社会发展相适应的现代性；与人民同在、满足人民文化需求的大众性；汲取世界文化精华，体现人类价值观发展的先进方向的开放性。主要要求是反映以国家为价值主体的主导价值观，体现"国家意志"，满足国家"安邦定国"的需要；反映以社会为价值主体的主流价值观，体现社会基本属性，满足社会发展价值导向的需要；反映以公民为价值主体的共同价值观，体现日常行为准则，满足公民"安身立命"的需要。评估指标是依据转化对象的具体情况，结合现实需求，通过赋予时代新义、改造表达形式、增补充实内容、拓宽延展内涵等方法进行科学"转化"。

（三）研究方法

借鉴多学科的研究方法，引入实证研究、定量分析等分析方法，使研究更具科学性、准确性。中华传统美德与社会主义核心价值观研究涵盖范围非常广泛，因此本书将多学科交叉融合，运用马克思主义理论，从思想政治教育学、心理学、哲学等多学科角度，探析中华传统美德与价值观的内在关系，以及中华传统美德创造性转化的内容、原则、方法机制等问题，借助交叉学科的研究优势，为中华传统美德实现创造性转化和提升价值观自信提供新的思路。此外，这一研究作为一项兼具基础理论性和整体性的研究，需要牢牢把握实际问题这一研究基础。本书联系现实开展研究，使用社会调查方式，运用 SPSS 等数据分析工具进行实证调研，为中华传统美德创造性转化现实情况提供有价值的真实数据，为后文找出问题，分析原因，制定转化原则、要求、方法机制奠定实践基础。

（四）主要目标

1. 理论上的主要目标

把中华传统美德的创造性转化、社会主义核心价值观的认同践行、文化自信和价值观自信的增强等重大理论命题统合起来进行学理上的论证与阐释，建构一个整合性的分析框架。培育社会主义核心价值观、提升价值观自信、促进中华传统美德创造性转化和创新性发展是当代中国特色社会主义提出的时代课题,在理论与实践上都应取得有效进展。在理论上,基于社会主义核心价值观和中华传统美德既有相对独立性,又有着相互契合的历史与内在逻辑,我们不仅能够对其进行独立性研究,同时也能将二者进行关系分析。本书主要以社会主义核心价值观与价值观自信为逻辑基点,研究其与中华传统美德的内在契合关系,进而在中华传统美德中发掘出能够通过创造性转化达到提升价值观自信的优秀道德,为后文具体转化路径的提出做好内容铺垫。在理论研究的基础上,利用实证分析对当前中华传统美德创造性转化面临的问题和影响因素进行分析,并有针对性地提出创造性转化过程中应该遵守的原则与要求以及行之有效的方法机制,以期建立一个以提升价值观自信为指向、促进中华传统美德创造性转化的整体性理论框架。

2. 实践上的主要目标

立足当前中国社会发展的实际情况,以增强价值观自信为方向引领,研究探索中华传统美德创造性转化、创新性发展的总体构想和实施体系,为科学制定切实有效的具体行动方案提供决策参考。中华传统美德作为中华民族几千年积淀下来的精神财富,今天我们能做的就是持守一种积极乐观的心态,用科学的态度和方法诠释它的当代之义,彰显它的时代价值,实现中华传统美德的创造性转化和创新性发展,用被赋予了时代新内涵的中华传统美德滋养社会主义核心价值观,提升价值观自信,进而为社会主义文化建设注入强大精神动力。通过提出中华传统美德创造性转化基本原则和要求,创设创造性转化的方法机制,首先有助于中华优秀传统文化和传统美德的继承与发扬。中华传统美德是整个中华民族的珍贵精神财富,也是当代中国人道德教育的鲜亮底色,必须历代传承下去。其次,有利于全社会把社会主义核心价值观作为中国特色社会主义文化之魂,在全社会达成理想与信念上的共识。最后,有助于人们厘清社会主义核心价值观、价值观自信与中华传统美德的逻辑关联,形成对中国特色社会主义文化的强烈自信,以更加饱满的姿态投身于社会主义现代化强国建设中去。

第二章
社会主义核心价值观与价值观自信

每个时代都会有与之相适应的价值观。习近平总书记提出："核心价值观,承载着一个民族、一个国家的精神追求。"①中华传统美德的创造性转化研究以提高价值观自信为导向,这必须回溯社会主义核心价值观生成及发展的过程,明晰其中的内容旨趣,进而立足于价值观自信的上位概念,把握价值观自信的理论内涵,为后续研究提供坚实的理论支撑。

第一节 社会主义核心价值观的提出与弘扬

任何一个国家、一个民族的健康发展,都离不开其在长期的社会生活实践中孕育生成的核心价值观的维系和指导。社会主义核心价值观的凝练和提出并非一蹴而就的,而是一个由理论到实践、由历史到现实的逐步完善的进程。这是我们党在总结中国特色社会主义伟大实践的经验基础上,尤其是在思想文化领域,根据世情、国情、党情的变化,牢牢把握以人为本的价值内核,将马克思主义基本理论与中国传统优秀文化相结合,持续深化对社会主义核心价值观体系的认识,从而形塑社会主义核心价值观,展现当代马克思主义的新发展。

---

① 《习近平谈治国理政》(第 1 卷),北京:外文出版社 2014 年版,第 168 页。

一、社会主义核心价值体系的孕育与提出

中国共产党历来高度重视核心价值观建设。早在 1945 年召开的中国共产党第七次全国代表大会上,党就提出要建设独立、自由、民主、统一和富强的新中国,明确规定"全心全意为中国人民服务"的宗旨。中华人民共和国成立后,党领导人民进行社会主义思想道德建设。1978 年 12 月,党的十一届三中全会确立了解放思想、实事求是的思想路线,科学继承了毛泽东思想,将马列主义、毛泽东思想的普遍原理与我国改革开放的伟大实践历程相结合,孕育出党从理论到实践的伟大创造,进一步清晰党的治国理政思路,更加坚定党的治国理政步伐。

改革开放后,中国共产党一直坚持"两手抓、两手硬",注重物质文明和精神文明的双重建设。1986 年 9 月,党的十二届六中全会根据十二大的相关战略决策和 1985 年党代会精神,结合当时社会发展要求,通过了《中共中央关于社会主义精神文明建设指导方针的决议》。2001 年 9 月,中共中央印发实施《公民道德建设实施纲要》,为加强社会主义市场经济条件下的公民道德建设提供有力指导,进一步推动了我国社会主义精神文明建设。2002 年党的十六大以来,党领导人民继续积极探索、大胆创新,提出一系列重大战略思想。党的十六届三中全会第一次明确提出"坚持以人为本,树立全面、协调、可持续"的科学发展观,有力促进了全党全社会对"社会主义物质文明、政治文明和精神文明协调发展"①这一重要论断的新认识。2002 年 12 月,全国宣传思想工作会议召开,强调要从战略全局高度做好新形势下的宣传思想工作。

针对我国青少年可能存在的思想层面上的意识形态问题,加之西方资本主义国家意图"和平演变"我国下一代的阴谋昭然若

---

① 《中共十六届三中全会在京举行　全会由中央政治局主持　中央委员会总书记胡锦涛作重要讲话》,载《中国青年报》2003 年 10 月 15 日。

揭,2004年2月起,中共中央、国务院就未成年人及大学生思想道德教育问题印发意见,对此提出相关要求,强调以理想信念教育为教育核心、以爱国主义教育为教育重点、以基本道德规范为教育基础,深入推进正确的世界观、人生观、价值观教育及时代精神教育和公民道德教育。党的十六届四中全会完整提出"构建社会主义和谐社会"的理念,强调要加强党的执政能力建设。

胡锦涛总书记进一步强调:"一个社会是否和谐,一个国家能否实现长治久安,很大程度上取决于全体社会成员的思想道德素质。没有共同的理想信念,没有良好的道德规范,是无法实现社会和谐的。"①因此,必须始终坚持把马克思主义作为指导思想,在全社会大力弘扬民族精神和时代精神、集体主义和社会主义思想,积极推进公民道德建设工程实施,培育良好社会风尚,提高全民族综合素质。社会风气集中体现了社会的价值导向,体现了一个社会的文明程度。2006年3月,为进一步纯正社会风气,推进社会主义思想道德建设,在全国政协十届四次会议民盟、民进界委员联组讨论上,胡锦涛总书记提出了以"八荣八耻"为主体内容的社会主义荣辱观,确定了"倡导什么、反对什么"的社会价值导向衡量标准,这也为社会主义核心价值体系的确定提供了思想资源。

2006年10月,《中共中央关于构建社会主义和谐社会若干重大问题的决定》(以下简称《决定》)系统阐发了为何以及如何构建社会主义和谐社会。《决定》强调:"建设和谐文化,是构建社会主义和谐社会的重要任务。社会主义核心价值体系是建设和谐文化的根本。必须坚持马克思主义在意识形态领域的指导地位,牢牢把握社会主义先进文化的前进方向,弘扬民族优秀文化传统,借鉴人类有益文明成果,倡导和谐理念,培育和谐精神。"②社会主义核

---

① 《十六大以来重要文献选编》(中),北京:中央文献出版社2006年版,第710页。

② 《中共中央关于构建社会主义和谐社会若干重大问题的决定》,http://www.gov.cn/govweb/gongbao/content/2006/content_453176.htm,2006年10月11日。

心价值体系可以说是"有机融汇了社会主义价值观、社会主义价值体系和社会主义核心价值观,是一个包含丰富内容的多层次体系"①,在我国的整体社会价值体系中居于核心地位并起到方向性作用,而这也促进了社会主义核心价值观的产生。

党的十七大报告指出要建设社会主义核心价值体系,并提出了具体要求。"社会主义核心价值体系是社会主义意识形态的本质体现",需"切实把社会主义核心价值体系融入国民教育和精神文明建设全过程,转化为人民自觉追求,积极探索用社会主义核心价值体系引领社会思潮的有效途径,主动做好意识形态工作,既尊重差异、包容多样,又有力抵制各种错误和腐朽思想的影响"。②

自党的十七大以来,社会主义核心价值体系的教育和宣传力度都实现了进一步提升,而这也很好地深化了人们对其内涵、意义的认识和理解,在社会各界中掀起了学习和宣传高潮。2008 年 12月,胡锦涛总书记提出,"社会主义核心价值体系是我国指导思想、共同理想、民族精神、道德观念的集中体现",建设社会主义核心价值体系,"是增强民族凝聚力和国家软实力的客观需要"。③ 2009年 9月,党的十七届四中全会提出,面对不断变化和发展的世界形势,建设马克思主义学习型政党是当前一项重要任务。会议强调要努力提升我们党的思想政治水平,扎实"推进马克思主义中国化、时代化、大众化","用中国特色社会主义理论体系武装全党",并积极"开展社会主义核心价值体系学习教育",从而"建设学习型党组织"。④ 2011 年 10月,党的第十七届六中全会指出,要深化文

---

① 戴木才、田海舰:《论社会主义核心价值体系与核心价值观》,载《中国党政干部论坛》2007 年第 2 期。

② 《十七大以来重要文献选编》(上),北京:中央文献出版社 2009 年版,第 26—27 页。

③ 《胡锦涛在纪念中国科协成立 50 周年大会上的讲话》,http://www.gov.cn/ldhd/2008‑12/16/content_1179001.htm,2008 年 12 月 16 日。

④ 《中共中央关于加强和改进新形势下党的建设若干重大问题的决定》,http://cpc.people.com.cn/GB/64093/67507/10130215.html,2009 年 9 月 28 日。

化体制改革,对此提出了相关政策部署,同时强调:"社会主义核心价值体系是兴国之魂,是社会主义先进文化的精髓,决定着中国特色社会主义发展方向。必须强化教育引导,增进社会共识,创新方式方法,健全制度保障,把社会主义核心价值体系融入国民教育、精神文明建设和党的建设全过程,贯穿改革开放和社会主义现代化建设各领域,体现到精神文化产品创作生产传播各方面。"①总体而言,明确社会主义核心价值体系在中国特色社会主义建设及国家发展中的作用,要以统一的指导思想形成共同的理想信念,才能促进全党全社会的发展进步。

二、社会主义核心价值观的凝练与概括

一直以来,有关社会主义核心价值体系的认识是在不断深化的,在深化认识的过程中要凝练其核心内容,以更加简洁明了、通俗易懂的方式将其向社会大众提出。与此同时,新的历史条件下,国际国内形势错综复杂。在国际方面,西方资本主义国家竭力进行文化渗透,推行强权政治,加快拓展意识形态外延,并且以新的方式输出其奉行的价值观。在国内方面,随着互联网的发展,各种文化信息涌入,各种思想观念碰撞,使得社会意识形态出现多元化特征。特别是在改革开放进入深水攻坚期的关键时刻,社会各种深层次的矛盾冲突、各方的利益博弈更加突出,这时候全党全社会更加需要统一的思想指引。

基于这一背景,2012 年 11 月,党的十八大第一次正式提出了社会主义核心价值观,具体为"倡导富强、民主、文明、和谐,倡导自由、平等、公正、法治,倡导爱国、敬业、诚信、友善,积极培育社会主

---

① 《中共中央关于深化文化体制改革　推动社会主义文化大发展大繁荣若干重大问题的决定》,https://www.12371.cn/2012/09/28/ARTI1348823030260190_3.shtml,2012 年 9 月 28 日。

义核心价值观"①。这 12 个词语分别从国家、社会、个人出发,对社会主义核心价值观的精髓进行了高度概括。相较而言,核心价值观更加概括集中,更加深刻地揭示了社会主义核心价值体系的核心要义与实践指向,是对这一体系的凝练表达。

社会主义核心价值观的提出在国内外产生强烈反响。2013年 4 月 28 日,习近平总书记指出,广大工人阶级要"自觉践行社会主义核心价值观,发扬我国工人阶级的伟大品格,用先进思想、模范行动影响和带动全社会,不断为中国精神注入新能量,始终做弘扬中国精神的楷模"②。2013 年 12 月 23 日,中共中央办公厅印发《关于培育和践行社会主义核心价值观的意见》,提出了"培育和践行社会主义核心价值观的重要意义和指导思想""把培育和践行社会主义核心价值观融入国民教育全过程""把培育和践行社会主义核心价值观落实到经济发展实践和社会治理中""加强社会主义核心价值观宣传教育""开展涵养社会主义核心价值观的实践活动""加强对培育和践行社会主义核心价值观的组织领导"等观点③,并对此作出若干思考,彰显出党和国家培育和践行社会主义核心价值观的信念和决心。2014 年 1 月 4 日,刘云山在培育和践行社会主义核心价值观座谈会上对如何切实做好社会主义核心价值观的培育和践行工作作了具体部署,包括社会主义核心价值观同社会主义核心价值体系的逻辑关系、深化宣传与普及、汲取优秀传统中的文化养分、立足人民群众和党员干部引领带动五个方面。随后,培育和践行社会主义核心价值观的系列举措相继实施。2014

① 胡锦涛:《坚定不移沿着中国特色社会主义道路前进　为全面建成小康社会而奋斗——在中国共产党第十八次全国代表大会上的报告》,北京:人民出版社 2012 年版,第 31—32 页。

② 《习近平在同全国劳动模范代表座谈时的讲话》,http://politics. people. com. cn/n/2013/0428/c70731 - 21322732. html,2013 年 4 月 28 日。

③ 《中共中央办公厅印发〈关于培育和践行社会主义核心价值观的意见〉》,载《人民日报》第 1 版,2013 年 12 月 24 日。

年 2 月 24 日,中共中央政治局围绕"培育社会主义核心价值观、弘扬中华传统美德"这一主题进行了集体学习,习近平总书记明确强调,"把培育和弘扬社会主义核心价值观作为凝魂聚气、强基固本的基础工程"①,并在全社会进行宣传教育,这对弘扬中华传统美德,进一步巩固中国特色社会主义建设中的思想道德建设具有积极意义。

十八大以后,以习近平同志为核心的党中央在多个场合、多个文件中反复强调社会主义核心价值观建设的作用,并对怎么样更好地建设等问题进行说明。2016 年,中共中央印发指导意见文件,强调"社会主义核心价值观是社会主义法治建设的灵魂""把社会主义核心价值观融入法治建设",②以法律法规和公共政策为载体向全社会传递正确的、积极的价值取向,以真正实现依法治国和以德治国的同向发力。党的十九大报告明确提出,"社会主义核心价值观是当代中国精神的集中体现"③,同时也是全体中国人民同样的价值追求,要"以培养担当民族复兴大任的时代新人为着眼点,强化教育引导、实践养成、制度保障,发挥社会主义核心价值观对国民教育、精神文明创建、精神文化产品创作生产传播的引领作用,把社会主义核心价值观融入社会发展各方面,转化为人们的情感认同和行为习惯"④,以此充分发挥核心价值观在意识形态领域凝聚人心、汇聚民力的功能。这些阐释进一步明确了社会主义核

---

① 《习近平:把培育和弘扬社会主义核心价值观作为凝魂聚气强基固本的基础工程》,载《人民日报》第 1 版,2014 年 2 月 26 日。

② 《中办国办印发〈关于进一步把社会主义核心价值观融入法治建设的指导意见〉》,载《人民日报》第 1 版,2016 年 12 月 26 日。

③ 习近平:《决胜全面建成小康社会 夺取新时代中国特色社会主义伟大胜利——在中国共产党第十九次全国代表大会上的报告(2017 年 10 月 18 日)》,北京:人民出版社 2017 年版,第 42 页。

④ 习近平:《决胜全面建成小康社会 夺取新时代中国特色社会主义伟大胜利——在中国共产党第十九次全国代表大会上的报告(2017 年 10 月 18 日)》,北京:人民出版社 2017 年版,第 42 页。

心价值观的丰富内涵和实践要求,体现出党对社会价值理念和实践的认识达到了一个新的高度和水平。2018 年 5 月,党中央印发了《社会主义核心价值观融入法治建设立法修法规划》,为社会主义核心价值观的全面培育和践行提供了明确的行动指南,并要求将社会主义核心价值观融入法律法规的立、改、废、释全过程,力争在五到十年内,将社会主义核心价值观全面融入中国特色社会主义法律体系当中。随后,在 2019 年 10 月召开的党的十九届四中全会上审议通过了《中共中央关于坚持和完善中国特色社会主义制度　推进国家治理体系和治理能力现代化若干重大问题的决定》,第一次提出"坚持和完善繁荣发展社会主义先进文化的制度",并将社会主义核心价值观作为引领文化建设制度的重要内容和实现途径。2020 年 10 月,党的十九届五中全会对"十四五"时期文化建设作出战略部署,将文化建设提升到前所未有的高度,明确社会文明程度是衡量一个国家现代化水平的基础指标。会上审议通过的《中共中央关于制定国民经济和社会发展第十四个五年规划和二〇三五年远景目标的建议》中就进一步突出了要"坚定文化自信,坚持以社会主义核心价值观引领文化建设,加强社会主义精神文明建设"[1],这为新时代文化建设指明了前进的方向,集中体现了历史潮流所向、时代发展所需和人民愿望所求。

三、培育社会主义核心价值观的当代伟大成果

社会主义核心价值观是我国意识形态领域的主流价值观念,蕴含了丰富的道德理念、人文精神和价值规范,表达了人民对美好生活的向往与追求,也为经济社会发展提供了最根本的精神遵循。新时代,我们党始终坚持把培育社会主义核心价值观贯穿于中国

---

[1] 《中共中央关于制定国民经济和社会发展第十四个五年规划和二〇三五年远景目标的建议》,http://www.gov.cn/zhengce/2020 – 11/03/content_5556991.htm, 2020 年 11 月 3 日。

特色社会主义伟大实践之中,注入社会发展各个方面,融入国民教育全过程,注重教育引导、实践养成和制度保障,使之鲜活具象化和日常生活化,切实推进社会主义核心价值观落地落实落细,并自觉用社会主义核心价值观凝聚共识、汇聚力量。为此,在社会主义核心价值观的引领下,中国共产党团结带领中国人民在中国特色社会主义道路上大步向前,并取得一系列伟大实践成果。主要表现为脱贫攻坚取得重大胜利、思想文化建设取得重大进展和全面依法治国取得历史性成就三方面。

(一)脱贫攻坚取得重大胜利

党的十八大以来,中国共产党团结带领全党全国各族人民聚焦脱贫攻坚,并将这一任务摆在治国理政的突出位置。十九大之后,党中央把精准脱贫与防范化解重大风险、污染防治共同列为全面建成小康社会的三大攻坚战。经过多年的接续奋斗,现如今我国脱贫攻坚工作取得重大胜利,获得举世瞩目的伟大成果。作为当代中国精神的集中体现,社会主义核心价值观在脱贫攻坚决战决胜过程中,充分凝聚起了全党全国全社会的共识,强有力推动了反贫困进程和乡村振兴。

首先,脱贫攻坚工作与社会主义核心价值观有着相同的目标与追求。社会主义核心价值观内在地蕴含了要消除贫困、满足人民对美好生活的向往的要求,体现了我们党始终为人民服务的责任与使命,与脱贫攻坚战要求实现贫困人口的"两不愁、三保障"、实现贫困县全部摘帽、解决区域性整体贫困的底线任务不谋而合,本质上都体现了我国立足发展实际,着力消除贫困、改善民生,从而为最终实现共同富裕这一社会主义的本质要求不懈奋斗。其次,社会主义核心价值观为脱贫攻坚工作提供了思想上的指导,作为激发群众勤劳致富、自力更生的内生动力,融入了脱贫攻坚的全过程。在脱贫攻坚实践中,党和国家积极倡导贫困群众自主劳动,转变观念,大胆创新,开动脑筋探索自我致富的道路,积极落实基层群众自治制度,这些精准有效的举措能够帮助培育内生动力,深刻彰显了社会主义核心价值观的思想引领力和实践号召力。不仅如此，用社会主义核心价值观指导脱贫攻坚还有助于扭转部分群众不思进取、听天由命的思想状况，促使其在精神状态和道德品质方面进行自我审视，从而坚信劳动最光荣的理念，督促贫困群众靠自己的双手创造财富，形成摆脱贫困的内生动力。最后，脱贫攻坚践行了社会主义核心价值观的价值准则。脱贫攻坚不仅要从物质上脱贫，更要从精神上脱贫，要积极探索自治、法治、德治相融合的道路。习近平总书记不止一次在中央扶贫开发工作会议上指出："脱贫致富不仅仅是贫困地区的事，也是全社会的事。"①为巩固拓展脱贫攻坚成果，我们在全社会范围内大力弘扬社会主义核心价值观，充分发挥核心价值观的德治作用，帮助树立了正确的扶贫导向，通过凝聚社会广泛共识，团结集中广大社会力量，坚定了决胜全面建成小康社会的必胜信心，提升了情感认同，引导更多群众树立艰苦奋斗、自力更生的意识，全身心投入脱贫攻坚战当中，全方位预防和化解返贫风险。总之，社会主义核心价值观对脱贫致富提出了内在要求，对社会主义核心价值观的培育和践行也营造了浓厚的劳动致富社会氛围，凝聚了最广大人民的精神力量，从而助力脱贫攻坚取得重大胜利。

（二）思想文化建设取得重大进展

社会主义核心价值观是当代精神的集中表达，是全国各族人民共同价值追求的科学呈现。社会主义核心价值观的践行需要全社会共同的努力，要从融入社会发展各个层面、各个方面入手，对人们的情感认同和行为习惯形成潜移默化的影响，从而在全社会范围内形成奋发向上、团结和睦的精神风貌，为我国的思想文化建设取得重大进展提供源源不断的道德滋养和精神动能，具体表现为在意识形态领域旗帜鲜明地坚持马克思主义指导地位、积极推动

---

① 《十八大以来重要文献选编》（下），北京：中央文献出版社 2018 年版，第 50—51 页。

文化事业和文化产业的发展、推进新时代公民道德建设这三方面。

其一，坚持马克思主义指导地位。文化建设的首要问题在于坚持以什么思想理论为指导。这一问题关乎政党的性质、国家的方向，关乎民族的命脉与人心的凝聚。习近平总书记在纪念马克思诞辰 200 周年大会上指出："理论的生命力在于不断创新，推动马克思主义不断发展是中国共产党人的神圣职责。"[①]历史和实践已然充分表明，马克思主义不仅是科学的理论，同时也是社会主义核心价值观最根本的立场、观点和方法。从当代中国最大的实际出发，其理论发展是对马克思主义中国化、时代化、大众化的深刻诠释与生动体现。2013 年 12 月，中共中央办公厅印发了《关于培育和践行社会主义核心价值观的意见》，从总体上对社会主义核心价值观的建设工作进行了部署，强调要发挥社会主义核心价值观在凝聚人心方面的作用，使全社会形成共同的、积极的价值追求，有效夯实全党全国各族人民矢志奋斗的思想根基，着力强化马克思主义在意识形态领域的指导地位。党的十八大以来，以习近平同志为核心的党中央高度重视社会主义核心价值观建设，将其作为基础工程和战略任务摆在突出位置，并作出一系列重大部署，推动全党坚守初心、坚定信仰，更加自觉地高举马克思主义伟大旗帜，大大增强了人们对马克思主义的认可度、自信心和践行力，牢牢掌握住马克思主义对意识形态工作的领导权。

其二，积极推动文化事业和文化产业的发展。党的十八大以来，以社会主义核心价值观为思想引领，并将其作为灵魂工程和根本任务融入文化事业和文化产业建设当中，广泛开展了各项活动，一方面，可以促进文化事业和文化产业蓬勃发展；另一方面，也可以让人们在参与实践活动的过程中不断深化对社会主义核心价值观内在要义与真谛的理解。因此，在"十三五"期间，社会主义核心

---

① 《习近平在纪念马克思诞辰 200 周年大会上的讲话》，载《人民日报》第 1 版，2018 年 5 月 5 日。

价值观的培育和践行颇具成效,文化发展成绩斐然。文化艺术创作生产成果丰硕,公共文化服务体系初步完善,建立了以需求为导向的公共文化产品和服务供给机制,文化体制改革不断深化。文物保护传承也富有成效,文化产业发展水平不断提升,文化经济总量增加,文化业态综合多样,尤其是新兴产业势头强劲,极大发展了文化生产力。文化事业繁荣兴盛,公共文化投入力度持续加大,公共文化服务设施不断完善,服务能力和服务水平明显提升。文化对外交流工作日趋活跃,文化进出口总额快速增长,对外投资有序推进,文化政策与体制机制改革稳步推进。可以说,在精神文明建设、文化艺术创作与传播、国民教育等方面,社会主义核心价值观都充分发挥了积极作用。

其三,推进新时代公民道德建设。习近平总书记指出:"以主流价值建构道德规范、强化道德认同、指引道德实践,引导人们明大德、守公德、严私德。"①一个国家、一个民族的公民道德水平与核心价值观的公信力、认同度紧密相关。社会主义核心价值观不仅为社会发展指明了前进方向,也为社会成员明确了道德目标,其内涵要义反映了中国精神,凝聚了中国力量,体现了中国智慧,在应对多元化的社会思潮、多样化的利益诉求上发挥着重要的作用。站在新时代、新起点之上,无论是实现全面建成社会主义现代化强国的第二个百年奋斗目标,还是实现中华民族伟大复兴的中国梦,都必须具备强大的硬实力和软实力,而硬实力和软实力的实现关键在人,离不开全体中华儿女万众一心,朝着共同的目标信仰前进。而如果一个时代、一个社会的公民没有共同的信仰,则会魂无定所、行无所依,难以提振精气神从事社会活动。因此,在"两个一百年"奋斗目标的历史交汇时期,要始终坚持以核心价值观为引领,并将其价值要求贯穿于道德建设的全过程,进一步为推进新时

---

① 《中共中央国务院印发〈新时代公民道德建设实施纲要〉》,载《人民日报》第1版,2019年10月28日。

代公民道德建设提供文化支撑和智力支持,为中华民族伟大复兴培养敢于担当的新时代公民。

(三)全面依法治国取得历史性成就

"制度优势是一个国家的最大优势"[①],全面依法治国是中华民族和中国人民一直以来的不懈追求,也是实现我国 2035 年远景目标和实现中华民族伟大复兴的中国梦必不可少的制度保障,而作为精神指引的社会主义核心价值观对于全面推进依法治国的伟大实践具有重要意义。社会主义核心价值观的广泛普及和深入人心,有利于整合社会思想意识,促进提升社会成员的思想道德水平,为依法治国营造良好的社会秩序,从而促进社会系统的正常运转。可以说,社会主义核心价值观与依法治国相互促进、相辅相成,前者为后者提供统一的社会共识,后者为前者提供硬性的制度保障。

十八大以来,党和国家十分注重社会主义核心价值观建设,并将其上升到党内法规和国家法治建设层面,使其成为全面依法治国的价值依据。2016 年 12 月,中共中央办公厅、国务院办公厅印发《关于进一步把社会主义核心价值观融入法治建设的指导意见》,明确把社会主义核心价值观上升到法律制度层面。党的十九大通过的《中国共产党章程》将"发扬社会主义新风尚,带头实践社会主义核心价值观和社会主义荣辱观"[②]作为党员义务加以强调。2018 年 3 月,社会主义核心价值观在第十三届全国人大一次会议中被写入《中华人民共和国宪法》,这一举措是从国家层面出发对社会主义核心价值观做出的相应规定。随后,中共中央于 2018 年5 月印发《社会主义核心价值观融入法治建设立法修法规划》,明

---

① 《习近平:坚持和完善中国特色社会主义制度　推进国家治理体系和治理能力现代化》,载《求是》2020 年版第 1 期。

② 《中国共产党章程》,http://www.12371.cn/special/zggcdzc/zggcdzcqw/,2017 年 10 月 24 日。

确指出社会主义核心价值观入法入规是一项艰巨繁重的任务,要在坚持党的领导、价值引领、立法为民、问题导向、统筹推进这五项原则的指导下,使法律法规更好体现国家的价值目标、社会的价值取向、公民的价值准则。要求以社会主义核心价值观为《中华人民共和国民法典》的精神灵魂,加快推进《中华人民共和国民法典》各分编的编纂工作,推动民事主体自觉践行社会主义核心价值观。在融入"刚性规范"的过程中,充分体现出社会主义核心价值观的法治导向。

2020 年 5 月,十三届全国人大三次会议表决通过我国第一部以"法典"命名的法律——《中华人民共和国民法典》(以下简称《民法典》)。这一法律的颁布开创了我国法典编纂立法的先河,也是社会主义核心价值观推动全面依法治国取得历史性成就的重要成果。社会主义核心价值观之所以能够与《民法典》实现首创性融合,一方面是因为二者在价值追求方面具有内在契合性。《民法典》开篇表明其立法目的在于:"保护民事主体的合法权益,调整民事关系,维护社会和经济秩序,适应中国特色社会主义发展要求,弘扬社会主义核心价值观,根据宪法,制定本法。"[①]这意味着弘扬社会主义核心价值观成为《民法典》立法目的之一,也在我国社会主义立法史上被视为一大创举。民法所彰显的平等公正、意思自治等基本原则高度契合社会主义核心价值观的价值取向,是最能反映人们核心价值认知的"最大公约数"。另一方面,《民法典》需要社会主义核心价值观给予指导。《民法典》被称为"社会生活的百科全书",覆盖了社会生活的方方面面,在法律体系中处于基本法的重要地位,需要在社会主义核心价值观的指导下不断完善,契合并体现出国家的正确价值取向。社会主义核心价值观为《民法典》中的条文解释与漏洞填补及最后的顺利颁布提供了理论的价

---

① 《中华人民共和国民法典》,http://www. npc. gov. cn/npc/c30834/202006/75ba6483b8344591abd07917e1d25cc8. shtml,2020 年 6 月 2 日。

值指引,以《民法典》中"树立优良家风、弘扬家庭美德、重视家庭文明建设"①等涉及婚姻家庭的规定为例,充分体现了社会主义核心价值观在其中的引领导向作用。《民法典》打造了集倡导性规范、义务性规范和赋权性规范等为一体的制度体系,创造性地将社会主义核心价值观全面落实于调整人与自然、社会、他人之间的关系。简单来说,《民法典》立足我国国情和实践发展,是社会主义核心价值观推动全面依法治国取得历史性成就的生动写照。

第二节　社会主义核心价值观的基本内容

社会主义核心价值观是基于我国长期的革命、建设和改革的伟大实践,逐步形成和发展起来的,具有广泛社会基础的思想共识和指导社会进步的价值目标。社会主义核心价值观分别从国家层面、社会层面、公民层面做出"富强、民主、文明、和谐""自由、平等、公正、法治""爱国、敬业、诚信、友善"的价值要求并以此为基本内容,为新时代文化认同夯实了根基,也为提升价值观自信积淀了精神力量,与此同时,也为我国社会主义文化建设提供了遵循。

一、社会主义核心价值观国家层面内容

"富强、民主、文明、和谐"是基于国家战略高度确定的价值目标,在社会主义核心价值观中发挥着统领功能,起到价值引领作用,而这对实现中华传统美德创造性转化和推进我国社会主义现代化国家建设具有重要意义。具体来看,该目标分别围绕经济、政治、文化和社会四个层次进行展开,相互促进,互为统一体。

(一)富强

富强作为国家层面价值目标的首位要素,充分体现了千年以

---

① 《中华人民共和国民法典》,http://www.npc.gov.cn/npc/c30834/202006/75ba6483b8344591abd07917e1d25cc8.shtml,2020年6月2日。

来中华民族的夙愿和中国共产党人的长期奋斗目标，也反映出马克思主义唯物史观对于生产力标准的根本要求，因为只有国家富裕强大了，才能够更好地为社会和个人的发展提供物质和安全保障。

富强，就是民富国强，这也是中华民族自古以来的思想。首先在于富民，《管子》云："凡治国之道，必先富民。"正如马克思主义所主张的观点，国家财富的积累和创造归根结底在于满足人们的生活需要，一方面是要满足人们的物质需要，保障人们的日常基本生活；另一方面是要充实人们的精神需求，为最终实现人的自由而全面发展提供强大底气、深厚定力。其次在于强国，具体体现为国家综合国力的强大，展现一国的经济、政治、军事、文化等实力，能够在世界范围内产生强大影响力。

从根本上来说，国家强盛与人民富裕二者相互交织、相互统一。在中国传统文化的家国同构视域之下，家是最小国，国是千万家，二者紧密联系且不可分割。国家作为人民生存和发展的最重要的社会组织形式之一，国家的发展形势与人民的生活状况相辅相成、休戚与共。只有国家富强，人民才能拥有安居乐业、发力发展的稳定社会环境和秩序，因此，前者是后者的重要前提和保障；与此同时，国家富强的最终目的是增进人民福祉，后者是前者的最终目的和奋斗目标。对于我国这一社会主义国家来说更是如此，国家利益与个人利益在根本上相一致，从而使得国家富强与人民富裕成为有机统一的共同体。

此外，富强这一价值取向明确了奋斗的目标指向，是价值观与方法论的有机协同，即实现共同富裕。由于社会制度的根本不同，对于"富裕"这一概念，社会主义社会与资本主义社会有着截然不同的理解和认识。资本主义社会推崇的是少部分人的富裕，是剥削阶级的富裕，而社会主义提倡的则是全体人民的共同富裕。就像邓小平同志所指出的："如果走资本主义道路，可以使中国百分之几的人富裕起来，但是绝对解决不了百分之九十几的人生活富裕的问题。"①社会主义的本质是"解放生产力、发展生产力,消灭剥削、消除两极分化,最终达到共同富裕"。这一本质深刻回答了富强的内在动力,既包含强调效率优先、公正为本的生产力发展标准,也包含公平公正分享生产成果,以达到共同富裕的目标追求。当然,这里的共同富裕并不等同于绝对意义上的同步、同等富裕。在实现富裕的方式上,共同富裕以"先富"为途径,由先富带动后富,即允许部分人和地区先富起来,进而带动其余人和地区致富,最终达到共同富裕。

中国特色社会主义富强观超越了我国传统的平均主义富强观和西方资本主义国家两极分化的富强观,兼具生产力标准的效率原则和共同富裕价值标准。"不患寡而患不均"的平均主义思想深植于我国传统文化之中,这一思想在展现出我国传统文化重视公平正义的同时,也表现出传统自然经济的局限性。在西方资本主义世界,资本主义私有制决定了其鼓励发展生产、开拓市场和积累财富的举措无法最终实现共同富裕,只能满足少数人的致富梦想。中国特色社会主义富强观在中西价值观中取长补短,在吸收我国传统价值观中重视公平的积极因素时,摒弃了其阻碍生产发展的错误观念;在借鉴西方价值观中重视生产和物质财富的优势的同时,也杜绝了其无视多数人利益的缺点。

(二) 民主

民主是人类社会的普遍追求,也是我们共产党人的光辉旗帜。我国是人民民主专政的社会主义国家,这是我国的国体,人民是民主专政的主体。因此,中国特色社会主义民主不仅是一种体现人民民主的价值理念,更是一种经过现实检验的真正民主。作为一个价值目标、一种政治实践,民主建设也是一个不断发展的过程。

纵观中西方对于民主的论述,既有共通性,也有异质性。立足

---

① 《邓小平文选》(第 3 卷),北京:人民出版社 1993 年版,第 64 页。

于传统文化的视域,民主指的是"为民做主"。据《说文解字》记载,"民,众萌也",其中"民"意指众多之数;"主,灯中火主也",其中"主"意为指明方向的人。《尚书》记录了"民主"一词的最早使用,即民之主,意为管理人民的君主,其中也包含为民做主的民本理念。在后来的政治实践中,又进一步发展出"国以民为本"的政治思想,构成了传统民本思想的道德传统和政治追求。

众所周知,近现代意义上的民主制度均源于西方世界。基于词源学角度,英文"democracy",即"民主"一词的词源为古希腊文"demokratia"。"demokratia"作为组合词,由意指平民的词汇"demos"和意指权力、治理的词汇"kratos"组成,意为"平民的治理"。基于具体举措的角度,西方民主的起源需要追溯到两千多年前,同样与古希腊有着密不可分的联系,学界通常将古希腊的公民直接治理国家模式视作其原型。到了 18 世纪、19 世纪,民主制度在英美等国相继确立,并在 20 世纪发展成西方国家普遍认同的政治制度。

民主有资本主义民主和社会主义民主之分。资本主义民主的范围较为狭隘,致力于服务资产阶级利益集团。"我们在那里却看到两大帮政治投机家,他们轮流执掌政权……这些人表面上是替国民服务,实际上却是对国民进行统治和掠夺。"[1]社会主义民主克服了资本主义民主的虚伪性和不彻底性,实现了真正意义上的人民当家作主,是"真正实现大多数人享受的民主制度,使大多数人即劳动者实际参加国家的管理"[2]。相比于西方资本主义国家的三权分立和相互掣肘而言,社会主义国家最大的优越性在于"干一件事情,一下决心,一做出决议,就立即执行,不受牵扯"[3]。能够充分发挥"集中力量办大事、提高效率办成事"的制度优势。发

---

① 《马克思恩格斯选集》(第 3 卷),北京:人民出版社 1995 年版,第 12 页。
② 《列宁选集》(第 3 卷),北京:人民出版社 1995 年版,第 722—723 页。
③ 《邓小平文选》(第 3 卷),北京:人民出版社 1993 年版,第 240 页。

展社会主义民主政治离不开中国共产党的领导和人民群众的主体作用,需要在党的正确领导下,充分发挥人民群众的主观能动性,将人民当家作主融入依法治国全过程之中,保持我国民主政治的旺盛生命力。①

(三) 文明

核心价值观中的"文明"概念是社会发展的重要标识,为社会主义先进文化、社会主义精神文明建设指明前进方向并提供行动指南。在世界的历史长河中,各类文明百花齐放,成果丰硕。宣扬社会主义文明观,需要掌握和遵守文化建设规律,汲取各类文明成果中的正向价值,也需要立足国情,促进文化建设与时代同行、与实践同步。

"文明"一词历史悠久,东西方语境下的"文明"都与个人的道德文化息息相关。在词源学中,"civilization"衍生于拉丁文"civis",代表古罗马城市的公民,以区别于非城市,后发展为代指先进的文化状态。汉语中的"文明"一词起源于《周易》,意为个人内在德行和外在素养的统一体。正是在文明的灌溉下,中华民族才赢得了"礼仪之邦"的美誉。

如今,文化作为国际竞争中的重要因素,推动文明建设成为提升文化软实力的最佳动力源。千年来的历史实践证明,"没有先进文化的积极引领,没有人民精神世界的极大丰富,没有全民族创造精神的充分发挥,一个国家、一个民族不可能屹立于世界先进民族之林"②。

建设社会主义文明国家,是一代代中国共产党人矢志不渝的

---

① 《全面建设小康社会,开创中国特色社会主义事业新局面——在中国共产党第十六次全国代表大会上的报告》,http://cpc.people.com.cn/GB/64162/64168/64569/65444/4429125.html,2002年11月8日。

② 《十六大以来重要文献选编》(下),北京:中央文献出版社2008年版,第752页。

共同使命。早在战争时期,这就已经成为我们党团结带领人民革命奋斗的重要目标。毛泽东在《新民主主义论》中表明:"不但要把一个政治上受压迫、经济上受剥削的中国,变为一个政治上自由和经济上繁荣的中国,而且要把一个被旧文化统治因而愚昧落后的中国,变为一个被新文化统治因而文明先进的中国。"①我们现如今所倡导的文明,是以"三个面向"为导向,积极建设和宣传民族的、科学的、大众的社会主义文化,进而丰富人们的精神生活,赋予人们强劲的精神力量。② 在当前我国的社会主义先进文化建设中,"三个面向"为文化建设提供了重要方向,民族的文化是根基,科学的文化是关键,大众的文化是基础。因此,要努力克服传统文化中落后、愚昧的观念和思想,积极挖掘优秀的、符合现代精神的先进文化,坚持弘扬富有特色的民族文化,积极发展大众文化,同时眼光向外,积极发展包容的、开放的、世界的文化,丰富人们的精神世界,不断提升人们的文化自觉和文化自信,开辟文化认同的新路径,不断推进中华民族的文明发展进程。

(四)和谐

自社会诞生以来,人类就从未放弃对和谐社会的追求。在中国,"以和为贵"的思想自古就深入人心;在西方,"和谐社会"的构想在 18 世纪就已融入法国空想社会主义理论中。马克思批判地吸收了其中的理想成分,科学地提出了共产主义社会这一伟大构想,中国特色社会主义和谐社会则是对该目标的生动诠释和伟大实践。

和谐是万事万物本质的一种存在表现,是中华民族一贯的优良传统,是共产党治国理政的一贯诉求。就和谐的词意而言,原指协调、融洽。马克思主义认为,社会主义制度是实现社会和谐的基础性条件,"这种共产主义……是人和自然界之间、人和人之间的

---

① 《毛泽东选集》(第 2 卷),北京:人民出版社 1991 年版,第 663 页。

② 《十六大以来重要文献选编》(上),北京:中央文献出版社 2005 年版,第 29 页。

矛盾的真正解决,是存在和本质、对象化和自我确证、自由和必然、个体和类之间的斗争的真正解决"①。由此不难看出,马克思所构建的共产主义社会,具备调和各类矛盾关系以达到和谐这一基本特征。社会主义和谐观的大体轮廓可以概括为以下几个方面:

第一,人际关系的和谐。"人的本质并不是单个人所固有的抽象物。在其现实性上,它是一切社会关系的总和。"②因此实现人的自由全面发展必然指向个体与他人、个体与社会之间关系的逻辑要求,必须"推翻那些使人成为被侮辱、被奴役、被遗弃和被蔑视的一切关系……使人的世界和人的关系回归于人自身"③。也就是说,推翻私有制和旧的社会分工,建立社会主义体制机制是实现人际关系和谐的必然条件。

第二,国际关系的和谐。中国一直主张在国内推行构建和谐社会,在国外推行共建和谐世界的方针政策,与此同时,积极推动以和谐理念为核心的国际关系处理标准,主张在面对种族冲突、文明冲突等问题时,要坚持平等对话、开放合作的原则,谋求利益共赢。

第三,人与自然的和谐。马克思主义认为,"我们这个世界面临的两大变革,即人同自然的和解以及人同本身的和解"④。自然界"是我们人类赖以生长的基础"⑤,所以人作为自然的产物,既要尊重自然,正确看待自然,又要树立绿色发展理念,拒绝以自然为代价发展经济,注重保护环境。提出只有"社会化的人,联合起来的生产者,将合理地调节他们和自然之间的物质变换"⑥,才能真正实现人与自然和谐共生的状态。

---

① 《1844年经济学哲学手稿》,北京:人民出版社2000年版,第81页。

② 《马克思恩格斯选集》(第1卷),北京:人民出版社1995年版,第56页。

③ 《马克思恩格斯全集》(第3卷),北京:人民出版社2002年版,第189页。

④ 《马克思恩格斯全集》(第1卷),北京:人民出版社1956年版,第603页。

⑤ 《马克思恩格斯选集》(第4卷),北京:人民出版社1995年版,第222页。

⑥ 《资本论》(第3卷),北京:人民出版社1975年版,第926—927页。

二、社会主义核心价值观社会层面内容

"自由、平等、公正、法治"是基于社会层面拟定的价值目标,蕴含了对美好社会的价值期许,继承和发展了中华传统美德,我们党和国家需要长期坚持和一以贯之。

(一)自由

自由是社会主义的终极追求和内在逻辑要求。推动自由的实现,对于实现中国特色社会主义事业有着重大价值。

自由有着丰富的内在意蕴。在大众的日常概念中,自由是一种无拘无束的自然状态,通常意味着没有约束或限制。但其实没有绝对的自由,正如恩格斯所强调的:"自由不在于幻想中摆脱自然规律而独立,而在于认识这些规律,从而能够有计划地使自然规律为一定目的服务……自由就在于根据对自然界的必然性的认识来支配我们自己和外部自然。"[①]马克思也从实践的角度定义了自由,他认为自由的基础是正确认识和接受必然性,并在此基础上对客观世界加以主观改造,即在明晰必然性认识的前提下才能促进自由的实现。基于传统政治哲学的视域,自由与权利相挂钩,体现为公民享有的权利。在此意义上,现代国家依照法律规定保障公民的基本权利和自由,包括财产权、人身、言论和出版自由、集会及宗教自由等。自由不等同于毫无约束、为所欲为,而是需要遵守一定的规定,否则无约束的权利便会相互抵触,这时候自由将成为虚幻的、想象性的存在物。社会主义自由着眼于保障个人的生存发展自由,具有普遍性意义。社会主义的最高自由在于"自由人的联合体","在那里,每个人的自由发展是一切人的自由发展的条件"[②]。

可以说,自由是实现伟大中国梦的核心要求,是推动中国特色

---

① 《马克思恩格斯选集》(第3卷),北京:人民出版社1995年版,第455—456页。
② 《马克思恩格斯选集》(第1卷),北京:人民出版社1995年版,第294页。

社会主义发展的重要精神动力。实现广大人民群众的根本利益是中国特色社会主义事业的根本遵循,"让人民共享更多发展成果"这是我们党治国理政的坚定承诺。我们知道,"一枝一叶总关情",为政之要离不开为民之情,"国之大者在为民",立国之道离不开为民之本,这些都是经过历史和实践检验的真理。可以说,实现一切人的自由全面的发展,要使每个人都能拥有"人生出彩"的可能性。党的十八大提出丰富中国特色社会主义道路内涵,在其中纳入"促进个人的全面发展"要求,这既需要保障公民的基本权利和自由,又需要保障公民自由发展提升的资源。

(二)平等

平等是人类文明发展的重要尺度,也是中国特色社会主义的本质要求。大力宣扬和培育平等价值,对于实现平等目标和发展中国特色社会主义事业具有重要意义。

自古以来,我国就有向往平等的传统。平等是关于社会对待组织成员的规范性价值理念,具象而言,人与人在性格、能力、需求等方面是大不相同的,但作为人本身和社会主体则就应当处于平等地位。因此,每位社会成员都是平等的个体存在,都应该被一视同仁,从而确保最基本的人的生存发展需求,这也是现代社会平等的理念的最基本内涵。

平等具有丰富的内涵意蕴,辐射政治、经济、文化平等诸多领域,也涵盖身份、权利、机会平等多项内容。社会主义平等观,坚守了为民初心的真挚情怀,彰显了执政为民的生动实践,比如注重分配过程和结果的平等,保障个人的基本自由和权利等,这无疑是对平等的现实践行。当然,社会主义平等绝不是绝对平均。在分配时若每个人得到均等的分量则视为平均,但平等是在保障大众拥有平等的权利前提下,运用统一的价值标准进行衡量,测量的结果可接受合理差别。比如按劳分配制度就是以劳动为尺度来衡量收入分配,是社会主义社会平等的集中表现;再比如辛勤工作比懒惰息工的人收入多,积极奉献比碌碌无为的人得到更多奖励,这类现象即为恰当、平等的。

人人平等的政治理念，不仅是我们党执政兴国的关键，也是社会主义制度的特质。邓小平所强调的经济层面上共同富裕的价值目标，平等就是贯穿其中的一条逻辑主线。党的十八大提出，"要努力营造公平的社会环境，保证人民平等参与、平等发展权利"①。可以看出，平等始终是人本思想的外化表现，是社会主义的本质特征，更是党的根本宗旨的集中体现。中国共产党始终坚持以人为本的办事理念，倘若只有部分人享受到社会发展红利，就不是真正意义上的平等分配。若要实现平等，就必须把人民放在心中最高位置，为民解难题、办实事，让人民拥有实实在在的福祉，用心用情用实保障人们享有的各项权利，提升人们的幸福指数。

（三）公正

公正是社会长远发展的必要条件，是社会主义的根本展现。在全面深化改革的过程中，促进社会的公平正义是走中国特色社会主义道路的内在要求。

放眼古今中外人类社会的发展历程，公正是永恒不变的价值追求。回溯到古希腊，柏拉图就在其所著的《理想国》中指明，公正是理想政体必需的美德，也是现代化建设的核心价值所在。正如罗尔斯所言，公正是一切统治者和人民孜孜以求的价值理想。只有统治者的统治内含公正性，才会为人民所信服，才会得到群众的支持，获得政权的正当性，人民才能各得其所、生活美好。公正最重要的意义就是公平合理分配权利和义务，找寻恰如其分的尺度来分配权利、机会和社会公共财富等资源。

社会主义社会的公正理念包括多层含义。一是总体以追求共同富裕为目标原则，保障后富裕的人要能富裕，做到劳动成果的分

---

① 《坚定不移沿着中国特色社会主义道路前进　为全面建成小康社会而奋斗——胡锦涛在中国共产党第十八次全国代表大会上的报告》，http://politics. people.com.cn/n/2012/1118/c1001 - 19612670. html，2012 年 11 月 18 日。

配结果公正,为所有劳动者共享。二是在经济上,一方面推行生产资料公有制,从源头切断社会资源分配不公正的可能,保障人民群众公平地占有生产资料;另一方面推行以按劳分配为主体的分配制度,保证分配的程序公正而不受权威垄断等特权侵害。三是在政治上,坚持人民的主体地位,积极倡导政治参与,保障言论公开自由,使国家政策始终体现人民意志和人民心声,依法治国,保障法律的公正实施。邓小平同志曾指出:"我们为社会主义奋斗,……因为只有社会主义才能消除资本主义和其他剥削制度所必然产生的种种贪婪、腐败和不公正现象。"①换言之,其他的一切制度本质上仍处于阶级压迫范畴,具有浓重的非公正意味,无法引领社会实现真正的公正。只有社会主义制度能够从根本上以公正理念原则,改变人民的命运,推动社会公平正义的实现,展现中国制度的优越性。就此,能否实现公正成为社会主义区别于资本主义的重要特点,中国要想实现更长远更宏大的目标、更幸福更美好的生活,就必须始终把公正挂在心头,念在口头,落实于行动中,不仅重视分配公正,激发劳动人民积极性,更要把公正注入日常生活的方方面面,推动发展成果更多更好惠及全体人民。

(四)法治

法治是实现自由、平等和公正的制度保证,是国家治理的重要依托,建立法治国家已成为一种普遍共识。毫无疑问,法治社会建设是社会主义国家的基本目标工程,其中,法治不仅表现为用法律治理国家,也意味着切实保障人们所享有的平等自由权利。

"法治"意为通过树立法律的权威性、普遍适用性来形成治国方略,权威性就是在遇到纷争时,要将法律作为评定一切标准的最高准则,法律的权威性不受强权等任何外物影响。对法治的讨论由来已久,早在古希腊时期亚里士多德就率先提出"法治"与"人

---

① 《邓小平文选》(第3卷),北京:人民出版社1993年版,第143页。

治"的对比思考。人治是以主观精神来判断,依靠的是掌权者的智慧,但再伟大的贤人也难以排除主观偏见,难以不受生长环境、周围人的影响,难以做出完全理智客观的判断;而法治则是依靠法律法条的权威性。法律凝结着群众智慧,是在众人审慎考虑后制定的,与统治者单个人或掌权群体这种少数人的意见相比更具有科学性,按照法律来治理国家,更加民主,即"法律是最优良的统治者"①。我们的历史是一部由人治走向法治的历史,法治是现代文明进步的标签,法治的实现意味着大众从落后专制的统治中被解放,实现了基础的公民平等,保证了基础的人权等。厘清法治的概念,也需要将其与法制相区别。法治是依法治国的总体实施框架,是根本性和原则性的法律理念,是偏向行为过程的词;而法制是法治的基础,更多是指向法律的体系架构,是法律制度的简称,偏向名词性概念。与法治不同,法制可能成为人治和专制的工具,所谓的法制国家也只是表示国家拥有法律体系,但是否存在统治者意志凌驾于其之上的情况尚未可知。

　　法治的意义重大,一方面,法治为实现自由、平等和公正提供了可靠支撑和有力保障。就此而言,在社会主义国家中,法律是人民意志的体现,可以保障人民的基本权利、自由不受侵犯,可以保障人与人之间地位平等,受到同等尊重,是维护社会公正的最后一道防线。社会主义法治理念以真正做到人民当家作主为目标,并将其与党的领导和依法治国有机统一,在以党的领导为根本保证的前提下,注重以依法治国为核心,以执法为民为本质要求,以公平正义为价值追求,实现服务大局的重要使命。另一方面,法治满足了中国特色社会主义社会发展要求。社会主义法治规范了权力的使用方式,保卫了人民权益,与中国共产党为人民服务的根本宗旨不谋而合,有助于社会主义政权的深入人心、赢得民心,有助于

---

　　① ［古希腊］亚里士多德:《政治学》,吴寿彭译,北京:商务印书馆 1981 年版,第 171 页。

缓解群众关系,缓和公正矛盾,运用科学统一的手段解决难以调解的冲突问题,从而维护社会秩序稳定,助力于和谐社会的建设。总而言之,法治在经济提质增速、政治民主公正等方面发挥了重要作用,为实现第二个百年奋斗目标提供了坚实保障。

三、社会主义核心价值观公民层面内容

爱国、敬业、诚信、友善既是中国传统美德、革命道德与社会主义道德中个人层面的精髓要义,又是对马克思主义道德观的新发展,还是新时代中国公民应自觉遵循的道德准则。

(一)爱国

爱国是全体人民认同的美好道德。中国经历了反封建反殖民的多年斗争,正是凭借着爱国主义力量的驱使,无数英雄才在历史中涌现,人民才齐心协力,创造了新时代的中国。爱国主义早已内化为中国人血脉中最稳定的文化基因,是我国民族精神的核心,也是实现美好生活的动力。

爱国主义是国家与个人关系的正确反映,是建立在了解国家客观状况基础上的主观自信,在日常生活中表现为对现如今来之不易的国家发展的热爱。没有国家为个人提供社会历史环境、物质条件,人们就无法实现自我生存与发展,这些感触是爱国情感的来源,对这一情感的研究积累为爱国主义的相关学说,形成了中华民族强大的精神力量,铸造了强大的社会主义意识形态氛围,使每个公民都热爱自己的国家,自觉主动地去维护国家安全。

爱国主义意味着人们对国家发展的真实认同,以本国制度、法律等为发展信心。我国所选择的中国特色社会主义发展道路,既不是照搬"苏联模式"的产物,也不是闭关锁国的结果,而是将先进理论思想与本国实际相结合的成果,国家自主探索中国特色自主创新道路,依靠全民族的智慧和力量,紧跟时代发展的步伐,提振中华民族的精气神,这一切都大大激发了爱国主义情感,使其更好地推动本国发展。

爱国主义要求公民将国家历史融入生活习惯和人生价值的构建。以史为鉴,以史明志,学习历史意义非凡。中国拥有着悠久的历史,幅员辽阔又文化丰富。个人在思考人生价值之时,如果能将个人与国家历史相结合,就能把个人短暂的生命融入社会发展的悠悠长河之中,就能让个体价值取得一种由民族历史锻造的厚度;如果能把个人与国家辽阔的土地相结合,就能拓宽联系和想象的界限,为人生的进一步展开提供开阔的思路和视野,为求学、就业、定居提供广泛的选择;如果能把个人与深厚的文化底蕴相结合,就能吸收取纳源远流长的古代文明,将革命传统、红色精神与现代化精神相融合,提升情感深度,公民的生活也就更能获得生命的厚度、无限的宽度和深刻的深度,国家也就会相应发展得更好。

爱国主义要求公民将个人理想的树立与最广大人民群众的利益相结合。如果一个人只注重物质需要,理想就会显得单薄且容易破碎,很显然,真正崇高的个人理想不能局限于自我物质需要的满足和精神愉悦的获取,更重要的是将个人发展与广大人民的幸福相联结,与本国荣辱相联结。需要明确,国家是当今世界表示公民资格的独立单位,是一个民族共同体,将个人命运与国家相联系时,得失心就会降低,而此时,国家与社会都会对个人的社会价值给予充分肯定。

(二) 敬业

敬业意为热爱自己的岗位和职业,是中华民族自古推崇的传统美德,早已成为支撑社会经济发展、彰显个人价值的重要标志,是人之为人的基本价值规范。

敬业即"不驰于空想,不骛于虚声,而惟以求真的态度作踏实的工夫"[①]。通俗而言,敬业指人们在从事工作的过程中,始终严格遵守行业道德规范,一心一意从事工作或谋求进步的表现与态

[①] 《李大钊全集》(第4卷),北京:人民出版社2006年版,第443页。

度。爱岗敬业体现的是一个人对工作的珍惜和热爱,愿意为了这份工作勤勉努力,并从工作中不断提升自我的道德操守。在任何时代,任何国家和社会的发展都离不开其成员的勤奋工作,只有所有成员心往一处想、劲往一处使,不断创造价值,这个国家和社会才能始终保持蓬勃的生命力。因此在先进的文明社会,敬业都会被作为一种核心价值加以强调,并以之约束自己的社会成员。

劳动对于推动社会发展、促进个体成长的意义重大,"敬业"一词中的"业"就是指代各式各样的劳动,其中也体现出对劳动的认可。马克思强调劳动"是整个人类生活的第一个基本条件……劳动创造了人本身"[1],"任何一个民族,如果停止劳动,不用说一年,就是几个星期,也要灭亡"[2]。另外,所有个体的成长都需要依靠劳动所提供的物质条件。只有通过劳动,个人才有"全面发展和表现自己的全部能力即体能和智能的机会"[3],激发个人潜力,提升能力与实现价值。敬业作为实现核心价值观的必要路径,为中国特色社会主义的发展提供了动力来源。新时代,先进的敬业理念可以表现为劳模精神与工匠精神,中国梦也势必要通过"辛苦劳动、诚实劳动、创造性劳动"[4]来实现,且中国梦的建设与每个人在各自岗位上的无私付出息息相关,正所谓"术业有专攻",各个行业和领域的劳动和创造都值得被尊重,通过不同岗位、职业上的劳动者共同努力,方可水滴石穿,实现质的飞跃,实现民族的复兴与国家的强盛。

其一,敬业要求热爱自己的工作,这是根本前提。只有热爱个人所在的岗位,才会有源源不断的热情投入工作中,才会在苦难面前不退缩不犹豫,才会保持奋进的姿态投入时间与精力,才可能不

---

① 《马克思恩格斯选集》(第3卷),北京:人民出版社2012年版,第998页。

② 《马克思恩格斯文集》(第10卷),北京:人民出版社2009年版,第289页。

③ 《马克思恩格斯选集》(第3卷),北京:人民出版社2012年版,第681页。

④ 《习近平:幸福不会从天而降,梦想不会自动成真》,载《人民日报》第1版,2013年4月29日。

满足于现有成就从而创造新的奇迹,推动行业发展,实现敬业精神的引领示范。其二,敬业要求勤勉努力,这是内在要求。热爱是敬业的心理驱动,但还缺乏转换为实际行动的催化剂——勤勉努力,即"凡做一件事便忠于一件事,将全副精力集中到这事上头"①,在工作时保持心无旁骛的实干精神。其三,敬业要求理性克制,这是主观条件。每个人的生命都是有限度的,如果肆意享受,放纵欲望,就会造成时间的浪费,不能推动事业发展。只有自我严格要求,才能实现敬业的价值观。

(三) 诚信

人无信不立,诚信是受世界各族人民珍视、千百年来传承下来的优良品德,是推动社会发展的重要力量。

诚信概念源自"罗马法",借以维护契约双方权利义务的应然履行,从字词组成上,可以拆解为"诚"和"信"两方面。前者意为诚恳或真实,"诚"的含义国内最早可以追溯到对神明的敬畏之心,此后随着文明的不断开化,从天与自然转移到对人与社会的关注上,现如今意为表里如一的为人基本修养。一般人对于事物都有认知与把握,如实表达有时候需要一定的勇气,但"诚"就是要求客观地描述个人的主观认知,而不畏惧任何的外在压力、强权干涉,不随意歪曲事物的本身原貌,强调真实的客观情况,是一种静态。而"信"最早刻在青铜器上,由孔子所推崇,认为君主要对臣民有信,可以认为是国家君主或将领的必备才能。该字由"人"加"言"字构成,意为人要言而有信,说出的承诺都要遵守,强调动态的情况和表述,是一种坚守。诚是信的内在德行基础,信是诚的外在行动表现,可以通过信的外在表现检验诚的程度,二者相互联结,表示诚实无欺、恪守信用,但诚信不是毫无原则的,当其与更高阶的价值观相冲突的时候,应当遵从于更高的价值统率。

---

① 梁启超:《梁启超全集》(第七册),北京:北京出版社 1999 年版,第 4019 页。

一旦缺失诚信，个人的行为就无法得到别人的信任，社会秩序就会混乱，难以进行正常的沟通交流、互补支撑。市场的运转、契约的形成都以诚信作为基础，政权的确立、国家间的交流合作都以诚信为基石，对学术真理性的忠诚、维护，也依靠诚信才能走得更远，所以诚信与社会发展的方方面面都息息相关，为了推动我国经济行稳致远，更应加强诚信教育，推广诚信的良好品质。

总之，诚信不仅是社会生活需要遵循的准则，还是美好的行为品质，更是一种责任与义务，唯有加快诚信建设，我们才能实现充满信任、彼此友爱、共同进步的中国梦蓝图。

（四）友善

友善是人的善良和宽容凝聚的一种宽厚的德性，也是公民道德的重要内容。友善的公民关系不仅是构建和谐社会关系的基础，也是联结人与人关系的道德纽带，更是维护社会秩序稳定的伦理支撑。

在甲骨文中，"友"的字形如同两只手，象征朋友间伸出的援手，原指帮助。"善"字则是以代表说话的"言"与象征吉祥的"羊"相组合构成，原指吉祥的话语。"友善"就是像朋友一样善良，寓意互相帮助和互相祝福，延伸到全社会范围即与人为善。也就是说，通过善待亲友，营造和谐的家庭氛围；通过善待他人，构筑和谐的社会关系；通过善待自然，培养和谐的共同体意识。

友善作为社会主义核心价值观的一部分，是保证人际关系良好、社会关系和谐、国家整体和谐的精神基础。人是共同体的一员，个人仁爱友善的基本操守，关乎整体的和谐发展，所以，团结友爱、崇德向善是新时代公德培育的重要着力点，是协调各方面关系的基础性价值理念。在社会主义市场经济建设过程中，人与人之间的竞争压力日趋增大，各种社会矛盾不可忽视，人际关系不可避免地会变得紧张。因此，培育和践行社会主义的友善价值观，对于缓和社会矛盾、调节社会心态、提升社会幸福度、创建良好社会氛围具有十分积极的意义，在其中发挥着"润滑剂"的作用。首先，友善有助于实现社会公平正义。亚里士多德曾指出,友善是以主体双方互为平等为前提的,在双方拥有着共同追求,彼此有着共同理想的时候,友善才会产生友爱。其次,友善可以促进公民间的真诚相待。在这里,友善不是一种间歇性的情感表达,而是一种稳定的道德伦理,其中,人们通过彼此间真诚交流、和睦相待,以达到互爱互信的道德旨归。最后,友善有助于推动并巩固公民间的互助关系。友善虽然不以互利为前提,但是在长期的友善相处中,公民之间会建立起相互信任的可靠联系,从而加深互帮互助的情感基础。在此种基础上,大家都会平等相待彼此,并不会因为给予过别人帮助或者接受过别人帮助而处于主动或被动的地位。因此,友善对社会主义和谐社会的建设至关重要,新时代下我们应当继续以平和、谦逊、友好的态度待人待物。

第三节 社会主义核心价值观自信的理论内涵与构建

习近平总书记曾指出,要"讲清楚中华文化的独特创造、价值理念、鲜明特色,增强文化自信和价值观自信","把培育和弘扬社会主义核心价值观作为凝魂聚气、强基固本的基础工程"。[①] 总之,坚定价值观自信要以马克思主义为思想指导,以中华传统美德为思想基础,以中国特色社会主义伟大实践为重要依托,旨在实现凝魂聚气、强基固本,切实提升当代中国人民的文化自觉和文化自信。

一、社会主义核心价值观自信上位概念的厘清

想要深入挖掘社会主义核心价值观自信的内在含义,就要厘清价值观与自信二者的基本概念。就价值观而言,国外学者

[①] 《习近平:把培育和弘扬社会主义核心价值观作为凝魂聚气强基固本的基础工程》,载《人民日报》第 1 版,2014 年 2 月 26 日。

Schwartz 等提出,"价值观是表现出的一些非常让人向往的状态、对象、目标或行为,它的存在超越具体情景,能成为某些行为方式的判断和选择的标准"①。国内学者因对价值观的关注点不同,做出的界定也有所不同。立足于"观念的东西不外是移入人的头脑并在人的头脑中改造过的物质的东西而已"②这一观点来说,价值问题的客观存在是价值观得以产生的条件。所以,从这一意义上讲,价值观可以概述为人们对价值问题的立场、看法和观点。从哲学角度而言,价值观可以分为一般价值观和具体价值观。其中,一般价值观是指对价值本身的看法与观点,属于价值论意义上的价值观。其通常以价值一般及价值观念一般为反思对象,以价值或价值观念的本质特征、基本属性、评价尺度等为探讨内容。具体价值观是人在社会实践中所形成并表现出来的价值评判标准,为自信价值或否认价值的反思,属于价值追求意义上的价值观,即人们追求何种价值、追求何种利益目标。我们讲的社会主义核心价值观属于具体价值观范畴,也就是价值追求意义上的价值观。

就"自信"一词来说,从字面上来理解是自己相信自己。而从心理学的层面而言,自信可理解为"是一个具有复杂结构的心理构成物,是个体对自己的积极肯定和确认过程,是对自身能力、价值等作出客观、正向认知与评价的一种稳定的性格特征"③。除此之外,从哲学的层面加以分析,自信可被理解为主体对自我这一整体或某方面所维持的积极的心理积淀机制,即可分为整体自信与具体自信两种。简而言之,自信就是个体在对自我正确认知和评价的基础上形成的一种信任自己的能力与价值的态度。自信是处于自卑与自傲之间的状态,"一个人只有正确地认知自己,充分地自

---

① Shalom H. Schwartz, Wolfgang Bilsky. Toward A Universal Psychological Structure of Human Values, *Journal of Personality and Social Psychology*,1987.

② 《马克思恩格斯文集》(第5卷),北京:人民出版社2009年版,第22页。

③ 车丽萍:《自信的概念、心理机制与功能研究》,载《西南师范大学学报》2002年第2期。

我接纳并在此基础上付出积极的意志行动,才能真正自信起来"①,这里所说的自信即自我相信,包含对自我的知行合一和对他者的包容理解,并且指向在比较中获得的认同感、自豪感。这种自信既体现了自我主体知情意行的统一,又凸显了自我与他者的相融相通,并且在互动强化中这种表现更加明显。

讲到这里,那么何谓价值观自信? 对此学界早已从多个角度进行了界定。在概念等级框架中,价值观自信同自信的关系可以被视为"种类等级"和"局部-整体等级"的关系。其中,以"种类等级"的视角来看,价值观自信是自信的下级概念;以"局部-整体等级"的视角来看,价值观自信属于自信的"缩减亚类型"。当前学者给价值观自信的定义为"人们对自己关于事物的价值评判所持态度和看法的坚定信念"②,或是"指对社会核心价值观念的自我认可及在此基础上的价值信奉态度"③。

一方面,价值观自信表现为个体对自身价值观的一种积极、稳定的心态。这种自信不仅是对个体自身当前所做出的外在行为表示价值肯定,更重要的是,对于未来未知的发展依旧持有积极的心态和排除万难的坚定信心。需要强调的是,这种对自身十分肯定和确认的心态不是盲目的自负,而是对于现有心境进行了有限制的、有条件的判断和把握,并以此为基础对自身充满坚定信心,做好了价值追求的充分准备。因此,这种自信不会受到个体短暂情绪的影响,也很难受到外在环境变化的干扰,是内心真实情感的一种稳定性延续表达。另一方面,价值观自信也可以表现为个体对自身行为的认知,具体而言表现在个体高度认同自身实践结果,并进而对自身发展水平和个人实力加以认可。实践是主客体交往的

---

①　毕重增、黄希庭:《中国文化中自信人格的内涵和功能》,载《心理科学进展》2007 年第 2 期。

②　桂理昕:《切实增强价值观自信》,载《广西日报》第 1 版,2014 年 6 月 10 日。

③　朱哲、薛焱:《价值自觉、价值自信与价值实践——践行社会主义核心价值观的三个维度》,载《思想教育研究》2014 年第 5 期。

载体中介,也是主体自信得以产生的动力。只有经由实践的检验,主体才能真正区分自信与自负的差异,才能明辨并消除自负与自卑心理,进而树立正确的意识和心态。通常来说,自信产生于两个方面:一是个体内心自发产生,即个体通过实践逐渐形成的自我肯定的心态,或是个体主观心态趋于肯定的积极态势;二是外界环境的刺激产生,即通过教育、引导、示范等外在的教化与熏陶,使主体逐渐接受并内化而带来的心态改变。

总体来看,价值观自信就是价值主体对自身价值观的高度自信,它不是一般意义上的价值观都具备的特点,而是合乎事物发展规律的、科学的价值观所独特具有的信念态度。

二、社会主义核心价值观自信的理论内涵

社会主义核心价值观作为我们党凝聚全党全社会价值共识做出的重要论断,是社会主义社会所倡导的价值观念,是建设社会主义现代化强国的精神动力,体现着社会主义社会评判是非曲直的价值标准。由此观之,价值观自信是指社会主义核心价值观自信,体现了对社会主义价值观的强烈认同,这一自信在提升社会主义核心价值观凝聚力的过程中具有重要且不可替代的作用。

作为认同并践行社会主义核心价值观的必要前提,社会主义核心价值观自信是人们在社会实践中形成的对于社会主义核心价值观的正确认识、理解,并积极接受,通过定位和调节自身价值观念,使之与社会价值观念保持一致,从而为自身行动提供社会遵循和价值规范。换句话说,它是人们在日常生活实践中形成的一种心理和社会归属感,标识自我与他者的相通性。这一自信既是个体对自我的社会性审视,对"我是谁"的身份确认和角色认知,寻求差异中的同一性,也是个体作为特定的社会成员对这个共同体信仰的价值认可和情感自信,指向一种集体共识,即类同一性。总的来说,社会主义核心价值观自信就是个体在对以人民为中心的社会主义核心价值观的科学认知与正确评价的基础上形成的一种信任,以及对其价值表示积极肯定的态度与看法。需要明确的是,社会主义核心价值观自信的建构绝不是一蹴而就的,而是一个复杂的现象整体,它包含认知、情感和践行三种要素,经历了"自信认知—自信情感—自信行为"的连续递进过程,各要素紧密联系、相互影响,统一于社会主义核心价值观自信的构建之中。其中,自信认知主要侧重于个体表层的知觉维度,是个体对社会主义核心价值观的直接观感和认识;自信情感主要侧重于个体深层的价值情感维度,是个体对社会主义核心价值观的内在认识,并在与他人的交往互动中进一步深化了这一认识;自信行为主要侧重于个体深层的信仰维度和外化的行动表现,是个体对社会主义核心价值观的理念自觉与行为自觉,真正达到了内化于心和外化于行的自信旨归。所以,要实现核心价值观自信的目标追求,必须把握住以上三个阶段的自信维度,充分利用好现实生活中的各种主客观条件,促进核心价值观自信过程的深层转化与价值升华。人们只有在认知上确认、在情感上自信、在心理上敬畏自己的价值观,才能充满价值观自信,笃定地践行价值观。

对于社会主义核心价值观内涵的理解可以从"四个自信"出发,即中国特色社会主义道路自信、理论自信、制度自信、文化自信。具体来看,这是因为社会主义核心价值观自信以"四个自信"为表征,二者联系紧密,主要表现在以下三个方面。第一,"四个自信"的历史形成、辩证发展、内部作用,表现出社会主义核心价值观话语生成的动态化、历史化、具体化。在沿着新时代中国特色社会主义道路前进的过程中,核心价值观自信在探索中不断打牢了实践基础;在对中国特色社会主义伟大经验进行系统总结的过程中,核心价值观自信寻找到了重要的理论支撑;在中国特色社会主义制度得以不断完善和健全的过程中,核心价值观自信得到了规范的保障;在中国特色社会主义文化繁荣发展的过程中,核心价值观自信得到了精神的指引。

第二,社会主义核心价值观自信为"四个自信"提供价值观导向。不论是选择道路、培养认同,还是发展制度、创新文化,都需要以社会主义核心价值观为价值遵循。面对当前全社会乃至全世界范围内思想观念多元化、复杂化的冲击,需要通过提升价值观自信,最大限度地调动凝聚各方力量,集中投入社会主义现代化建设。社会主义核心价值观自信,一方面可以加强主流意识形态自信,另一方面能够形成判断是非曲直的相对统一标准,有助于社会稳定与和谐。没有社会主义核心价值观自信,"四个自信"也会失去其价值导向,变成无源之水、无本之木,容易偏离正确的前进方向。

第三,"四个自信"本质上都体现了社会主义核心价值观自信。同"四个自信"相比较而言,社会主义核心价值观自信不仅蕴含着更高层次的价值要求,也表达出中国特色社会主义的核心价值诉求,价值观自信则是对该价值诉求的确认和认可,坚持"四个自信"也正是实现该诉求的方法路径。因此,作为"四个自信"的根本内核,社会主义核心价值观自信为其凝聚了力量,提供了保障。

基于此,社会主义核心价值观自信与"四个自信"理论相互关照、相辅相成,共同建构中华民族共同体的信仰、信念、信心。而要理解社会主义核心价值观的内容要义,就要先明确"四个自信"的理论内涵与价值原则。

一是道路自信。作为"四个自信"的首位,道路自信为我国发展指明方向。中国道路问题的核心在于,我国作为发展中的大国应当如何选择适合的发展道路,以持续发展生产力、增强综合国力、提高人民生活水平,努力吹响新时代文化自信的号角。

首先,要把握中国特色社会主义道路自信的深刻内涵。党的十八大提出:"中国特色社会主义道路就是在中国共产党领导下,立足基本国情,以经济建设为中心,坚持四项基本原则,坚持改革开放,解放和发展社会生产力,建设社会主义市场经济、社会主义民主政治、社会主义先进文化、社会主义和谐社会、社会主义生态文明,促进人的全面发展,逐步实现全体人民共同富裕,建设富强民主文明和谐的社会主义现代化国家。"①从根本上来说,中国特色社会主义自信要坚持中国共产党的领导,坚定中国特色社会主义道路,并在发展实践中得到巩固提升。

其次,要厘清中国特色社会主义道路自信的演进逻辑。从道路自信的起源来看,主要来自中华民族五千年的历史,蕴含在近代以来中国社会的发展历程之中,扎根于我国改革开放的成功实践和社会主义现代化建设之中。近代以来,由于未能找到契合本国国情且能够引领民族发展的正确道路,从学"西洋""东洋",到学器物、学制度乃至学精神,中国在波折的发展道路上不断摸索,试图模仿和追赶他国文明,但始终未能得法且进一步挫伤了民族自尊心与自信心。中国共产党成立以来,以马克思主义为指导思想,并立足于本国实际发展,始终坚持以人民为中心的基本原则,带领中国人民团结奋斗,推翻"三座大山",建立社会主义社会,积极领导社会主义建设和改革。在百年的风雨历程中,在百年的伟大探索中,中国共产党努力探求国家社会发展之道,走出了一条适合中国发展实际的强国之路。改革开放、脱贫攻坚、全面建成小康社会等历史性成就,充分证明了中国共产党的核心领导地位,深刻指明了中国特色社会主义道路的正确性,全党全国各族人民必须坚定道路自信。

最后,要进一步提升中国特色社会主义道路自信的价值导向作用。这一道路明显区别于西方资本主义和传统发展模式下的其他道路,是一条以中国实际国情为基础、以指引中国发展进步为宗旨的光明道路。新时代背景下,我国的改革发展仍需立足于社会主义初级阶段,只有通过深刻认识中国道路,坚定道路自信,才能走好中国特色社会主义道路,与此同时持续迸发这一道路的生机与活力,开创中国特色社会主义事业的新局面,为世界发展和人类

---

① 《坚定不移沿着中国特色社会主义道路前进　为全面建成小康社会而奋斗——胡锦涛在中国共产党第十八次全国代表大会上的报告》,http://politics. people. com. cn/n/2012/1118/c1001 - 19612670 - 2. html,2012 年 11 月 18 日。

进步提供中国方案。

二是理论自信。理论自信是支撑,理论是实践的指南。理论清醒决定着政治清醒,理论坚定决定着政治坚定。马克思主义是科学的理论,是无产阶级革命实践的行动指南,是关于争取全人类解放的学说,具有生生不息的真理伟力。因此,对中国共产党人而言,中国共产党人的政治灵魂和精神支柱就在于对马克思主义的坚定信仰和对社会主义、共产主义的坚定信念。

中国共产党的百年奋斗史是诠释和践行理想信念的过程,是马克思主义与中国发展实践相结合的过程。近代以来的发展历史,充分证明了中国共产党选择了马克思主义,并坚定不移地将其发扬光大是完全正确的。五四运动以来,马克思主义在我国获得了广泛传播和发展。中国共产党在这一理论的指导下,基于历次革命的实践经验,总结出一套符合我国国情的理论体系,并在具体实践中指导中国特色社会主义发展,向着社会主义现代化的目标奋进。党的十八大以来,以习近平同志为核心的党中央审时度势、高瞻远瞩,"以全新的视野深化对共产党执政规律、社会主义建设规律、人类社会发展规律的认识"[①],结合新的发展要求和最大国情实际,形成了习近平新时代中国特色社会主义思想。这一重大理论创新成果,既丰富了马克思主义理论成果,可以说是 21 世纪的马克思主义,又为新时代我国改革和发展提供了强大的思想武器,不断开创治国理政新局面,推动党和国家事业发生历史性变革,取得了举世瞩目的新成就。

理论上的清醒和自信是我们保持战略定力、坚定方向的不竭源泉。目前,国内外形势发展复杂多变,为中国特色社会主义的发展提出许多新课题、新挑战,对以推动实践为基础的理论创新提出

---

① 习近平:《决胜全面建成小康社会 夺取新时代中国特色社会主义伟大胜利——在中国共产党第十九次全国代表大会上的报告(2017 年 10 月 18 日)》,北京:人民出版社 2017 年版,第 18—19 页。

更高要求。换句话说,随着中国特色社会主义伟大事业的推进,新情况、新问题产生,新风险、新挑战出现,需要应对更加复杂、更加难以预料的新局面。在这种情况下,为建设好中国特色社会主义伟大事业,我们不仅要具有进取精神,更要具备战略定力,在与时俱进中持续推动理论创新、增强理论自信,让我们的科学理论"由实践赋予活力,由实践来修正,由实践来检验",在坚持中发展、在发展中坚持,不断发挥其"导航仪""风向标"的核心作用。

中国特色社会主义理论体系是以马克思主义为指导,在我国改革和发展的实践过程中形成的科学理论,也是理论与现实的有机统一。这一理论体系始终以马克思中国化的最新成果为内容并在实践中不断丰富发展,能够准确把握中国的具体实际。所以,我们要不断加强学习,自觉提升理论素养,牢牢坚定中国特色社会主义理论自信,提升战略思维能力,从时代前沿和战略全局角度出发,观察、思考和处理问题,把握事物的本质和内在发展规律,避免被大数据的快速传播和网络群体极化现象所影响。

三是制度自信。制度自信是保障,其中,"中国之治"无疑是坚定这一自信的现实基础,也是制度优势的最好体现。要想达到社会善治,就要处理好发展、稳定和改革三者的关系,最大程度形成发展合力。

从深入把握中国特色社会主义制度的悠久历史底蕴中坚定制度自信。中国特色社会主义制度发展和完善于中国共产党治国理政的长期实践当中,是我国将马克思主义和中国特色相结合的伟大成果,是迈进共产主义中国梦的重要发展保障,具有独特的优越性。改革开放以来,我们之所以能够取得一系列伟大成就,就是因为始终坚持中国特色社会主义制度,不动摇、不松劲。其中,我们党和政府紧锣密鼓,加快步伐全面推进"精准扶贫"制度,"扶真贫""真扶贫",致力于实现人民福利的制度的完善。2019 年 10 月 28日,党的十九届四中全会召开,会议深刻阐释了"坚持和完善中国特色社会主义制度、推进国家治理体系和治理能力现代化"①的重大意义和总体要求。在历史与现实、理论与实践的把握中,在时与势、破与立的思考中,中国共产党人始终坚持和发展中国特色社会主义,走在时代发展的前列,开辟"中国之治"的新境界。

从深刻认识中国特色社会主义制度的显著优势中坚定制度自信。中国特色社会主义制度能够凸显集中力量办大事的大优势,主要是因为我们党始终坚持把马克思主义基本原理同中国具体实际相结合,将道路开拓、理论创新与制度建设三者有机统一,在国家制度和国家治理体系方面不仅体现出科学社会主义的基本原则,还具有鲜明的中国特色和时代特色;主要是因为我国国家制度和国家治理体系始终代表最广大人民的根本利益,积极维护人民合法权益,是人民当家作主、人民共同意志的集中体现,深得人民拥护;主要是因为我国国家制度和国家治理体系始终在"取其精华、去其糟粕、以我为主、为我所用"原则的指导下不断完善和发展,积极吸收借鉴有利于我国发展进步的优秀经验,进而能够长期彰显自身优越性,持续焕发新的生机与活力。

从理解明确中国特色社会主义制度的重要意义中坚定制度自信。就其作用而言,这一制度是在实践中彰显真理价值、道义力量,对内可以充分调动人民群众的积极性,是对人民群众根本利益的坚强保障,对外可以有效应对各种威胁与挑战,是造福人民并得到人民群众支持拥护的制度。不难看出,在实现中华民族伟大复兴的奋斗征途中,国家制度在其中起到不可替代的保障作用。可以说,没有这一制度保障,就无法创造出国家富强、人民幸福的美好生活,无法在保障绝大多数人基本需求的基础上,逐步提高生活层次,无法合理分配劳动成果,从而挫伤广大劳动者参与建设的积

---

① 《中共中央关于坚持和完善中国特色社会主义制度　推进国家治理体系和治理能力现代化若干重大问题的决定》,http://www.gov.cn/zhengce/2019 - 11/05/content_5449023.htm,2019 年 10 月 31 日。

极性,最终无法达成预期的实践效果。相反,只有坚持并在实践中不断完善中国特色社会主义制度,才能够有效合理地调配社会各层力量、资源流动,控制流动大小和方向,对新时代一切劳动形式进行规定,为社会系统方方面面的正常运转提供法律底线和规范,维护社会秩序,保障人人参与,监督劳动过程,朝着有利于实现中国梦的方向前进。

四是文化自信。文化自信是一个民族、一个国家或者一个政党内心深处最坚实的自信,是对自身文化价值的充分肯定,表达了对本民族文化生命力的坚定信心。当今世界正处于百年未有之大变局,我国正处于发展的关键时期,从一定程度上来说,文化的大发展大繁荣,助力着中华民族的伟大复兴。只有高度的文化自信和认同,中国特色社会主义文化才会有开拓前进的勇气和力量,中国特色社会主义事业才能一直保持良好的发展态势,中华民族的伟大复兴才不会是一纸空文,才会实现中国特色社会主义物质文明和精神文明的双重繁荣。由此可见,文化的重要地位一目了然,国家的未来发展需要文化自信的力量与支持,而中国特色社会主义的巨大成功刚好也增强了文化自信和文化自觉。

中国特色社会主义文化是以中华优秀传统文化、革命文化为理论来源,立足于中国特色社会主义伟大实践,经由中国人民的持续继承与不断创造,彰显着中华民族自强不息的价值追求,代表着中华民族最鲜明的文化基因。文化是一个国家、社会前进发展的精神支撑,纵观中华传统文化的发展历程,儒学始终居于主体地位,但是期间儒、佛、道共构,思想上百家争鸣,艺术上百花齐放,孕育了丰富的哲学思想、人文精神和道德理念,铸就了人类文化史上一座伟大的丰碑,为后人认识和改造世界提供了充足的思想基础,为中华民族和中国人民增添了深厚的文化自信感和自豪感。只有坚持文化自信,才能珍视自己的文化,也才能因文化而自信。习近平总书记在党的十九大报告中指出:"文化自信是一个国家、一个民族发展中更基本、更深沉、更持久的力量。"①从中国特色社会主义建设取得辉煌成就的今天，到实现伟大复兴中国梦的伟大征途，文化自信始终都是凝魂聚气、促进中华民族向前发展的不竭精神动力。

文化自信的核心在于社会主义核心价值观自信。"所谓文化自信，从根本上说是对价值观的自信。"②任何一种文化都是内在价值观的外在表现，因此，从深层次来说，我们所提倡的文化自信，也就是社会主义核心价值观自信，诚然，也是中国特色社会主义自信话语体系中最基本的、最内在的自信。无论是走中国道路，还是建设中国制度，都需要以中华优秀文化为精神支撑，都需要以社会主义核心价值观为思想保障。而这也证明了社会主义核心价值观能够自信、必然自信，也必须自信。如果说，道路、理论和制度方面的自信可以富足中国人民的物质生活，那么文化自信则可以充实中国人民的精神生活。文化与价值观密不可分，社会主义核心价值观是文化永葆生命力和创造力的核心所在。

由此观之，社会主义核心价值观自信与认知、情感和践行密切相关，对个体、社会的存在和发展具有重要意义，是个体对代表广大人民群众根本利益的社会主义核心价值观做出正向认知与评价的一种稳定性格特征。其中，要认识把握社会主义核心价值观自信的理论内涵，需要坚持认同中国特色社会主义的"四个自信"，保持信任，积极肯定其价值的态度。

---

① 习近平：《决胜全面建成小康社会　夺取新时代中国特色社会主义伟大胜利——在中国共产党第十九次全国代表大会上的报告（2017 年 10 月 18 日）》，北京：人民出版社 2017 年版，第 23 页。

② 林小波：《坚定"四个自信"六讲》，北京：人民出版社 2016 年版，第 95 页。

第三章

社会主义核心价值观与
中华传统美德的内在契合

中华民族有着源远流长的优秀传统文化,并指引一代代华夏儿女创造了辉煌的历史。现如今,全国各族人民凝心聚力共同为中华民族伟大复兴接续奋斗,需要社会主义核心价值观为其提供统一的思想基础,需要中华优秀传统文化和传统美德作为精神支撑。习近平总书记提到的"一个民族、一个国家的核心价值观必须同这个民族、这个国家的历史文化相契合"①,点出了社会主义核心价值观同中华传统文化之间相契合的核心命题。中华传统美德作为中国传统文化的精华所在,反映了中华民族价值追求的根本,是社会主义核心价值观的源头活水。社会主义核心价值观通过诠释中华传统美德的当代价值,业已成为彼此融通、密切关联的有机整体。社会主义核心价值观和中华传统美德基于理论、历史与实践的三重逻辑,实现了二者的内在契合,使得中华传统美德在提升核心价值观自信指向下具备创造性转化的可能性。具体而言,中华传统美德和社会主义核心价值观在三个层面具有契合性:一是相似性,主要体现在二者在价值取向、逻辑路径、内涵理路等方面具有较高的一致性;二是相容性,主要体现在二者是相互补充、相互借鉴、相互交织的,你中有我,我中有你,具有较强的共融性;三

---

① 《习近平:青年要自觉践行社会主义核心价值观——在北京大学师生座谈会上的讲话》,载《人民日报》第 2 版,2014 年 5 月 5 日。

是相依性,主要表现为中华传统美德作为社会主义核心价值观精神上的沃土,为其提供养分,同时社会主义核心价值观也为中华传统美德的传承发展提供了方向指引,二者唇齿相依、相辅相成。因此,只有充分认识到社会主义核心价值观与中华传统美德的内在契合,才能准确把握创造性转化的可能性和可行性,以高度的文化自觉和文化自信为中华民族伟大复兴提供坚强的软实力支撑。

从理论视角来看,中国历经五千多年的发展历程,最终形成社会主义核心价值观而非其他价值观念,其根本原因正在于其与中华传统美德之间的高度亲合力和共融性。社会主义核心价值观与中华传统美德本质上是一种道德和价值观,同属上层建筑范畴,二者形式相通且相互影响、相互建构,符合"契合"的内在规定性,这也是中华传统美德实现创造性转化的前提。存在于中华传统美德中的两种不同的道德成分,是实现中华传统美德创造性转化的道德资源。从历史视角来看,中华民族发展数千年,孕育出自身独特的价值体系,其中,中华传统美德是最深层次的文化基因,深深植根于人们的内心,对人们思想和行为方式产生了长远且深刻的影响。而社会主义核心价值观既立足于中国特色社会主义伟大实践,又坚持从中华传统美德中汲取精神力量,由此获得旺盛生命力和深远影响力。中华传统美德是共同体道德品格的彰显,也是民族气质的永恒定格,这与社会主义核心价值观具有内在关联,体现了道德的继承性,二者在价值目标、价值取向、价值准则方面都存在着一定的契合与相通之处。从实践视角来看,中华传统美德植根的土壤随着社会变迁会发生相应变化,其中的道德规范也必须随着时代的发展和社会的进步而进步,即在不同历史时期,中华传统美德要积极回应社会需要,在内容、价值、方式等方面加以充实、更新和改造,融入社会形态的新内容,使之成为现代社会的新道德,体现道德的发展性;同时,通过文化生活、精神生产的诸多步骤实现传统美德和核心价值观的双向互动、深入交融。

第一节 社会主义核心价值观与中华传统 美德的理论契合

各个民族国家核心的价值观念都有其固有、独特的历史根源，社会主义核心价值观既是对中华传统美德的崭新呈现和创新表达，也是当前道德建设的价值引领和精神内核。中华传统美德是现代社会与时俱进的文化基因，是中华民族文化体系中的理论精华，蕴含着深邃的道德思想。在社会主义核心价值观内部包含着中华传统美德的要求和趋向，二者的理论契合是将中华传统美德贯彻落实于现代社会生活，不断进行创造性转化的必然前提，也是道德发展规律的必然体现。具体表现在社会主义核心价值观与中华传统美德形式相通、内核一致两方面。

一、社会主义核心价值观与中华传统美德形式相通

社会主义核心价值观是我国人民群众根本利益在价值目标追求上的集中反映，中华传统美德是流传下来的优秀道德遗产，二者在形式上同属于上层建筑范畴，相互联结、关系紧密。要探索二者在形式上的相通性，那么，首先要厘清价值、价值观、道德、道德观、美德等概念之间的关系。

关于"价值"，经济学、社会学、哲学等多个领域专家从不同的角度对其进行过阐释。从马克思主义认识论角度分析，价值是客体满足主体的一种关系，本质在于主体需要与客体属性的关系之中。至于价值观的含义，学术界对其有不同的界定与解读。价值观可分为两个层面：哲学价值观和社会价值观。从哲学层面看，有学者认为，"价值观是人们关于价值的基本理论、观点和看法"①；从

---

① 方爱东：《社会主义核心价值观研究》，合肥：中国科学技术大学出版社2013年版，第27页。

社会层面看,价值观是一个社会文化体系的内核,它代表着认定事物、判定是非对错的一种思维取向,是所在社会是非善恶的判断标准。从个人角度看,价值观是个体心中的信念、信仰和理想系统,在日常生活中发挥着价值导向和衡量标准的作用,是构成人生观、世界观的主要内容。价值观反映人们的认知和需求状态,是受世界观支配的、基于感官之上的。价值观具有阶级性,与世界观、方法论紧密地联系在一起。

"道德"二字,意蕴丰富。从中文字源上看,"道"和"德"最初是分开的。首先,关于道德的"道"字,就有很多界定。有学者提出:"道者人所由而履也。君臣父子夫妇兄弟朋友,各有道。先王有先王之道,君子有君子之道,庶人有庶人之道,道并行而不相悖者……夫道者道路之义,人所出入往来必由而履者也。"[①]这里,明确指出"道"的原意就是道路,即给人的行走区域划界,具有一定的导向性,后被人引申为规则、规范。中国古代道家对"道"也有着经典的解读,认为道是万事万物必须遵守的最高标准,具有规律的内涵。其次,关于道德的"德"也有很多定义。"德"从字形结构上看,由"彳""直""心"三个部分组成,"彳"表示与行动有关;"直"表示正、不弯曲,即正直之意;"心"表示与人的心理有关。有学者认为:"德者得也,得道之称,其得之,或以性或以学,而其于得之,则皆同矣……故之教人,学以成德,德以行道,道者所以明德也,德者所以尊道也。"[②]所以,"德"一般指德行和品德。最后,关于"道德"的界定,结合"道""德"二字的释义,现在一般认为道德是"社会意识形态之一",是由一定社会的经济关系所决定的"人们共同生活及其行为的准则和规范",通过"人们的自律或通过一定的舆论对社会生活起约束作用"。[③] 以善恶为评价标准,依靠社会舆论、传统习

---

① ［日］朝川善庵:《古文孝经私记》,学古塾藏文化八年1811年版,第37页。

② ［日］朝川善庵:《古文孝经私记》,学古塾藏文化八年1811年版,第38页。

③ 《现代汉语词典》,北京:商务印书馆2016年版,第259页。

惯和内心信念来维持,具有自律性、稳定性和广泛性等特点。每个时代、每个国家的道德观都由该时代的经济状况所决定,而道德也会对上层建筑的其他领域起到重要影响,良好的道德建设有助于满足人们的交往需要和维护社会关系的稳定。而不同的国家具有不同的文化,纵使在同一文化背景的熏陶下,同一民族的不同社会领域也会产生不同的道德类型,如职业道德、家庭道德、生态道德等。道德是国家治理的有力武器,是影响社会发展和人民幸福的重要软实力。

从哲学意义上讲,价值和道德、价值观和道德观在形式上是共融相通的。价值着眼的是主客体之间的积极正向关系,旨在强调客体对于主体具有促进意义的属性;价值观是指人们对于价值、价值关系总的看法和根本观点;道德是一种意识形态,强调的是调节人与人以及人与社会之间相互关系的行为规范与准则,是一种正面的价值取向。道德有善恶标准,价值观更多是以社会效用为标准,通过人们所持有的相对稳定的立场、观点和态度来评价。[①] 不言而喻,这些都反映出对人们行为合理性的肯定,唯一有所不同的是,评价人们行为得失的标准不同。道德和价值观还衍生出道德价值观的概念,意为优秀的道德品质所产生的精神价值,是处理社会各层关系的准则,二者联系之紧密可见一斑。此外,价值观与道德观都不是一成不变的,都会随着人们物质生活的转换而变化,以不正确的价值观指导人们的行为实践,会造成社会生活的无序失范,导致道德相对主义的盛行,影响道德的变动轨迹。由此可见,美德、道德观、价值观三者形式上是一样的,都属于上层建筑范畴。

社会主义核心价值观和中华传统美德作为价值观和美德的特殊表现形式,二者也是形式相通的。一方面,中华传统美德是中国几千年历史长河中的道德观念。所谓美德,"是对优良的道德行为

---

① 李泽泉:《推进核心价值观向道德规范转化》,载《宁波日报》2015 年 11 月 10 日。

和高尚的道德品质作出肯定性评价的概念。它是人们在长期的道德实践中所表现出来的稳定的品德特征,标志着个人或群体已经具有的道德水平与道德境界"①。美德指导个人按照一定的规范和原则为人处世,学习对待社会、他人、家庭的正确方式方法,认识自我、修炼自身,引导群众按照一定的善恶标准,培养良好的道德品质和行为准则,有利于树立崇高信仰,进而确立科学的价值观,按照道德规范调节行为。而"传"是指美德从中国的悠久历史中走向现实、跨向未来的流传过程;"统"是指这种美德观念的现实影响力不仅没有随着时代消逝,反而具有时代生命力,在新的历史背景下熠熠生辉,统领着未来的走向。中华传统美德是中华民族在几千年的发展过程中,汇聚各种思想文化和观念形态中的以道德价值、道德规范和道德行为模式为基本内容的道德体系的精华部分和具有积极意义的成分。它代表的是中华民族传统的思想观念,其中,最为稳定的部分发展成了伦理道德传统。从另一方面来说,社会主义核心价值观作为社会主义先进文化的核心和关键,其对中华传统美德不仅是简单继承,更是超越发展,体现了中华民族当下的思想观念。"价值观属于文化的范畴,不可能脱离特定的历史文化传统"②,价值观离不开传统美德的熏陶。一般而言,价值观具有多层次、多维度的特性,但其中居于主导地位的、与特定的社会政治经济制度相协调的价值观就被称为核心价值观。当处于阶级社会时,核心价值观是统治阶级所推崇和提倡的,对其他价值观具有统摄引领作用,左右着人们的思想行为。因此,从社会制度的性质来看,社会主义核心价值观是社会主义道德观,是我国软实力的重要文化内核,是推动国家治理体系和治理能力现代化的重要精神支撑。无论是社会还是身处其中的群体与个人,其拥有的价

---

① 唐凯麟、彭柏林、李彬编:《中华传统美德十二讲》,北京:学习出版社 2009 年版,第 1—2 页。

② 王晓晖:《积极培育和践行社会主义核心价值观》,载《求是》2012 年第 23 期。

值观的内在样态,决定着其拥有的发展目标和未来方向,而中华民族传统美德的传承很大程度上决定着群众心中的善恶行为标准,其持有的道德观决定了其行动准则。社会主义核心价值观是在理性审思基础上形成的道德共识和发自内心的道德认同,理应成为公民基于理性自主选择的价值观,成为公民自觉遵守的道德行为准则,并体现在自由自愿的日常生活实践中。

除此之外,社会主义核心价值观与中华传统美德形式相通还表现在二者都是立足于国家、社会和个人这三个层面来构建自身的体系。习近平总书记提出:"中国古代历来讲格物致知、诚意正心、修身齐家、治国平天下。从某种角度看,格物致知、诚意正心、修身是个人层面的要求,齐家是社会层面的要求,治国平天下是国家层面的要求。"①中华传统美德基本是从这三方面阐释理论内容,而社会主义核心价值观也涵盖这三方面的内容要求,即国家层面的富强、民主、文明、和谐,社会层面的自由、平等、公正、法治,公民层面的爱国、敬业、诚信、友善。此外,需要关注的是,无论是中华传统美德所隐喻的身、家、国天下这三个层次的价值取向,还是社会主义核心价值观包含的国家、社会、公民三维度价值规范,都是全面系统的国家、社会和个人的理论系统,是自为一体的架构形式。

总之,中华传统美德和社会主义核心价值观分别代表中华民族传统和当下的思想观念,二者都是以观念形式存在并不断发展,同属上层建筑范畴,且都从国家、社会、个人三个层面进行架构,这种理论上的形式相通,是二者契合的前提条件。

二、社会主义核心价值观与中华传统美德内核一致

价值观是道德的内容展现。提升价值观自信需要与传统的道

---

① 《习近平:青年要自觉践行社会主义核心价值观——在北京大学师生座谈会上的讲话》,载《人民日报》第2版,2014年5月5日。

德伦理相适应,可以说既离不开中华传统美德的助力,也需要与当代社会主义道德建设的理念目标相匹配,同时与社会日常生活的价值诉求相吻合。作为社会主义核心价值观的主要源泉之一,中华传统美德是"中华文化的精髓,蕴含着丰富的思想道德资源"①。因此,社会主义核心价值观必然与中华传统美德内核一致。

党的十八大以来,习近平总书记多次提及并强调社会主义核心价值观与中华传统美德的内在关联。2019年10月,中共中央、国务院印发的《新时代公民道德建设实施纲要》中明确强调:"坚持以社会主义核心价值观为引领,将国家、社会、个人层面的价值要求贯穿到道德建设各方面,以主流价值建构道德规范、强化道德认同、指引道德实践,引导人们明大德、守公德、严私德。"②究其本质,"核心价值观,其实就是一种德,既是个人的德,也是一种大德,就是国家的德、社会的德"③。某种意义上,社会主义核心价值观就是"大德"与"小德"的有机结合,是国家、社会、个人三维度的德的内在统一,科学阐述了社会主义核心价值观和"德"之间的共融共通。可以说,社会主义核心价值观是一种对当代社会群体行为实践具有普遍规定性的美德,是对中华传统美德进行的现代化表达和形象化诠释。社会主义核心价值观与中华民族传统美德的内在核心统一表现在要求服务于社会整体发展、注重内在修养的提升、坚持以人为本三方面。

一是都要求服务于社会整体发展。中华民族传统美德历来重视整体思维,强调处理好"群己关系";社会主义核心价值观是为应对现代面对国内外纷繁复杂的形势,巩固全党全国人民团结奋斗,从而引领全社会进步而提出的,二者都要求服务于社会整体发展。

一方面,中华传统美德强调整体与个人的关系问题,讲究整体

---

① 《习近平谈治国理政》(第1卷),北京:外文出版社2014年版,第164页。

② 《新时代公民道德建设实施纲要》,载《人民日报》第1版,2019年10月28日。

③ 《习近平:青年要自觉践行社会主义核心价值观——在北京大学师生座谈会上的讲话》,载《人民日报》第2版,2014年5月5日。

性、和谐性、统一性,注重承担社会责任,主张服务于社会公利的整体主义原则。中国是由56个民族组成的统一的多民族国家,各民族和睦相处、相互扶持,共同创造了五千年文明史。在这段文化长河中,中华人民始终讲究宽以待人,追求和谐讲理的社会环境,强调人与自然的和谐统一、社会的不断进步,排斥武力解决问题,同时坚定维护国家统一,注重抵御外侵。早在商周之际,先人们就开始了对天人关系的研究,强调人与自然、人与社会的统一协调关系,"天人合一"观念开始成为中国传统文化的主流观念,是暗含整体性思想的源头。中华传统美德强调服务于整体还体现在其形成的团结统一精神当中。《周易》中就对中华民族的团结精神有着深刻阐述,即"地势坤,君子以厚德载物",意为有道德的人应该心胸宽广,包容各类人及其所持有的不同意见,主要体现为人伦的和谐关系。孔子提出的"仁者爱人""己所不欲,勿施于人""己欲立而立人,己欲达而达人"等观点,都反映了要以爱人之心去助人为乐。当个人利益与作为整体的国家利益同时出现并有一定冲突时,要以整体性的国家利益为主,"苟利国家生死以,岂因祸福避趋之"便是直接体现。另一方面,通过将社会主义核心价值体系进一步总结与浓缩,社会主义核心价值观更加从本质层面上对社会主义道德进行了明确规定,强调实现社会整体进步。与资本主义社会背景下维护资产阶级利益、不断剥削劳动者乃至产生劳动异化不同,马克思主义强调创造自由而全面发展的个人,进一步地指向了自由人的联合体,提出"代替那存在着阶级和阶级对立的资产阶级旧社会的,将是这样一个联合体,在那里,每个人的自由发展是一切人的自由发展的条件"①,以此追求全人类的真正解放。马克思主义的价值观被社会主义核心价值观充分吸收,它辩证看待人与社会的依存关系,强调个人与社会的和谐统一、共同发展。其一是肯定了物质财富的重要性,突出了人的社会本质,也就是人受到了社

---

① 《马克思恩格斯选集》(第1卷),北京:人民出版社2012年版,294页。

会环境的极大影响和制约，尤其体现在生活质量方面，强调为推动社会进步要将创造充足的物质生产资料、推动科技创新等作为根本动力。其二是注重生态环境的长远建设，大力发展绿色产业、绿色经济，打造自然与现代化建设和谐同行的局面，有助于人们投入创造美好生活的各种实践中。社会主义核心价值观始终坚持社会本位的价值属性，以集体主义为原则，关注人与人之间的社会关系，凸显了执政党及其领导的国家、社会与人民主体的同一性和根本利益的吻合性，国家权力与人民权利的吻合性，政权稳定与社会稳定的同向性。社会主义核心价值观强调个体价值的实现离不开社会实践的推动，既承认个人利益的正当性，也主张当个人利益与集体利益发生冲突时，在这一特殊条件下个人应该服从整个集体利益的需要，进行适当的让步和牺牲。由此可以看出，社会主义核心价值观既有对社会这一整体的尊重与认同，也包含着对人民投身社会主义现代化国家建设、实现中华民族伟大复兴的中国梦时所必须担负的使命与责任的规定，充分展现了服务于社会整体的观念。

二是都注重内在修养的提升。中华传统美德和社会主义核心价值观之间具有高度的理论契合性，二者都指向内隐性、规范性的价值目标，也就是对美好生活的追求和内在修养的提升。

一方面，中华传统美德主张人的本性是相近的，都有其内在的道德能力，只要潜心修养，都可实现道德理想，达到理想人格，即"人皆可以为尧舜"。传统美德以儒家文化为内核，倡导血亲人伦、现世事功、道德理性等，将提升精神境界和道德修养视为人之为人的核心关切，而不倡导建构认识与改造自然界的科学知识体系，注重通过修身存养和克治实现自我修养的提升。修身存养是指积极地保护、培养人性本有的善，主要包括养也、正也、存也、清必、养气、持敬、致良知等。克治是努力克服、去除各种私欲、习气带来的恶，主要包括慎独、自省等。首先，注重自省的修养。传统美德注重客观的自我分析和恰当的自我反省对于个人品行提升与未来成长发展的重要作用，"吾日三省吾身""有则改之，无则加勉"等内容都是在阐述自析和自省的非凡意义。其次，注重遵守规范的自律修养。没有绝对的自由，也没有绝对的束缚。中华传统美德中强调"没有规矩，不成方圆"就是在为个体的自由与自束加以规范。最后，注重气节。传统美德大多强调气节，"出淤泥而不染，濯清涟而不妖""富贵不能淫，贫贱不能移，威武不能屈""老骥伏枥，志在千里"等描述是在说明气节的重要作用，有助于养成爱人修己、明辨义利、分清理欲的好习性。另一方面，社会主义新时代的美好道德作为社会主义核心价值观的本质，其目的之一便是提升群众的内在修养。核心价值观不仅是民族发展的精神支柱，还是个人行动的向导，标示着全体公民基本行为规范的前行方向，有助于规范人们的日常行为，丰富人们的精神世界，促进民族精神家园建设。一个人的道德修养水平，很大程度上取决于社会主义核心价值观的引领程度，它不仅是对国家、社会、个人之德的宏观统摄，也是对社会公德、家庭美德、职业道德、个人品德等方面做出的明确的道德规定。通过这三个层面的倡导和推行，将核心价值观融入社会发展的各领域、各方面，并在生活实践中转化为人们深层次的情感认同，立足于国家和社会对于道德的道义准则与诉求，形成对公民个人基本道德水准的框范，深刻表达了中华民族在社会主义初级阶段的价值追求，是新时代我们党和人民所遵循的价值共识，也是全国各族人民共同体认同的价值观，即集体认同的价值观"最大公约数"。习近平总书记明确表示，要"引导人们向往和追求讲道德、尊道德、守道德的生活，让13亿人的每一分子都成为传播中华美德、中华文化的主体"①，借此强化大众的内在认同，将道德规范内化于心、外化于行，自觉地提升自我素质和能力，在各方面进行自我教育和自我塑造，实现自我完善。

三是都坚持以人为本。唯物史观强调，历史是由现实的、个体

---

① 《习近平：建设社会主义文化强国　着力提高国家文化软实力》，载《人民日报》第1版，2014年1月1日。

的人的劳动创造的。中华传统美德对人的价值予以高度重视,社会主义核心价值观针对个人层面的价值取向亦有规范。

一方面,以人为本的内涵意蕴是中华传统美德中重视民生的体现,主张民贵君轻、廉洁奉公。"以人为本"这四个字首见于《管子》,当时世界上的文化都是以神为本,我国在商朝以前也是如此,但从西周开始,提出只有依靠人的祭祀,神才存在,表明人世是神世的根本,中华民族就发展出"敬天保民"的思想,即把"民"与"天"等量齐观,天的意志在民,不可忽视民心的动向。《尚书》提出"民惟邦本,本固邦宁"的观点,形成了西周文化人文主义的思想和特色,这就是中国以人为本内核的最早起源。百家争鸣时期,诸子百家立足于民进行阐述,以保障统治者权力,形成鲜明的中国特色,各家流派中都体现了保障人民利益的呼声,如儒家的"仁"和"仁爱",道家的"顺应自然""无为而治",墨家的"兼爱""非攻"等。以《孟子·尽心下》为例,其提出的"民为贵,社稷次之,君为轻"的千古名言,对后世产生了深远影响并不断延续和发展。唐太宗李世民就把君民关系比喻为水和舟,认为"水能载舟,亦能覆舟",提出"天子者,有道则人推而为主,无道则弃而不用"。这些美德都注重保障人民利益,以人民利益为中心。中华仁人志士"为天地立心,为生民立命"的理想情怀饱含着对人民大众生存状态的深切关怀,以民为本的治世理念成为维护民族国家的厚重情操。除此外,传统美德需要通过对人民的教化养成来发挥作用,主要依靠人民群众喜闻乐见的文艺形式来进行价值宣导。总体来看,中华传统美德的以人为本就是把人看作一切的根本,人是万物之灵,是宇宙万物的中心,强调在人与天地的关系之中、在人与神的关系之中,都是以人为中心。另一方面,社会主义价值观来源于马克思主义价值观,而"'一切为了解放全人类而奋斗',是马克思主义价值观的核心内容"①。

---

① 徐鸿武:《为民是马克思主义价值观的核心内容》,载《中国特色社会主义研究》2012年第6期。

社会主义核心价值观集中反映了对个人主体价值和地位的充分尊重。而在资本主义社会,一切生产生活要素都以资本逻辑在运行实践着,这个时候劳动发生了异化,人的主体价值与物质财富的增长大相径庭,个体自身的幸福感观渐渐消弭。而马克思主义使人类拨开了历史的迷雾,重新认识了人与物的、人与人的关系,使人不再成为实现生产发展的手段,人的工具理性与价值理性实现了有机统一。社会主义核心价值观针对每一个自然人、社会人和每一个公民提出行为规范,强调社会成员权利与义务的统一、价值与需要的统一,体现了对人生命和尊严、自由的尊重,对封建专制思想、宗法等级思想的彻底否定,实现了由"以物为本"到"以人为本"的华丽蜕变,从而推动了人与自然的协调统一、人与社会的良性互动以及人与自身的和谐一致。所以,马克思的人学思想是社会主义核心价值观的理论基础,社会主义核心价值观始终以马克思主义理论为指导,以实现人的全面而自由的解放为长远目标,体现了以人民为主体,以实现美好生活为价值追求。

可见,社会主义核心价值观与中华传统美德同属文化的上层建筑范畴,代表着我国现在和过去的思想观念,二者在国家、社会、个人三个层面都做出了规范性、导向性的引导,形式相通。并且,社会主义核心价值观与中华传统美德二者理论内核紧密相连,具有服务于社会整体发展、注重内在修养的提升、坚持以人为本三方面共同的理论特点,实现了思想基础上的理论契合,为中华传统美德的创造性转化提供了最基础的动力。

第二节　社会主义核心价值观与中华传统美德的历史契合

中华民族以"礼仪之邦"闻名,道德概念从原始氏族社会便已出现,传说中的尧、舜、禹、周公都是典型的道德模范。中华民族传统道德源远流长,几千年来生生不息,延续到今天仍然是影响和支配整个民族与社会的伦理道德原则与规范。这并不是历史的偶然,而是与其本身所具有的可继承性有关。从唯物辩证法的角度来看,继承性是指发展过程中新旧事物之间的必然联系,是否定之否定规律本质的特征之一。这里的否定不仅指消除旧的不合理的东西,也指要保留和进一步发展原有的进步的东西,如果只是单纯地全盘否定先前的所有,则会阻碍事物的向上发展,所以在研究传统道德问题时要先正确理解继承性这一前提条件。

"道德的继承性是在道德发展过程中,新、旧道德之间的客观必然联系。"①首先,作为一种思想上层建筑,道德是一定经济关系和其他社会关系的反映,是建立在一定社会存在基础之上的。马克思、恩格斯曾指出:"历史的每一阶段都遇到有一定的物质结果、一定数量的生产力总和,人和自然以及人与人之间在历史上形成的关系,都遇到有前一代传给后一代的大量生产力、资金和环境,尽管一方面这些生产力、资金和环境为新的一代所改变,但另一方面,它们也预先规定新的一代的生活条件,使它得到一定的发展和具有特殊的性质。"②可见,由于不同社会形态的更替发展具有统一性、连续性,所以,反映一定政治、经济和社会关系的道德具有一定的历史继承性。继承与变革是人类社会历史发展的客观规律,没有变革,人类社会就会停滞不前,历史就不会产生;同样,没有继承,历史就会中断,也不会得到发展。其次,从历史唯物主义出发,道德作为一种社会意识形态,除了被特定的社会存在所决定,还具有自身发展的相对独立性。每个时代的思想家要想解决时代问题,就必须要借鉴前人创造的成果和经验,在此基础上,再结合自己的时代背景,寻找解决问题的办法。道德作为一种社会意识形态也是如此,任何道德都不能无中生有,不论是继承传统,还是舍弃传统,任何新道德的产生都必须是在已有道德原则、规范的基础

---

① 石毓彬:《道德为什么有继承性》,载《齐鲁学刊》1981年第1期。
② 《马克思恩格斯全集》(第3卷),北京:人民出版社1995年版,第43页。

上进行的加工、改造，保留那些顺应社会发展规律的道德因素，抛弃那些阻碍社会发展的道德内容。可见，道德的发展虽然受制于一定社会经济、政治条件的制约，但又存在着其自身的历史继承性。

中华传统美德作为中华传统道德的精华，同样也具有历史继承性的特征。中华传统美德是优秀的民族品质、优良的民族精神、崇高的民族气节、高尚的民族情感和良好的民族礼仪的总和，是中华民族在漫长的历史实践活动中积累而成的稳定的社会优秀道德因素[①]，一些具有时代价值的合理成分和精华内容传承至今。社会主义核心价值观，体现了当代中国人最基本的价值取向，这是在结合时代特点和我国经济社会发展现实需要的前提下对中华传统美德加以吸收继承发展而成的。中华传统美德能够很好地为建构社会主义核心价值观提供肥沃的道德土壤，是提升价值观自信的涵养之源。习近平总书记深刻指出："中华文明绵延数千年，有其独特的价值体系。中华优秀传统文化已经成为中华民族的基因，植根在中国人内心，潜移默化影响着中国人的思想方式和行为方式。今天，我们提倡和弘扬社会主义核心价值观，必须从中汲取丰富营养，否则就不会有生命力和影响力。"[②]而作为中国优秀传统文化的核心内容，中华传统美德与社会主义核心价值观具有深厚的历史渊源，二者在价值目标、价值取向、价值准则方面都存在着一定的契合与相通之处。

一、一脉相承的国家治理价值目标

"富强、民主、文明、和谐"是与中华传统美德一脉相承的国家治理价值目标。自古以来，国富民强就是国家发展的第一目标，只

---

① 中华文化学院编：《中华文化与社会主义核心价值体系》，北京：知识产权出版社 2011 年版，第 166 页。

② 《习近平：青年要自觉践行社会主义核心价值观——在北京大学师生座谈会上的讲话》，载《人民日报》第 2 版，2014 年 5 月 5 日。

有国家繁荣昌盛，社会才能安定有序，人民才能幸福安康。从古代孟子的"五十者可以食肉，七十者可以衣帛"，到全面建成小康社会，再到建设社会主义现代化强国，都是围绕富强展开的。如管子的治国理念就是："凡治国之道，必先富民……故治国常富，而乱国必贫。是以善为国者，必先富民，然后治之。"（《管子·治国》）"富强"指经济发展，"民主"则是政治上的进步。在我国，一切权力属于人民，这是毋庸置疑的。社会主义民主观的首要内涵就是"人民当家作主"，这是在充分吸收了古代民本思想的资源中提炼总结出来的。中国传统的民本思想源自儒家的"民可敬，不可下，民为邦本，本固邦宁"（《尚书》）的政治主张，孟子的"民为贵，社稷次之，君为轻"（《孟子》）是中国传统民本思想的集中表述，贯穿于整个中国专制社会始终。另外，我国历史悠久，文化异彩纷呈，文物古迹、奇珍异宝、华丽诗句造就了璀璨的"华夏文明"，在几千年的历史长河中，中华文明始终熠熠生辉。如儒家注重"德治""礼治""仁治"的文明思想影响了整个中华民族的文明观，道家"道法自然""无为而治"的文明思想对我国社会主义生态文明建设影响深远。同时，古人认为，人与自然、人与社会、人与人以及人与自身都处于和谐关系之中，儒、道、释等学派都不约而同地表达了对"和"的向往与追求，这些"和合"理念在发展实践中凝结成中华民族传统美德的重要内容，至今仍闪烁着文明智慧之光，对构建社会主义和谐社会有着重要启示。

"富民""富国"与社会主义富强观。富强观是社会主义核心价值观在国家层面的重要反映，并且位居首位。长期以来，人们普遍认为中华传统美德只追求精神上的提升和道德上的修养，并不看重物质层面上的满足，如"一箪食，一瓢饮，在陋巷。人不堪其忧，回也不改其乐"（《论语·雍也》）的生活状态。其实不然，在古代，"富民""富国"思想常常为文人哲士所津津乐道。《孔子家语·贤君》记载，鲁哀公向孔子请教治国之道，孔子说："政之急者，莫大乎使民富且寿也。"明确表达了"民富"对国家治理的重要性。在富强与道德教化的关系上,孔子和孟子主张先富后教,把物质生活的提高作为道德教化的前提。"易其田畴,薄其税敛,民可使富也"(《孟子》),提倡通过自耕劳动、减轻赋税来使民众富起来。管仲的"仓廪实而知礼节,衣食足而知荣辱"也是主张富民在前,教民在后。法家将"富国"视为战争制胜的关键,主张"国富者兵强,兵强者战胜,战胜者地广"的价值理念。可见,"富民""富国"一直是中华民族孜孜不倦追求的目标。尤其近代以来,面对外敌入侵,这个时候人们对国家富强的向往和追求更加强烈,并且开启了救亡图存、振兴中华的探索实践。社会主义核心价值观中的富强观,传承了中华传统美德中对"富民""富国"理想的不懈追求。改革开放以来,以邓小平、江泽民、胡锦涛、习近平为代表的中国共产党人,带领中国人民克服种种困难,坚持以经济建设为中心,不断提高综合国力,呈现出全面走向国家富强和民族振兴的鲜明特点。邓小平同志多次强调,"贫穷不是社会主义","我们不要资本主义,但是我们也不要贫穷的社会主义,我们要发达的、生产力发展的、使国家富强的社会主义"。① 2013 年,习近平总书记提出:"实现全面建成小康社会、建成富强民主文明和谐的社会主义现代化国家的奋斗目标,实现中华民族伟大复兴的中国梦,就是要实现国家富强、民族振兴、人民幸福。"②不难看出,对国家富强持之以恒地追求不仅是古人的美好德行的体现,也是我们今天倡导社会主义核心价值观的道德基础,需要坚持不懈地传承和发扬。

　　"重民本"与社会主义民主观。民主观是社会主义核心价值观中的核心要素,是国家层面的核心政治价值理念。在中国历史上,由于封建专制统治的限制,其实是没有"民主"这一概念的,民本思想是形式上与民主思想最接近的中国传统思想,在强调人民群众

---

① 《邓小平文选》,北京:人民出版社 1994 年版,第 231 页。
② 《习近平在第十二届全国人民代表大会第一次会议上的讲话》,载《人民日报》第 1 版,2013 年 3 月 17 日。

重要性的本质上与社会主义核心价值观的理念相契合。中国传统价值观的民本思想大多体现在政治领域,是对专制社会统治者治国理政经验的总结,"它要求统治者从其整体、长远利益着眼,严格约束自己的过分行为,通过道德修养,具备'仁民爱物'的情操,从而'爱民''博施于民''使民以时''富而后教',达到天下大治"①。诸如《荀子·哀公》中的"水能载舟,亦能覆舟",管子的"政之所兴在顺民心,政之所废在逆民意",老子的"圣人无常心,以百姓之心为心",《尚书》里的"民为邦本,本固邦宁",张衡渠讲的"为天地立心,为生民立命",都流露出浓厚的民本意识。由此可见,即使在高度集权的封建专制统治下,统治者和思想家们也能认识到人民的重要性——只有得到人民的拥护才能维护政治统治。整体而言,传统民本思想不仅有利于维系社会稳定,在某种程度上也促进了近代民主观念的融入与传播。但中国传统的民主思想从来不会触及封建制度,依旧只是专制统治的工具,不会产生真正意义上的民主思想,因此,不能简单地将传统美德中的"重民本"思想等同于社会主义民主观,我们要秉持扬弃的态度,在进行批判的基础上进行创新转化,赋予其新时代要义,以更好地为当前社会政治发展提供道德支撑。中国共产党自成立以来就将实现人民当家作主作为自己的政治目标和历史使命,其"立党为公、执政为民"的宗旨内涵是对"重民本"传统美德的充分吸收,我们应该继续发扬这种传统美德。尤其是党的十八大以来,习近平总书记在讲话中多次提到"人民"一词,强调以人民为中心的政治理念,提出的重要论述尽显民生民情民心,继承和发展了传统美德中的民本主义精神,充分体现了我国的文化自信自觉,所以在提升价值观自信中需要厚植中华传统美德之根。

"和合"理念与社会主义和谐观。和谐观贯穿国家、社会、公民三个层面,体现在践行核心价值观的整个过程,是社会主义核心价

---

① 丛日云:《西方政治文化传统》,大连:大连出版社1996年版,第259页。

值观体系中具有基础性、战略性和全局性的重要范畴与维度。其中"天人合一"思想是我国传统和谐思想之源,强调人是大自然中的一部分。人应该尊敬自然,顺应自然规律,不能破坏自然。老子提出:"人法地,地法天,天法道,道法自然。"(《老子·二十五》)强调行事要以崇尚自然、效法天地为根本依据。庄子认为"天与人不相胜",追求"天地与我并生,万物与我为一"(《庄子·齐物论》)的天人合一境界。其实在"天人合一"理念上,儒家和道家有异曲同工之妙。除了孔子提出以"仁"待物,孟子也提出了"仁民而爱物"(《孟子·尽心上》)思想,把有计划地利用自然资源视为"王道之始"。更难能可贵的是,儒家还提出了倡导人与自然和谐共处的思想,孟子说:"不违农时,谷不可胜食也;数罟不入洿池,鱼鳖不可胜食也;斧斤以时入山林,材木不可胜用也"(《孟子·梁惠王上》),鼓励顺应自然规律,保护和合理利用自然资源。中华传统美德中的这种"天人合一"观念对于当代建设和谐社会具有重要的现实意义。工业文明在使人类社会获得巨大进步的同时,也带来了环境污染、资源枯竭、生态恶化等问题,人类不得不重新考虑人与自然之间的关系。今天,中国迈入建设社会主义现代化强国的新征程,想要建设富强民主文明和谐美丽的社会主义现代化强国,就必须继续弘扬"天人合一"的和谐观念,正确处理经济发展与资源、环境之间的关系,深入贯彻生态文明思想,加强生态文明建设。习近平总书记提出:"绿水青山就是金山银山。我们应该遵循天人合一、道法自然的理念,寻求永续发展之路。"①所以,在追求实现经济高质量发展的同时,要始终保持鲜明的传统美德底色,立足于当代中国发展实际,坚持"生态就是生产力",打好蓝天、青山、绿水攻坚战,提升生态治理效能,筑牢生态安全屏障,共同构建一个清洁美丽的世界。

---

① 习近平:《共同构建人类命运共同体》,载《求是》2021年1月1日。

二、源远流长的社会发展价值取向

"自由、平等、公正、法治",是从中华传统美德中发展而来、源远流长的社会发展价值取向。"自由"是人的全面自由,包括人的生活自由、意识自由和发展自由,追求自由是全人类共同的天性。在我国古代就有寻求自由过着田园般生活的代表人物,例如"逍遥游"的庄子、洒脱不羁的"竹林七贤"和"采菊东篱下"的陶渊明等。"平等、公正"是传统美德内含的精神意蕴,与"天下大同"理念有着深厚的历史渊源。"大道之行也,天下为公,选贤与能,讲信修睦。"(《礼记·礼运》)这一理想状态与社会主义基本精神相契合。还有孟子所说的人无论高低贵贱"皆可为尧舜",孔子强调的"不患寡而患不均"都体现了"平等、公正"的价值观内涵。"法治"是维护社会秩序的重要手段之一。我国古代虽然在治国方面强调"德治"与"礼治",但因社会的发展和实际情况的需要,在"德治"与"礼治"中又融入了"法治"的理念。可以说,从战国时期的《法经》到唐朝的《唐律疏议》再到宋元明清所推崇创造的法典体系,蕴含了德法相辅、家国思想等理念,要注重挖掘其中的法律文化精髓,从中汲取力量,择善传承,与新时代法治理念相结合,更好地丰富法治实践。

长期以来,有些人对"自由"一词讳莫如深,似乎自由是资本主义的专利,认为马克思主义、社会主义不应当谈自由,但事实并非如此。社会主义自由是在积极扬弃资本主义自由观基础上的一种更为彻底、广泛和全面的自由,是人类追求自由的崭新形态,其基本内涵是指人通过自身实践,将人从自然社会及本身的必然性束缚下解放出来,进而成为自然、社会和自身的主人。另外,"自由"也并不是外来品,在我国古代经典著作中,内含了丰富的自由概念,"自由"是传统道德所希冀的基本价值取向。具有代表性的首先是儒家的"为仁由己"道德自由论。孔子提出:"吾十有五而志于学,三十而立,四十而不惑,五十而知天命,六十而耳顺,七十而从心所欲不逾矩。"(《论语·为政》)这里的"从心所欲不逾矩"就是儒家所提倡的道德"自由",即将道德理念内化于心,并外化为道德主体的自觉道德行为。它既非一种超越现实、纯粹的精神自由,也非逾越秩序、法度的个体自由,而是一种至高道德境界。另外,孔子也强调:"仁远乎哉?我欲仁,斯仁至矣。"(《论语·述而》)体现出"为仁"的高度主体意识,"己"这一主体贯穿于儒家道德修养的动机、过程和道德至高境界的追求当中。其次是心性自由论,道家、禅学、心学都力图通过心性修养将"心"从私欲、烦恼中解脱出来,进而达到"自由"之境。如道家所倡导的"与道为一"指的就是人回归自身天性的过程。禅学主张"明心见性""见性成佛",以突出人的"自心自性"。同样,陆王心学对"心"描述道,"宇宙便是吾心,吾心便是宇宙"[①],"故夫为大人之学者,亦惟去其私欲之蔽,以明其明德,复其天地万物一体之本然而已耳。非能于本体之外,而有所增益之也"[②]。喻指要将私欲去除才能拨云见日,回复本心。社会主义核心价值观中的"自由"以"实现人的自由而全面发展"为宗旨,但也继承了中国传统自由观中的自由,强调主体意义上的道德自由、道德自觉,这贯穿于中国传统文化的价值理念,并在长时段的历史发展中得到认同和践行。中国传统美德中对"自由"的渴求在精神实质上与社会主义核心价值观的自由观念是有所共通的。

　　平等是人类最重要的价值追求之一,贯穿于整个人类历史。对平等的思考,中国古代有丰富的道德资源,各个流派就教育、人格、分配之间的平等展开讨论。从教育的角度上讲,孔子提出了著名的"有教无类"思想,不对学生的出身进行限制,对所有学生都一视同仁。这与我们现代教育公平的理念是完全契合的,孔子"有教无类"思想可以说是中国的教育公平理念的起源。在人性论的角度上,孟子认为人人"皆可为尧舜",这是对人的主体性原则的充分尊重,人人都可以通过道德修养、道德实践来提高精神境界,在精

---

①　陆九渊:《陆九渊集》卷三十六,北京:中华书局 1980 年版,第 483 页。

②　王守仁:《王阳明全集》卷二十六,上海:上海古籍出版社 2011 年版,第 2—3 页。

神道德层面所有人都是平等的。从政治理想出发,孔子强调:"有国有家者,不患寡而患不均,不患贫而患不安。盖均无贫,和无寡,安无倾。"(《论语·季氏》)管子说:"仓廪实而知礼节,衣食足而知荣辱。"(《管子·牧民》)孟子更是强调:"五亩之宅,树之以桑,五十者可以衣帛矣。鸡豚狗彘之畜,无失其时,七十者可以食肉矣;百亩之田,勿夺其时,数口之家可以无饥矣……七十者衣帛食肉,黎民不饥不寒,然而不王者,未之有也。"(《孟子·梁惠王上》)孔子、管子、孟子的话所描述的人人平等、按需分配、互助互爱的理想社会状态与我们今天追求的共产主义理想信念有着众多共通之处,尤其体现在我国现阶段实行的以按劳分配为主体、多种分配方式并存的分配制度当中。我国的社会主义平等观继承中华传统美德精髓,蕴含积极进步的时代思想,习近平总书记指出:"生活在我们伟大祖国和伟大时代的中国人民,共同享有人生出彩的机会,共同享有梦想成真的机会,共同享有同祖国和时代一起成长与进步的机会。"[1]只有对我国传统美德进行客观分析和具体对待,汲取内涵丰富特色鲜明的中华传统平等美德,创造性地协调其中的传统与现代性元素,使二者有机互动,相融相通,才能在实践中不断创新中国特色社会主义平等观。

公正观作为社会主义核心价值观的灵魂,是借鉴了西方主流思想中阐述正义的多元视角,吸纳了中国传统文化中的公正观念而形成的中国特色社会主义理论成果。社会主义核心价值观中所倡导的公正观继承发扬了中国传统文化中的公正观念,具有鲜明的中国特色与民族风格。事实上,先秦以来,古人提出了"公正""正义"一词,并对其根本性内涵做了明确的论述,同时在后面的发展中又得到进一步补充完善。其中,荀子曾将"行"释义为"正义",《荀子·正名》中提到"正义而为谓之行"。他将道与正义直接联系

---

① 《习近平在第十二届全国人民代表大会第一次会议上的讲话》,载《人民日报》第 1 版,2013 年 3 月 17 日。

在一起,认为行道就是行义,正义就是大道。而在儒家看来,"其身正,不令而行,其身不正,虽令不从"(《论语·子路》),"天无私覆,地无私载,日月无私照"(《礼记·第二十九》)。"公正"就是公平正直、不偏不倚。这些思想都代表着古人对人人平等、事事公平社会的追求和向往,是社会主义公正观形成的思想道德土壤。习近平总书记强调"和平、发展、公平、正义、民主、自由,是全人类的共同价值",在五大发展理念中更是将协调与共享作为重要的发展理念。但同时也指出:"在不同发展水平上,在不同历史时期,不同思想认识的人,不同阶层的人,对社会公平正义的认识和诉求也会不同。"①构建新时代要求的社会公平正义理论,既要借鉴中华优秀传统公正美德思想,也要充分把握时代发展趋势,满足人们对美好生活的需要。

法律是每个国家在各个历史时期都需要具备的治国手段,是维护社会稳定和安全的重要政治举措,不同国家的法律形式可能会存在一定的差异,但都是根据国家的现实情况和发展需要制定的。在中华传统美德中,就存在"礼法共治,德刑合一"等法治内涵,至今都具有一定的应用价值。作为法家先驱的管仲最早提出"依法治国"的概念,并强调法是最高之道、治国之本。《管子·明法》中的"威不两错,政不二门,以法治国,则举措而已",意思是统治者治理国家只需要将权威建立在法律上,就可以治理好国家。商鞅作为法家的代表人物之一,也极力主张以"法"代"礼"。商君云:"法令者,民之命也,为治之本也,所以备民也。"(《商君书·定分第二十六》)作为法家思想的集大成者的韩非子,根据当时天下局势,提出以法为中心的法、术、势相结合的治国思想,对于中国法律的诞生及对现代法制的影响意义深远。虽然儒家"仁政"思想作为中国古代封建社会的正统思想,但纵观整个历史进程,在实际的治国理政中,实行的其实是内儒外法的治国方针,"德礼为政教之

---

① 《十八大以来重要文献选编》(上),北京:中央文献出版社 2014 年版,第 533 页。

本,刑罚为政教之用"(《唐律疏议》)。以法治对人民进行管理和约束,以仁政和伦理教化民众,"至道大行,隆礼重法则国常有"(《荀子·君道》)。作为我国传统法治道德代表的法家、儒家思想深深地根植于中华民族之中,至今影响着中华民族的思想观念和行为方式。实现新时代中国特色社会主义法治现代化,必须要立足我国历史文化传统,深入挖掘和继承优秀传统法治思想的重要资源,并结合新的历史条件促进其创造性转化。习近平总书记强调要"善于把弘扬优秀传统文化和发展现实文化有机统一起来、紧密结合起来,在继承中发展,在发展中继承"①。2018 年 8 月,在中央全面依法治国委员会第一次会议上,习近平总书记首次提出"全面依法治国新理念新思想新战略"与"十个坚持",进一步明确了全面依法治国的指导思想、发展道路、工作布局、重点任务,是我国优秀传统法治美德的当代表达。

三、代代相传的个人处事价值准则

"爱国、敬业、诚信、友善"是中华民族极具特色的价值准则,这对于提升个体品德修养具有重要意义。作为中国公民需要具备的素质与修养,与中华传统美德中所蕴含的"爱国如家""敬业乐群""诚实守信""仁者爱人"等个体价值准则有所契合。在漫长的古代社会中,爱国是中华民族忠贞不渝的传统美德,中华民族灵魂之所系、血脉之所依,是民族归属感和向心力的集中体现。历史上,有屈原汨罗江自尽的爱国故事,也有岳飞"以身许国,何时敢不为"、范仲淹"先天下之忧而忧,后天下之乐而乐"、马援"男儿要当死于边野,以马革裹尸还葬耳"的爱国壮语。另外,传统美德还强调恪尽职守,自强不息,忠于自己的事业。"兢兢业业,如霆如雷"(《诗经·大雅》),"功崇惟志,业广惟勤"(《尚书·周书》),"心在一艺,

---

① 《习近平在纪念孔子诞辰 2565 周年国际学术会议上的讲话》,载《人民日报》第2 版,2014 年 9 月 25 日。

其艺必工;心在一职,其职必举"(《阅微草堂笔记》),这些佳句都强调要勤奋刻苦,坚持不懈。诚实守信的道德理念在我国春秋战国时期就较为普及。《吕氏春秋·贵信》中有云:"天地之大,四时之化,而犹不能以不信成物,又况乎人事?"意思就是诚信既是天地之道,也应成为人们行事的基本原则与规范。与此同时,传统美德还承载着"仁者爱人""谦恭礼让"的友善之道,关于人与人之间的关系,孔子特别强调以和为贵、和而不同。"君子和而不同,小人同而不和"(《论语·子路》),他认为君子待人宽厚,即使与人有分歧,也能够做到和睦相处;而小人即使有诸多共同之处,也会常常争吵。孟子所说的"天时不如地利,地利不如人和"(《孟子·公孙丑下》),也将"人和"放在首要位置。所以说社会主义核心价值观在个人层面的要求与中华传统美德历来所提倡的个人道德准则有一定的互通之处。

在处理个人与国家的关系上,社会主义核心价值观和中华传统美德都强调要弘扬爱国主义精神,将国家的利益置于个人利益之上,为国家、人民的发展不懈奋斗。社会主义爱国观是对中华民族爱国主义传统美德与文化精髓的传承,主要体现在以下四个方面。第一,传承了国家之爱。"先天下之忧而忧,后天下之乐而乐""苟利国家生死以,岂因祸福避趋之""为天地立心,为生民立命,为往圣继绝学,为万世开太平"彰显了古代仁人志士的满腔爱国热情,这与社会主义爱国观强调要把中华民族的振兴当作自己重要使命的要求是相一致的。第二,传承了疆土之爱,体现在对祖国每一寸疆土的热爱。就国家、民族与外部的矛盾冲突而言,古代的爱国主义突出表现为反对民族压迫、维护国家统一。卫青、霍去病抗击外敌、出生入死、国而忘家,马援马革裹尸,班超投笔从戎。这些民族英雄前赴后继、不屈不挠,在历史上留下了无数可歌可泣的英勇事迹。第三,传承了人民之爱。社会主义爱国观要求每一位公民都要爱护自己的手足同胞,守护民族团结,促进人民幸福。中华传统美德中对此同样有所体现,燧人氏钻木取火,巢氏"构木为巢,以避群害"，黄帝为民操劳，大禹治水"三过家门而不入"，这都是爱民亲民的表现。第四，传承了文化之爱。继承中华优秀传统文化贯穿于整个社会主义核心价值体系当中，党的十八大以来，习近平总书记十分重视中华优秀传统文化，提出："中华优秀传统文化已经成为中华民族的基因，根植在中国人内心，潜移默化影响着中国人的思想方式和行为方式。今天，我们提倡和弘扬社会主义核心价值观，必须从中汲取丰富营养，否则就不会有生命力和影响力。"①"中国传统文化博大精深，学习和掌握其中的各种思想精华，对树立正确的世界观、人生观、价值观很有益处。"②"炎黄子孙""龙的传人"等词句就能够唤起中华儿女的爱国心声，激发强烈的爱国激情。

在处理个人与职业的关系上，社会主义核心价值观和中华传统美德都强调要坚守敬业原则，秉持恪尽职守、乐于奉献的工作态度和责任意识。中华民族自古以来就有"敬业"的传统美德，《礼记》将敬业作为青少年学习理应达到的第二个阶段，"一年视离经辨志，三年视敬业乐群"（《礼记·学记》）。孔子认为敬业是治理好国家的必要手段，"道千乘之国，敬事而信，节用而爱人，使民以时"（《论语·学而》）。后来，敬业逐步与职业联系在一起，有了"业精于勤，荒于嬉"（《进学解》），"功崇惟志，业广惟勤"（《尚书·周书》）等表述。正是这种一丝不苟的敬业精神世代相传，中华民族才能有众多伟大的发明创造，中华文明也得以历久弥新、生生不息。2019 年 3 月 22 日，习近平总书记所说的"我将无我，不负人民"③充分展现了中国人民坚持劳动至上的价值理念、坚持无私奉献的

---

① 《习近平：青年要自觉践行社会主义核心价值观——在北京大学师生座谈会上的讲话》，载《人民日报》第 2 版，2014 年 5 月 5 日。

② 《习近平在中央党校建校 80 周年庆祝大会暨 2013 年春季学期开学典礼上的讲话》，载《人民日报》第 1 版，2013 年 3 月 3 日。

③ 李贞：《友谊之旅　合作之旅　开拓之旅》，载《人民日报》海外版，2019 年 3 月 29 日。

精神要求和坚持精益求精的工匠精神。习近平总书记不仅在全社会倡导培育和践行社会主义敬业观，更是以身作则，以实际行动为我们树立敬业的时代典范。

在处理人际关系上，社会主义核心价值观和中华传统美德强调与人交往既要坚持诚信准则，又要怀有友善态度。在建设中国特色社会主义的过程中，诚信与友善教育是必不可少的关键环节。诚信是立国之本，也是修身之道，更是在与人交往过程中首先要遵守的道德准则，正如"人而不信，不知其可也"（《论语·为政》）。《论语》中也明确记载了"子以四教，文、行、忠、信"，孟子则提出了"五伦"思想，将"信"列入其中，直到后来，董仲舒将"信"列为"五常"之一，从此便成为中国社会影响极其深远的基本道德规范之一。社会主义核心价值观融入诚信不仅仅是时代的需求，更是对中华传统美德的继承，是一种待人接物的正确价值观，同时也是处理人和自然、人和社会以及不同个体之间和谐关系的重要道德法宝。另外，"友爱"也是中华传统美德和做人的基本准则之一。经济全球化和信息网络化的发展，扩大和延伸了人们之间的交往范围，人际矛盾也越来越突出，道德冷漠、道德沦丧现象时有发生，在一定程度上阻碍了社会的进步与发展，进一步加强和谐社会建设显得尤为重要。其实，我国传统美德中的仁爱、中和、孝慈、宽恕、礼让等范畴都与友善相关。比如说交友要择善而从："益者三友，损者三友。友直，友谅，友多闻，益矣。友便辟，友善柔，友便佞，损矣。"（《论语·季氏》）交朋友要交正直、有德行的君子，不能交心胸狭隘的小人。还要及时行善，共同建设一个有道德的社会，要做到"勿以恶小而为之，勿以善小而不为"《三国志·蜀志传》，"老吾老以及人之老，幼吾幼以及人之幼"（《孟子·梁惠王上》）。社会主义核心价值观对公民个人诚信与友善的道德要求是个人与他人沟通的价值渠道，有助于形成和谐的人际关系和社会关系，这与中华民族历代所倡导的传统美德有异曲同工之妙。作为伟大中华民族中的一员，我们都应遵守这一友善观，为实现中华民族的伟大复兴和社会主义现代化强国贡献自己的一份力量。

第三节 社会主义核心价值观与中华 传统美德的实践契合

回溯社会发展历史,道德作为一种特定的意识形态,是在与生产力和生产关系的交互作用中不断前进的。在原始社会中,出于抵御天灾人祸的需要,"人与人的关系由合作代替了争斗,在获得食物和性伴侣中出现了不同于动物的规律,这种规律实际上便是道德的最初形态"[①]。在奴隶社会中,出现了阶级的分化,奴隶主阶级道德占据着主导地位,它基本革除了原始社会血缘群婚、食人之风等野蛮风气,一定程度上克服了原始社会道德的消极成分;在封建社会中,西方受教会和神学影响,相信"靠爱而同上帝,即至善相融合,爱是最高的德性,是所有其他德性的泉源"[②],而在中国,经由董仲舒、朱熹等人的发展解读,逐渐形成了一套以"三纲五常"为核心的社会道德规范体系,为中国封建专制主义统治提供了有力的辩护;在资本主义社会,社会生产力的飞速进步导致了"异化"现象的出现,"无论在道德问题或认识问题上,都只是利益宰制着我们的一切判断"[③],对个人主义、利己主义和拜金主义的推崇成了一把"双刃剑",在推动商品经济发展的同时其自身也在逐渐走向悖反;在共产主义社会,人类实现了从必然王国向自由王国的飞跃,达到了人的全面自由发展的和谐型道德形态,而社会主义社会作为共产主义社会的初级阶段,二者的道德取向在本质上是具有一致性的。"道德把人的共同欲望和渴求用广泛遵守的戒律形式

---

① [美]斯塔夫里阿诺斯:《远古以来的人类生命线》,吴象婴、屠笛、马晓光译,北京:中国社会科学出版社1992年版,第23页。

② [美]梯利:《西方哲学史》,葛力译,北京:商务印书馆2004年版,第155页。

③ 北京大学哲学系外国哲学史教研室编译:《西方古典哲学原著选辑:十八世纪法国哲学》,北京:商务印书馆1963年版,第457页。

固定下来,成为调整和维持这种已有的社会联系的行为规范。它是普遍遵守和制约的形式。"①可以说,各个不同形态的社会都会形成与之相匹配的道德准则,以保证社会正常的运转,随着实践的发展,道德也呈现出渐进式发展的趋势。

中华传统美德植根的土壤随着社会变迁会发生相应变化,其中的道德规范也必须随着时代的发展和社会的进步而发展,即在不同历史时期,依据社会需要,中华传统美德在内容、价值、方式等方面被加以充实、更新和改造,融入社会形态的新内容,以成为现代社会的新道德。这体现着道德的发展性,同时通过文化生活、精神生产的诸多环节实现传统美德与核心价值观间的良性互动。中华传统美德和社会主义核心价值观均为各自历史时期对道德的高度凝练和集中表达,作为道德的具体形式,二者同样具备实践发展的特质。它们不断得以丰富和完善的过程,并不是一个自然而然的过程,它们统一于中华民族这一实践主体,依托于发挥人的主观能动性开展道德实践,逐步完成丰富与完善,这也正是二者的共性所在。

历史地看,中华传统美德经过千百年的发展,产生了不同的实践形式,在各个历史时期都发挥了重要的规范、教化作用,直至今天依然具有积极的意义和独特的价值,它"一方面需要和现代社会协调融合,另一方面要对现代社会价值观进行纠正、引导"②。中华优秀传统文化具有超越时代的、永恒解决人类问题的智慧,为社会主义价值观的现代性生长提供了文化滋养。它们在解决现实问题方面是"智慧共通"的,这构成了二者"内在契合"的时代必然。这种解决现实问题的共通的智慧就在于中华传统美德立足于社会主义社会建设的需要,以优秀传统文化的思维原则和精神品质为

---

① 曾钊新:《论道德的第二土壤》,载《学习与探索》1981 年第 6 期。

② 刘江伟:《守文化之重创时代之新——代表委员热议中华优秀传统文化》,载《光明日报》第 1 版,2020 年 5 月 26 日。

依托,挖掘其中对滋养培育社会主义核心价值观有益的东西,在对传统美德深入阐释的基础上,充分拓展其外延,进行创造性转化和创新性发展,回应时代之需,优化道德互动,形成道德自觉。

一、回应时代之需

中华传统美德作为中华文化的精髓,是人民意愿的根本表达,历经漫长的发展过程,已经成为中国人固有的思想文化共识,如今"中华民族要继续前进,就必须根据时代条件,继承和弘扬我们的民族精神、我们民族的优秀文化,特别是包含其中的传统美德"①。中华传统美德在其特定历史背景下,回应着时代之需,社会主义核心价值观亦是在充分汲取中华传统美德中丰富营养的基础上,关照新时代需要,坚定文化自信,为我国着力建设社会主义文化强国提供了重要遵循。

"理论创新的过程就是发现问题、筛选问题、研究问题、解决问题的过程"②,任何理论创新都是解决时代现实问题的迫切需要。社会主义核心价值观不是主观臆断的产物,而是在解决当代中国的具体问题中形成的。当前,全球化、信息化以及市场经济的发展也带来了一定的文化冲突和不良风气,二者在实际的磨合过程中也面临着一些困境。例如,"当人们在看待社会的道德状况、谈论'道德困境'问题时,总是自觉不自觉地暗含着一个前提或一种心理期待:社会主义社会的道德状况应该是白璧无瑕、高尚美好的,社会风俗应该是清明一片"③。因此,在发生一些类似"制假贩假""高铁霸座""暴力伤医""贪污腐败"等实际的道德失范事件时,尤其是经由网络媒体的"放大"之后,人们对践行美德的实际情况容

---

① 《习近平谈治国理政》(第1卷),北京:外文出版社2014年版,第181页。
② 《习近平在哲学社会科学工作座谈会上的讲话》,载《人民日报》第2版,2016年5月19日。
③ 唐凯麟:《科学认识"道德困境"和道德进步规律》,载《红旗文稿》2012年第7期。

易产生怀疑。再比如,随着市场经济的发展以及网络的日益开放,人们的价值观越来越多元,接受新观念的速度越来越快,多维意识形态的碰撞与摩擦正在拷问着传统的"是非""善恶"评判标准,可能诱发更多的价值冲突。

社会主义核心价值观就是在回答和解决"时代问题"过程中而形成的理论创新,它回答了一个重大的时代课题,即当代中国精神世界的最大"价值公约数"是什么的问题。及时解决并有效预防类似问题的出现,结合当前的实际情况,社会主义核心价值观提供了一种社会共有的价值评判标准,在价值冲突之时,提供人们践行美德的准则。这种回应,要将共有的道德取向与现行政策有针对性地联系起来。不论是社会主义核心价值观还是中华传统美德都属于相对较大的范畴,除了将其作为一个整体运用于实践,也可将其所包含的具体内涵与各类大政方针直接地对应起来。其一,把"诚信"美德融入政府诚信、社会信用法律体系建设。例如,2019 年 7 月,国务院办公厅印发了《关于加快推进社会信用体系建设　构建以信用为基础的新型监管机制的指导意见》,体现了"讲诚信""讲信用"在创新监管机制、提高监管能力和水平方面的作用。其二,把"孝"的美德融入家事法律制度建设。例如,《民法典》第六编——继承,在现行继承法的基础上,突破了原先晚辈直系血亲的限制,将被继承人的侄、甥也纳入代位继承人的范围,这是从法律层面鼓励弘扬孝老爱亲的美德。总的来说,将好的道德取向与现行政策有机地联系起来,一方面有助于依靠制度的约束力使人们更加遵守道德,另一方面也能让制度变得更有温度,发挥道德的积极作用,达成二者的良性互动。

同时,通过进一步完善制度保障,加强教育引导,发挥榜样示范作用等方式,对社会主义核心价值观回应时代需要提供更多的支持与保护。首先,进一步完善制度保障。2019 年,中共中央、国务院印发了《新时代公民道德建设实施纲要》,体现了国家对新时代道德建设的高度重视。2020 年第 22 期《求是》杂志发表重要文章《推进全面依法治国，发挥法治在国家治理体系和治理能力现代化中的积极作用》，文章中提到，要加大对公德失范、诚信缺失等行为的惩处力度，努力形成良好的社会风尚和社会秩序。在《新时代公民道德建设实施纲要》中也提到，道德失范现象必须引起全党全社会高度重视，采取有力措施切实加以解决。实际上，近年来我国在惩治道德失范方面做出了很多努力，比如针对舆论传播，《民法典》规定，有捏造和歪曲事实、对他人提供的严重失实内容未尽到合理核实义务、使用侮辱性言辞等贬损他人名誉行为的需要承担民事责任；针对学术研究，中共中央办公厅、国务院办公厅印发的《关于深化新时代教育督导体制机制改革的意见》中提到，要严肃处理学位论文造假等学术不端行为。当前，公众对各类道德失范现象高度关注、高度敏感，全方位多层次打击道德失范行为，使人们能够感受到公平正义，增强人们对当前道德建设的信心，引导人们向上向善。

其次，进一步加强教育引导。习近平总书记曾提出："要从娃娃抓起、从学校抓起，做到进教材、进课堂、进头脑。要润物细无声，运用各类文化形式，生动具体地表现社会主义核心价值观，用高质量高水平的作品形象地告诉人们什么是真善美，什么是假恶丑，什么是值得肯定和赞扬的，什么是必须反对和否定的。"[1]可以说，教育引导作为使道德从"他律"到"自律"的重要中介，对传统美德的现代性转化、社会主义核心价值观的渗透，以及二者的融合发展，都具有重要的价值。同时，这对于解决好培养什么人、怎样培养人、为谁培养人这一核心问题也具有积极的意义。在国民教育的各个阶段都着力突出价值导向。立德树人是不同教育阶段的共同目的，而由于年龄阶段、知识水平等因素的差异，在面向不同阶段进行教育引导时，所采取的具体措施应有所区别。学龄前阶段的

---

① 《习近平：把培育和弘扬社会主义核心价值观作为凝魂聚气强基固本的基础工程》，载《人民日报》第 1 版，2014 年 2 月 26 日。

教育主要是家庭教育,家长主要是通过言传身教,进行"是非""善恶"等道德观念的辨析教育,同时也可以借助内容积极向上的、能够深入浅出地阐明优良道德品质的绘本或动画节目等,来共同进行教育。到中小学阶段,依据 2017 年教育部颁布的《中小学德育工作指南》,这一阶段要"培养学生爱党爱国爱人民,增强国家意识和社会责任意识,教育学生理解、认同和拥护国家政治制度,了解中华优秀传统文化和革命文化、社会主义先进文化,增强中国特色社会主义道路自信、理论自信、制度自信、文化自信,引导学生准确理解和把握社会主义核心价值观的深刻内涵和实践要求,养成良好政治素质、道德品质、法治意识和行为习惯,形成积极健康的人格和良好心理品质,促进学生核心素养提升和全面发展,为学生一生成长奠定坚实的思想基础"。在遵循基本价值取向这一大原则的基础之上,朝着个性化的方向发展,是中小学阶段教育的发展趋势。在高等教育阶段,学生的三观已经基本定型,认识水平也进一步提升,具有自我教育的能力和意识,各类课程尤其是思想政治理论课要以更高的站位、更专业的说理,帮助学生"扣好扣子",并依托第二课堂等实践平台,以生动的方式对学生进行潜移默化的教育。同时,要"注意互联网这一变量,使社会主义核心价值观、中华优秀传统文化、社会主义先进文化、革命文化和道德文化在网络空间无处不在,让网络成为社会主义意识形态的'放大镜'和'孵化器'"[1]。

最后,充分发挥榜样的示范作用。"人与环境是一个互动体,人既能对刺激做出反应,也能主动地解释并作用于环境。在社会环境里,人类通常是直接通过'观察'和'模仿'他人行为模式而获得知识技能和行为习惯。"[2]榜样的力量正在于此,他们为这类观

---

① 左殿升、张莉、冯锡童:《新中国成立 70 年来高校德育的发展进程及启示》,载《学校党建与思想教育》2019 年第 19 期。

② [美]班杜拉:《社会学习理论》,陈欣银、李伯黍译,沈阳:辽宁人民出版社 1989 年版,第 32 页。

察和模仿提供了正面的参照,能够帮助教育引导取得事半功倍的效果。搭建更多展示榜样的平台,是发挥榜样示范作用的基础。由中央电视台《感动中国》栏目组主办的年度人物评选活动就是这类平台的典型,它通过表彰的过程、仪式的设置很好地传递了主流的价值观念,被誉为"记述社会主义核心价值体系的年度发展报告"①。此外,健全对榜样人物的激励机制,是发挥榜样示范作用的助力。根据马斯洛的需求层次理论,人们按照生理需求、安全需求、社交需求、尊重需求和自我实现需求从低到高来追求自身的满足,并从中受到激励,因此,一味地从精神层面对榜样进行褒奖是不可取的,在物质上也应予以嘉奖,实现二者之间的均衡。

二、优化道德互动

早在中国古代,人们就已经认识到了环境对于社会层面道德互动的重要性。战国时期,孟母为了让孟子在好的环境中成长愿意三迁其所。《淮南子·齐俗训》中提到:"夫素之质白,染之以涅则黑,缣之性黄,染之以丹则赤。人之性无邪,久湛于俗则易。"②东汉王充有言:"闻伯夷之风者,贪夫廉而懦夫有立志;闻柳下惠之风者,薄夫敦而鄙夫宽。"③这些都体现了社会环境对个体品质塑造的深远影响。社会以世俗民间的方式网罗着亿万民众,中华传统美德,作为一种积极的主流道德与价值观,为当时的道德建设创造了良好的社会环境和思想生态,让美德因子在社会当中充分流动,使其"像空气一样无所不在、无时不有"④。社会主义核心价值观作为新时期的主流价值观,回答了"建设什么样的国家""建设什么样的社会""培育什么样的公民"的重大命题,深刻影响着人们的

---

① 胡占凡:《给人以力量,给人以鼓舞——〈感动中国〉的 10 年回眸与启示》,载《电视研究》2012 年第 3 期。

② 《淮南子》,顾迁译注,北京:中华书局 2009 年版,第 181 页。

③ 黄晖:《论衡校释》,北京:中华书局 1990 年版,第 72 页。

④ 《十八大以来重要文献选编》,北京:中央文献出版社 2016 年版,第 134 页。

思维方式和认知活动,帮助人们将正确道德观念内化于心,为道德互动优化环境。

社会主义核心价值观优化道德互动环境,主要体现在两个方面。其一,进一步优化舆论环境。根据辩证唯物主义的观点,意识对物质具有能动的反作用,一定程度上来说,舆论能够通过影响人们的思维方式和认知活动,驱使人们采取相应的行动。因此,在道德实践中,正面的舆论宣传能够将主流意识形态及美德观念以受众易于接受的方式进行广泛传播,对社会道德建设与实践发挥正面的引导作用;反之,不当的舆论宣传则容易引发人们怀疑、否定等负面情绪,甚至造成对宣传内容的误解和曲解,阻滞道德实践的推进。现今的时代是人人都有"麦克风"的时代,"随着新媒体快速发展,国际国内、线上线下、虚拟现实、体制外体制内等界限愈益模糊,构成了越来越复杂的大舆论场,更具有自发性、突发性、公开性、多元性、冲突性、匿名性、无界性、难控性等特点"①。在复杂的大舆论场中,国家始终是传达权威声音、把握总体方向的核心力量,而社会各类媒体则是主要的、直接的舆论载体。因此,只有在社会层面保持舆论宣传的底线意识和责任意识,增强舆论宣传的政治意识和群众意识,才能够真正做好当前的舆论宣传工作,为新的历史时期的道德实践发挥正向的推动作用。利用好大众传媒,特别是新媒体的宣传作用。传统意义上的大众传媒既包括报纸、杂志、书籍等纸媒,也包括电视、广播等电子媒介,新媒体则是依托电脑、手机等终端的一种新型传播形态。由于新媒体技术"将'传播权力'从媒介的一方转移到受众的一方,从而使受众有更多的媒介选择和信息选择,并且能更加主动地使用媒介"②,社交平台、自媒体等新媒介成为目前在舆论宣传中占据着突出地位的传播形

① 《习近平在党的新闻舆论工作座谈会上强调:坚持正确方向创新方法手段　提高新闻舆论传播力引导力》,载《人民日报》第1版,2016年2月20日。

② 许静:《舆论学概论》,北京:北京大学出版社2009年版,第197页。

式。作为新媒体平台的典型代表,新浪微博在 2020 年 9 月的月活跃用户数为 5.11 亿,较上年同期净增约 1 400 万,9 月平均日活跃用户数为 2.24 亿,较上年同期净增约 800 万。作为一个具有代表性的社会化媒体,新浪微博在舆论宣传方面总体发挥了正向的作用。但是,由于舆论场域的复杂性,一些不和谐的"杂音""噪音"仍时有出现。总体来说,新媒体已经成为社会层面进行舆论宣传的主战场,一方面,新媒体既要"把握好时、度、效,增强吸引力和感染力,让群众爱听爱看、产生共鸣,充分发挥正面宣传鼓舞人、激励人的作用"[1];另一方面,新媒体也要逐步实现各平台间的流量互引,实现传播效果的裂变。而如何运用规则和技术把控好言论自由的尺度,营造风清气正的舆论环境还需要长期探讨和持续努力。依托优质的文化产品。舆论宣传除了要依托媒介平台,还离不开具体的文化产品。广义的文化产品既包括物质产品也包括精神产品,在道德实践中更多借助的是精神产品,比如文学、艺术、影视等。当前,我国的文化市场遭到了很多人的抨击,被指"流量至上""娱乐至上",诚然,市场上的确有一部分人过分追求文化产品的经济效益,忽视了其社会效益,但目前大部分的文化产品都是积极向上的,特别是一些传递主流价值观念的文化产品经历不断地探索,受到了越来越多人的追捧和喜爱。文化产业是一个新兴的产业,一系列的生产创作旨在满足人们多层次的精神文化需要。因此,随着文化产业的持续发展,文化产品的创新创造空间也得到深化拓展,可以说,当前文化产品创造的核心问题不再是"多不多",而是"精不精"。对于道德实践而言,优质的文化产品能够使这些好的美德具象化、生动化,能够让人们在耳濡目染中自觉地接受这些观念,从而发挥文化产品对舆论宣传的辅助作用。

---

① 《习近平在全国宣传思想工作会议上强调胸怀大局把握大势着眼大事 努力把宣传思想工作做得更好 刘云山出席会议并讲话》,载《人民日报》第 1 版,2013 年 8 月 21 日。

　　其二,增强社会环境的文化熏陶。文化熏陶是文化"化人"的一个重要环节,有学者指出,"'化人'就是以特定的文化来塑造人、熏陶人、培养人、武装人、引导人,使人按照一定的方向发展"①。在特定的文化环境中,社会文化对人的熏陶和影响无处不在,其思想观念、认知习惯、行为方式无一不受到大环境的影响,人们受到的影响越深,这种熏陶的力量支配人们行为方式和行为习惯的能力就越强,可以说,人们是在接受文化熏陶和影响的过程中,逐渐形成了符合社会发展需要的道德品质,以及对社会的归属感和认同感。因此,在培育价值观自信的过程中,可以通过把中华传统美德和社会主义核心价值观嵌入各种具体的文化载体,例如传统节日、地方特色资源等,创设一种春风化雨式的德育环境。发挥传统节日的现代价值。中国传统节日是中华民族在历史发展长河中形成的记忆和符号,蕴含着深邃丰富的内涵,是一种宝贵的文化资源,需要以重大纪念日、节日为载体,建构形式多样的仪式活动,将主流价值观寓于仪式主题之中,创设有感染力的仪式时空,可以很好地唤醒人们的文化记忆,增强对主流价值观的知、情、意、行等层面的认同。而随着社会的变迁,传统节日的传承与发展正遭受着冲击,从外部来看,圣诞节、万圣节等西方节日凭借其新潮的形式不断挤压着传统节日的市场;从内部来看,社会发展带来的物质和精神的极大丰富,消解了传统节日对人们的吸引力。如何创新传统节日的具体形式,开辟传承传统节日的新路径,是全社会面临的现实挑战。比如说,支付宝推出的春节集五福活动就是一次有益的尝试,在微博、抖音等自媒体平台上相关话题也具有极高的关注度和阅读量。"五福"具体是指"爱国福""和谐福""敬业福""友善福""富强福",分别对应社会主义核心价值观中的部分重要概念,人们在集福的过程中,能够在无形中增加对这些概念的记忆,同时

---

　　① 李春华:《文化的"化人"与思政的"育人"》,载《马克思主义研究》2012年第9期。

扫福字、交换福卡的过程,也是促进人与人之间交流的过程。由此,传统节日需要借助与时俱进、充满感染力的新形式才能与社会接轨,达到让人们受熏陶的目的。

"因地制宜"是开展各项工作的有效方法,在道德实践中同样如此,受自然、历史等因素影响,每个地区都有其特有的文化资源,包括人文资源、历史资源等,哪怕不同地区拥有同一种类型的资源,其存在方式也可能存在较大的差异。并且,由于每个人对自己家乡的文化会有一种天然的认同感,在运用这些资源丰富表现形式,有意识地进行文化熏陶时,易取得较好的成效。比如,结合地方特有元素打造的大型实景演出"印象"系列就是其中的代表作,通过塑造典型人物、再现历史场景,让观众在沉浸式的体验中深化对地方文化的认识,接受由作品传达出来的精神品质。

三、形成道德自觉

根据费孝通先生的论述,"文化自觉"是"指生活在一定文化中的人对其文化有'自知之明',明白它的来历,形成过程,所具的特色和它发展的趋向,不带任何'文化回归'的意思,不是要'复旧',同时也不主张'全盘西化'或'全盘他化'"①。道德最终的栖居地深藏于人的内心,形成道德自觉看似是非常宏大、抽象的目标,但实际上,它与每一个人都息息相关,在日常生活中,人们常常评价某个人"有教养",实际上就是对其较高的道德水平表示肯定,这在一定程度上反映了人们对良好道德素养的追求。中华传统美德在公民层面的实践就体现在公民具备了关于传统道德观念的自觉性,同时,这些观念素养也因其日常化、具体化、形象化、生活化的发展趋势,更加密切地与人们的日常生活交织在一起,从而形成了道德自觉。社会主义核心价值观亦是,通过让社会成员感知它、领

---

① 费孝通:《反思·对话·文化自觉》,载《北京大学学报(哲学社会科学版)》1997年第 3 期。

悟它,并将其内化为精神追求,外化为实际行动,从而做到守公德、明大德、严私德,形成对国家价值观的高度自信。总体而言。这种实践主要体现在"知"和"行"两个方面。

在"知"的方面,要进一步提高普通大众的人格修养。人格既是做人的基本品格,也是做人的行为范式,而良好人格则是人的思想、情操、性格及其行为的综合表现所形成的良好品格范式。① 人格修养是个人成长的必修课,要在人格独立的基础上进行,马尔库塞在《单向度的人》中批判现代社会制造了丧失自由、追求和创造力的"单向度的人",这正是人格主体缺失独立性的表现。当今社会,"单向度的人"仍然普遍存在,他们更多"追求的是可见的分数、地位、物质、荣誉与实利,理想信念、道德情操、审美感受缺失,甚至为了功利追求丧失责任感、公共性与社会性的价值观"②。这样的人格养成与当今时代要求的道德观念背道而驰。因此,在国家、社会的引领下,公民自身也应从多个方面追寻健全的人格。首先,从传统文化中汲取营养。自古以来,我国就非常重视以"内省"和"慎独"的方式来修养人格,儒家追求的理想人格从低到高分别是君子、贤人、圣贤(或者说"圣人"),在实际践行中,圣贤的人格标准带有一种超越性,更多的是提供一种终极的方向,对大部分人而言只具有价值上的意义而非实际上的意义。而君子人格则是具有可操作性的,古代也有很多关于君子人格的表述,比如,"地势坤,君子以厚德载物"(《周易》),"君子怀德,小人怀土;君子怀刑,小人怀惠"(《论语·里仁》),"居天下之广居,立天下之正位,行天下之大道。得志,与民由之;不得志,独行其道。富贵不能淫,贫贱不能移,威武不能屈"(《孟子·滕文公下》)。虽然在不同历史时期,君子人格的具体内涵有所变化,但一些基本的内容还是得到了很好

---

① 庞跃辉:《人格塑造是促进青年学生健康成长的关键——学习习近平总书记关于立德树人的重要论述》,载《思想政治教育研究》2017 年第 2 期。

② 吴亚林、王学:《追寻人格的健全与价值的整全——基础教育目标制导的反思与建构》,载《教育研究与实验》2020 年第 2 期。

的传承,例如"人无信不立"的诚信观、"仁者爱人"的平等观、"和而不同"的和谐观、"义以为上"的义利观等。尽管我们与圣贤处在不同的时代,但他们提出的人格修养的标准、方式对于今天人们修炼自身的道德素养仍然具有积极的借鉴意义。其次,培育良好的家风。家庭这一单位为社会主流价值观念的落细、落小、落实提供了广泛的群众基础,而在家庭教育中,家风的培养是一项重点内容。在我国,有《颜氏家训》《朱子家训》《曾国藩家书》《傅雷家书》等关于家风、家训的作品,也有岳母刺字、孔融让梨等关于家风的故事。在生活中,家风首先体现在家人的日常相处中,以及家庭长期以来形成的较为稳定的生活作风、处世之道、行为准则等方面。此外,在一些特殊的实践活动中,比如参与编辑整理家谱、家训、家族史等材料,或是在一些特定的家风载体中,比如家族的宗祠,也能感受到家风的存在。而家风之所以重要,就在于它不仅是家庭这个小单位的精神内核,也是社会这个大单位的价值缩影,直接关系到每个人价值观念的形成,好的家风能够让人们在无意识中接受相应的道德观念,形成一种道德自觉,并能将其外化为具体的行动。因此,"不论时代发生多大变化,不论生活格局发生多大变化,我们都要重视家庭建设,注重家庭、注重家教、注重家风,紧密结合培育和弘扬社会主义核心价值观,发扬光大中华民族传统家庭美德"①。

在"行"的方面,要积极促进社会公民的实践养成。良好道德自觉的形成,既要依靠外在强制力发挥促进作用,更重要的是个体本身价值观的引导,其着力点和落脚点在于由内至外开展相匹配的道德实践。《朱子语录》有言:"方其知之而行未及之,则知尚浅。既亲历其域,则知之益明,非前日之意味。"通过开展有意义的道德实践,也可以对道德观念不断进行修正,这二者是相辅相成的。一

---

① 《习近平在2015年春节团拜会上的讲话》,载《人民日报》第2版,2015年2月18日。

定程度上而言,实践活动对促进公民形成道德自觉具有积极的意义。着力道德自觉养成,需持续深入推进开展道德规范建设和道德服务行动。人民群众是道德实践的主体。在公民道德建设过程中,必须尊重人民群众的主体地位,引导人们讲道德、尊道德、守道德,通过自身参与各种道德建设活动,提高道德实践能力尤其是自觉实践能力,提升公民素养,充分展示有礼有节、绿色生活、自信文明的中国人民形象。家国情怀与文化自信,说到底是中华民族共同体意识的深切表达,是社会主义道德建设的关键所在,也是社会主义核心价值观践行的信心所系,在不同的历史时期、发展阶段都集中表现出一种蓬勃向上、坚强有力的精神品格,也体现出一个人的集体文化基因,深刻彰显了爱国主义的价值意蕴。家国情怀是传统文化中最具有代表性的精神图谱和伦理底色,有其鲜明的民族特质,这些都离不开中华民族传统美德的核心支撑,这为提升价值观自信提供了源源不断的内在动力。所以,新时代下我们要深入把握个人、家庭与国家的紧密联系,注重家庭教育,传承优良家风家教,借助丰富多样的、日常化的和具像化的传播教育形式,去进一步涵养和提升这种大德、公德,坚持正面引导,促成实践养成。

第四章

国家政治美德创造性 转化的主要内容

　　中华传统美德是中华民族历经几千年社会生活实践所积淀、孕育而出的精神标帜,起着核心价值观层面的引导与教化功能,具有强大的生命力和持久的影响力。而国家政治美德是中华传统美德在政治领域中的集中表现,蕴含着丰富的治国理政经验和政治伦理价值,在其中发挥着主导性的作用,成为推动中华民族不断向前发展的精神动力。具体来看,"富强、民主、文明、和谐"等价值观念是对国家政治美德的高度凝练,既继承了传统,又融入了当下政治文化的新元素,体现了国家政治美德的现代性转化与当代性表达,凸显了中华民族坚定的文化自信与文化自觉。不言而喻,只有深刻理解国家政治美德的核心要义,厘清国家政治美德创造性转化和创新性发展的逻辑理路,才能进一步把握社会主义核心价值观的政治内涵和文化意蕴,以此为理论关照,更好地指导政治生活实践。

第一节　传统美德中国家政治美德的基本特点

　　中华传统美德是我国传统文化的内核和灵魂,包含了"修身、齐家、治国"的价值目标,这为社会主义核心价值观的培育和践行提供了思想源泉。其中,国家政治美德是中华传统美德的首要内容,是古代王朝建立统治秩序的基础,是维系国家统一、民族团结的精神纽带,被历代统治者和圣人先贤大力推崇和倡导。纵观我国历史,国家政治美德内容丰富,意蕴深厚,具有鲜明的民族特质和文化基因,大体可以归纳为讲仁爱、重民本、尚和合等。历史经验已经证明,这些国家政治美德是中华民族赖以生存和发展的精神沃土,需要长期遵循并一以贯之。

一、讲仁爱

讲仁爱是传统美德中国家政治美德的第一个特点。它是以儒家为代表的中国传统政治哲学的核心理念,贯穿于历朝历代国家政治美德发展的始终,体现了中华民族五千多年文明发展史的精神内核,彰显了本民族深厚的文化底蕴和鲜明的时代特色。从理论上讲,它以爱人为基本规定,强调一种家国同构的意识形态,体现了主体间性与公共性的有机衔接,蕴含了由爱己、爱他人到爱万物的伦理政治逻辑。从实践上讲,它为历代统治者提供立身行事、处理政务的行为准则,并且是经得住时代检验的思想武器。

纵观我国传统政治思想史,讲仁爱被众多思想家、政治家视为明德致知、经世济民的重要原则,也为众多统治者所接纳、认可,并被视为巩固统治、维护秩序的重要基石。儒家学派创始人孔子主张以德治民,反对苛政和任意刑杀,提出了"仁者爱人"的政治思想;孟子继承和发展了孔子"仁"的思想,强调实行"仁政",提出了"民贵君轻"的政治理想;荀子主张当政者要实行"仁义"和"王道",提出了"君舟民水"的政治论断。道家学派创始人老子主张"无为而治",提出了"爱民治国"的政治理念,强调顺应时势和民意。墨家学派创始人墨子主张"兼爱"和"非攻",反对侵略和战争。这些思想流派虽然政治主张的侧重点有所不同,但都蕴含仁德爱民这一核心观点,尤其是儒家思想对传统社会的影响最大,成为封建统治者长期推崇的正统思想,而这一仁爱思想抑或是政治美德,也成为国家政治美德的基础。

具体来看,中国古代的政治美德,主要围绕"如何为政"这一主题展开,要求当政者怀仁心、正其身、施仁政,即"为政以德"。不难看出,古代的政治美德,既注重自我的内省慎独,也讲求对他者的仁德关爱,以更好地凝聚人心,维护政权稳定和民族统一。孔子在《论语》中提出"为政以德,譬如北辰,居其所而众星共之"(《论语·为政》),《孟子》有文"王如施仁政于民,省刑罚,薄税敛,深耕易耨,壮者以暇日修其孝悌忠信,入以事其父兄,出以事其长上,可使制梃以挞秦楚之坚甲利兵矣"(《孟子·梁惠王上》)。不言而喻,讲仁爱是当政者治国理政的内核,也是赢得民心的关键。唯有如此,才能实现保国安民、长治久安的政治愿景。历史上周文王姬昌益行仁政使天下归心,汉文帝秉德仁纯开创盛世,商纣王残暴不仁最后自焚,秦二世胡亥为君昏庸无道致秦朝迅速灭亡。可以说,这些史实例子形成了强烈的对比。由此可见,当政者的政治道德形象,是否正心修身,是否任人唯贤,是否克明俊德,决定着仁政实施的效力,关系国家社稷的存亡。

政治美德中的"仁爱"主要表现在以下三个方面。一是"为己"。国家政治美德对当政者提出了一个重要的道德准则,即"讲仁爱",这就要求当政者要修炼内功、反求诸己、仁政为先,以更好地行其政事、正其制度、得其民心,真正达到"内圣外王"的至高境界。《尚书》强调"王其德之用,祈天永命"(《尚书·召诰》)。《礼记》一书中也有这样的记载:"古之欲明明德于天下者,先治其国。欲治其国者,先齐其家。欲齐其家者,先修其身。欲修其身者,先正其心。欲正其心者,先诚其意。欲诚其意者,先致其知。致知在格物。"(《礼记·大学第四十二》)大致说来,这些政治主张都注重"德治""仁爱"的理念主张,以维护封建统治的合法性和稳定性。前者从宏观的层面上强调恭行德政对于永保天命的重要性,以达到与天合德的政治目标;后者从微观的层面上强调明德天下的修身路径,体现了正人先正己的价值追求。《孟子》有言:"惟仁者宜在高位。不仁而在高位,是播其恶于众也。"(《孟子·离娄上》)也就是说,仁人应该处于高位,不仁之人处于高位会将自身恶行传给众人。尤其对于当政者来说，率先示范、以身作则是为政之要，所以要努力成为仁爱天下的表率、维护团结的表率、修身克己的表率以及积极进取的表率。历史上出现的文景之治、光武中兴、开元盛世、康乾盛世等国家兴盛和社会安宁的辉煌景象，离不开当政者的励精图治、为善治国，而这也与其自身的政德修养密不可分。概而言之，讲仁爱是中国古代伦理政治的基本特征，从正己守道到德仁赢人，无不反映了当政者为君的仁爱之道，也体现了中华民族核心价值观念的生命力、影响力。

二是"待才"。仁爱思想既包含"为仁由己"的自治逻辑，也体现待才的他者逻辑。子曰："唯仁者能好人，能恶人。"(《论语·雍也》)换句话说，仁人者不仅重视自身的品行，而且还有善于识人的能力，乐用贤才，特别是有着从谏如流的广阔胸怀。我们知道，君圣臣贤是治国理政的重要条件。在《孟子》中有这样的表述："尊贤使能，俊杰在位，则天下之士皆悦，而愿立于其朝矣。"(《孟子·公孙丑上》)历史实践证明，仁者必先善用人，虚怀若谷，广纳雅言，人才方会尽其智、用其力，从而达到政通人和的目标。与此同时，这也会形成以上带下、以下促上的良好风气，群臣效仿，蔚然成风。同时，我们也可以反过来看，当政者亲近阿谀奉承之人，排斥虚心纳谏，自然不会仁政德治，道济天下。唐朝"贞观之治"无疑是一个很好的典范，颇具影响力。唐太宗李世民以仁政治国，注重知人善任，选贤与能，善于纳谏，造就了唐朝初期繁荣强盛的局面，开创了欣欣向荣的大唐盛世。比如，在用人的时候，不计恩怨，不避亲疏，任用魏徵、尉迟恭等良臣。尤其在魏徵逝世后，他曾说过这样一句话："夫以铜为镜，可以正衣冠；以古为镜，可以知兴替；以人为镜，可以明得失。朕常宝此三镜，以防己过。今魏徵殂逝，遂亡一镜矣!"(《旧唐书·魏徵传》)汉代政治家贾谊在《过秦论》上篇中细致讲述了秦朝"胡人不敢南下而牧马，士不敢弯弓而报怨"威震四海的原因，在中、下篇中从各个方面深刻总结了秦朝灭亡的教训，其原因在于不施仁政，从而导致民愤激化、动荡不安，正如原文中所描述的"仁义不施而攻守之势异也"(《过秦论》)。由此观之,"为政之要,惟在得人"(《贞观政要·崇儒学第二十七》),意味着在政治实践中要在"用什么样的人,怎样去用人"上多下功夫。这样不仅有利于提高行政效率,还最大限度地为保障民主创造了条件,这也是古代帝王的治国之策。

三是"成人"。仁爱思想的他者逻辑,不仅强调当政者要有善于识人从谏的贤明达观,还要有宽厚待民的仁者风范。儒家提倡"爱人者,人恒爱之;敬人者,人恒敬之"(《孟子·离娄下》),也特别强调"天子不仁,不保四海;诸侯不仁,不保社稷;卿大夫不仁,不保宗庙;士庶人不仁,不保四体"(《孟子·离娄上》)。从国家层面上讲,这些仁爱观念,强调一种内在关联性,实际上涉及当政者的执政之道——仁爱待民,这是中华传统美德的重要组成部分。那么,该如何做呢?有很多经典论述,如"以不忍人之心,行不忍人之政,治天下可运之掌上"(《孟子·公孙丑上》),"老吾老以及人之老,幼吾幼以及人之幼"(《孟子·梁惠王上》),"视人之国,若视其国;视人之家,若视其家;视人之身,若视其身"(《墨子·兼爱中》)等。其中,同情心、同理心是不可或缺的内容元素,尤为注重普适性、无私性,崇尚律己宽人、与人为善,体现出强烈的仁爱意识。这是当政者政德修养的最大标识,也是中华民族传统美德的重要组成部分。《管子》中进一步指出:"人主能安其民,则民事其主,如事其父母。"(《管子·形势解》)管子是法家学派的代表人物,而法家思想一向主张以法治国,但管子并不否认崇德养民的仁爱思想,反而强调德威并施,宽猛相济。所以,仁爱思想是中国传统政治伦理中必不可少的道德理念,不只是在先秦诸子百家时期,到汉代以后更是如此。历史上"仁爱待民""博施济众"的当政者往往会"以天下为己任""亲爱同情",调动一切积极因素投入治国理政之中,从而实现国强民富、众安道泰。总而言之,正是有了这一思想,才使得国家政权得以稳定而长久,进而催生浩大的盛世景观。

二、重民本

重民本是传统美德中国家政治美德的第二个特点。重民本，即以民为本，一直是古代当政者治民兴国过程中所体现出的最重要的特征。夏商周以来，在思想文化领域逐渐实现了由神到人的历史转型，肯定人的主动性、创造性，注重人的道德伦理。在政治领域，也出现了"重民""爱民"和"保民"的思想，关乎执政根基、国家命脉。从本质上讲，传统美德中的民意是政权合法性的来源，体现了天意，凸显出治国理政中以德为本的内在规定性。

重民本这一思想特点，具有深厚的政治思想根基和历史文化渊源，最早在西周时期就已经有所体现，在《尚书》一书中有明确记载，"民为邦本，本固邦宁"（《尚书·五子之歌》），"民之所欲，天必从之"（《尚书·泰誓上》），"天视自我民视，天听自我民听"（《尚书·泰誓中》）。春秋战国时期，经过各思想流派的助力推动，国家政治美德中重民本的内在特质愈发凸显，得到了进一步的发展。《左传》中有谈到："国将兴，听于民；将亡，听于神。"（《左传·庄公三十二年》）此外，众多思想流派也提出很多政治主张，儒家思想创始人孔子提出"修己以安百姓"（《论语·宪问》）、"宽则得众"（《论语·子路》）的思想主张，强调统治者要修身立德、反躬自省，为民众做实事，让其放宽心，使其安乐。孟子在此基础上又拓展和完善了这一民本思想，创造性地提出"民为贵，社稷次之，君为轻"（《孟子·尽心下》）的治国理念，表达了对民众在政治活动中所处地位的充分认可，对我国古代的政治实践影响深远。荀子继承和发展了这一民本思想，用舟水借以比喻君民关系，提出"君者，舟也；庶人者，水也。水则载舟，水则覆舟"（《荀子·王制》）。同时，又对民本思想点题升华，将其提升到一个新的政治高度，强调"天之生民，非为君也；天之立君，以为民"（《荀子·大略》）。概言之，儒家思想蕴含丰富的民本精神，重视民众的主体地位，始终相信一个理念：如果没有民众的支持，国家就会失去力量源泉，难以实现政令通达、上下有序。道家鼻祖老子在《道德经》一书中也提到"故贵以贱为本,高以下为基"(《道德经·第三十九章》),"高者抑之,下者举之,有余者损之,不足者补之"(《道德经·第七十七章》),强调统治者要谦虚恭下、爱民利民,反对奢侈放纵、剥削压榨,也体现出对民众的人本主义关怀。庄子主张顺应自然、顺应民意,讲求"天人合一",其思想中也具有较强的民本主义色彩。墨家的杰出代表墨子主张"官无常贵,而民无终贱,有能则举之,无能则下之"(《墨子·尚贤》),强调统治者要重民、用民和保民,真正实现人尽其才、悉用其力。《管子》有言,"政之所兴,在顺民心;政之所废,在逆民心"(《管子·牧民》),"夫霸王之所始也,以人为本。本理则国固,本乱则国危"(《管子·霸言》)。治理国家,上位者不可一味地采取高压政策,让百姓敢怒不敢言,而是要"内有德泽于人民"(《韩非子·解老》)、"外无怨仇于邻敌"(《韩非子·解老》),以此实现万民归顺、天下归心,这也是政治治理的根本所在。

纵观我国历史,秦始皇"焚书坑儒",把法家思想确立为治国理政的指导思想,但是由于严刑酷法,失信于民,导致民怨滔天、社会动乱,带来的后果是在秦朝二世便走向了灭亡。相反,自汉武帝"罢黜百家,独尊儒术"开始,儒家思想一跃成为封建社会的正统思想,而其中的民本精神也被历代统治者奉行推崇,并不断被赋予适应历史发展和国情实际的新内涵,深刻反映了古代帝王的治国执政规律。汉初,当政者吸取了秦朝灭亡的教训,结合国家社会现况,采用"黄老思想",推行与民休息的方针政策。随之,汉朝逐渐恢复、兴盛起来,同时,也实现了"无为"到"有为"的治理转向。儒家思想顺应了当时国家发展需要,所以发展并延续了下来。其中,贾谊认为民为政本,比如,"民者,万事之本也"(《新编诸子集成:新书校注·卷第九》)、"使君无失其民"(《新编诸子集成:新书校注·卷第六》),十分重视安民、乐民。董仲舒认为"天之生民,非为王也,而天立王,以为民也"(《春秋繁露·人副天数第五十六》),意思是民众要在政治结构中处于主体地位,统治者要处于主导地位,以更好地立君为民。到了唐代,李世民是民本理念的坚定认同者和忠实践行者,他始终坚持礼贤远佞、亲民重民和勤政爱民,了解民众所思、所及、所盼,深刻认识到"为君之道,必须先存百姓。若损百姓以奉其身,犹割股以啖腹,腹饱而身毙"(《贞观政要·君道第一》)的重要性。明末清初黄宗羲开创我国民本思想新局面,批判君主专制,提出了"天下为主,君为客"的民主思想。清圣祖玄烨也告诫自己与臣民,"国家的根本在百姓"(《康熙政要·卷一》)。这些政治主张中无不体现了"民"的主体地位,而这离不开仁德爱民的内核力量。从某种意义上说,正是这种讲仁爱的伦理定位决定了国家政治美德要重视以民为本的政治思想,具体表现在富民、利民、教民、信民等方面。

富民,简单地说,就是使民富足,这是最基本的条件。《论语》中有这样一个故事:孔子到卫国去,弟子冉有驾车,孔子看到卫国人口众多,便发出了"庶矣哉"的感慨,冉有见状问下面要做什么,孔子回答"富之"。换句话说,衣食无忧、富足安康是当政者治国理政的重要行动指南,也是维持社会秩序的充分条件。在孟子看来:"民之为道也,有恒产者有恒心,无恒产者无恒心。"(《孟子·滕文公上》)荀子认为"不富无以养民情"(《荀子·大略》)、"节用裕民,而善藏其余"(《荀子·富国》)。墨子主张"民富国治"。管子提出"凡治国之道,必先富民"(《管子·治国》),"仓廪实而知礼节,衣食足而知荣辱"(《管子·牧民》)。韩非子强调"富国以农,距敌恃卒"(《韩非子》)。北齐的刘昼详细论述了人民与国家的关系:"衣食者,民之本也;民者,国之本也。民恃衣食,犹鱼之须水,国之恃民,如人之倚足。鱼无水,则不可以生;人失足,必不可以步;国失民,亦不可以治;先王知其如此,而给民衣食。"(《刘子·贵农章十一》)由此可见,物质文明对精神文明具有决定性作用。人民影响国运,治理国家要解决好人民的温饱问题。只有人民富裕了,经济发达了,国家壮大了,才能更好地得民心、御外敌、保稳定,这也是毋庸置疑的事实。

利民，也是重民本的具体体现。《尚书·大禹谟》有记载："德惟善政，政在养民。"孔子主张"因民之所利而利之"（《论语·尧曰》），并提出"道千乘之国，敬事而信，节用而爱人，使民以时"（《论语·学而》）的养民利民思想。孟子提出"明君制民之产，必使仰足以事父母，俯足以畜妻子；乐岁终身饱，凶年免于死亡"（《孟子·梁惠王上》）的民本主张。墨家提倡"民有三患：饥者不得食，寒者不得衣，劳者不得息"（《墨子·非乐上》）的民本理念。《淮南子》有言："为治之本，务在宁民；宁民之本，在于足用；足用之本，在于勿夺时。"（《淮南子·泰族训》）不仅如此，古代利民思想还注重关怀弱势群体，从而促进了社会救助体系的产生。《礼记》有文："大道之行也，天下为公，选贤与能，讲信修睦。故人不独亲其亲，不独子其子。使老有所终，壮有所用，幼有所长，鳏、寡、孤、独、废疾者皆有所养。"（《礼记·礼运第九》）不难看出，他们已经充分意识到"利民为本"的重要性，强调轻刑薄税，制民以产，使民各司其职、安居乐业，这是一种美好的政治理想、社会形态。若老百姓住无定所、衣不蔽体、食不果腹，当政者很难去治理天下、赢得民心。历史上关于利民惠民的例子还有很多，比如，大禹治水利民千秋，汉武帝推恩令仁政利民，明成祖朱棣开荒减税缓解民疾……这些举措无疑是重民本的真实写照，深刻体现了人民是国家兴亡的决定力量。

教民，是重民本的另一种表现，也就是教育人民。可以说，这是"敬德保民""明德慎罚"思想的内在要求，强调"为国以礼""为国以德"，注重励精图治，治国安民，以礼仪教化人民，使民知荣辱、晓大义。正是出于对民众地位的正确认识，历史上很多思想家、政治家都提出了教民、育民的政治理念，由此，文义化人，使民向善，达到治理的根本旨归。子曰："大学之道，在明明德，在亲民，在止于至善。"（《礼记·大学第四十二》）孔子认为大学的目的和宗旨，在于弘扬高尚的德行，在于关爱人民，在于使人达到至善的境界，这也逐渐成为当时政治家和思想家的共识和努力的方向。在孟子看来，教民应该"谨庠序之教，申之以孝悌之义"①，同时将教育对象分为两类：一是"天下英才"，二是"无恒产无恒心"者。董仲舒认为"凡以教化不立而万民不正也"（《汉书·董仲舒传第二十六》），提出"立太学以教于国，设庠序以化于邑，渐民以仁，摩民以谊，节民以礼"（《汉书·董仲舒传第二十六》）的主张，进一步传承与发扬儒家的教民思想。对民施教，使民顺从，是历代统治者维护社会秩序的重要法宝，遵循国家治理与民众教化相统一的政治原则，这对中国传统国家政治美德的形成与发展起到了巨大的推动作用。

信民，是重民本的重要表现。《尚书》记载："克宽克仁，彰信兆民。"（《尚书·仲虺之诰》）《论语》有云："子贡问政。子曰：'足食，足兵，民信之矣。'子贡曰：'必不得已而去，于斯三者何先？'曰：'去兵。'子贡曰：'必不得已而去，于斯二者何先？'曰：'去食。自古皆有死，民无信不立。'"（《论语·颜渊》）孔子认为"足食、足兵、民信"是执政的三要素，其中，民信是立国之本，处在首要地位，然后再是足食、足兵。管子认为"诚信者，天下之结也"（《管子·枢言》）。程颐提出"人无忠信，不可立于世"。从中，我们可以看到尊重民意、取信于民，事关国家认同和社会归属。当然，历史上这样的例子数不胜数。比如，春秋战国时期，秦国商鞅推行变法，因为当时国家处于动荡之中，人心惶惶，为了提高政府公信力，商鞅徙木立信，悬金以告，立木取信，从而赢得了民众信任，其变法在秦国很快推行起来，也让秦国走向了强盛。相反，周幽王为博得宠妃褒姒一笑，下令点了烽火台，而烽火是外敌入侵时周国向诸侯求救的信号，非特殊情况不能点燃，后来，诸侯赶来明白事情缘由，得知被戏弄了，愤然离去，几年后，外敌再次入侵，再点烽火而诸侯不信，结果周幽王亡国遭杀。可见，取信于民与失信于民结果大不相同，为此，国家治理要顺乎民心、民意、民情，赢得民心，方可实现国家长治久安，这也是我国古代政治家、思想家的一贯主张。

① 《孟子译注》，杨伯峻译注，北京：中华书局2008年版，第13页。

三、尚和合

尚和合是传统美德中国家政治美德的第三个特点。尚和合，即尚中贵和，是中国传统社会所崇尚的核心价值和精神追求，是中华民族政治思想文化中最富有生命力的内在特质和道德品质，既是国家繁荣昌盛的重要保证，也是处理人与自然、人与社会、国家与国家关系的重要准则。自古以来，对于不同的国家、社会而言，其政治制度、文化理念、经济发展等不尽相同，但并不意味着要走上对立冲突的失衡道路，在斗争实践中针锋相对，比比谁强谁弱。相反的是，虽然文化结构、风俗习惯、认识水平不同，但其根本目标都是对美好生活的向往与追求，这一点是相通的、共融的。总体上说，中国传统政治美德的重和谐，尚合作，强调和而不同、和合共生，体现在治国理政、修身正己的方方面面。可以说，"和""合"有和谐融洽、共生共济之义，蕴含着包容他者的内在机理，并不否认事物的多样性、差异性，而是敢于正视矛盾、尊重差异，以一种协调和解的方式化解矛盾，善于从差异中求共识，在冲突中走向融合，从而达到"异中有同、殊途同归"的至高境界，这也充分展现了中华民族独特的文化基因和精神智慧。

在春秋时期，"和合"一词就已连在一起使用，被看作一种美好的社会政治理想，主张以"和合"来对待各种关系。最早的话，可以追溯到殷商时期，在甲骨文中就已出现"和""合"二字。《易经》记载："与天地合其德，与日月合其明，与四时合其序，与鬼神合其吉凶。"（《易经·乾》）《国语》提到："夫和实生物，同则不继，以他平他谓之和，故能丰长而物归之。"（《国语·郑语》）《中庸》有云："和也者，天下之达道也。"（《中庸·第一章》）西汉董仲舒在《春秋繁露》中曾说："和者，天之正也，阴阳之平也，其气最良。"（《春秋繁露·循天之道第七十七》）北宋张载说："有象斯有对，对必反其为；有反斯有仇，仇必和而解。"（《注解正蒙 正蒙注·太和篇》）总的来说，厚德载物、贵和持中的"和"文化，内涵丰富，源远流长，蕴含着"天人合一的宇宙观、协和万邦的国际观、和而不同的社会观、人心和善的道德观"①，反映了中华传统政治美德的基本价值取向，凸显了世界的多样性、统一性以及人类社会的共生性，对于增进主流价值认同具有强大的凝聚力、向心力。简言之，尚和合这一文化特征，可以从以下三个方面来理解。

一是体现在人与自然的关系上，讲求和谐相生。在儒家代表人物中，孟子无疑是一位杰出的代表，他重视人与自然的关系，倡导可持续发展理念，很早就提出人与自然和谐相处的思想。正如他在《孟子》中所言："不违农时，谷不可胜食也；数罟不入洿池，鱼鳖不可胜食也；斧斤以时入山林，材木不可胜用也。谷与鱼鳖不可胜食，材木不可胜用，是使民养生丧死无憾也。养生丧死无憾，王道之始也。"（《孟子·梁惠王上》）"可以取，可以无取，取伤廉；可以与，可以无与，与伤惠。"（《孟子·离娄下》）在这里，他明确表示要顺应自然、保护自然，取之有度、用之有节，从而更好地为人类社会的生存发展提供生产生活资料。这样，一方面生产力发展了、物质生活富裕了，民众交纳赋税，国家财政收入自然也随之增长；另一方面，自然灾害少了、农作物产量增加了，民众安居乐业，其政治认同感、社会归属感自然也随之提高。此外，道家代表人物老子主张"人法地，地法天，天法道，道法自然"（《老子·三十六章》），庄子认为"天地与我并生，万物与我为一"（《庄子·齐物论》）。他们都强调要尊重自然、善待自然，依其规律之性，合其规律而行，也显示出和谐统一、整体合一的自然观。马克思曾说："不以伟大的自然规律为依据的人类计划，只会带来灾难。"②不可否认，人类与自然万物相互联系、相互依存，构成一个互动统一的有机整体，而这一生态伦理思想在政治实践中也逐渐被关注、认可。可以说，在中国传

---

① 《习近平出席中国国际友好大会暨中国人民对外友好协会成立60周年纪念活动并发表重要讲话》，载《人民日报》第1版，2014年5月16日。

② 《马克思恩格斯选集》（第3卷），北京：人民出版社2009年版，第359页。

统政治文化中,人与自然的关系正是以天为中介表现出来的,古人崇尚"天人合一""天人感应",正是出于对天的信仰与敬畏。当政者往往通过自然之变来警示、反省与改进治国理政中的不足与过失,以此规范和约束自身的言行。因为古人认为天道与人道是相通合一的,相互关联、相互感应,从传统意义上看,天意影响人事、政事。所以,上天在一定程度上被赋予了世俗化的色彩,带有道德属性,甚至上升到意识形态层面,与君权相挂钩,预示灾异、祥瑞,以此用来解释人和自然相互依存、和谐共荣的关系。若是政通人和,则表明一国君主顺应天意,勤政为民,这种认知也在很大程度上为政权合法性提供了道德辩护。换句话说,"天人合一""天人感应"的生态观是"和合"这一文化特征的具体体现,彰显了当政者和谐共生、万物齐一的自然观。

二是体现在人与社会的关系上,讲求和而不同。我们知道,人是群居性动物,很难离开他人而独立存在,可以说"人的本质是一切社会关系的总和"①。因此,无论是当政者与民众之间,还是民众与民众之间,都存在一种交往关系,那么,也会有想法不一致的时候,难免会产生摩擦冲突。这就带来一个问题:如何规避矛盾风险,实现有效交往?在中国传统文化中,很多圣贤君子强调要为仁由己、推己及人,尤其是当政者要立德化民、亲贤爱士……这些无不体现了"和合"的文化表征,强调内在的和谐统一、关系协调,以一种"大我"的为人之道来待人接物。孔子说:"君子和而不同,小人同而不和。"(《论语·子路》)他认为君子注重和谐贯通,拒绝苟同,对待事物有自己独特的见解,同时,也尊重他人的想法。小人则反其道而行,与周围人见解一致,盲目附和,甚至不讲原则。孟子主张:"天时不如地利,地利不如人和。"(《孟子·公孙丑下》)他认为"人和"在天时、地利、人和之中处于核心位置,要将其看作一种具有普遍精神的价值尺度,以此来调整各种社会关系。北宋林

---

① 《马克思恩格斯选集》(第1卷),北京:人民出版社1995年版,第56页。

遹在《省心录》中有论述："以责人之心责己，则寡过；以恕己之心恕人，则全交。"他认为个人要反求诸己、正心诚意，始终坚持严于律己、宽以待人的行为准则，这样的话，个人犯错就会少很多。比如，在历史上，秦国之所以能灭六国，实现大一统，其重要原因在于六国不能同心协力。即便是苏秦曾游说各国联合纵秦，但六国中了秦国的离间计，彼此心存疑虑，互相猜忌，造成了六国间的分化瓦解、离心离德。不容忽视的是，秦国也有其自身的优势，经过商鞅变法赢得民心，实现了富国强兵；同时，也离不开君臣和谐、官民和谐的助力，发挥了群体的力量。所以，"和合"这一文化特征，也折射出和谐融洽的君臣关系、官民关系、民众之间的关系，这是君圣臣贤的直接体现。诚如孔子所言："礼之用，和为贵。先王之道，斯为美。"（《论语·学而》）所以，当政者的治国观，是以"和"的原则缓和阶级矛盾和巩固国家政权。同时，这也成为国人安身立命的根本，以"和"的原则处理社会关系和正己修身。也就是说，当政者和人民要双向发力，呈现出和谐有序的社会状态，从而促进太平盛世的形成。

三是体现在国家与国家的关系上，讲求协和万邦。从人类文明的角度看，"和合"这一文化特征，具有广泛的社会范畴，包括国家与国家之间的邦交，也就是天下一家、以和邦国。这一国际观，也是我国对外交往原则的鲜活表征，具有极强的灵活性和包容性，契合了国家治理的政治诉求，承认了民族多样性的现实诉求，在国际关系问题的处理上超越了狭隘的"对抗""冲突"，力求走向"共生""共赢"。《尚书》有论述："百姓昭明，协和万邦。"（《尚书·尧典》）《易经》有文："保合太和，乃利贞。首出庶物，万国咸宁。"（《易经·乾》）《中庸》有记载："中也者，天下之大本也。"（《中庸·第一章》）左丘明在《子产论政宽猛》中有言："柔远能迩，以定我王，平之以和。"子曰："四海之内皆兄弟也。"（《论语·颜渊》）这些经典名言，无不主张"亲仁善邻""柔远以德"，属于一种普遍精神，也是行之有效的价值体系。比如，汉武帝时期，张骞两次出使西域，除了具有重要的经济、军事意义之外,还具有一定的政治象征意义。其中,很重要的一点是增强了与各国的政治交往,彼此建立了睦邻友好关系。这也充分证明了只有在交往关系中才能彰显出人自身的主体性价值,在国家与国家的关系上尤为突出。"国虽大,好战必亡。"历史上,涌现出很多杰出的外交使节,他们是国与国之间进行信息传递沟通的桥梁与纽带,也是当政者的意志代表。他们不忘本心,不辱使命,完成过许多惊人的壮举,如西汉苏武出使匈奴、唐代鉴真东渡日本、明朝郑和下西洋……正是对追求和平、共存互补的"和合"思想特质的弘扬与践行。春秋战国以来,不同流派思想家都将"和合"这一政治伦理特征,体现在各自的政治思想之中。具体来看,儒家主张"为政以德",道家主张"无为而治",法家主张"以法治国",墨家主张"兼爱""非攻"。这些思想不仅是当政者的执政理念,也适用于国家的对外交往,由此,成为治国理政的重要传统。

综上所述,讲仁爱、重民本、尚和合是认识和理解国家政治美德本质特征的关键所在。至今,仍具有强大的政治伦理优势,适应历史和时代发展的需要,产生了深远持续的影响。换句话说,现代国家、社会,以及个人的发展,都离不开讲仁爱、重民本、尚和合这一逻辑前提,这也是社会主义核心价值观的思想基础。

第二节　传统美德中关于国家政治美德的典型观点及其解读

传统美德是中华民族几千年来传承下来的精神财富,彰显了中华民族独特的文化基因和鲜明的精神特质。国家政治美德植根于传统美德,是传统美德在国家层面的核心表达,并在漫长的中国历史中成为维系民族团结、社会稳定的重要支撑。自古以来,不乏有关于国家政治美德的典型观点,众多思想家、政治家均做了重要的论述。大致而言,国家政治美德主要以国家治理为出发点和落脚点,以"任人唯贤,德才兼备"的传统智德、"亲亲而仁民,仁民而爱万物"的传统仁德、"恭敬之心"的传统礼德、"以和为贵"的传统和德为中心,反映了古代统治者治国理政的人文精神和道德智慧。

一、"任人唯贤,德才兼备"的传统智德

在我国传统文化中,智德是一种向善的德目,与仁德、义德、礼德、信德共同构成了传统文化"五常"德目,成为中华民族伦理价值体系的重要组成部分,为古代统治者治国理政、明德修身提供了道德资源。那么,何谓智德? 这就不得不从"智"这个字谈起了。在中国古代汉语中,"智",被看作"知",最早见于甲骨文。在《说文解字》中被释义为"知,词也,从口,从矢",本义为获取知识的速度之快,表示思维敏捷、判断准确。后来,智德的内涵与外延又得到进一步丰富和拓展,具有辨是非、知人之意。这一美德,一直以来就得到人们的广泛认同,并使之内化于心,成为一种普遍意义上的精神品格。尤其是对于当政者来说,识贤才、辨是非是必须具备的政治素质和道德修养,从"察举制"到"科举制"正是古代统治者"任人唯贤,德才兼备"选人、用人探索实践的真实写照。

欲明其理,先究其源。《周礼·大司徒》有记载:"以乡三物教万民而宾兴之。一曰六德:知、仁、圣、义、忠、和……"①"智"在这里被视为六德之一,体现出古人对智德的重视,将其视为治理天下必不可少的德行品质。《易经》有记载:"塞,难也,险在前也。见险而能止,知矣哉!"(《易经·象》)此处着重描述了"智"的内涵,表现出应时而变、相时而动的特征。而在儒家思想中,更多的是把"智"当成实现仁的一种手段和途径,因为它具有思想认知、价值判断、道德实践的内在特质。孔子认为"知"与"仁"的内在性质不同,对此做了直观的阐释,即"知者乐水,仁者乐山。知者动,仁者静。知者乐,仁者寿"(《论语·雍也》),对仁德和智德做了明显的区分。

---

① 孙诒让:《周礼正义》,北京:中华书局 1987 年版,第 765 页。

宋代朱熹在此基础上提出了"仁只似而今厚重底人,知似而今伶利底人"(《朱子语类·卷三十二》)的道德主张。这一点主要是从外在表现来分析,智德不是仁德。所以,在传统经典著作中"仁德"与"智德"是并列存在的,并不是全同关系或包含关系。不可否认,世界上任何事物都处在相互联系之中。就道德领域来说,仁德与智德也不例外。二者具有内在关联,不可分割,互为统一体。仁德作为最高的道德境界,需要智德的助力,经过学习知耻明礼、下学上达,达到仁的至善标准。在《论语》中有论述"择不处仁,焉得知"(《论语·里仁》),"未知,焉得仁"(《论语·公冶长》)。换句话说,仁德是儒家思想中社会伦理体系的根本内核,体现了我国古人的理想人格与最高追求,而其他德目主要以"仁"为基础而存在。唯其如此,才能显现出大智慧,否则,不是真正意义上的德。同时,智德是通达仁德的必要条件,只有具备智的善辨、识人、用人的能力,才能很好地践行仁德。所以说到底,只有将仁德与智德结合在一起,才能做事于社会,服务于国家。

需要注意的是,传统文化中智德的内涵不同于西方。在西方思想家看来,理性是智慧的主要内容,也是道德的基本要求,在诸多德性伦理中居于首要地位。比如,苏格拉底提出了一个经典命题"知识即美德",他的学生柏拉图在《理想国》一书中提出的"智慧、勇敢、节制和正义"四种美德,也逐渐被西方社会公认和接纳,成为社会政治领域内的伦理规范,并被传承和延续下来。而在中国传统文化中,智德强调对人伦之理的认识与实践,作为一种向善的德性,智德在以儒家为代表的传统经典著作中皆有论述,具有丰富的道德内涵,蕴含着一定的内在逻辑。孔子认为:"不知言,无以知人也。"(《论语·尧曰》)在这里,"知"主要指的是知道、了解、认识,对"知人"这一道德内涵做了具体介绍,明确指出实现"知人"的前提条件。当然,其中也包括一种知是非的关键环节,反映出一种价值判断的社会政治属性。孟子认为"智"指的是一种辨别是非善恶的能力,明确提出"是非之心,智也"(《孟子·告子上》),"无是非之心,非人也"(《孟子·公孙丑上》)。荀子对此主张:"是是非非谓之知,非是是非谓之愚。"(《荀子·修身》)董仲舒有论述:"何谓之知?先言而后当。凡人欲舍行为,皆以其知先规而后为之。"(《春秋繁露·必仁且智》)因此,在儒家看来,智德更多表现出一种伦理认知的特征,对人与事有一定的判断标准,反之,难以真正拥有正确的仁德。由此,进一步上升到"识人"的层面,在"选贤与能"上能够做到中和恰当,不为外界环境所左右,这也是君子之道、为政之要。《论语》有言:"樊迟问仁,子曰:'爱人。'问知,子曰:'知人。'"(《论语·颜渊》)孟子认为:"知者无不知也,当务之为急;仁者无不爱也,急亲贤之为务。"(《孟子·尽心上》)《荀子》中有记述:"知者知人,仁者爱人。"(《荀子·正名》)道家也有相关论述,老子曾说:"知人者智慧,自知者明。"(《道德经·第三十三章》)不难看出,这些论述都是与人有关的,侧重于对道德领域的分析,强调认知是智德的先决条件。

思想是行动的先导,行动是思想的践行和完善。任何属于上层建筑层面的观念唯有付诸实践,方显其道德智慧和深层价值。在国家层面上,智德主要表现在当政者选人用人的价值标准,为其提供坚强的思想基础。在《尚书》中有记载:"任官惟贤才,左右惟其人。"(《尚书·咸有一德》)"任人唯贤,德才兼备",是传统社会选拔任用人才的首要标准。若要实现国家富国强兵,就必须要把好识人关,让有为者有位。对于执政者来说,要坚持致良知、实事求是的精神,这样才能做到知者不惑、知人善任。在这一过程中,一方面要有敏锐的判断力,正如《论语》所说:"今吾于人也,听其言而观其行。"(《论语·公冶长》)另一方面要善于听取别人意见,正如《资治通鉴》所讲:"人欲自见其形,必资明镜;君欲自知其过,必待忠臣。"(《资治通鉴·唐贞观元年》)这既是一种修身之道,又是一种治国智慧。因为只有任用有贤德的人,民众才能认同信服。因为"举直错诸枉,能使枉者直"(《论语·颜渊》),所以贤者治国、以智兴国是国家政治美德的重要内容。除此之外,朱熹认为:"贤,有德者,使之在位,则足以正君而善俗。能,有才者,使之在职,则足以修政而立事。"(《孟子集注·公孙丑章句上》)墨家也强调:"知者之事,必计国家百姓所以治者而为之,必计国家百姓之所以乱者而辟之。"(《墨子·尚同下》)综上所言,在古代思想家看来,圣君贤臣是一种理想的政治追求,而智德是其中的关键要素。

二、"亲亲而仁民,仁民而爱万物"的传统仁德

"仁"是中华传统美德中的第一大德,早在《尚书》一书中就出现了"克宽克仁,彰信兆民"(《尚书·仲虺之诰》),在"五常"中居于首位,也是颇为重要的政治伦理原则。从文字起源上看,"仁"这一字在《说文解字》中被界定为:"仁,亲也。从人从二。忎,古文仁从千心。古文仁或从尸。"不难看出,"仁"的原义指对象及与他者之间的关系准则,也就是人在群体中不是单独的个体,而是会与自身和他者发生一定的社会关系。换句话说,"仁"强调一种主体间性,抑或是一种交互性、反身性,表征主体对象身心、交往的一种亲密、友善的理想精神和道德追求,也反映出深刻的哲学意蕴。仁德最初与宗法血缘关系相挂钩,是古代传统美德的精华,已经牢牢熔铸于中华民族的历史发展和社会实践之中,无论对于个人来说,还是对于执政者而言,拥有仁德之心至关重要。其实,在春秋时期,"仁"就被儒家学派看成人生追求的最高道德境界和最高理想,并通过"自省""他观"不断提高道德修养。那么,什么是仁德呢?儒家认为,爱亲为仁,以"亲亲"为基本前提,后来逐渐超越原有的道德范围,在爱自己、爱亲人的基础上推演到泛爱民、爱万物的情感范畴,完成了推己及人与推人及物的范式转换,实现了家庭—社会—国家的这一质的飞跃。这一观点也逐渐被传统社会所认可、接受,涉及各个阶层、各个领域。诚然,这实际上是一种博爱观,但并非无差别的爱,而是建立在维护等级关系之上的价值观。

纵观我国政治思想发展史,对于"仁"阐述的最为全面而系统的是儒家学派,其主张遵循自身与他人、万物休戚与共的价值逻

辑,尤其对于执政者来说要心系天下、情系苍生,从而谋求政局稳定、社稷安定。因为古代帝王是传统社会的最高统治者,也是封建统治的象征,掌握国家最高权力,其行为方式决定着国家命运、社会发展情况和人民生活安定与否。"仁"是传统美德中最深层次的精神追求,也是国家政治美德中最核心的价值理念,在历史发展过程中不断被挖掘、赋义与践行,具有潜在价值和时代意义。"仁"在《论语》中出现了一百多次,通过归纳总结可以发现,爱人的充分条件是爱亲,爱亲的充分条件是爱己,其中,唯有自爱,方可真正实现推己及人的道德旨归。所以,所谓仁爱,要先学会自爱,这样才能爱别人和被别人爱。需要注意的是,这里的自爱是儒家仁爱思想的内在着力点,虽然孔子明确提出"志士仁人,无求生以害仁,有杀身以成仁"(《论语·卫灵公》)这一要求,为了"仁"要有敢于牺牲生命的精神,但是同样重视对肉体生命的尊重和保护,重视提倡"危邦不入,乱邦不居"(《论语·泰伯》)。可以说,杀身成仁只适用于在特殊的、极端的情况下所做出的一种科学的权衡和抉择,整体上还是反映了对自我生命的热爱与关怀。所有的这些,体现出一种理性自爱,显现出一种追求身心和谐的明哲智慧。《荀子》中对此有明确的论述,如"仁者使人爱己""仁者自爱"(《荀子·子道》),将心比心地将这种情感推己及人,实现了情感体验的亲密契合,与孟子提出的"恻隐之心"相对应,达到一种共鸣、圆融的理想状态。北宋王安石认为:"爱己者,仁之端也,可推以爱人也。"(《王安石全集·荀卿》)张载也说:"以爱己之心爱人,则尽仁。"(《张子正蒙·中正》)可见,爱己是爱人的基础,也是"仁"的内在特质。《论语》有言:"君子笃于亲,则民兴于仁。"(《论语·泰伯》)因此,上位者宽厚地对待亲属,百姓看到后也能够得到感化教导,仁德的风气自然而然就形成了。孔子曾说"克己复礼为仁"(《论语·颜渊》),为此,自爱绝不是无限制的贪恋,也不是无约束的利己主义,而是需要在实践中加以规范和克制,这是对如何自爱的直观阐述,也是通达仁爱的必由之路。

从政治层面上看,仁德是国家政治美德的基本内核,由此衍生出了一整套道德理想和行为准则,其中,"亲亲而仁民,仁民而爱万物"是典型观点。这一政治美德要求古代帝王要始终有仁爱之心,用仁德治理国家,形成广泛的社会效应,引导大众践行仁爱之德。孔子曾说:"为政以德,譬如北辰,居其所而众星共之。"(《论语·为政》)孟子曾说,"当今之时,万乘之国,行仁政,民之悦之,犹解倒悬也"(《孟子·公孙丑上》),"老吾老以及人之老,幼吾幼以及人之幼"(《孟子·梁惠王上》)。对于执政者来说,唯有以仁德来处理政事,才能更好地顺民意,集民治,得民心,从而促进国家平稳有序地运转,可见仁德对于政治生活的重要作用。儒家思想之所以一跃成为封建社会的主流思想,其中一个重要的原因在于主张仁德治国,"仁政""王道"是其政治思想的核心内容。商汤桑林祈雨是我国历史上统治者行仁政、得民心的一个典型例子。《吕氏春秋》有记述:"汤克夏而正天下,天大旱,五年不收。汤乃以身祷于桑林,曰:'余一人有罪,无及万夫,万夫有罪,有余一人;无以一人之不敏,使上帝鬼神伤民之命。'于是翦其发,枥其手,以身为牺牲,用祈福于上帝。民乃甚悦,雨乃大至。"(《吕氏春秋·顺民》)这段论述将仁德看成上位者的为政之本,奠定了仁民爱物的道德传统。无论社会生活如何变迁,其仁德的内在规定性是不变的,都遵循爱仁的政治价值逻辑。"得道者多助,失道者寡助。"商汤正是因为发自内心地爱民,才能在特殊情况下迎难而上、敢于牺牲,从而赢得民众的拥护和爱戴。除此之外,历史上类似的例子还有很多。《孟子》有云:"德之流行,速于置邮而传命。"(《孟子·公孙丑上》)这句话的意思是德政的传播,比驿站传递消息和命令还要迅速。因此,君王尚仁德、行仁政,对治理国家颇为重要。孟子曰:"爱人者,人恒爱之;敬人者,人恒敬之。"(《孟子·离娄下》)上位者爱民,民亦爱之。在对待仁德问题时,正如孔子所说,要注重内求向善,先有仁爱之心,再有仁爱之政。在这一过程中,尽管爱有差异,但都属于广义上的仁德,比较适应于当时的社会历史条件,为民所信服,成为一种广泛的道德要求,也成为治国理政的重要条件。"不仁而得国者,有之矣;不仁而得天下者,未之有也。"(《孟子·尽心下》)在传统文化中,仁德是说不完道不尽的,这一传统意义上的价值观,对理想社会的建构起到了不可替代的作用。

三、"恭敬之心"的传统礼德

在我国传统文化中,礼德是"五常"之一,在其中占据重要地位。通过对礼德精神内涵的审视,发现其终极目标是促使等级关系走向有序化。《礼记》有明确的论述:"礼者,天地之序也。和故百物皆化,序故群物皆别。"(《礼记·乐记第十九》)那么,礼德是如何产生的?有无明确的定义?其作用表现在哪些方面?《礼记》有具体的描述:"殷人尊神,率民以事神,先鬼而后礼。"(《礼记·表记第三十二》)东汉许慎在《说文解字》说:"礼,履也。所以事神致福也。从示从豊,豊亦声。"从上述对"礼"的释义中可以看出,"礼"原指祭祀中的礼仪,后来发展演变为一种规范伦理,用于调整各种社会关系,接着上升到了德性制度层面,以维护社会秩序和规范人际关系。事实上,历史的发展进程充分表明了礼德具有深厚的社会基础,其核心特质是恭敬、辞让。关于礼德"恭敬"这一内涵,诸多思想家都做了符合社会发展要求的阐释。所谓恭敬,简单地说就是尊重他人,先人后己。《论语》有言:"君子敬而无失,与人恭而有礼,四海之内皆兄弟也。"(《论语·颜渊》)《孟子》有文:"恭敬之心,礼也。"(《孟子·告子上》)《孝经》有论述:"礼者,敬而已矣。故敬其父,则子悦。敬其兄,则弟悦。敬其君,则臣悦。敬一人而千万人悦。所敬者寡而悦者众,此之谓要道也。"(《孝经·广要道章第十二》)这些典型观点都是关于礼德内涵的深刻诠释,强调"恭敬"是礼德的内在规定性,而这也成为处理人与人、人与社会、人与国家之间关系的精神要则,并在社会实践中不断得到认同与践行,从而真正达到"仁"的道德标准。关于礼德"辞让"这一内涵,诸多思想家也有论述,都提出了各自的道德主张。孟子认为:"辞让之心,礼之端也。"(《孟子·公孙丑上》)《礼记》做了这样的表述:"讲信修睦,尚辞让,去争夺,舍礼何以治之。"(《礼记·礼运第九》)从这些论述中可以发现,"辞让"是礼德的一项重要内容,礼德的功用也是基于此,从而使交往和谐、天下和顺,这也对中国传统社会产生了深远的影响。为此,礼德需要被严格遵循和执行,以此教导民众合理规范自身的行为。

礼德,不仅是教化民众的方式,也是古代统治者治世的方针。明智的统治者更是倾向于"礼"的柔性,将礼德与国家政统治秩序紧密结合,把恭敬、辞让的道德理念融入政治生活之中。从国家层面来看,礼是实现仁政德治的可靠保证,具有相当广泛的约束力,起着价值观层面的引导功能。无论是君王,还是臣民,无不处于德性秩序之中,受到"礼"的调适与规训。孔子认为"道之以政,齐之以刑,民免而无耻;道之以德,齐之以礼,有耻且格"(《论语·为政》)。在他看来,治理民众所采取的方式方法不同,其结果也会截然不同。若以刑罚来惩处,只会使民众畏惧害怕,内心并不是真正地服从。比较而言,若以礼来制约规范,则会使民众产生羞耻心,并且还会产生一定的进取心。对此,他还专门提出了"周监于二代,郁郁乎文哉!吾从周"(《论语·八佾》)的政治理念,以历史事实为论证依据,坚定表达了对礼德的政治态度,肯定、弘扬其本质价值。所以,当政者治理天下应尊重礼德规范,重视发挥意识形态领域的指导作用,坚持自治与德治相结合的原则,避免过度依赖外在的强力与暴力手段,否则难以长久地保证国家政权的稳定。就礼德的功用而言,古人认为礼可以"经国家,定社稷,序民人,利后嗣"(《左传·隐公十一年》)。也就是说,礼上可以经国定分,下可以序民利后,这对把准政治方向、维护政治权威尤为重要。正如荀子所言,"人无礼则不生,事无礼则不成,国无礼则不宁"(《荀子·修身》),而"礼之所以正国也,譬之,犹衡之于轻重也,犹绳墨之于曲直也,犹规矩之于方圆也"(《荀子·王霸》)。这里的"礼"与宗法制相关,是一种定型的精神气质,反映了一个国家、社会的文明程度和道德风尚,在某种程度上也带有"法"的意蕴。

　　我国历来是一个"礼治"国家,不仅表现在思想上的高度重视,还具体体现在行动上的遵守执行。《论语》有文:"定公问:'君使臣,臣事君,如之何?'孔子对曰:'君使臣以礼,臣事君以忠。'"(《论语·八佾》)孔子认为礼德明确规定了君臣行为之分,双方各有职责,各有承担,因为这关系到朝廷更替、政权兴衰。其中,若要实现君臣和谐,首先君王要遵守礼的规范,以"礼"的标准待民,这样臣子才能心悦诚服,很好地做到为君服务、为国效忠。正所谓"凡君不道于其民,诸侯讨而执之"(《左传·成公十五年》),这里强调的是君王对百姓无道,诸侯可以对其讨伐,这是合乎道义的。正是遵循了礼德的中心要旨,才会有这样的行为结果。所以,从某种意义上讲,君王的权力并非毫无限制,因为任何一种权利,一旦失去束缚,则犹如脱缰了的野马,不加以控制则会酿成严重的后果,甚至是带来深重的灾难。历史上朝代的兴衰更替无疑是最好的例子,这也说明了礼德的必要性和重要性。《孟子》有记述:"孟子告齐宣王曰:'君之视臣如手足,则臣视君如腹心;君之视臣如犬马,则臣视君如国人;君之视臣如土芥,则臣视君如寇仇。'"(《孟子·离娄下》)同理,按照礼德的要求,君王做出表率待臣有礼义,臣下也会受到感召忠心为君,只有这样,双方关系才能和谐有序,这也反映了儒家政治伦理的核心价值,以仁换仁、将心比心,由此实现君臣同心。所以,尊民以礼,以"礼"的规范体系来协调、约束各方,也成为处理君臣关系的道德准则。特别是在西汉时期,汉武帝将儒家思想作为治国思想,采取各项措施"劝学兴礼",明确下诏"令礼官劝学,讲议洽闻,举遗兴礼,以为天下先"(《史记·儒林列传》),力图通过劝学教化实现"礼"的秩序推行,并渗透到政治社会生活的方方面面,从而营造良好的道德风尚。其间,不仅发挥了礼德的广泛约束力,也直接提高了儒家礼德思想的政治影响力。显然,儒家认为理想的政治生活是将君臣关系纳入德性秩序之中,强化尊规守礼意识,彰显崇德重礼精神。概言之,以"恭敬""辞让"为核心的

139

尊礼重德思想,是治理国家的重要方略,是规范人们社会生活的重要依据,影响了一代又一代人们的生活方式。

四、"以和为贵"的传统和德

和德是儒家思想所倡导的核心价值观,也是中国传统文化的基本价值取向,"以和为贵"一直以来被世人所重视,传承至今。"和"在《说文解字》中被阐释为"和,相应也。从口,禾声",这里主要指的是和谐、协调,并被视为一种美好的理念、通达的状态。《礼记》有记载:"喜怒哀乐之未发谓之中,发而皆中节谓之和。中也者,天下之大本也,和也者,天下之达道也,致中和,天地位焉,万物育焉。"(《礼记·中庸第三十一》)这句话的意思是当喜怒哀乐的情绪没有发作出来的时候,这被称为"中";当这些情绪发作出来的时候,能有效控制并且恰到好处,这就叫作"和"。君子能够做到第一点"中",是天下最大的根本,能够做到第二点"和",是天下的至理法则,而能够达到"中和",则天地会各归其位,万物也就会发育生长了。以上关于"和"的论述,体现出一种基于价值选择的"适宜""适度""中庸",是一种不苟同、不偏激的和谐贯通。从政治层面来讲,"以和为贵"的传统和德,涵盖了人类生活的各个领域,主要体现在对人与自然、人与社会、国家与国家关系的科学定位与正确认识,并且,在这一过程中深刻体现了和谐共生、求同存异的精神内涵。一个社会的积极向上、一个国家的有序发达,离不开"和德"这一内在道德精神的支撑,也就是要求共同体成员要具有自尊自信、理性平和的心态特质,自觉坚持整体意识与个体意识的统一,在享有权利的同时要主动担责。在这一道德规约下,个体的思想境界自然而然得到了提升。在人与人的相处中,也要"讲信修睦""乐与人善""守礼达和",这是实现人际和谐、社会和谐的重要条件。最根本的一点是,"和"的德性伦理习惯于将矛盾化于无形,以交融平衡的方式,实现彼此间的共生共济。所以,在古代语境中,"和"并不是全同无异的意思,与"同"还是有区别的,正所谓"和实生物,同则不继""以他平他谓之和"(《国语·郑语》),强调尊重他者,摒除一切不合理的因素,打破物与物、人与物、人与人之间的区隔,以"和"化解各个领域、各个方面的矛盾。以儒家为代表的传统思想,对政治秩序、社会关系最为关注,所以,如何最大可能地发挥德性伦理的指导规范功能尤为重要。可以看到,和德的精神实质是以"不同"为表征,也就是不排斥事物的异质性,经过接触碰撞,不断地适应变化,在求同存异的基础上,最后趋向于和谐统一。和德思想也经历了较为长足的发展,对古代社会的发展起到了重要的推动作用,并被推广到各个领域,成为一种普世的价值的同时,也奠定了中华文化包容性的基础。

先秦时期,是诸子百家思想最为活跃的时期。孔子提出了"以和为贵"的思想,而这也成为儒家所倡导的政治伦理、道德准则,为历代统治者所重视。在《论语》中,有子对和做了明确的论述:"礼之用,和为贵。"(《论语·学而》)有子认为"礼"的推行要坚持"和"的原则,也就是要遵守"礼"的规范以维护等级秩序,其中,要以"和"来做补充调和,避免出现等级对立、矛盾尖锐的社会政治状态,而这也被视为治世之道、兴国之要。换句话说,实现"礼"的功能就是要达到"和"的总体性理想,促进社会秩序的生成建构。荀子认为"和则一,一则多力,多力则强,强则胜物"(《荀子·王制》),深刻回答了"和"这一思想的根本原理和逻辑内涵,也就是通过"和"可以很好地实现集中,从而最大程度地凝聚力量、形成共识。同时,他也提出"公平者,职之衡也;中和者,听之绳也"(《荀子·王制》)的思想主张,强调治国者处理政事时要宽严适中,注重平衡好"宽""严"之间的关系,避免过犹不及、适得其反。在古代思想家的认识中,国家政治生活的运行需要文化规范,以群体本位为基本价值取向正是体现了"以和为贵"的传统和德,并以此作为治国安邦的基准,指导政治实践。若没有和德作为理论支撑,则难以实现善治的价值目标和理念认同的终极指向。对于一个国家来说,和德是最基本的价值资源,也是中华传统政治美德的历史积淀。中华文明向来注重整体利益、整体精神，尤其是人伦关系的和谐融洽。比如，历史上"将相和"的故事是一个经典的案例：战国时期赵国舍人蔺相如因完璧归赵，被封为上大夫，又在渑池会上重挫秦王，为赵国赢得了尊严，被封为上卿；老将廉颇认为自己战功赫赫，对此很是不服，屡次口出狂言，而蔺相如知道后以大局为重，处处忍让不计较，廉颇知道实情后满是悔悟负荆请罪，于是二人和好，共同辅佐赵王。从中可以看到，国家的和谐稳定离不开臣子们的协同配合，和德对于协调君臣关系、臣子关系具有推动作用，也能够很好地破除隔阂、集聚能量，形成强大的情感力。除此之外，从现实意义考量，"万物并育而不相害，道并行而不相悖"①等思想，也彰显了中国文化平和、博大和开放的格局和气度。和德不仅在对内的国家治理上贡献突出，在对外关系上的作用也不容小觑。"以和为贵"的和德思想是立足于整个人类社会发展的道义制高点，超越了狭隘的种族诉求，致力于弘义融利、世界大同的道德追求。"天下同归而殊途，一致而百虑。"②所以，在对外交往中，要看到不同思想文化中共性的一面，加强和各国的友好往来，因为目标是一致的，都是追求国家的繁荣发展。总之，和德思想渗透于我国古代的政治生活、日常生活之中，涵盖了"和实生物""和而不同"的贵和精神，不仅对当时社会历史的发展产生了巨大的影响，也为当今社会提供了很高的学术研究价值和实践意义。因此，对待传统和德，绝不能抱有全盘否定的态度，脱离于社会现实之外，而应把它放在特定的时代背景之中，进行科学审视和借鉴。

　　关于智德、仁德、礼德、和德等国家政治美德的经典论述，无不与当时的社会条件高度契合。虽然论述有所不同，但是都从不同侧面凸显了中华传统美德的基本精神。重要的是，这些经典论述

---

① 朱熹：《四书五经·中庸章句集注》，北京：中国书店出版社 2011 年版，第 15 页。

② 高亨：《周易大传今注》，济南：齐鲁书社 1979 年版，第 570 页。

立足于中华民族的生活实践,反映了历史进步的要求,体现了浓厚的家国情怀,蕴含了一种相融相通的精神气节。因此,在今天应当正确看待国家政治美德,以创新的精神、开放的心态去学习借鉴。

第三节　传统美德中国家政治美德的当代表达

当前,实现传统美德中国家政治美德的当代表达,归根结底是为了提升价值观自信,充分发挥价值观的引领作用,使其成为凝聚全社会共识的"最大公约数",为我国长远发展提供精神动力。社会主义核心价值观是我国意识形态建设的核心,有其伦理道德本源,而这一本源就是中华传统美德,社会主义核心价值观在此基础上用高度凝练的语言,深刻概括了中华民族优秀文化的精髓和灵魂。可以说"轴心时代中华文明形成的基本价值成为主导中华文明后来发展的核心价值"①,反映了中华文明发展的基本走向,代表着本民族特色的精神追求。国家政治美德,蕴含着丰富的治国理政资源,包含着超越时空的价值共识,所以,增强文化自信,要善于从历史中汲取智慧和力量,赋予国家政治美德合乎时代精神的新内涵、新诠释,以更好地适应当前世情、国情、党情的深刻变化,彰显与时俱进的中国风格、中国气派。

一、民富国强的价值追求

在我国几千年的历史长河中,"富强"贯穿于历朝历代治国理政的始终,深深嵌入中华民族的文化血液,筑牢中华文明的历史根基。在《管子》中,就已出现关于"富强"一词的记载:"主之所以为功者,富强也。故国富兵强,则诸侯服其政,邻敌畏其威。"(《管子·形势解》)不难看出,在中国传统文化中,关于富国强兵的价值

---

① 陈来:《中华文明的核心价值:国学流变与传统价值观》,北京:生活·读书·新知三联书店 2015 年版,第 3 页。

追求,历来已久。民众富裕了,国家强大了,当政者也会赢得人心,外敌自然也不敢入侵。可以说,实现富国强兵是中国人民数千年来的美好夙愿,也是国家政治美德的实践指向。无论时代发生多大的变化,无论社会发生多大的变迁,无论人们的思想观念发生多大的改变,实现富国强兵的热切期盼和价值目标是一脉相承的,并且随着时代的发展得到进一步的强化,生生不息、历久弥新。所以,这一美德与核心价值观中的富强在核心要义上是高度契合的,都指向实现民富国强的政治愿景,适应了国家社会发展的客观需要。

富强是社会主义核心价值观在国家层面上的首要价值,凸显了富国强兵对社会主义现代化国家建设的重要意义。而这蕴含了"人民富裕""国家强盛"的两大价值诉求。具体来看,富是侧重于从经济社会上而言,其基础是人民富裕;强是侧重于从军事政治上而言,其核心是国家强盛。古语有云:"民以殷盛,国以富强,百姓乐用,诸侯亲服。"(《史记·李斯列传》)从中得知,民富国强具有内在的价值逻辑,强调国家与个人的紧密关联性,彼此相辅相成、相得益彰,而这也折射出"家国一体""家国同构"的文化理念。人民富裕了,国家的经济实力自然而然会得到提高。我们知道,经济基础决定上层建筑,经济发达了,政治文化也会随之得到发展。所以,在治国理政过程中,要牢牢把握民富这一基本前提,增强全体人民的获得感、安全感、幸福感,这样才能从根本上实现国强。

对于今天而言,民富已经摆脱了封建社会的阶级局限性,被赋予了新的现时要义和价值内涵,切实符合现代社会主义市场经济的发展要求。具体来看,民富不仅仅是侧重追求整体富裕的结果性,还强调共同富裕的过程性,最终实现利为人民、情系人民的价值旨归。简单地说,做大"蛋糕"的同时也要分好"蛋糕"。因为我国的统治阶级是人民,所以要做到一切发展成果由人民共享。人民是国家的主人,发展为了人民,这是符合社会主义根本方向的价值观,并且在长期的社会实践中落地生根。那么,我们靠什么实现民富?靠的是坚持党的领导和人民主体地位,依法治国。其中,党的领导是中国特色社会主义制度的最大优势,能够整合和调动社会一切积极因素,彰显集中力量办大事的制度优势,这是由我们党的性质和宗旨决定的,也是推进"中国之治"的成功密钥。人民群众是历史的创造者,是社会变革的决定力量,也是真正的时代英雄。要紧紧依靠最广大人民群众,充分发挥人民群众在社会主义建设中的积极性、主动性,不断创造丰富的物质文明和精神文明,开辟中国特色社会主义新境界。在这一过程中,中国共产党创造性地提出了"先富帮后富""共同富裕"的价值理念,稳步推进经济可持续发展。纵观我国经济发展历程,从解决温饱问题,到全面建设小康社会,到全面建成小康社会,再到实现社会主义现代化,这些目标清楚地揭示了民富的动态价值之维、经济的高质量发展之义,一方面是对传统美德的充分继承,秉持"以富得民""以富邦国"的道德伦理;另一方面是对传统美德的现代性诠释,表达"以人民为中心"的新时代意蕴。

国家强盛的根本在于实现对内统一和对外和谐的双向旨归,也就是大一统形成合力,同时以自身的强大赢得他国的尊重,宣扬德威国威,并借助对外交往和文化交流,实现物质文明与精神文明的互通有无、交汇更新。若国际形势出现比较极端的局面,国家之间不可避免地形成对抗,此时中国更多的是处于守方,维护国家安全,而不是主动进攻,侵略他国。这正是传统国家政治美德中富而好礼、强而不霸的深层体现。实践已充分证明,落后就要挨打,这是毋庸置疑的事实。明清时期,我国"天朝上国"意识浓厚,实行"闭关锁国"政策,因循守旧,故步自封,阻碍了国家的发展和社会的进步,逐渐与外界脱轨,落伍于世界潮流,其结果是遭到西方列强的入侵,面临严重的民族危机,最终沦为半殖民地半封建社会。自此,救亡图存、振兴中华成为贯穿近现代社会的一条主线,无数仁人志士奋勇向前,前仆后继,进行了可歌可泣的斗争实践。我们今天所讲的国强与中华传统美德息息相通,与近代以来的历史境遇息息相关,与当代社会发展实际息息相连。这种强更多的是一种自立自强,具有旺盛的生命力,超越了军事上的兵强,以此为基准,不断辐射各个领域,是真正从站起来、富起来到强起来的伟大飞跃。贫穷不是社会主义,社会主义所追求的是民生富裕、国家强盛。也正因为如此,国强也意味着要有属于自己的核心竞争力,以在世界民族之林屹立不倒、岿然不动。中华人民共和国成立以来,从"两弹一星"到"天宫""蛟龙",从北斗导航到量子通信,从三峡工程到大兴机场,从"绿皮车"到"复兴号"……中国在经济、科技等领域取得了巨大的成就,加速了从"中国制造"到"中国创造"的完美蜕变,惊艳了世界。同时,中国以开放、自信的姿态积极参与全球气候治理、全球粮食安全治理、维和行动等公共性事务,发挥了建设性作用;倡导"一带一路"建设,坚定支持多边主义,为世界提供"中国方案",贡献中国力量,赢得了掌声。这些实际行动,正是国强的有力见证和当代表达,让世界看到了中国的自强不息和大国担当,具有里程碑意义。

总之,民富国强的价值追求,以其历史的高度、现实的宽度、未来的长度,生动诠释了新时代中国特色社会主义建设的目标指向,极大增强了民族自尊心、自信心,展现了我国的国家实力,实现了传统美德的当代表达。换句话说,传统美德是涵养价值观自信的源泉,正所谓"任何理论和制度,必须本土化才能根深叶茂、绽放光彩"①。同样,提升价值观自信离不开传统美德的现代转化,要更好地挖掘和弘扬传统美德所蕴含的精神内涵和时代价值,实现彼此间的双向互动、有机统一。

二、人民民主的价值理念

民主是社会主义核心价值观所追求的价值目标,也是传统美德的重要内容。《说文解字》对"民"做了释义:"民,众萌也,从古文

---

① 甘守义:《社会主义核心价值观学习读本·国家篇》,北京:新华出版社 2015 年版,第 7 页。

之象。"这里,"民"的意思是"众多"。早在上古时代,就已出现成功的民主实践,尧、舜、禹无疑是其中的典型代表。《尚书》有文:"天惟时求民主。"(《尚书·多方》)《左传》中有记载:"民之主也。"(《左传·宣公二年》)这些著作阐述了什么样的人能够成为民之主,那就是:立君为民、为民做主、为民请命、为民办事。孔子提出"古之为政,爱民为大"(《礼记·哀公问第二十七》),"因民之所利而利之"(《论语·尧曰》)等政治主张,认为当政者要爱民亲民,善于因势利导,注重民众的利益。可以说孔子的主张把国家命运与个人命运、国家利益与个人利益紧密相连。孟子主张"民为贵"的价值理念,明确提出得民心的重要性,并以夏桀、商纣失天下为例得出结论:失其民,失其心。朱熹指出"国以人民为本",对君民关系做了理论性的阐释,强调君王要为民制产,轻徭薄赋,平易近民,这是为政之本。总的来说,这些论述都体现出对民众力量的重视,比如"科举制"虽然有其历史局限性,但不可否认的是,这在一定程度上保证了所选拔的官员的素质,扩大了统治基础。所以,在中国历史文化中,有较为深刻的"民本""民有""民享"的民主意蕴,尽管是为了维护封建专制统治,但其中所倡导的重民、富民、利民、教民、信民等思想,都表明了民众在政治生活中的重要地位,也反映了中国古代人民对民主的向往。列宁认为:"民主意味着在形式上承认公民一律平等,承认大家都有决定国家制度和管理国家的平等权利。"①而在《辞海》中,"民主"一词被释义为"人民有管理国家和发表意见的权利",充分肯定人民的主体性价值和政治参与的权利。由此,可以看出古代的民本思想,与现代意义上"民主"理念有一定的互通、契合之处,经过当代继承改造,转化为体现民族特色、富有时代精神的价值理念,成为怡养涵育价值观的道德资源,为我国国家治理奠定了深厚的历史文化积淀,提供了鲜明的价值引导。

　　论及民主的价值,它是政治伦理美德中最活跃的精神要素,是

---

① 《列宁选集》(第3卷),北京:人民出版社1995年版,第257页。

社会主义最核心的价值之一,在建构社会政治秩序过程中发挥了不可替代的积极作用。到了今天,这一政治理念也有了新的发展,被赋予了新的内容。毛泽东认为:"没有广泛的人民民主,无产阶级专政不能巩固,政权会不稳定。"①邓小平强调:"没有民主就没有社会主义,就没有社会主义的现代化。"②正所谓:"政之所兴,在顺民心。"(《管子·牧民》)从这些论述中可以看出,人民民主是社会价值的最高体现,对政治发展尤为重要,强调民意是最高权力的来源,在实现国家现代化过程中"人民至上"是最核心的理念,诚然,这也是发展中国特色社会主义的内在动力。我国宪法规定"国家一切权力属于人民",其作为重要任务、重要保证,提供了政治保障,实现了对传统民本思想的科学继承。基于社会主义发展实际,人民民主创造性提出了"国家权力属于人民"这一重要命题,而且这里的"人民"是一个政治概念,与敌人相对,区别于法律意义上的公民,强调推动社会历史发展进步的大多数人,也就是说并非所有的人都可以被称为"人民"。关于民主观念的现代性变革也是合目的性的,是现代政治文明的根本遵循。不难看出,社会主义民主所追求和倡导的是党的领导、民主集中制,强调保护多数人,对全体人民负责,同时遵循一定的程序规定,有章可循、有法可依。值得强调的是,人民民主也包括保护少数人原则,并不完全忽视、否认少数人。美国政治学家达尔认为:"即使是民主国家,即使它遵循了民主的程序,这种时候它所犯的不公正仍然是不公正,多数人并不能因为其为多数便是正确的。"③所以,这也充分显示了我国社会主义民主的优越性,最大限度地保护协调各方,保护弱势群体,蕴含了强大的人道主义精神、公平正义精神。相比较而言,这一点不同于中国古代的民主理念,虽然二者都具有阶级性,体现统治阶

---

① 《毛泽东著作选读》(下册),北京:人民出版社1986年版,第824页。

② 《邓小平文选》(第2卷),北京:人民出版社1994年版,第168页。

③ [美]罗伯特·达尔:《论民主》,李柏光等译,北京:商务印书馆1999年版,第55页。

级的意志,但是二者的统治阶级不同,社会主义社会的统治阶级是
人民。为此,要全面、深入认识和理解人民民主,在传承仁政、爱民
等美德的基础上,再进一步让其向前推进,融入新的时代元素,通
过创造性转化和创新性发展,使之符合现代话语创设和思想旨趣。

具体来看,以儒家为代表的以民为本、重视民生的民本思想,
我们仍需要继续坚持和发扬其中的道德精髓,这正是立足于历史
唯物主义看待问题的要求,体现了国家治理中科学性和系统化的
历史思维、辩证思维,很好地避免了历史虚无主义和历史复古主
义。从中国发展现实来看,一方面,要坚持以民生为先,对关注人
民生活疾苦的传统国家政治美德加以传承;另一方面,要坚持加强
人民民主,对切实保障人民群众民主权利的传统国家政治美德进
行现代性转化。因为在过去,民主思想虽然也被提到很多次,但是
大多强调民本、民生层面,主动权更多的还是在当政者。一般来
说,古代民本思想一般偏向于君王该如何对待百姓,以巩固政权统
治,这样看的话,话语权力主体仍然在君王手里,民众反而处于相
对被动的地位,也可以说是属于受众。所以,为充分挖掘和阐发传
统民本思想精华,更好地为社会主义核心价值观的培育和践行提
供道德支撑,需要重构其民主层面的内容要义,丰富民本思想的价
值图式。从这一点来讲,实现传统价值观的创新发展,既要坚持民
本民生,又要注重民主民意。深刻认识各项基本民主权利,保证人
民群众有序参与政治生活,拓展人民民主的实践空间。我们也知
道,民主与法治密不可分,所以,为了保障人民群众的民主权利,需
要大力推进法治中国建设,进一步开创社会主义民主政治新局面。
由此观之,我们既要坚持这些原有民本美德的精神实质,也要关注
那些更深层面的内容,更加充分、更加广泛地发展人民民主,健全
现代民主制度,彰显国之大者的为民情怀。因此,在新的历史时
期,弘扬社会主义民主价值观,需要在文化自信中不断推陈出新,
让其鲜明地展现出中国精神、时代精神,而这也要求将原有意义上
的民本思想逐渐转化为现代化的民主理念,尤其是经过创新发展,

最终演变为现代文明意义上的人民民主。

三、文明奋进的价值取向

作为国家层面的价值取向，"文明"是对中华传统美德的继承和创新，是先进的物质文明与精神文明的结合体，是富有中国特色的社会主义现代化文明。从古至今，文明的内涵在历史发展中不断被拓展、深化和延续，构成了反映社会形态更替和国家发展变化的时代标志，带有一定的文化特质和制度属性。从整体上来讲，文明恰恰是一个民族优良传统的深层表达，体现了历史发展的逻辑进路和内在趋势，凸显了人类社会思想文化程度和水平，对社会政治生活起着价值观层面上的指导作用。中国古代文明，覆盖各个方面，融入各个领域，在几千年的历史积淀中，孕育和铸造了自强不息、团结奋斗的伟大民族精神，形成和构筑了生生不息、历久弥新的传统美德伦理体系。比如，"苟利国家，不求富贵"（《礼记·儒行第四十一》），"志不强者智不达，言不信者行不果"（《墨子·修身》）……这些无不流露出强烈的爱国情怀和坚定的奋进品格，经过时代的洗礼和实践的淬炼，文明以其强大的凝聚力、深邃的穿透力和活跃的创造力，绵延至今，经久不衰。这也充分证明了核心价值观中的文明与中华文明是一脉相承的，并被赋予新时代的精神元素，开创社会主义文明新境界。

那么，何谓文明？古代思想家和文献典籍中多有阐述，文明与愚昧、野蛮相对，总体上来说是一种进步有序的社会状态，是具有物质与精神意义范畴的综合性概念。《易经》中对"文明"一词做了明确的论述，即"文明以止，人文也"（《易经·象》），"见龙在田，天下文明"（《易经·乾》）。《尚书》也提到了"文明"一词，将其表述为："浚哲文明，温恭允塞。"（《尚书·舜典》）《礼记》对此做了详细的描述："是故情深而文明，气盛而化神，和顺积中而英华发外。"（《礼记·乐记第十九》）可见，文明是对智德、仁德、礼德等传统美德的高度概括，代表一种奋进向上、积极有为的力量，与当时的社会生产力发展状况、民众思想文化程度息息相关。换言之,文明的发展并非一蹴而就的,而是要经历复杂的发展过程,这是社会政治生活的重要内容。具体来看,中华文明曾被称为"礼乐文明",这一文明源远流长,是中国传统文化的重要组成部分,在政治组织和社会教化中发挥了基础性的作用,对我国古代社会的发展产生了持久而深刻的影响,直到今天对于社会主义精神文明建设仍有可借鉴的积极因素。尤其是儒家所倡导的礼乐文明,既是对政治理想的深层表达,也是对社会伦理的有序规范,寄托了人们对于文明生活的向往。所以,这是中华文化特有的精神气质,也是传统美德的核心元素。实现传统美德中国家政治美德的创造性转化,传承和发展礼乐文明是题中应有之义,需要因时通变,进行现代化转型,而这也成为提升文化自信的重要因素。从根本上来说,随着时代发展和社会变迁,文明已不再局限于狭隘的地域性,要从深层次上实现文明的正本清源和推陈出新的价值诉求。要达到这一文明旨归,需要继承与发扬符合民族特色、满足人们期待和顺应时代要求的文明,这也彰显出本民族文明自身的价值导向和社会整合功能。

符合民族特色,也就是保留传统美德自身的价值,切实重视这一思想文化的内在浸润,以此作为推动科学文化建设的前进动力。因为传统美德是一个民族集体记忆的历史印记和民族品格的传承书写,所以在新时代应该继续发扬中华文明的价值动力。我们知道,在世界四大文明古国中,只有中华文明得以完整保留,一直延续至今,而这也进一步证明了这一文明的强大生机活力和持久感召力,深刻体现了中国智慧和中国力量。比如,传统美德中的"天人合一""仁者爱人""言必行,行必果""任人唯贤"……已经牢牢植根于人们的内心修养和行为实践之中,尤其是对于统治者来说颇为重要,这是良治善治的核心路径。于今天而言,同样也具有永不褪色、永不磨灭的时代价值,因为这是中华文明最根本的精神血脉。从狭义上来说,传统礼德也成为处理个人与整体关系、国家与国家关系的重要依据,其与法的刚性加以融合,形成刚柔并济、德法并用的内在准则,形成独特的民族标识。

关于满足人们期待,也就是它是立足于生产资料公有制这一根本前提下,做到一切发展成果由人民享用,是一种讲究平等互助、共同进步的发展观,以此充分保证人民当家作主。人是认识世界和改造世界的能动对象,离开了人这一主体意志,共同体则难以稳定运行和持续发展。历史上,关于得民心者得天下、失民心者失天下的例子数不胜数。当然,我们是社会主义国家,所以实现传统美德的现代转化离不开革命文化、社会主义先进文化的助力,这样才能更好地增进文化认同,厚植文化自信。革命文化是中华文明、中国精神在革命年代的历史表达,社会主义先进文化是我们党在马克思主义指导下,在中国特色社会主义伟大实践中形成的时代体现,与中华传统优秀文化构成了一个有机统一体,记载了中华民族的文化奋进史。这也证实了一个道理:国家的治理和发展要满足人们对于美好生活的向往和期待,其政策主张要为更多的人所接受和认同,尤其是从根本上体现最广大人民群众的根本利益,唯其如此,方能实现传统美德的薪火相传,不断升华。

顺应时代潮流,也就是在坚守本根中吸收新理念、新思维,一方面秉持中华文明博大包容、兼收并蓄的精神,另一方面在文化交流借鉴中超越冲突隔阂,积极汲取其他文明成果的有益成分,不断筑牢民族文化根基。党的十二大报告明确把"文明"写入国家发展目标中,后来又把"和谐""美丽"写入社会主义现代化强国目标,这正是体现了治国理政中的与时俱进和创新发展。从这个界定出发,在传统美德现代性转化过程中,既要保留深厚的历史精神,也要与国家发展实际相结合。此外,面对新时代、新征程,实现中华文明的伟大转型,需要融入新精神、新内容,进而体现当下价值观自信和当代中国精神,促成交织交融、守望相助的中华民族共同体。特别是在大事件、关键节点的时候,最能看出这种浓浓的爱国情、报国志和国际人道主义情怀。

历史事实已表明,"没有落后的地区,只有落后的观念"。正确的、科学的思想观念推动国家的发展和社会的进步,落后的、腐朽的思想观念则阻碍国家的发展和社会的进步。推进传统美德的现代性转换,离不开高度发展的社会生产力,同样也离不开人们精神文明程度的提高,这样才能建立与之相匹配的物质、精神文明,有助于为推进国家治理体系和治理能力现代化奠定坚实根基,也利于在坚持文化自信中不断实现价值观自信的提升。经济的发展与这些传统美德的长期孕育是分不开的,传统美德可以很好地为其提供精神滋养,同时在一定程度上也反映了国家的软实力,为此,要有一种国际视野和人文精神,在发展实践中推动中华文化走向世界,破除"中国威胁论"。在这一过程中,既要源于过去文明,又要超越过去文明。比如"周虽旧邦,其命惟新""苟日新,日日新,又日新"……这些文化理念强调除旧布新、推陈出新,蕴含着自我更新的内在理路。就中华文明来说,亦是如此,始终在坚守核心价值这一文明内核的基础上,不断延伸自身的半径,以此画出最大同心圆,从而实现传统美德的当代表达。

四、和谐向上的价值目标

在中华传统美德中,从来不乏天下一家和上下一体的团结精神。中华民族历来推崇和德,一个重要的原因在于它能够很好地起到总体协调的作用。从哲学意义上来说,这一美德体现了唯物辩证法中的对立统一规律,不否认各种事物之间的差别和不同,而是以此为逻辑前提,强调矛盾的同一性,寻求共识共通的"最大公约数"。关于和谐理念的论述,古已有之,一直是人们在处理与自然、社会以及自身之间关系的科学指南,也是中国政治思想史中的一个重要范畴。不仅如此,这一美德还为现代和谐价值观的建构提供了理论来源。比如,老子强调"万物负阴而抱阳,冲气以为和"(《道德经·第四十二章》),庄子指出"天地与我并生,而万物与我为一"(《庄子·齐物论》),孔子主张"君子和而不同,小人同而不和"(《论语·子路》),墨子提出"兼以易别"等,这些观点主张涉及和谐共生的宇宙观、讲信修睦的人际观、平和有序的身心观……在今天依然闪耀着人性的光芒和大国的光辉,深刻地影响着人们的思维和行为,也极大彰显了传统美德的精华之处。从总的发展趋势来看,和谐是事物发展的本质性体现,是天地万物存在的常态,也是人类社会所向往的美好生活状态。当然,实现和谐这一根本目标指向,需要经历一个冲突融合过程,而追求多元的统一正是和谐最显著的特征。万事万物都处在变化发展之中,也是在这一动态过程中得到共通的体认,并在持续深化中实现共鸣的体验,最后趋向于统一和谐。对中国人来说,和谐是一种理想的境界,也是一种人生智慧,更是治国理政的基础。在新时代的实践条件下,应当对这一传统美德加以发掘,不断实现当代的价值表达。

和谐是"浸润在中华文明历史洪流中,承前启后一脉相承的一种思维方式"[1]。相较于曾经的大同理想、和德理念,现代意义上的和谐更加注重主体内化和认同践行,超越自然经济的传统生产模式,并与社会主义市场经济体制相协调,同时与马克思主义所追求的社会目标高度一致。所以,社会主义制度的确立,为中华传统美德的创新性转化提供了广阔的空间,这是因为社会主义社会是人类社会发展的崭新阶段,是物质财富不断丰富、人民精神境界不断提高的社会。立足于这一制度优势,利于在现代性转化过程中做到方向不变、旗帜不倒,在世界文化激荡中保留本民族基因、文化特色,更好地实现提升价值观自信的伟大目标。诚然,这是一个长期性、系统性的工程,"致中和""和而不同""民胞物与""和实生物"等是实现和谐向上价值目标的内在途径,也是对各种事物、关系进行价值评判的重要标准,有助于从根本上化解现代化进程中道德失范的风险。马克思曾说:"无产阶级的运动是绝大多数人

---

① 邓国峰:《当代中国的核心价值观》,北京:人民日报出版社 2017 年版,第 45页。

的、为绝大多数人谋利益的独立的运动。"①因此,历史和现实都表明,和谐向上这一价值目标的实现要始终尊重人民群众的价值主体地位,这样才能最大限度地整合各方力量,凝聚各方共识,达到各安其位、各尽其力和各得其所的终极目标。

整体而言,传统美德中的和文化是国家政治文明的综合体现,是使在历史苦难中崛起的中华民族更加坚毅强大的有力武器。正所谓"和也者,天下之达道也"(《中庸·第一章》),"和气致祥,乖气致异"(《汉书·刘向传》)。对于一个国家来说,如果生态环境严重失衡,人与人之间信任感式微,人的精神空虚,那么,即使经济实力再雄厚发达,军事实力再强大坚固,也难以实现长远的发展。因为在这里安定有序、团结向上已不复存在,反而成为一种幻想和空想。党的十八大以来,以习近平同志为核心的党中央高瞻远瞩,提出了一系列关于建设社会主义现代化强国的新论断、新思想,比如,"人与自然是生命共同体""积极培养中华民族共同体意识""构建人类命运共同体"等,具有深刻的哲学意蕴,体现了一种共生性、共享性,释放出和谐向上的坚定决心,彰显了大国风范,也赢得了广泛的国际认同。就此而言,这是对中国传统和文化的现代重建和当代表达,可以说这三种"共同体"命题把传统价值理想提升到一个新的政治高度,被赋予命运相关的时代内涵和客观要求。此外,还有"五位一体"总体布局、"四个全面"战略布局……这些都深刻反映了传统和德的当代表达,以及在社会政治实践中的生动践行。这就意味着在经济全球化和区域一体化迅猛发展的今天,传统美德的当代表达是大势所趋,需要用长远的眼光科学把握和理性审视其时代性内涵。

和谐向上,植根于中华文明的历史文化之中,对内追求的是以和为贵、和气致祥,对外崇尚的是四海一家、和衷共济,必须将其作为对内治理、对外交往的目标原则,以此获得在国际竞争中的主动

---

① 《马克思恩格斯选集》(第2卷),北京:人民出版社1995年版,第262页。

地位和话语权。其中,贯穿始终的主线是人与自然、人与社会和人与自身协调共进的本质属性,而这也成为政策导向的重要依据。简言之,任何时代的国家政治美德都会受到当时社会历史条件的影响,但其精华之处却保留延续下来,"人心和善、家庭和睦、社会和谐、世界和平"等各个层面的和文化理念,是传统和德在新时代的价值回归和创新表达。

"和"的核心是和谐,表征着一种发展融合趋势,讲究并且符合规律,这也是价值观中最深层次的要义之一。可见,达到和谐价值观的认同与践行,需要追根溯源,在传统美德中寻找深耕这一价值观的历史文化土壤,在返本开新的理念实践下实现契合时代、国家与人民之需的创造性转化和创新性发展,也更好地为治国理政提供战略支撑。

立足现在,民富国强的价值追求、人民民主的价值理念、文明奋进的价值取向以及和谐向上的价值目标,这些都是传统美德中国家政治美德在现当代社会的深刻诠释和生动实践,被融入时代发展的现时内涵以及中国特色社会主义的基本属性,也成为提升价值观自信的保障。因此,这些正是传统美德中国家政治美德的弘扬、创新和践行,也是我们在建设社会主义现代化过程中战胜各种风险挑战的内在动力。

第五章

社会伦理美德创造性转化的主要内容

中华传统美德是涵养社会主义核心价值观的精神根基,也是继承与发扬中华优秀传统文化的应有之义,对国家的稳定发展具有重要的作用。社会伦理美德是中华传统美德在社会领域的核心表达,蕴含着深厚的道德精髓和伦理价值,诠释了家国一体的文化传统,凸显了是非曲直的价值评判标准,体现了个体意愿与公共意志的亲密契合,在其中发挥着不可替代的作用。具体来看,"自由、平等、公正、法治"等价值观念是对社会伦理美德的深层概括,也是实现社会伦理美德创造性转化、创新性发展的现实需要。不难发现,唯有深刻理解社会伦理美德的基本特质和科学内涵,牢牢把握社会伦理美德的功能作用和价值指向,使之与现代接轨,融入当下主流话语,方能成为厚植社会主义核心价值观的重要源泉,从而进一步彰显中华民族的文化自觉与文化自信。

第一节 传统美德中社会伦理美德的基本特点

中华传统美德反映了国家繁荣、社会进步的发展要求,表达了中国人民对美好生活的向往和追求,同时,其在传承和发展过程中也不断被赋予新的时代内涵,具有明显的适切性,真正实现了推陈出新、古为今用。社会伦理美德是中华传统美德的重要组成部分,是决定社会和谐的"风向标",是反映集体认同度的"晴雨表",是衡量社会文明程度的内在标准。究其实质，社会伦理美德的本质特征是维护共同体成员的价值诉求，始终以社会至上，由此，实现了个体德性到整体德性的公共转向，具有求大同、崇正义、守礼法的鲜明特征。

一、求大同

求大同是传统美德中社会伦理美德的第一个特点。它是以儒家为代表的社会伦理思想的原初表征，介于"应然"与"实然"之中。诚然，它不仅是一种理想的政治图式或美好的社会愿景，也在现实的交往实践中逐渐日常生活化，成为一种可见、可触、可感的社会风尚。从本质上看，伦理美德是以社会为本位，注重一种公共性、整体性，充分肯定共同体成员权利与义务的一致性以及自由与正义的统一性。

在传统政治社会语境中，"求大同"这一文化特征总是指向社会共同体，遵循历史社会发展的客观规律，强调整个社会的存在、变化和发展状态。回归传统，在儒家经典著作《礼记》中对此做了明确而系统的论述："大道之行也，天下为公，选贤与能，讲信修睦。故人不独亲其亲，不独子其子，使老有所终，壮有所用，幼有所长，矜、寡、孤、独、废疾者皆有所养，男有分，女有归。货恶其弃于地也，不必藏于己；力恶其不出于身也，不必为己。是故谋闭而不兴，盗窃乱贼而不作，故外户而不闭，是谓大同。"（《礼记·礼运第九》）孟子有言："人之有道也，饱食、暖衣、逸居而无教，则近于禽兽。圣人有忧之，使契为司徒，教以人伦：父子有亲，君臣有义，夫妇有别，长幼有叙，朋友有信。"（《孟子·滕文公上》）简单地说，"求大同"超越阶级、血缘、地域、性别等旧观念，在社会治理和建设中做到各尽其力、各得其所、爱人如己、成人之美等，同时，也逐渐渗透到个体的日常生活之中，人人为公，以此达到天下大同的至善境界。按照"公"的原则行事，这恰恰是儒家所强调的普遍伦理法则，以此实现社会井然有序。因此，按照传统观念，这是中国古人所不懈追求的道德理想,也是中华传统美德的逻辑终点。"求大同"这一文化特征,始终关注人们所向往的社会生活,目标是形成人人向善的社会风尚,着力点是天下为公、选贤与能、讲信修睦、人尽其力。具体来看,主要有以下四层意思。

一是天下为公的价值理念。这不仅是帝王的执政标准,同样也是对臣子的从政要求。《礼记》有文:"不家之者,谓不以天位为己家之有授子也。"(《礼记·礼运第九》)也就是说,"天下为公"涉及王位传承问题,要做到心怀天下、圣德化民,为公不为己,不"私传子孙"。通过历史可以发现,自夏朝社会开始,古代王位继承制就发生了变化,并由此存续沿袭下来。在历史上,大禹励精图治、治国有方,以仁德为先导,以天下为依归,尤其是在治水方面颇有建树,消除水患,造福于民。但是,在王位继承上他不再遵循传统的禅让制,而是采用世袭制,将王位传给他的儿子启,由此,"家天下"取代了"公天下"。对于臣子来说,"天下为公"也体现在为国履职、为民尽责的始终,并在其中做到上通下达、忘我奉献。范仲淹认为臣子应存有大局意识、忧患意识和担当意识,有公心,有恒心,有决心,不为谋一己之利而做有损百姓之事,"先天下之忧而忧,后天下之乐而乐"无疑是其一生为公的真实写照。儒家提倡"仁以为己任,不亦重乎""死而后已,不亦远乎"(《论语·泰伯》),这也是对"天下为公""天下一家"的高度认同,强调廉洁奉公、身体力行,并在社会生活实践中进一步规范和调适,使之符合"公"的标准,契合"求大同"的精神。毋庸讳言,"天下为公"是"求大同"的必要条件,体现着明君贤臣济世安邦的社会情怀,承载着人们对最高理想社会的精神追求,这也是传统社会伦理美德的重要表征。

二是选贤与能的价值理念。这是社会治理的基本走向,也是实现大同理想的必要条件。儒家认为"为政在人",选人、用人关系社会治理水平,于是,推崇"贤人政治",强调知人善任、量才施用。出于对社会现实的深切思考,孔子指出:"文武之政,布在方策,其人存,则其政举;其人亡,则其政息。"(《礼记·中庸第三十一》)在他看来,当政者要以身作则,选拔贤人,因为人是生产力中最活跃的因素,是社会政治生活的关键,而人才更是为政之本、治理之匙。所以,举贤才对社会政治治理尤为重要,这绝不是凭空而论,而是基于历史事实的充分考量。《论语》中说:"舜有臣五人而天下治。武王曰:'予有乱臣十人。'"(《论语·泰伯》)从中可以看出,人才是社会政治治理的主体性元素。以此为基准,孟子、荀子也做了详细的论述,比如,"不用贤则亡"(《孟子·告子下》),"故尊贤者王"(《荀子·君子》),由此形成了一套关于选贤与能的社会伦理思想范式。当然,不只是儒家是这样认为的,道家、墨家、法家也有诸多关于尊贤用能的精辟论述,进一步延伸到了社会伦理道德层面,影响广泛且深远。因此,只有把有贤德、有才能的人选拔出来,才能实现社会治理效益的最大化,也才能为实现"大同理想"提供深刻启发。

三是讲信修睦的价值理念。这是实行"天下为公"的基本方略,也是推进大同社会的必由之路。这一理念是立身处世的根本,也是社会发展的根本。一直以来,先秦诸子百家都认同"讲信修睦",把其当作人生追求的道德伦理。孔子认为诚信关系到良好社会秩序的形成,提出"老者安之,朋友信之,少者怀之"(《论语·公冶长》)的社会主张;孟子认为诚信是人伦关系的重要标尺,提出"彼以爱兄之道来,故诚信而喜之"的道德理念;荀子主张以信立国,提出"夫诚者,君子之所守也,而政事之本也"的信仰追求。在儒家看来,诚信是民富国强的伦理准则,更是社会进步的行为规范。《礼记》关于大同社会"人不独亲其亲……故外户而不闭"(《礼记·礼运第九》)的论述,深刻体现了讲信修睦的价值所在。不仅如此,道家也有关于至诚守信的诸多论述,在《道德经》一书中,关于"信"思想的论述出现了十几次,比如,"其精甚真,其中有信"(《道德经·第二十一章》),"信者吾信之,不信者吾亦信之,德信也"(《道德经·第四十九章》),都强调"诚信"这一道德操守的社会教化作用。法家亦是如此,在其诚信思想中明确提出"信赏必罚"

"王子犯法，与庶民同罪"的核心理论，这也是推动社会改革的内原动力。历史上"王猛为相，临终不忘国事"、诸葛亮"鞠躬尽瘁，死而后已"……这些鲜活的实例，正是源于对"信"的一种价值追求，以自己的一生深刻诠释了对信仰的执着，对信念的坚守，同时，也充分说明了为追寻大同理想所付出的巨大心血与努力。

四是人尽其力的价值理念。这是协调关系化解矛盾的重要法宝，也是大同景象的实践表征。常言道："众人拾柴火焰高。"这句话的意思是要尽最大可能凝聚力量，因为很多问题的正确解决离不开集体力量的助力。《后汉书》中说："朝廷广开言事之路，故且一切假贷。"（《后汉书·来历传》）毫无疑问，人尽其长、人尽其责皆是人尽其力的本质体现，也是形成共识、达到大同的实现路径，更是传统文化中引以为豪的伦理美德。无论对于君王来说，还是对于臣子来说，充分调动大家的积极性、主动性和创造性，可以很好地提高做事效率，降低风险冲突。《韩非子》中有言："下君尽己之能，中君尽人之力，上君尽人之智。"（《韩非子·八经》）也就是说，真正有智慧的人善于集思广益、博采众长，这样既成就了他人也成就了自己，从而在很大程度上避免主观臆断、决策失误。另外，康有为在《大同书》中也做了重要的论述，主张"无邦国，先帝王，人人平等，天下为公"的大同理想。这与中华传统美德中人尽其力的文化传统不谋而合，都立足于全局这一最大实际，注重发挥整体效益。实践表明，人尽其力的时期，往往也是社会最为繁荣的时期，即使在今天，仍然具有极强的借鉴价值。费孝通先生提出"各美其美，美人之美，美美与共，天下大同"的价值标准，强调不同文明之间的交往之道，同时也是对社会伦理准则的进一步升华，充分体现了这一美德的文化效力。另外，仁爱共济、立己达人等社会伦理美德也反映出对他者的人文关怀，特别是对弱势群体，这也是对"求大同"这一本质特征的生动诠释。

"求大同"是古代先哲政治思想的终极目标，是理想社会的治理模式，也是一种源于现实又超越现实的社会状态。从历史发展来看,这一文化特征体现在中国社会伦理实践的始终。因此,充分挖掘中华传统美德的社会意义,有助于增强文化自信和价值观自信。

二、崇正义

崇正义是传统美德中社会伦理美德的第二个特点。崇正义,凸显了我国传统社会遵循的价值范畴和道德规范,对促进共同体成员和谐相处与营造崇德向上的社会风气具有重要的指导意义。通过对传统社会伦理美德的梳理和总结,可以看出,一个风清气正的社会离不开公平正义的加持,其中,每个人能够明确自身的社会角色,自觉履行责任义务。只有这样,才能更好地凝聚中华心,筑牢民族魂。实际上,早在上古时代,关于"义"的阐述就已产生,后来,在社会实践中又得到进一步丰富和发展,成为重要的道德原则。可见,它是人与社会关系的综合反映,也是传统伦理价值观的本质特征,主要包含以下三层意蕴。

一是正身。这里主要强调个人修为,要明理正身,循道而行。在中国传统伦理纲常中,正心诚意、格物致知、积善成德等观念不仅被看作个人的修身之道,而且被定义为社会道德的核心特质。正身,是崇正义的前提条件。对此,孔子有相关的论述,如"其身正,不令而行;其身不正,虽令不从"(《论语·子路》),"子帅以正,孰敢不正"(《论语·颜渊》),"欲治其国者,先齐其家;欲齐其家者,先修其身"(《礼记·大学第四十二》)。概言之,通过自我修炼、自我约束、自我完善严格规范自身的言行,更好地去感染、影响他人,起到榜样示范、教育引导的作用,具有潜移默化的道德教育效果。可以说,这是崇正义的关键所在,也是传统社会伦理美德的首要价值。更为重要的是,"正身"这一社会属性是人之所以为人的道德要求。在众多思想家的社会主张中,尤为重视个人政治素质和道德修养的锤炼。《礼记·冠义》有记载:"凡人之所以为人者,礼义也。"(《礼记·冠义第四十三》)《荀子》中说:"正利而为谓之事,正义而为谓之行。"(《荀子·儒效》)《贞观政要》有论述:"若安天下,必须先正其身,未有身正而影曲,上治而下乱者。"(《贞观政要·论君道》)我们从中可以发现,正身既是一种价值观,也是一种方法论。像国泰民安、明君盛世、安定有序等景象,皆始于此。所以,关于正身的道德要求,具有广泛的适用范围。换句话说,即使时间不同、空间有异,殊途同归的是正身的内涵要义与作用价值。小到一个家庭,大到一个国家,修己正身都是不可或缺的行为方式。那么,如何正身? 对此,不同思想家各有论述,也各有侧重,但其中都讲到了学习思考对于正身的重要性,从而继续致知力行、臻于至善。古今成大事者,他们身上都有终身读书、终身学习的习惯,对他们来说,"学无止境"已然成为一种常态。《中庸》强调:"博学之,审问之,慎思之,明辨之,笃行之。"(《中庸·第二十章》)这句话的意思是要广泛地学习,详细地求教,周密地思考,明确地辨别,务实地行动。这不仅是治学的最高境界,也是正身的实现路径。其中,我们能够深刻地感受到儒家文化中的"律己"意识、"修身"德行。正所谓"天不定,日月无所载。地不定,草木无所立。身不宁,是非无所形"[1],唯有增强思想浸润,才能躬行践履。

二是正名。这里主要强调制度规范,要名副其实,规约行为。早在孔子"正名"思想中对此有深入细致的探讨,可以说是对当时社会秩序、思想文化的一种积极回应。先秦时期,整个社会正处于大变革、大发展时期,传统的奴隶主政治趋向瓦解,而新的社会政治伦理尚未建立,许多思想家、政治家提出各种主张,也促成了"百家争鸣"的局面。但是,他们的政治主张无不为了重建伦理道德、社会秩序,以缓解当时的社会政治危机,从而恢复共同体的正义和谐。而正名无疑是其中的逻辑关键,发挥着价值引导功能。在《论语》中有记载:"名不正,则言不顺;言不顺,则事不成;事不成,则礼乐不兴;礼乐不兴,则刑罚不中;刑罚不中,则民无所措手足。"(《论

---

① 王利器:《文子疏义》,北京:中华书局2000年版,第77页。

语·子路》)在孔子看来,有序社会要求名与实的高度一致和有机统一,共同体成员要有准确的名分和地位,并对其社会行为进行规范,因为"名实当则治,不当则乱"(《管子·九守》)。古语有言:"故大德必得其位,必得其禄,必得其名,必得其寿。"①由此,每个人明确身份职责,自觉恪守位置,从而更好地做到以身作则,身体力行,不乱来,不逾矩,合乎身份尽心力事。而人人得以"辨位",那么,正义和谐、安定有序的社会伦理秩序就自然而然产生了。换言之,崇正义是社会伦理美德的重要特征,而正名是崇正义的内在规定。概而言之,正名是调节社会关系的重要基石,是践行公平正义的前提条件,体现了社会伦理美德的基本属性,为推进社会发展进步注入"强心剂"。它不仅影响个体的言行事为以及不同主体间的社会交往,而且关系到政治伦理秩序的良性运转。具体来看,它可以协调多元利益,是化解社会矛盾的关键之匙。因为社会生产力的发展,促进了私有制的产生,也带来了"礼崩乐坏"的后果,而在其中,人们的利他意识会受到严重的影响,亟须加强伦理道德建设,这样,社会生活才能恢复往常,朝着井井有条、合理有序的方向转变。

三是正义。这里主要强调责任担当,要合乎正义,天下和顺。显然,这是需要长期实践的核心价值理念。对于提升社会治理水平具有重要意义。在中国传统文化中,立大志、明大德、担大任一直是圣人君子所崇尚的道德境界,以期更好地为学、为事、为人。儒家特别强调人们的行为要合乎人伦道义,符合社会发展要求,颇有价值引领功能。其中,传统伦理美德蕴含了道义为先、义务自觉的内在逻辑。也就是说,为人处事,一方面要以"中道"为标准,合乎正当性、适宜性;另一方面要以"集体主义"为原则,自觉修行社会责任。《诗经》提出的"夙夜在公",表达了一种强烈的责任感、使命感。清代顾炎武提出"保天下者,匹夫之贱与有责焉耳矣"(《日知录·正始》),强调了人作为社会一员应具有的道德修养。不仅

---

① 《大学中庸译注》,王文锦译注,北京:中华书局2008年版,第22页。

如此，人与人之间的相处也应该秉持正义的道德要求，有正确的道德认知、价值判断和行为选择。孔子说："君子喻于义，小人喻于利。"（《论语·里仁》）荀子说："故义胜利者为治世，利克义者为乱世。"（《荀子·大略》）从这一基本原则出发，在中华传统美德中，对于弱者的关怀救济也在一定程度上体现了"公正"的社会性规定，同时也深刻体现了"不患寡而患不均，不患贫而患不安"（《论语·季氏》）的哲学道理。

由此可知，一个强大的国家离不开崇正义的社会风尚，并体现在社会治理的各个方面。在传统社会中，主要表现在正身、正名、正义等方面，彼此间相互依存、相互补充，有助于营造天下为公、信义至上的浩然正气，这也使儒家思想有了更大的张力。

三、守礼法

守礼法是传统美德中社会伦理美德的第三个特点。守礼法是我国古代社会的一大传统，由来已久，意蕴丰富。无论是对个人来说，还是对群体而言，无不以守礼法作为理论支撑和行为准则，其所有的生产生活都处在"礼"的规范下、"法"的约束下。古人认为这是做人的根本要求，也是治国的基本纲纪。在中国传统文化中，不乏关于"礼""法"的具体阐述，核心要义指向明礼知耻、以法而治，力图探求崇德向善、见贤思齐的社会风气。从理论层面来说，要充分发挥"礼"的和敬节制精神，将小我融入大我之中。从实践层面来看，要合理运用"法"的规约强制功能，最大限度地维护社会和谐有序。明礼德，表明了中国人的精神特质，反映了中国传统文化的道德精髓，主要有两方面的含义。

一是礼法至上。在中国古代伦理文化中，守礼法是其一大特色。古代圣人先贤相信，知是非、守规矩，才能做到有所为和有所不为，才能更好地趋利避害、行有所止。我们知道，礼最初源于宗教祭祀仪式，强调人要存有敬畏之心，具有多重政治文化意蕴。孔子认为礼是一种积极有为的状态，主张"德主刑辅"，先是产生内心的主动认同，然后再达到行动的自觉服从。他指出，一个品行高尚的君子应该有三畏：畏天命、畏大人、畏圣人。这样，才可以处理好人与自然、人与人以及人与内心的关系。《论语》中有这样的论述："恭而无礼则劳，慎而无礼则葸，勇而无礼则乱，直而无礼则绞。"（《论语·泰伯》）《孟子》有云："有礼者敬人。"（《孟子·离娄下》）《荀子》提出："礼者，贵贱有等，长幼有差，贫富轻重皆有称者也。"（《荀子·富国》）简言之，古代圣人先贤对"礼"皆有具体的阐述，尤为重视"礼"的功能特质，讲究以礼定伦、以礼治国，促使等级关系合理化、有序化。在中国传统文化中，礼是一种适度的智慧，植根于人们长期的社会生活实践，与"仁""义""智""信"等传统美德紧密联系，表现出强大的道德操守。从整体上来讲，礼的本质内涵不只是谦让、恭敬的内在品质，还是一种制度规范。《管子》有文："上下有义，贵贱有分，长幼有等，贫富有度，凡此八者，礼之经也。"（《管子·五辅》）《韩非子》有言："抱法处势则治，背法去势则乱。"（《韩非子·难势》）在法家看来，这种知敬畏、守底线需要以法来明确，主张"法""术""势"相结合，以重刑治国。其实，儒家的"礼"、法家的"法"只是立足点不同，其本质都是治理国家的一种手段和方式，都是为了解决现有的社会问题。孟子明确提出"性本善"的人性理想，仁、义、礼、智犹如人的四肢，是生来就有的，而非后天强加灌输的，在历史上留下重大影响。韩非子继承了荀子"人性本恶"的理念，指出"好利恶害，夫人之所有也"，并从人的生存需要来阐明人性自利的本性。虽然二者人性论的逻辑起点不同，走上了不同的分水岭，但都强调了后天的约束这一逻辑关键，旨在建构和谐社会。在这个问题上，儒家主张教化万民，以循序渐进的方式使人回归本性，善待万物。法家主张严刑峻法，以强制推行使人畏惧，不逾矩。通俗来讲，守礼法是我国古代一种规范化的价值表征，强调每个社会成员要严于己、诚于心，也就是"言必行，行必果"；同时，也要尊重他人、敬畏法度，也就是"法必明、令必行"。守礼法是体现在待人接物、为人处事中的社会仪态和秩序规范，是维护封建专制统治的重要基石。

二是礼法建设。国家的繁荣发展、社会的和谐稳定离不开人们对"礼""法"的坚守与建设。所以,对于历代执政者来说,重礼法是治国理政中不可忽视的一部分,直接体现着执政者能否有能力以及有多大能力去管理国家和人民,避免动乱流弊。纵观历史,凡是盛世皆是礼法并重,并且是礼法系统建立健全的时期。自西汉开始,历朝历代都无一例外地实行礼法并重的治理模式,尤其是在魏晋隋唐时期得以定型延续下来。汉代以儒家思想为指导,实行德主刑辅的治国理念。其中,贾谊主张"兴礼乐",提出"以礼义治之者,积礼义;以刑罚治之者,积刑罚"(《治安策》),强调礼与法是管理国家的两种手段,互为补充,缺一不可。董仲舒在此基础上,致力于礼制、律法建设,构建了礼法结合的思想体系和治国方略。他把人性分为三类:圣人之性、中民之性、斗筲之性。根据各类特征,着眼于教化与刑罚相统一。关于礼的建设,他认为礼一方面可以明确社会等级制度,维护君主权力;另一方面可以节欲安民,规范人们的社会行为。因此,要将"礼"的思想推行实施,具体主张"是故王者上谨于承天意,以顺命也;下务明教化民,以成性也;正法度之宜,别上下之序,以防欲也;修此三者,而大本举矣"(《汉书·董仲舒传》)。关于法的建设,他认为法是为了弥补、完善道德教化的不足,以此惩罚人性中的第三类人:斗筲之民。因此,要坚持"法"的辅助作用,具体主张"教,政之本也;狱,政之末也。其事异域,其用一也"[①]。当时,"原心定罪"被视为司法审判的基本原则,从一定的道德立场出发,注重推究嫌疑人的作案动机来确定有无罪恶以及罪恶程度,以此来量刑,具有一定的社会意义。另外,"天人感应""应天顺民"的社会政治理念,也直观展现了对君主权力的规制,对律法的基本定调,借以推行社会伦理化、制度合理化。这是一种具有鲜明特色的教化范式,蕴含丰富的道德资源,为社会

---

① 苏舆:《春秋繁露义证》,北京:中华书局1992年版,第94页。

秩序的建设提供了指导性原则。而这些与"礼者,禁于将然之前;而法者,禁于已然之后"(《治安策》)的社会治理法则相契合,实现了道德性伦理与底线性伦理的有机融合。随着社会的发展,礼法的边界逐渐变得模糊,尤其是彼此的融合度不断加强,而汉代以礼入法的理念为其提供了充分条件。一言以蔽之,礼法一体,与礼的本质内涵有关,由此发展为明确权利义务、规范社会生活的制度体系。

守礼法古已有之,是中华传统社会美德的重要表征,也是每一个社会成员应具备的道德品质。我国素以"礼仪之邦"著称,隆礼重法是中国传统文化的重要组成部分,见证了中国人为国尽忠、为家尽孝的文化传统。子曰:"非礼勿视,非礼勿听,非礼勿言,非礼勿动。"(《论语·颜渊》)凡事要知敬畏,违反礼法的事情,不要去看、听、说、动,可以说是对个人言行提出了明确的道德要求,强调要摒除不合理的欲望。众所周知,"程门立雪"无疑是守礼法的一个生动实践,反映出传统文化中尊师重教的礼义精神。《宋史·杨时传》中有记载:"一日见颐,颐偶瞑坐,时与游酢侍立不去,颐既觉,则门外雪深一尺矣。"这里讲的是宋代学者杨时和游酢向程颐求教学问的故事。故事的内容是这样的:有一天,杨时与同学游酢来到嵩阳书院拜见老师程颐,看到老师坐着睡着了,就不忍心去打扰,侍立在旁,一直没有离开,等老师醒过来,门外的雪有一尺多深了。从中可以看出他们求学心切、谦和好礼的高尚品格,而且杨时在这个时候已经四十多岁了。"凡人之所以为人者,礼义也。"(《礼记·冠义第四十三》)不难发现,礼之运作,是人与动物相异的重要标志,反映出我国古代一以贯之的伦理规范和道德制度,而这根源于人内心对礼法的肯定与认可,并通过外在的行为规范具体表现出来。事实上,我国历史上有很多这样的故事,比如,周公吐哺、孔融让梨、汉明帝敬师等。无论在家庭层面,还是在社会层面,守礼法一直是人们孜孜以求的价值目标,也是塑造理想人格的现实诉求。在这一过程中,既培养了人们彬彬有礼的精神气质,又为调整社会关系提供了基本遵循。不容忽视的是,这里讲的"礼"是一种介于道德与法律之间的行为规范,在某种程度上可以说是一种"不成文"的法。所以,基于社会现实的考量,解决问题需要一种刚性约束,而法在一定程度上能够化解矛盾、规避风险,超越了"礼"的柔性,很好地适应了社会发展的客观需要。从以上分析可以得出,礼、法并非孤立存在,二者互为渗透,都是为了维护人伦秩序,由此才能达到社会治理的终极目的。

传统美德中的社会伦理美德体现了中华文明的发展历程,是适应传统社会诉求的伦理形态,在此基础上寻求基于认同的共识,保证公共秩序的恰当平衡,旨在维护社会治安、政权稳定。而以儒家为代表的传统伦理中的求大同、崇正义、守礼法是其鲜明特征,在一定程度上反映了平等、公正、自由和有序的合宜理性,足见其普适性价值。它很好地打通了古今文化的时域区隔,与现当代社会相关联、相契合,经过现代性调适转换,能够成为提升价值观自信的正能量。

第二节　传统美德中关于社会伦理美德的典型观点及其解读

中华传统美德反映了中国文化的精神气质,体现了中华民族的伦理品质,具有丰富的价值资源和道德规范,成为当今社会提升价值观自信不可或缺的中坚力量。其中,社会伦理美德是传统美德在社会层面的核心表达,是人们在长期的社会交往中形成并发展起来的理念原则,在推进社会主义现代化进程中具有相当重要的意义。众所周知,我国自古以来尤为强调道德对社会治理的规训教化功能,以儒家为代表的思想流派提出了众多的思想道德主张。总的来说,社会伦理美德以维系社会关系秩序为前提条件,围绕"己所不欲,勿施于人"的传统恕德、"悌敬友爱"的传统悌德、"义以为质"的传统义德、"行己有耻"的传统耻德等主题内容,折射出传统社会深厚高远的道德气度。

一、"己所不欲,勿施于人"的传统恕德

恕德是社会伦理美德的重要内容,在中华传统美德中地位突出,具有深厚的道德价值。其实,传统恕德的内涵十分广泛。"恕"在《说文解字》中的意思是"恕,仁也。从心,如声",恕道、体谅是其基本的解释。儒家学派对恕德做了深刻的阐述,而其中最为经典的则是"己所不欲,勿施于人"这一推己及人的价值定位。《论语》有云:"子贡问曰:'有一言而可以终身行之者乎?'子曰:'其恕乎,己所不欲,勿施于人。'"(《论语·卫灵公》)"夫子之道,忠恕而已矣。"(《论语·里仁》)可以说,《论语》对"恕"做了明确的规定,这实际上也反映了恕德在儒家思想中的重要作用,被视为个体生存和发展的终身守则。孟子曰:"强恕而行,求仁莫尽焉。"(《孟子·尽心上》)这里是把"恕"与"仁"相关联,把"恕"看成实现仁德的方法路径。朱熹认为:"尽己之谓忠,推己之谓恕。"(《论语集注》)概言之,恕德是以换位思考为内在生发点,基本要求是推己及人,也就是把自己放在对方的位置上去理性思考,明晰该做什么和不该做什么,以更好地理解他人和规范自身的行为,从而实现由内向外寻求人己和谐统一的良好互动。而这一思想,揭示了社会中人与人相处的基本道德准则,所产生的结果有助于化解人际冲突。

"恕"与"忠"相并列,"忠恕之道"是比较常见的提法,这是中国固有的道德,影响着一代又一代人的思想观念和行为方式。相比较而言,忠德与儒家所推崇的"己欲立而立人,己欲达而达人"(《论语·雍也》)这一理念不谋而合,强调一种积极意义上的有所为。忠德主张视人如己、以身作则,也就是以对待自己的标准去待他人,同时也偏向于个体的有所不为,避免给对方带来不必要的麻烦和不快之感,折射出对他者的认同体认。显然,在儒家看来,这是同一问题的两个方面,其本质是强调德性主体反求诸己以实现为仁达圣,因为恕德的最终目标归宿是达到"仁"的理想境界。显然,

这一理念的逻辑前提是尽心,这是践行恕德的本源和出发点。只有经过学习、思考、磨炼,实现自我塑造、自我完善,才能更好地达成推己及人的内在要求。《墨子》中有论述:"强不执弱,众不劫寡,富不侮贫,贵不敖贱,诈不欺愚。"(《墨子·兼爱中》)就此而言,这体现了个体的理念自为和道德自觉,是涵养恕德的根本路径,也与其体谅他人的本义相符合,说明自我约束对社会治理的深层影响,对于认识和理解当代社会自由价值观,仍有可取之处。可以说,没有了恕德的引导约束,人生就失去了持久向前的精神动力。

一般来说,传统恕德是社会公德的基础,体现了中华民族鲜明的文化基因,主要表现在忍与宽两个层面。关于忍,说的是要有忍耐之心,这也并不意味着一味地屈服和毫无原则,而是在不触碰伦理底线的范围内做适当的让步,以退为进,其实这就涉及了彼此的互相成就。这是对在社会交往实践中常出现的问题的解决之道,也是传统恕德理念的深层拓展。具体来看,在公共生活领域,要始终保持一颗和敬之心,遇事淡然处之,在得意时不忘本心,在失意时不失信心,能够忍耐一切不如意之事,并在其中寻求问题的根源所在,想出应对之策,同时不断积蓄力量,破除前进道路上的阻碍,而不是把问题转移嫁接到别人身上。关于宽,说的是要有容人之量,拥有宽广的胸襟,在做人做事中要适当保留自身的个性,同时又有接纳别人意见的气度。而这正是反映社会秩序的"晴雨表",也是追求至善的调节器,恕德的中心意旨就是尽己修身,先从自我做起,不去为难别人。"负荆请罪""管鲍之交""三尺巷"等故事是践行恕德、宽厚待人的直接体现。这既有利于消除隔阂、规避风险,也有助于提高个人修养和实现社会的安定和平。当然,恕德的适用范围非常广泛,不仅体现在人与人之间,还体现在国家与国家之间,已然成为国家、社会和个人的价值准则。

从古至今,恕德这一理念,有着仁爱的文化传统,集中体现了律己修身的人伦关系准则,建立了一种社会道德层面的自我。我们知道,仁者爱人、为人由己,而这些伦理道德的基础是爱己,一个人只有先爱自己，才能真正做到爱他人。需要注意的是，爱己并不是热衷于对财利的完全占有，也不是一切以自我为中心，更不是非理性的自以为是、骄横跋扈。真正的爱己是会处理好自我与他者的权利边界问题，尊重他者的人格权益，考虑他者的情感诉求，不把自己的个人意志强加给对方。不难看出，这里蕴含着一种普遍性的价值，即"己所不欲，勿施于人"的伦理情结，正因为如此，恕德也成为涵养价值观自信的精神气节。

二、"悌敬友爱"的传统悌德

悌德，与孝德相伴而生，最初是在家族血缘共同体中孕育而生，也是中华传统社会伦理美德中的重要德目。追根溯源，"悌"在《说文解字》中被释义为"善兄弟也。从心弟声。经典通用弟"。由此可见，"悌"的本义指的是正心诚意、善事兄长，也就是发自内心地敬爱兄长，不存在个人私心，而这也明显包含一种仁爱之德。《论语》有言："孝弟也者，其为仁之本与。"（《论语·学而》）可以说，这句话直接指明了仁德的根基、源头，强调爱父母、爱兄长是推行仁德的内在逻辑依据，而这也是当时维系宗法社会关系的不二法门。《孟子》有记载："尧舜之道，孝弟而已矣。"（《孟子·告子下》）从自身修养层面进一步论证了"孝弟"的重要性。尧舜都是历史上德高望重的首领，始终以"孝弟"之心待人待物，并且善于为民众谋福利，做出了巨大的贡献。另外，《墨子》有文："为人弟必悌。"（《墨子·兼爱下》）《管子》一书中也有阐述，"孝弟者，仁之祖也"（《管子·戒第》）；"为人弟者，比顺以敬"（《管子·五辅》）。后来，朱熹也明确指出："善事兄长为弟。"（《四书章句集注》）在历史上，关于悌德的论述还有很多，而贯穿其中的逻辑线索就是敬爱、恭顺兄长，并且这一道德范围也在交往实践中得到了扩大，延伸到社会领域中人与人关系的悌睦、悌顺，由此达成社会和顺、互敬互爱的社会道德风尚。需要强调的是，善事兄长，并非只是弟对兄怀有恭敬之心，兄对弟也要具有仁爱之心，这明确规定了悌德是基于主体间的双向互动。简言之,对内兄友弟恭、和睦融洽,对外尊老爱幼、平等待人,这正是悌德的双重逻辑内涵,以此真正实现仁爱的泛化与践行。正如《论语》中所说:"君子敬而无失,与人恭而有礼,四海之内皆兄弟也。"(《论语·颜渊》)从社会伦理角度来看,这蕴含了平等的基本道德属性,深化了对象之间的社会交往关系,有助于实现统一和谐、讲信修睦的社会秩序。《孝经》强调"教民礼顺,莫善于悌"(《孝经·广要道章第十二》),"教以悌,所以敬天下之为人兄者也"(《孝经·广至德章第十三》),而"敬人者,人恒敬之"(《孟子·离娄下》),究其实质,这形成了一个完整的因果链条,彼此间相互关联、环环相扣,凸显出平等亲近、互敬互爱等社会逻辑。从更广而深的层面来看,这并不局限于家族伦理关系,"如能把社会主义社会看成一个大家庭,传统长幼伦理则比以往更具实用价值。如能正确发扬这一传统,在全社会形成敬老爱幼的风气,社会主义大家庭会显得更为和谐和美满"①。正如孔子所说:"其为人也孝弟,而好犯上者,鲜矣;不好犯上而好作乱者,未之有也。君子务本,本立而道生。"(《论语·学而》)换句话说,在全社会培育与推行悌德,使得人人认同并遵循这一道德秩序,对于维护社会政治统治百利而无一害。

不可否认的是,"悌德"这一社会伦理美德反映出上下有别、等级分明的基本理念,不是个人独立人格的真实体现,其最终目的仍然是维护封建社会等级秩序。而这一点与现当代社会所追求的"以人民为中心""实现人的自由而全面的发展"的价值理念有所冲突。尽管如此,悌德是古代圣人先贤"修身、齐家、治国、平天下"的前提和基础,其内涵和外延还是在社会实践中得到了丰富和发展,以仁爱之心待人、以平等之心处世,已经深深嵌入社会发展的各个领域,具有非常重要的价值意蕴。具体来看,传统悌德有其历史演进过程。早在尧舜时期,就已经产生,当然这更多的是基于宗法血

---

① 罗国杰:《中国传统道德》,北京:中国人民大学出版社 2012 年版,第 32 页。

缘关系层面；先秦时期，发展为以儒家为代表的社会伦理规范；到了汉代，发展为选拔官吏的重要标准，"察举制"这一自下而上推荐贤才的制度无疑是一个生动范例，而其中"孝弟力田""孝廉""明经"等是重要的察举科目；隋唐以来，悌德更是上升到一定的政治高度，成为社会治理的有力武器，特别是在宋元时期形成了"孝悌忠信、礼义廉耻"八德伦理道德观，这正是由以家庭为本位衍生出的一系列社会德性纲目。其中，悌德位于前列，可见其重要性。从中也可以发现，宗族和睦、礼敬他人始终是悌德不变的核心，而且关于这样的故事很多，比如泰伯采药、许武教弟、公艺百忍等，这些都很好地诠释和践行了悌德。鉴于此，对于传统悌德，我们应该辩证地看待，一方面要继承发扬其优秀美德，与人为善，平等待人，尤其是其在处理人与自然、人与社会关系的问题上所体现出来的道德准则；另一方面还要对其进行创造性转化和创新性发展，融入当下平等思想。叔本华曾说："思想高尚的人对美德认识较深，而其他人则实践美德较好。"[①]所以，像这样的思想理念，有着鲜明的民族特性，内心的真正认同才是悌德所追求的本始。正因如此，传统悌德才能成为其他社会伦理美德的基本价值取向和核心要素，潜移默化地为其提供道德支撑。

三、"义以为质"的传统义德

作为一种传统社会伦理道德，义德是当政者治国理政的纲维，也是衡量人们行为方式的价值准则，涵育一种积极正向的社会风尚。"义以为质"（《论语·卫灵公》）的基本精神始终贯穿于传统义德的始终，成为其不变的道德内核，在后世的发展中不断被继承和发展。"义"源于春秋时期，到了战国时期与"仁"一起，构成了儒家仁、义、礼、智四德，到了明清时期逐渐向现代转型，比如顾炎武、黄

---

① ［德］叔本华：《叔本华论说文集》，范进等译，北京：商务印书馆 2004 年版，第683 页。

宗羲等融合时代要求对义德做了新的表达，使其升华到一个新的理论高度，那就是在肯定整体价值的同时也赋予个人利益的正当性，并为此做了伦理辩护。那么，义德的本质内涵是什么？《说文解字》对"义"的内涵要义做了阐述："義，己之威仪也。从我羊。"不难发现，义德最初始自人的仪表形态，与"美""善"相近。后来，逐渐发展演变为一种为人处事原则，也就是推衍成社会交往实践中一种规范性的道义性准则。关于义德的论述，主要包括以下三层意思。

一是合宜。《尚书》有云："以义制事，以礼制心。"（《尚书·仲虺之诰》）注重以"义"作为做事的准绳。《礼记》有记载："义者，宜也。"（《礼记·中庸》）强调个体的行为应当合乎一般意义上的善。子曰："不义而富且贵，于我如浮云。"（《论语·述而》）孔子认为一个人要洁身自好，不为外在的物质诱惑所干扰，要使其行为符合"义"的前提，贴合"善"的价值标准。孟子曰："大人者，言不必信，行不必果，惟义所在。"（《孟子·离娄下》）在孟子看来，言和果必须以"义"为基本遵循，展现了以义为上的自我约束性和利他性，而这也是个人立己修身、安身立命的根本所在。正所谓"行而宜之之谓义"（《韩昌黎·原道》），义在某种意义上可以说是个人的一种处世之道，合乎善言、善行，其中也包含我们所说的恩义、侠义和情义，与我们常听的"多行不义必自毙"相关联。对于个人而言，品行高尚的圣人君子无不是严格要求自己、宽厚对待他人的榜样典范。所以，在这里，也进一步证明了义德与悌德的相通之处：尊贤重长，敬爱他者。比如，"君子喻于义"（《论语·里仁》）、"舍生而取义"（《孟子·告子上》）、"人皆有所不为，达之于其所为"（《孟子·尽心下》）等，都主张自身行为与道义规范的合宜性，强调重节操，多积善行。

二是正义。《荀子》中有提到"行义以正，事业以成"（《荀子·赋》），这里讲行正义对个人建功立业的重要性。墨子曰："义者，正也。"（《墨子·天志下》）这里的义德与自由、平等价值理念相契合，是人类社会中的最高道义。董仲舒曾说："以仁安人，以义正我。"（《春秋繁露·仁义法》）这句话侧重于强调个体行为要契合社会所要求的道德规范，尤其是对于当政者来说更应该如此，以此作为自身的本分和责任。正如孔子所说："上好义，则民莫敢不服。"（《论语·子路》）若当政者以仁义治国，正当利民，则自然会受到天下民众的拥戴。在伦理生活领域，崇正尚义，往往表达出当其所为和不当其为的社会性要求，同时，在这一过程中也追求处理事物要恰到好处，也就是让其结果处于情理之中，具有一种道德规训的应然要求。像是"义必公正，公心不偏党也"（《韩非子·说林》）、"不学问，无正义，以富利为隆，是俗人者也"（《荀子·儒效》）、"羞恶之心，义之端也"（《孟子·公孙丑上》）等，通过梳理可以看出，坚守原则是价值评判的标准，核心目的在于维护社会秩序。

三是谐和。《易经》有言："利者，义之和也。"（《易经·文言》）强调在道义基础上的合作共赢。而《六韬》也提出"与人同忧同乐，同好同恶者，义也。义之所在，天下赴之"（《六韬·文韬·文师》），深刻论述了何谓义，那就是与天下人品性相同，反映了社会本位的伦理特质。随着社会的发展，义德的"谐和"内涵又得到了进一步阐述，《荀子》有文："故义以分则和，和则一，一则多力，多力则强，强则胜物。"（《荀子·王制》）这句话的意思是以道义为依据确定名分，人们能够和睦相处，和睦相处能够带来团结统一，团结统一自然会最大限度地集中力量，由此整个共同体就会变得强盛，而强盛了便能够战胜外物。正是有了名分道义，才能"不独亲其亲，不独子其子"（《礼记·礼运第九》），才能更好地协调各方关系，谋求共同发展，以此达到天下为公的美好之治。墨子曰："天下有义则治，无义则乱。"（《墨子·天志中》）从一定意义上说，义是国家治理、制度规约的基础，和是其终极归宿，在古代众多关于义德的论述中，都体现了义以为质的基本价值取向。若析而论之，超越了义德的范畴，很难正确理解传统社会伦理美德的价值内涵。

在义与利的关系中，虽然强调"义"的伦理优先性，像"诚心行义""见利思义"是典型的观点,但是并不否认人性的合理欲求,比如,"义者循理"(《荀子·议兵》)、"义然后取"(《论语·宪问》)就是最好的印证。正如孔子所说:"富与贵,是人之所欲也,不以其道得之,不处也;贫与贱,是人之所恶也,不以其道得之,不去也。"(《论语·里仁》)这其实就是肯定了合理之利的合宜性、正当性。当然,这并非无所约束,肆意妄为,究其本质还是体现了"义以为质"的价值追求和道德义务。由此我们可以看出,传统义德不仅是一种伦理自觉,也是一种社会责任,其精神实质在于主体的道德自律与客观伦理秩序的内在统一。

四、"行己有耻"的传统耻德

在历史文明长河中,孕育了意蕴丰富、经久不衰的耻德伦理,而这正是基于理性认知的价值选择,小到个人,大到国家,耻德在其中发挥了关键性的作用。孔子提出的"行己有耻",可以说是涵盖了后世对于耻德的各种论述,发展成为一种内在的价值标尺。而这既是传统耻德的核心要义,也是人们道德意志的集中体现,表达了传统价值观中的伦理规范性。然而,何谓"耻"?在《说文解字》中,"耻"被表述为"恥,辱也。从心,耳声",与耻相通,本义是羞愧、羞耻的意思,后来延伸演变成"为不才、不德所不耻",并时刻对标找差,及时调适。在对耻德的论述上,不同思想流派有其独到的阐释。儒家主张诚信为本、先义后利、见贤思齐等理念,强调社会共同体成员要行己有耻,不断正己慎独,进而增强自身的道德品行;道家主张清静无为、顺其自然、与人为善等思想,体现出一种明显的超然物外的济世情怀;墨家主张尚贤尚俭、非攻博爱,反对不劳而获,但同时也注重发明创造、实际操作,更好地防患于未然;法家主张知耻远耻、耻不从枉、信赏必罚等观念,要求在社会实践中将其落地执行,服务于政治统治的需要。

一方面,耻德是对当政者的道德要求,也是治国理政的德教之法。当政者要加强自我修养,从帝王到臣子皆如此,尤其是对于臣子来说,更要持有一种羞耻之心,正如顾炎武所强调的"人之不廉,而至于悖礼犯义,其原皆生于无耻也。故士大夫之无耻,是谓国耻"(《日知录·廉耻》)。反映出为官者要始终秉持廉洁奉公、率先垂范的精神气节,不滥用"公权力",守住原则、底线,趋荣避耻。与此同时,要"择其善者而从之,多见而识之,知之次也"(《论语·述而》),正确把握事物的本质内涵,做出科学正确的认知判断,并且还要"学而时习之"。更重要的是,耻德也是调节社会关系、构建有序社会的重要方法。子曰:"邦有道,贫且贱焉,耻也;邦无道,富且贵焉,耻也。"(《论语·泰伯》)"道之以政,齐之以刑,民免而无耻;道之以德,齐之以礼,有耻且格。"(《论语·为政》)孔子的这些观点,深刻表达了良好社会风气的养成之道,也是社会治理的必然逻辑。管子也说:"守国之度,在饰四维。礼义廉耻,国之四维。四维不张,国乃灭亡。"(《管子·牧民》)耻德,关乎民族兴衰和社会发展,是实现道德教化的重要环节,使民知耻明荣,才能营造良风美俗,构建清明气正的公共秩序。

另一方面,耻德是对普通人的伦理规范,也是社会交往中的价值准则。孟子曰:"人不可以无耻,无耻之徒,无耻矣。"(《孟子·尽心上》)这里所说的耻德,正是人之所以为人的底线性原则,不知耻则与禽兽无异。子曰:"君子耻其言而过其行。"(《论语·宪问》)"行不及言,可耻之甚。"(《四书章句集注》)这就要求个人要有表里如一、言行一致的道德操守,行为处事合乎礼义、进退有度,有羞耻心。在待财问题上,《论语》中有明确的论述:"君子喻于义,小人喻于利。"(《论语·里仁》)可见,要以道义标准取舍钱财是其另一道德要求,也就是不取不义之财,显示出耻德与正义在某种意义上有内在契合性。荀子曰:"好荣恶辱,好利恶害,是君子小人之所同也,若其所以求之之道则异矣。"(《荀子·荣辱》)在他看来,行为主体要端正品行,求荣避辱,行己有耻与否,是区分君子和小人的基本方式,二者是处于两种截然相反的对立面上。从动态层面来看,耻德也是个人履行道德义务的内在动力,是构筑君子人格的关键所在。"志于道,据于德,依于仁,游于艺。"(《论语·述而》)这是个人道德修养的理想追求,也是耻德教育的终极性目的。毋庸讳言,只有这样,才能真正做到知行合一、学以致用。在这样的认识基础上,"行己有耻"的传统耻德,在很大程度上取决于个体与社会的良性互动,而且需要一个循序渐进的过程。社会伦理学认为,"社会角色既是个人走向社会的起点,也是个人与社会的联结点"①。所以,要把自己始终放在社会之中,也就是现实的、具体的人,以道义性的社会标准待己待人。

由以上分析可知,传统社会伦理美德蕴含了中华民族伦理特质和集体人格,反映了当时的社会发展现实和精神生活样态,成为集聚人心、凝聚力量的凝结剂和推进器。马克思认为:"人创造环境,同样,环境也创造人。"②在众多思想家、政治家的不懈努力下,创造出一系列优秀的思想文化,构建了和谐有序的社会伦理生态,同样,这一环境也在怡育涵养生活在其中的个人,彼此互动交融,而这在今天对于提升价值观自信仍然发挥重要的作用。为此,基于现代社会的伦理诉求,要善于从传统社会伦理美德中汲取精神力量,同时也要实现其时代转化和创新表达,以更好地适应新时代的发展。

第三节　传统美德中社会伦理美德的当代表达

社会伦理美德,反映了我国传统价值行为评判的标准,代表了良好的道德风尚和精神禀赋,而这一点与当今"自由、平等、公正、法治"等社会层面上的核心价值观相契合,都是指向对美好社会的热切期盼和生动表达。当前,我国正处于国内国际"两个大局"的战略机遇期以及"两个一百年"奋斗目标的历史交汇点上,必须牢

---

① 奚从清:《角色论》,北京:中国政法大学出版社 1999 年版,第 43 页。
② 《马克思恩格斯选集》(第 1 卷),北京:人民出版社 1995 年版,第 92 页。

牢坚定"四个自信",传承中国精神,涵养核心价值观。社会伦理美德包含"为仁由己""克己复礼""见利思义"等思想,这是几千年来经过历史文化积淀而成的中华文明的具体体现,表明了中国人在社会交往中的精神追求,彰显了中华民族的集体智慧和坚强意志。由此观之,"人们自己创造自己的历史,但是他们并不是随心所欲地创造,并不是在他们自己选定的条件下创造,而是在直接碰到的、既定的、从过去承继下来的条件下创造"①。当前,应当继续传承和发扬传统社会伦理美德,这是我们民族文化的根与魂,同时以马克思主义为指导、以现实社会发展为依据、以时代发展要求为契机,对其进行现代性转化和当代性表达,有机融入现代文化元素,更好地联通过去与未来,这对于提升价值观自信具有重要的借鉴意义。

一、自由自觉的价值追求

"自由"是传统美德中社会伦理美德的基本范畴,流露出中华民族的传统智慧,体现了社会主义核心价值观的价值基质,极具现实借鉴意义。回溯历史,自由自古以来就是中国人民所追求和向往的道德理念,也是真正的、现实的人得以存在的根本,一直传承至今。正如毛泽东所说:"中华民族不仅以刻苦耐劳著称于世,同时又是酷爱自由、赋予革命传统的民族。"②以儒家为代表的思想流派注重追求自由的境界,无不体现出中华传统美德中丰厚的自由精神资源,对社会发展产生了潜移默化的影响。其中,提倡加强自我修养,崇尚政治自由、精神自由,这并不意味着自由是不受限制、毫无约束的,或是随心所欲、率性而为的,而是要遵循整个社会共同的、整体的道德准则和人伦关系,讲求一种身心、关系的豁达自然与和谐统一。孔子强调"为仁由己""道德自觉",达到自由的

---

① 《马克思恩格斯文集》(第2卷),北京:人民出版社2009年版,第470—471页。
② 《毛泽东选集》(第2卷),北京:人民出版社1991年版,第623页。

状态要经历一个变化发展的过程,在其中对于各种事物的认识不断得到深化,而最为关键的因素是修身立己。简单地说,就是人生的每个阶段要完成这一阶段所要完成的事情,由此逐渐实现真正的自由。比如,《论语》有论述"吾十有五而志于学,三十而立,四十而不惑,五十而知天命,六十而耳顺,七十而从心所欲,不逾矩"(《论语·为政》),这正是其自由思想的直观体现和高度概括,强调一种社会共同体中的生命自由。在孟子看来,实现自由离不开浩然正气的养成,这样才能自觉抵制纷繁尘世的各种诱惑,使得自身内在的创造力、生命力得以生动展现,而其中隐含的主题框架则是礼法道德。而对于道家来说,关于自由的论述最为明显,深刻地表达了这一价值理想。老子强调"道法自然",明确提出"我无为而民自化,我好静而民自正,我无事而民自富,我无欲而民自朴"(《老子·第五十七章》)。庄子主张"逍遥游",侧重于追求心灵上的满足、精神上的解放,可以说是无欲无为、回归自然的自由,致力于追求真善美的高尚境界。在他们看来,现实生活中所面临的各种困扰,实际上是在于个体欲望过多,欲望越多,受到的束缚也就越大,那么,也就无法获得理念上的自为和行动上的自觉。可见,这里的自由是有秩序的自由,有边界之限,强调尊重自然规律,顺应民意民心,在一定程度上更好地规范了自由,从而更好地实现人的自由本性。如上所述,虽然受到当时历史条件的束缚,自由在传统社会中还是有其存在的空间,尤其是蕴含着对个体生命的人道主义关怀,并且在一代代人的社会交往实践中被很好地传承下来。需要强调的是,传统美德中的自由是经过社会历史洗礼的、时代发展检验的伦理精华,所以,要科学把握自由的内涵本质,深刻理解这一自由的常与变,更好地实现其当代表达。

自古迄今,自由都是中华传统社会伦理美德中最为突出的伦理价值,也是人类社会普遍认同的价值共识。事实上,"没有自由,人的本性就不能有创造性;但对个人自由不加压抑,则社会正义就不能彻底实现"[①]。所以,我们要以全面的、长远的眼光看问题,明确自由的本性指向和权利限度,在继承和发展这一传统自由的深层内蕴的基础上,融入社会主义的价值本质,实现自由的科学解读和内容形塑,这才是人生最大的自由状态,也是处理各种社会关系的德性伦理。具体来看,要牢牢把握对自由的深层认知和合理吸收的价值路径,也就是通过内心认同和实践努力的双向发力,实现由社会到个人,再由个人到社会的公共性逻辑依归,促成真正意义上自由自觉。在新时代下,自由不仅是一种观念上的权利自由,也是一种实践上的能力自由。换句话说,就是个人能够实现发展提升自我、发挥才能的自由,而这也与马克思主义对自由的阐释相吻合。因为共产主义的最高理想就是实现"人的自由全面的发展",在其中每个人都能够自由地工作、生活和休息。所以,传统自由观的当代表达离不开这一理念的注入加持,特别是辩证唯物主义与历史唯物主义的世界观、方法论。与此同时,对马克思主义人学观的吸收借鉴,有助于更好地完善主体自由的内在必然前提和外在限定保障。当然,人也并非孤立存在的,而是社会化的个人,通过生产劳动创造物质财富和精神财富。对于共同体的成员来说,不同的历史阶段,追求自由的方式不同。从整体上来看,主要表现为思想自由、言论自由、行为自由三种自由。[②] 历史一再证明,自由具有相对性,是有条件的、具体的。它是个体有意识的活动,这就不可避免地带来主观上的价值判断和价值选择,这就需要依托刚性制度的理性规约。因此,实现这一伦理美德的现代转化,需要在符合社会历史规律和社会秩序的条件下实现个体权利自由,这也体现出对主体意识的肯定和对生命自由的关切。从现实意义上讲,这里的自由是一种社会性的自由,包含着生命自由、政治自由,

---

① [英]汤因比:《历史研究》(下),曹未风等译,上海:上海人民出版社1997年版,第414页。

② 赵长芬:《社会主义核心价值观学习读本·社会篇》,北京:新华出版社2015年版,第3页。

并且是不以破坏自然环境和损害他人利益为前提的自由。对此而言,这种自由已经摆脱了对物与人的依赖,也跳出了劳动异化的窠臼,实现了个人与社会相统一、权利与义务相统一的内在要求。正确理解传统美德中关于自由观论述的关键,就是先要对恕德进行理性体认,认清其中的基本要素、主客体对象属性,以提升价值观自信为标准,达到个体与他者自由自觉、有机互动的根本依归。因此,这里的自由指的是具有社会主义基本属性的自由观,强调人的自由而全面的发展。这使得这一伦理美德有其明确的社会政治定位,通过创新性发展和当代性表达,不断在提升价值观自信的基础上焕发出新的生机和活力。

二、人人平等的价值理念

平等是传统美德中社会伦理美德的精神追求,也是人类社会的价值诉求,有力支撑了中华文明的延续发展,极大彰显了我国优秀传统文化力量,直到今天仍然具有重要意义。正是有了这一道德依托,才有效地调动了人们生产、生活的积极性和参与性,在一定程度上明确了人们在政治、经济、文化等领域享有的权利和应履行的义务,为增强文化自信提供了丰富的伦理资源。马克思恩格斯认为:"平等不是永恒的真理,而是历史的产物和一定的历史状况的特征。"[①]也就是说,平等是历史发展的产物,在不同的历史条件下具有不同的内涵表达和形式表现。也正因为如此,在新的历史方位下,要努力实现这一社会伦理美德的传承、转化和提升,以当代性表达、科学性内涵更好地满足文化发展的民族化、时代化和大众化需求。回顾历史,以儒家为代表的思想流派从自身的立场对这一观念进行了论述,提出了许多具有启发性的社会主张,为人人平等的价值理念提供了道义性价值支撑。孔子强调"性相近""推己及人""有教无类"等,孟子提倡"性本善""人皆可以为尧舜"

---

① 《马克思恩格斯全集》(第 20 卷),北京:人民出版社 1973 年版,第 671 页。

等,荀子认为"性本恶""性无贵贱""化性起伪"等,可以说这些伦理观念虽然在具体主张上有所不同,但在很大程度上都折射出人性平等的价值理念,也就是人在本性上是无差别的。老子指出"道生一,一生二,二生三,三生万物"(《老子·第四十二章》),"人之道,损不足以奉有余"(《老子·第七十七章》);庄子继承和发展了老子的思想,强调"以道观之,物无贵贱",并做了规定性解释:"天地与我并生,而万物与我为一。"(《庄子·齐物论》)综上可知,道家认为要以道去看待万物,抛掉世俗特权束缚,也就是发掘事物背后平等的精神本质,而不只是停留于具体事物表面不齐的特征,明确提出"一切人都具有平等的价值,都应该受到宽容,没有人应该受到特别优待"①。同时,也提到了经济分配的原则,流露出强烈的人道主义关怀。墨家强调的"兼爱""非攻",是一个比较经典的社会命题,在伦理学意义上指的是爱无差等,这实际上就是肯定了人人平等的观念。同时,墨子提倡"节用""尚贤""尚儒",反对当政者奢侈浪费,主张以社会治理为依据重用贤才,突破世俗特权,不以身份、阶层划分用人标准。在法家看来,一切事物、关系的处理以法律为准绳,"不别亲疏,不殊贵贱,一断于法"无疑是对其主张的最好概括,也反映出平等的理性诉求。由此可见,社会伦理美德中包含着平等的思想,流露出明显的责任意识,构成了平等价值观的文化土壤,并且是中华文明的内在属性。随着社会变革和生产力的高度发展,需要顺势适宜对其进行新的价值表达与话语转化,使人人平等的价值理念更加深入人心,更好地适应当代社会发展的需要,也为价值观自信提供历史性基因。因此,除了进行理论溯源,还要紧跟新时代事实依据,紧扣社会主义文化强国建设目标任务,紧贴人民群众需求,坚持科学精神,不断地进行增补扩充、丰富完善。

立足于现实的社会条件,就需要准确把握和积极推进这一平

---

① 〔美〕孟旦:《早期中国"人"的观念》,丁栋、张兴东译,北京:北京大学出版社2009年版,第18页。

等理念,促进人格平等、权利平等、机会平等、规则平等,使共同体成员能够得到平等的尊重,这也反映了社会主义的本质特征。我们知道,平等意味着在政治、经济、文化等领域处于平等的地位,"它表示人的本质的统一,表示人的类意识和类行为,表示人和人的实际的同一性,也就是说,它表示人同人的社会关系或人的关系"①。具体来看,在政治领域,这就涉及政治参与和政治权利的问题了,让人民群众在社会政治治理中享有更多代表性和发言权,并且通过政策制度规定一系列平等实践,彰显出我国社会主义民主政治的独特优势。我国公民在法律面前一律平等,享有广泛的政治权利自由和人身自由等,这既深刻反映了最广大人民群众的政治诉求和政治利益,又高度体现了人人平等的共同价值追求,同时也是传统社会伦理美德当代表达的关键所在,充分发挥了人民群众的主体地位和主人翁意识。在经济领域,就不得不提到效率和公平的问题了,二者相互补充,相互促进,统一于追求平等的社会生产实践之中。一方面,要避免因单纯追求经济效益、提高效率而带来的两极分化问题;另一方面,要防止陷入平均主义的牢笼,过度追求公平忽视了社会生产的发展活力。所以,在经济发展过程中,正确调整二者之间的协调发展关系,缩小贫富差距,鼓励先富带动后富,坚持再分配社会保障机制,注重平等地保护产权、参与市场竞争和使用生产要素,这些举措更加有力显示了当代社会对传统美德中平等理念的继承和升华,增强了人人平等的韧性,有助于实现实质上的平等,以及达到共同富裕的终极追求。在文化领域,文化教育是其中的一个逻辑主线。在我国,人人依法平等享有受教育的权利,并不因性别、地域、健康等因素受到歧视、差别对待。不仅如此,我国人人依法平等享有文化参与权,也就是人人依法平等享有参与文化生活的权利,包括文化创作、科学研究等,同时也具有共享文化成果、公共文化产品服务的权利和文化交流权。

---

① 《马克思恩格斯文集》(第1卷),北京:人民出版社2009年版,第264页。

另外,在社会、生态等领域也均有所体现。总之,还有很多关于人人平等的权利理念和义务理念,而这些正是平等理念在当代的生动表达和自觉践行。当前,我国着力打造平等有序的社会环境,实现多领域、多层次的有机衔接和联动发展,为营造社会文明新风尚注入不竭动力,进而实现社会主义文化情怀和现实关怀。其中,不变的逻辑基点始终是社会共同体中的集体主义原则,在秉承历史传统的同时又反映时代特征,以社会主义核心价值观为关键点,正确揭示人人平等价值理念的生命力和感召力,由此在社会历史变革中实现代代相传、推陈出新。比如,社会主义核心价值观中所倡导的"平等",既不同于西方文明中的平等思想,也超越了传统文化中的平等观念,被赋予了当代的发展元素、当代人的理解,凸显出一种积极主动、自我实现的社会价值属性。所以,这里的人人平等指的是法律意义上的公民平等地享有权利和履行义务,无凌驾于法律之上的任何个人或集体。"平等是正义的表现。"①所谓社会伦理美德的当代表达,就是要通过提升内涵、改造形式、规范践行等路径使之体现出新时代的内容要义,"使中华民族最基本的文化基因与当代文化相适应、与现代社会相协调"②。历史和现实都告诉我们,平等这一文化内涵,凝结着人民群众的理性诉求,体现了当下的文化自信,仍然是提升价值观自信的精神基础,也是人类社会的永恒追求。

三、公平正义的价值取向

作为一种伦理型文化,中华传统美德蕴含丰富的公平正义思想,这是对当政者的要求,也是合乎情理的诉求,具有本民族文化的鲜明标识。毛泽东曾说:"今天的中国是历史的中国的一个发展;我们是马克思主义的历史主义者,我们不应当割断历史。从孔

---

① 《马克思恩格斯文集》(第1卷),北京:人民出版社2009年版,第668页。
② 《习近平谈治国理政》(第1卷),北京:外文出版社2014年版,第161页。

夫子到孙中山，我们应当给以总结，承继这一份珍贵的遗产。"①在漫长的历史演进中，社会伦理美德中的公正思想，其内容形式不是一成不变的，而是具有明显的渐进性特征，所以应该在当时的社会历史条件下去辩证地看待，深入挖掘其中的合理内核和道德精髓，并结合时代条件和实践要求进行现代性转化，展现中华文明与时俱进的永恒魅力，也为新时代提升价值观自信提供动力支持。孔子主张"天下为公"，老子倡导"以正治国"，墨子提出"兼即仁矣，义矣"，法家强调"公正为民"。此外，康有为也对公理一词做了具体阐释："人人独立，人人平等，人人自主，人人不相侵犯，人人交相亲爱，此为人类之公理。"②可以说，这些主张对公私关系做了大量的论述，强调群体意识和整体观念，这些都是社会主义核心价值观中公正思想的传统美德资源。结合时代发展要求，在继承传统伦理美德的基础上，坚持不忘本来、吸收外来和面向未来的理念原则，创造发展出现代意义上的"公平正义"的价值取向。而在这一伦理美德当代表达的过程中，需要厘清和阐明公正的理论基础、主体归属、本质内涵以及功能价值，这样有助于促进对社会公平正义的真正理解和认同践行。

公正的理论基础，既包括中国传统公正伦理美德，也融入了马克思主义公正观和中国特色社会主义实践要求。可以说，这一公平正义观念，不仅体现了尚公重义的精神理念，更体现了社会主义制度的公正价值，也就是超越了合乎公利、各守其位等传统义德的道义准则，切实以维护和保障最广大人民群众的根本利益作为出发点和落脚点，真正实现起点、程序和结果公正。因为公平正义关系民心归附，关系社会稳定，关系人民福祉，所以要在实现中华民族伟大复兴的征途中牢固树立"一切为了人民，一切依靠人民，一切发展成果由人民共享"的为民情怀和责任担当。而这就要求变

---

①　《毛泽东选集》(第2卷)，北京：人民出版社1991年版，第534页。

②　康有为：《孟子微》，北京：中华书局1987年版，第23页。

革和创新传统正义观,坚持马克思主义的指导地位,立足于中国特色社会主义伟大实践,注重正当权益的普遍化,极力倡导建立公平正义的社会秩序,从而"让广大人民群众活得有尊严"[1]。

关于公正的主体归属,主要有个体公正、社会公正和国家公正。个体公正,强调一个人之所以异于动物的这种情感品性和精神追求,会富有同情心和正义感,在某种意义上可以归纳为私德,属于微观层面,侧重于突出个体的律己修身,事关个人自身的发展进步。社会公正,指的是在公共生活中按照一定的社会规范和要求做人做事,也就是我们平时所讲的公平正义,这可以总结为一种公德,属于中观层面,尤为强调社会性的自我,始终以共同体成员的角色身份规约自身行为。国家公正,一般来说,上升到了政治高度和制度范畴,也就是涉及人民的根本利益和国家的核心利益,属于宏观层面,特别是在大是大非面前能够做到初心不改、旗帜不变、立场坚定。事实上,这三种公正并非孤立存在、互不关联的,而是相互统一、互有交叉,而这恰恰反映了公平正义的广泛性,渗透到各个领域、各个方面。

关于公正的本质内涵,主要强调其历史范畴和社会保障功能,并围绕权利和义务的关系问题,科学揭示了二者的对等统一关系。这里的公平正义是建立在社会主义民主政治和社会主义基本经济制度、分配制度的前提下,以科学合理的方式化解社会转型时期带来的各种矛盾问题。其中,既注重不偏不倚的中正之道,又坚持保障和改善民生。布劳提出:"一种更为深刻的道德必须不仅仅以群体压力和长期利益为基础,而且必须主要以内化的规范标准为基础。在理想的情况下,不管结果如何,一个个体应当毫无偏差地遵循其良心的道德律令。"[2]比如,关于住房、就业、养老、医疗等民生

---

[1] 郭建宁:《社会主义核心价值观基本内容释义》,北京:人民出版社2014年版,第100页。

[2] [美]彼得·M.布劳:《社会生活中的交换与权力》,李国武译,北京:商务印书馆2012年版,第57页。

热点问题,我国政府采取了调控房地产、市场稳就业、社保改革、医养结合等一系列措施,很好地解决了群众所忧、所急和所盼,极大增强了群众的获得感和认同感。

关于公正的功能,最重要的是维护社会秩序的稳定性和凝聚中国精神力量。具体来看,以公平正义来引导和规范人们在政治生活、经济生活、文化生活等领域的思想行为,有利于建立公平竞争、统一开放的社会环境,进而推进社会主义现代化文明进程,同时这也在很大程度上实现了传统社会伦理美德的现代转型。我们知道,任何事物的变化发展都是有规律的,规律也是有迹可循的,所以在具体实践中也可以进一步积淀和巩固这一伦理理念。而在对外交往中,可以很好地将公平正义的理念、实践进行交流传播,于无形之中增强中国文化、中国道路的影响力,展现中国的大国形象、大国风范,从而赢得更多的国际认同。

由此可见,公平正义的价值取向是对传统意义上的公正思想的当代表达,坚持公平正义有助于在全社会范围内弘扬社会主义核心价值观,涵养浩然正气,营造良好环境。问政于民、取信于民、发展为民等无疑是公平正义理念的最好体现,彰显了新时代下起点公平、程序公平与结果公平的内在统一。

四、依法治国的价值目标

社会伦理美德中的礼法思想,是古代中国调节社会秩序的基本方式,是维护国家政权的重要保障,也是提升价值观自信的深厚思想根源。为此,要重新认识和科学定位这一礼法美德的时代价值,使之与当代社会发展相融通。在传统社会伦理美德中,不乏关于礼法思想的论述。《左传》中有记载:"宽以济猛,猛以济宽,政是以和。"(《左传·昭公二十年》)后来,孔子在此基础上总结提炼出"宽猛相济"等理念,力图构建"德主刑辅"的社会治理思想体系,这一伦理精神也是其礼法观念的核心所在。当然,以孔子为代表的儒家学派并不抗拒、排斥刑法的介入,反而认为在必要的时候,需要借助刑法来惩处违反"礼"的行为，以缓和社会矛盾。在法家看来，法治是国家和社会治理的有效路径，具有高度的权威性和强制性。其中，"国有常法，虽危不亡"（《韩非子·饰邪》）、"法者，天下之仪也"（《管子·禁藏》）、"凡将立国，制度不可不察也"（《商君书·壹言第八》）是其代表性主张。这些法治主张，流露出浓厚的"尚法""尊法""利法"的思想底蕴，不但对当时的社会治理起到了一定的推动作用，而且对后世法治思想具有重要借鉴意义。首先，法治在古代治国理政的过程中是必不可少的治国利器，其更多的是发挥工具本性的功能，普遍存在着一种"外儒内法"的思想，也就是以法的约束性来保障社会伦理的道德功能，从而维护封建阶级统治。当然，这也带来一种不好的结果，就是个人权利意识式微，个人被动地服从、服务于统治阶级的需要，导致了同自身社会义务的不对等甚至失衡。所以，中国特色社会主义法治体系适应了人民民主权利、人民权益保障的客观要求，尤其是《民法典》的编纂与出台，更加凸显了"以人民为中心"的政治立场，也更好地发挥了法律的规范教育功能。其次，在我国传统法治观念中，虽然讲求平等，但其依然处于封建专制主义制度的泥潭中，特别是儒家所倡导的礼治，其最终目标也是一样。同时，重刑主义是法治思想的一大特征，以"刑名法术"为内在基准，更加巩固了当政者的政权稳定，而这也是当下我国依法治国理念中所要创新和超越的地方。我国确立了以宪法为核心的法律体系，其是党和人民意志的集中体现，同时通过不断深化国家监察体制改革，保证权力的运行更加规范、更加成熟，这就有别于传统法治思想中的平等理念。最后，"隆礼重法""出礼入刑"等理念是我国传统法治思想的核心观点，今天我们继承和创新发展了这一思想，保留其合理内涵，并与我国国情相结合，创造性地提出了依法治国与以德治国相结合的重要论断，二者如鸟之两翼、车之双轮，缺一不可，共同构筑良好的社会秩序。习近平总书记明确指出："要既讲法治又讲德治，重视发挥道德教化作用，把法律和道德的力量、法治和德治的功能紧密结合起来，把自律和他律紧密结合起来,引导全社会积极培育和践行社会主义核心价值观,树立良好道德风尚。"①而这里所强调的就是法律和道德的协同作用,从更深层次讲,这有利于推动国家治理体系和治理能力现代化。我们知道,法治是社会主义核心价值观在社会层面的目标追求,所以这也在很大程度上为提升价值观自信寻求了支点,创造了条件。

我国就孕育发展了深厚的法律文明,努力实现"礼德政刑""天下无讼"的价值目标,其中比较有代表性的法典是《唐律疏议》。清末以来,我国法系影响式微,不少知识分子主张学习西方法治模式,实现近代化转型,但都以失败告终。从中我们也总结出深刻的经验和教训,那就是除了从西方法治思想中汲取营养之外,还要从中国的国情出发,探索构建出符合自身特色的法治发展道路,绝不能搞"本本主义",不假思索地照抄照搬,忽视了我国的发展实际。中华人民共和国成立以来,制定颁布了"五四宪法"等一系列重要法律法规,这是我国依法治国的良好开端;改革开放以来,"有法可依、有法必依、执法必严、违法必究"成为社会主义法治的基本要求,进一步丰富和完善了依法治国理论和实践;新时代以来,"科学立法、严格执法、公正司法、全民守法"成为社会主义法治的重要方针,也开启了依法治国的新征程。可以说,正是在社会主义革命、建设和改革的伟大实践中,经过不断探索求真,逐渐形成了新时代中国特色社会主义法治体系,实现了信仰认同与行动自觉的统一。党的十九大报告指出:"推进科学立法、民主立法、依法立法,以良法促进发展、保障善治。"②因此,任何组织和个人,都应当在法律规定的范围内活动,不能凌驾于法律之上,或者游离于法律之外,

---

①　何民捷:《既讲法治又讲德治——学习习近平同志参加重庆代表团审议时关于法治与德治的重要论述》,载《人民日报》第7版,2018年3月16日。

②　习近平:《决胜全面建成小康社会　夺取新时代中国特色社会主义伟大胜利——在中国共产党第十九次全国代表大会上的报告(2017年10月18日)》,北京:人民出版社2017年版。

这是社会文明的普遍规律。而这就要求良法善治,做到有章可循,以实践为导向。因为"制度和机制在本质上是价值观和政治理念的固化和载体化"①。具体来看,在新时代中国特色社会主义法治实践中,要始终秉持固根本、稳预期、利长远的根本目标,在立法、执法、司法、守法等方面协同发力、求实效。一是在立法方面,要坚持系统化思维和科学化精神,构建适应国家和时代发展的法律体系。其中,"治世不一道,便国不必法古"(《商君书·更法》)、"法与时转则治"(《韩非子·心度》)等传统法治观念,为新时代立法实践提供了有益的启示。也就是法律的制定要坚持问题导向,依循人民群众新需求及时更新完善,反对墨守成规和一成不变,丰富立法内容和形式,从而提高立法的针对性和实效性。二是在执法方面,要坚持积极有为、规范平等的理念,切实保障执法方式的人性化、文明化。法家主张"刑过不避大臣,赏善不遗匹夫"(《韩非子·有度》),也就是法律的执行需要秉持赏罚分明、等级平等的理念,这对于当时树立法律权威、消解贵族特权产生了重要的影响。时至今日,依然具有重要的借鉴意义。在执法实践中,不以亲近疏远、职位高低论大小有无,也不搞"一刀切",而是要坚持执法为民,做到严格、务实、平等。三是在司法方面,要坚持公平正义、公开透明的原则。"为圆必以规,为方必以矩,为平直必以准绳。"(《吕氏春秋·分职》)在司法实践中,要实现审判过程与审判结果的双向公正,并且深化诉讼机制体制改革,这实际上是突破了传统意义上"无讼即德"的法律观念,能够很好地明晰规范人权保障,提高司法公信力,有利于真正"让人民群众在每一个司法案件中感受到公平正义",也是现代化法治国家的必然要求。四是在守法方面,要努力实现社会共同体成员知法于心、守法于行,也就是最广泛地得到人民的内心拥护和真实认可,而这离不开集体的共同参与立法协

---

① 甘守义:《社会主义核心价值观学习读本·国家篇》,北京:新华出版社 2015 年版,第 32 页。

商。法律是人民意志的表现，其根基在人民。所以，法治建设既要发挥其在运行中的惩处效力，也要完善其预防性、防患于未然的功能，由此，实现事前和事后的多重规制。同时，要发挥法治的引导功能，这是协调各方利益的关键，也是规约各方行为的根本。简言之，通往自由、平等和公正的道路上离不开法治的保障，而一旦离开了法律，自由、平等和公正只会是空中楼阁，可望而不可即。"无规矩不成方圆"，任何事物都是有边界的，处在一定的社会历史范畴之下发展运行。

总的来说，传统社会伦理美德在某种程度上与国家政治、个体生活高度相关，着重要求共同体成员各安其位、各司其职、各尽其责，特别是规定着人们的社会行为方式，体现了传统文化中的人性关怀与实践理性，仍具有巨大的生命力。所以，在新时代提升价值观自信离不开传统美德的支撑，要充分发挥传统美德的当代价值，立足于现实做出符合逻辑的新诠释，为其注入新的时代精神。经过当代性表达，创新发展自由自觉的价值追求、人人平等的价值理念、公平正义的价值取向和依法治国的价值目标，既有利于培育具有民族特色、时代精神的社会主义伦理美德，又能使价值观自信进一步深入人心，自觉增强文化自信。

第六章

个体修养美德创造性转化
的主要内容

　　中华文化源远流长,在几千年的历史长河中,中华传统美德作为中华文化的精髓熠熠生辉,蕴含着丰富的人生哲理,直至今天都是维系中华民族共同体的精神纽带,是中华民族凝聚力的源泉。对于中华传统美德的创造性转化和创新性发展问题,习近平总书记指出:"对历史文化特别是先人传承下来的价值理念和道德规范,要坚持古为今用、推陈出新,有鉴别地加以对待,有扬弃地予以继承,努力用中华民族创造的一切精神财富来以文化人、以文育人。"①"不论树的影子有多长,根永远扎在土里。"②今天,我们依然要坚持培育和践行中华传统美德,特别是对中华传统美德中适合当代社会发展的部分,我们要结合时代条件加以继承,并赋予新的时代内涵。社会主义核心价值观只有扎根于中华传统美德,才能接地气,得到民众的认同、支持和拥护。同时,习近平总书记强调:"中华优秀传统文化是中华民族的精神命脉,是涵养社会主义核心价值观的重要源泉,也是我们在世界文化激荡中站稳脚跟的坚实根基。增强文化自觉和文化自信,是坚定道路自信、理论自信、制度自信的题中应有之义。"③纵观古今中外,一个民族的兴旺、一个

---

　　① 《习近平谈治国理政》(第 1 卷),北京,外文出版社 2014 年版,第 164 页。

　　② 《习近平谈治国理政》(第 1 卷),北京,外文出版社 2014 年版,第 58 页。

　　③ 《习近平在文艺工作座谈会上的讲话》,载《人民日报》第 2 版,2015 年 10 月 15 日。

国家的崛起,都离不开自信的精神品质,我们只有对自己的民族文化、民族脉络了如指掌,才能增强价值观自信,朝着国家富强、民族振兴的目标迈进,更加自信地立足于世界民族之林。

第一节　传统美德中个体修养美德的基本特点

中华传统美德孕育、产生、发展于古老的中华大地上,是中国历代先祖们在特定的历史环境下对人类道德生活所做的反思与总结,形成了独具特色的中华传统美德和伦理规范,如自强不息、爱国如家、敬业乐群、诚实守信、仁者爱人等,它们是中华民族集体智慧的结晶,也为无数仁人志士所躬行践履。个体修养美德是人与自身道德关系的集中反映,是个体为立身处世而需具备的道德要求,具有以人伦为中心、倡导人际和谐,追求精神境界、向往理想人格,强调克己修身、提倡慎言力行等基本特点。

一、以人伦为中心、倡导人际和谐

中国素来便有"礼仪之邦"的美誉,这是因为中国传统文化中包含着丰富的伦理道德思想。注重人伦关系是中华传统美德的显著特征,也是中西方文化的主要差异。中国传统伦理道德是几千年来中华民族思想智慧的结晶,也是中华民族精神的高度凝练,涉及社会生活的方方面面,是一个庞大而又严密的伦理道德系统。我们一般将中国传统伦理道德系统分为人伦规范系统和道德规范系统。[①] 人伦规范系统主要是处理人际关系问题,是对交往双方的行为规范,目的是达到人际伦理关系的和谐。道德规范系统则主要是对道德主体的个体要求,目的是提升个人的精神境界,塑造理想人格,是主体单方面的道德义务。

---

① 马永庆等编:《中国传统道德概论》,济南:山东大学出版社 2000 年版,第191 页。

在中国传统社会中,人伦规范涉及夫妇、父子、兄弟、邻里、师生、朋友、君臣等各种关系,其中古人较为重视君臣、父子、夫妇、朋友等人伦关系,这与以血缘关系为纽带的宗法制社会密切相关。"人之有道也,饱食、暖衣、逸居而无教,则近于禽兽。圣人有忧之,使契为司徒,教以人伦:父子有亲,君臣有义,夫妇有别,长幼有序,朋友有信。"(《孟子·滕文公上》)可以看出,中国对伦理道德的追求源远流长,在春秋战国的诸子百家中便已成文,儒家、法家、墨家、道家都提出了自己的伦理道德学说。其中,儒家以"仁爱"为中心的伦理道德思想最具有代表性,奠定了中国传统伦理道德的基础。儒家学派的创始人孔子将"知""仁""勇"三个德性从众多德目中提炼出来,用"知者不惑,仁者不忧,勇者不惧"(《论语·子罕》)构建了第一个较为完整的伦理规范体系,也就是我们所说的"三达德",之后孔子又在"三达德"的基础上进一步论述了孝、忠、恕、恭、宽、信、敏、温、良、俭、让等德目。孟子则将"仁""义""礼""智"放在一个层次上相提并论,认为"仁""义""礼""智"四个基本德目分别适用于处理不同的人际关系,具有不同的功能,认为"仁之实,事亲是也;义之实,从兄是也;智之实,知斯二者弗去是也;礼之实,节文斯二者是也;乐之实,乐斯二者,乐则生矣;生则恶可已也,恶可已,则不知足之蹈之、手之舞之"①。同时演绎出"五伦十教",即君惠臣忠、父慈子孝、兄友弟恭、夫义妇顺、朋友有信。在孟子以后,董仲舒又加上了"信"这个德目,统称为"五常",首次提出"君为臣纲,父为子纲,夫为妻纲"的"三纲"说法,从此"三纲五常"便成为中国传统儒家伦理的基本道德原则,作为是非、善恶、美丑的评价准则,成为调整人与人之间关系的伦理道德规范和行为准则。

中国古代的封建等级制度衍生出了严格的伦理秩序,"君君、臣臣、父父、子子"要求每个人必须扮演好自己的社会角色而不能有丝毫僭越,这就要求必须有一套完备的伦理规范体系对人们进

---

① 朱熹:《四书章句集注》,北京:中华书局2011年版,第268页。

行道德约束。而且在中央集权的统治下，统治者统一管理的难度极大，因此也需要制定一套道德教化体系以确保社会的和谐和人际关系的稳定。人际关系和谐的伦理依据是"天人和谐"，按照古代"天人合一"的思想观念，人从天地间孕育而来，人间的一切都是上天安排的，既然天地之间都是和谐有序的，那么人们更应效仿"天道"，追求人与人之间的和谐。人际关系和谐的现实基础是古代以血缘关系为纽带的宗法制社会，作用于家族之间的宗法人伦关系。自给自足的小农经济将人们的活动范围局限在家族内部之中，需要处理的仅仅是父子、夫妇、兄弟、叔伯等直系、旁系血缘关系，所以传统美德也主要是针对以上关系制定出的道德规范，只有"各亲其亲，各子其子"，才能达到"以笃父子，以睦兄弟，以和夫妇"（《礼记·礼运》）的和谐状态。

二、追求精神境界、向往理想人格

我国古人非常重视人格问题，中华传统美德主张在物质生活得到基本满足的情况下应追求精神境界，把道德理想的实现作为最高层次的人生目标，具体表现为理想人格的塑造。所谓塑造理想人格，就是道德主体为了实现自己的人生价值而设计出的一种崇高精神境界和完美人格形象，努力达到人们所共同敬仰的道德高度。所谓人格就是人之为人之所在，是做人的基本要求，是作为人的尊严所在，没有人格或人格低下的人向来为社会所不齿。孔孟儒学确立的最高理想人格是圣人，主张积极入世，推行道德仁义。墨家的最高理想人格是圣王，把"兴天下之利，除天下之害"作为人生追求。道家提倡"无为"之道，认为"圣人处无为之事，行不言之教"，圣人是"无为"的典范。庄子则把"天人""至人"与"道"相连，阐明了摆脱俗世、逍遥遁世的人生理想。宋明理学则从"天人合一"的角度对理想人格进行阐述。另外，古代学者除了对至高理想人格做出规定，还对人格进行了层次划分，在儒家思想中，圣人之下还有贤人、仁人、善人等对普通民众的人格标准，道家也有圣人、君子、大丈夫、众人、俗人之分。

圣人是儒家最高理想人格，是儒家道德理想和政治理想的集中体现。儒家学者认为圣人不是一般人所能达到的，不仅要求在道德上是圆满的，还要求全知、全能，就连孔子都不以圣自许，"若圣与仁，则吾岂敢"（《论语·述而》），由此可见圣人境界标准之高。儒家的圣人具有全德、全知、全功的特征。首先，圣人要道德圆满，孟子曰："规矩，方员之至也；圣人，人伦之至也。"（《孟子·离娄上》）意思是说："规矩尽所以为方员之理，犹圣人尽所以为人之道。"①圣人是人类伦常最完美的体现。在朱熹看来，圣人也必须完完全全具备"德"和"善"才行，"圣人万善皆备，有一毫之失，此不足为圣人。……故大舜无一毫厘不是，此所以为圣人，不然，又安足谓之舜哉"（《朱子语类·卷十》）！只要自身品行有一点瑕疵，便不能称为圣人。其次，圣人要明哲绝伦，上知天文下知地理，无所不能，无所不包。荀子认为，圣人的智慧像天地那么广大，像日月那么光辉，"天能生物，不能辨物也；地能载人，不能治人也；宇中万物生人之属，待圣人然后分也"（《荀子·礼论》）。世上的万事万物天地尚且不能区分，只有圣人才能正其名分，辨别其性质与本质。朱熹也说："自古无不晓事底圣贤，亦无不通变底圣贤，亦无关门独坐底圣贤。圣贤无所不通，无所不能，那个事理会不得？"（《朱子语类·卷一一七》）最后，圣人要建功立业，普济众生。儒家所说的功是指道德教化之功，以德治世之功。孟子谓"圣人，百世之师也"（《孟子·尽心下》），认为圣人有极大的教化能力，能够用自身高尚的品德感化他人。"二程"说道："天之生民，必有出类之才，起而君长之，治之而争夺息，导之而生养遂，教之而伦理明，然后人道立，天道成，地道平。"（《二程集·春秋传序》）儒家的圣人特征也可以用"内圣外王"进行概括，"内圣"就是道德主体的内在修养，力求达到圣人境界；"外王"就是利用圣人的能力积极入世，实现"齐家、治

---

① 朱熹：《四书章句集注》，北京：中华书局 2011 年版，第 259 页。

国、平天下"的人生理想,"内圣外王"是整个儒家的道德和政治
追求。

需要说明的是,虽然我们一提到圣人,就会想到其是儒家的理
想人格要求,但是圣人并不是儒家所特有,墨家、道家、法家也都是
以圣人为理想人格追求,只是具体内涵与要求不同。与儒家讲求
仁义道德的圣人不同,墨家是兼爱劝善、爱民利民的圣人。墨子
说:"圣人以治天下为事者,恶得不禁恶而劝爱。"(《墨子·兼爱
上》)"古者明王圣人所以王天下、正诸侯者,彼其爱民谨忠,利民谨
厚。忠信相连,又示之以利。"(《墨子·节用中》)法家的圣人与儒、
墨两家更是大不相同,法家的圣人是公、法的化身,明法变古是圣
人的政治品质,秉公废私是圣人的道德品质。[①]　就像管子所说:
"是故圣人若天然,无私覆也;若地然,无私载也。私者,乱天下者
也。"(《管子·心术下》)儒、墨、法三家的圣人虽然各不相同,但是
却有一个共同点,就是倡导积极入世,建功有为,普度众生。相反,
道家的圣人却是自然无为,逍遥避世,唯道是从的。"是以圣人处
无为之事,行不言之教,万物作焉而不辞,生而不有,为而不恃,功
成而弗居。"(《道德经·第二章》)在古代,圣人作为各个学派的最
高道德目标,成为文人志士普遍追求的至高境界,对后世影响
深远。

三、强调克己修身、提倡慎言力行

"修"即修养,"身"即自身,"修身"就是通过提高道德修养努力
完善自身,使自己成为一个道德高尚的人。在中国传统文化中,尤
其是儒家思想,把修身看得非常重要,认为自身的道德修养是齐
家、治国、平天下的根本,提出"自天子以至于庶人,壹是皆以修身
为本"(《大学》)。"修己以敬""修己以安人",其中的"修己"也是指
通过完善自身达到齐家、治国、平天下的目的。

[①]　张祥浩:《中国古代道德修养论》,南京:南京大学出版社 1993 年版,第 73 页。

在古代所有学派中,儒家最为重视个人道德修养,从人性善恶观念出发,提出了存心养性、省察克治、慎独明辨等思想,以发明本心,匡扶天下。孔子认为正人先要正己,提出"其身正,不令而行,其身不正,虽令不从"(《论语·子路》)。也就是说,只有你自己品行端正了,你的话才会有信服力,别人才会听。孔子最为重视仁和礼的修养,子曰:"知者乐水,仁者乐山;知者动,仁者静;知者乐,仁者寿。"(《论语·雍也》)仁者就像山一样安于义理而厚重不迁,怀有仁爱之心。同时也主张克己复礼,"非礼勿视,非礼勿听,非礼勿言,非礼勿动"(《论语·颜渊》),认为人的一举一动都要符合礼的规范,不能做不符合礼的事情。孟子则在人性善的理论基础上进一步完善了孔子的修身思想。他认为人生来就具有仁、义、礼、智等品德,"恻隐之心,人皆有之;羞恶之心,人皆有之;恭敬之心,人皆有之;是非之心,人皆有之。恻隐之心,仁也;羞恶之心,义也;恭敬之心,礼也;是非之心,智也。仁义礼智,非由外铄我也,我固有之也,弗思耳矣"(《孟子·告子上》)。修身就是保持内心善的本性,对生来就固有的德性进行扩展和延伸。孟子也非常重视义利之辨,主张舍生而取义:"生,亦我所欲也;义,亦我所欲也。二者不可得兼,舍生而取义者也。"(《孟子·告子上》)与孟子相对立,荀子则站在人性恶的基础上论述孔子的修身思想,相比于孟子的先天德性,在道德修养方法上,荀子更强调后天的学习,积善成德,改变人的恶性。"不可学、不可事而在人者,谓之性。可学而能、可事而成之在人者,谓之伪。是性、伪之分也。"(《荀子·性恶》)"伪"即"为",人的作为、性情是天生的,不可也不能干涉,但是人后天的行事、思考、选择则完全取决于自己,因此人们应该积极作为,成为品德高尚的人。两汉时期,道德思想与政治思想相结合,儒家的修身思想成为官方正统思想,修身成为治国的根本。《大学》中提到:"大学之道,在明明德,在亲民,在止于至善。""明明德""亲民""止于至善"作为士人修养的根本目标和方向,被后世儒者尊称为"三纲领",成为中国传统道德修养的基本原则。对于如何达到"三纲领"的要求,儒家学者也提出了具体方法:"古之欲明明德于天下者,先治其国;欲治其国者,先齐其家;欲齐其家者,先修其身;欲修其身者,先正其心;欲正其心者,先诚其意;欲诚其意者,先致其知;致知在格物。物格而后知至,知至而后意诚,意诚而后心正,心正而后身修,身修而后家齐,家齐而后国治,国治而后天下平。"(《大学》)"修身"是中心环节,"齐家""治国"是初步目标,"平天下"是"修身"的终极理想。

先秦儒家在处理言行关系方面,提倡慎言力行,言是道德言论,行是道德实践,"慎言力行"就是少说空话,多做实事,要把道德言论落实到道德实践中去。孔子主张言行一致,"君子耻其言而过其行"(《论语·宪问》)、"君子欲讷于言而敏于行"(《论语·里仁》),如果一个人整天夸夸其谈,说的比做的多,那只是一个虚伪的人,应该感到羞耻。孔子针对道德实践问题,还说道:"始吾于人也,听其言而信其行;今吾于人也,听其言而观其行。"(《论语·公冶长》)判断一个人的品德是否高尚,不能看他说了什么,而是要看他做了什么,有没有付诸行动。荀子主张慎言躬行,提出著名的道德修养闻、见、知、行四段论:"不闻不若闻之,闻之不若见之,见之不若知之,知之不若行之。学至于行之而止矣。行之,明也。明之为圣人。圣人也者,本仁义,当是非,齐言行,不失毫厘,无它道焉,已乎行之矣。故闻之而不见,虽博必谬;见之而不知,虽识必妄;知之而不行,虽敦必困。"(《荀子·儒效》)闻为始,行为终,只闻不行是毫无用处的。在古代,慎言力行几乎是历代思想家的共同主张,体现了中华传统美德重实践、重修养的典型特征,也体现了古圣先贤们的务实品格,至今仍值得发扬。

第二节 传统美德中关于个体修养美德的典型观点及其解读

中华民族是一个文化底蕴深厚的民族,在几千年的发展历程中,形成了独具特色的中华传统美德,正是在它们的支撑下,中华民族虽饱经磨难,却始终屹立不倒。中华传统美德博大精深,包含着十分丰富的内容,大体可以划分为个人美德、社会美德和国家美德三个层面。个体修养美德是人与自身道德关系的集中反映,是个体立身处世的道德准则。古代对于个体修养美德的论述比比皆是,主要有"自强厚德"的民族精神、"爱国如家"的家国情怀、"敬业乐群"的职业操守、"诚实守信"的做人原则和"仁者爱人"的博爱情怀等。

一、自强厚德

"自强不息"与"厚德载物"均出自《周易》,是刚健有为精神的具体诠释。《周易·乾卦·象传》曰:"天行健,君子以自强不息。""天行"即"天道","健"是天道的特点,《周易集解》宋衷曰:"昼夜不懈,以'健'详其名。"[①]"天行健"的意思就是说天道周而复始,永不停歇地运动变化着。《周易》认为"人道"源于"天道",人应该效仿天道,从中得到启迪。"此以人事法天所行,言君子之人用此卦象自强勉励,不有止息。"[②]"自强不息"强调的是一种奋发向上、自立自强、刚健有为的进取精神。"自强之道"蕴含着丰富的内涵,《易经·蹇卦》说:"君子以反身修德。""反身"即"修己"。孔子强调:"为仁由己,而由人乎哉!"(《论语·颜渊》)朱熹倡导:"学者自强不息,则积少成多。中道而止,则前功尽弃。其止其往,皆在我不在人也。"(《四书集注》)由此可见,"为道""为学"都只能依靠自己,不能依赖他人,"反身修己"是"自强之道"的基本准则。"自强不息"的另外一层含义是不断地战胜自己。老子主张"自胜者强",人生在世,困难重重,最难打败的敌人却是自己,当你能够战胜自身的时候,任何问题也就不在话下了。

---

① 李鼎祚:《周易集解》,北京:九州出版社2003年版,第16页。
② 黄寿祺、张善文:《周易译注》,上海:上海古籍出版社2016年版,第9页。

　　自强不息强调的是积极进取，努力向上，是一个人的自立之道，但要想成为真正的君子，必须在此基础上进一步发展立人之道，也就是"厚德载物"，一柔一刚，相辅相成。《周易·乾卦·象传》曰："地势坤，君子以厚德载物。"《周易》将"道"分为"天道""地道""人道"。"地势"即"地道"，"坤"即"顺"，《坤》卦是纯阴、纯柔、至顺的，所以"地势坤"就是形容"地道"的柔顺。"天行健，君子以自强不息"从"天道"引申到"人道"，"地势坤，君子以厚德载物"从"地道"讲到"人道"，说明"人道"是源于"天道"和"地道"的。因此，君子在得知"地势坤"的规律后，要始终效法"地"的厚实与和顺，增厚其德以载万物，正如林希元《易经存疑》中所说："惟其厚，故能无不持载。故君子以之厚德，以承载天下之物多矣。"[①]所谓"厚德"，即"大德"，是最高尚的道德，与老子"上德若谷"中的"上德"同质。因每个人的修养程度不同，道德存在有无、大小、厚薄之分，但只有拥有最宽广的心胸，才能达到"厚德"的高度。《周易》根据阴阳之间的辩证关系，推出"仁义"道德规范，将"仁义"作为个体修身养德的根本。《说卦传》曰："立天之道曰阴与阳，立地之道曰柔与刚，立人之道曰仁与义。"[②]这里的"仁义"与孔子所说的"仁者爱人"含义大致相同，都是指一种博爱的情怀。"亲亲，仁也。敬长，义也。"（《孟子·尽心上》）"仁者，人也，亲亲为大。义者，宜也，尊贤为大。"（《中庸》）任何人只要处于社会关系之中，就必须学会如何与自身、与他人相处，"自强不息"是与自身战斗的有效路径，"厚德载物"则是与外物和谐相处的交往范式，前者是基础，后者是提升，二者缺一不可。

　　张岱年先生说："中华民族的民族精神的核心内容是'自强不息、厚德载物'。自强不息即刚健的精神，厚德载物即宽容精神。

---

①　黄寿祺、张善文：《周易译注》，上海：上海古籍出版社 2016 年版，第 31 页。

②　黄寿祺、张善文：《周易译注》，上海：上海古籍出版社 2016 年版，第 745 页。

这两种精神,在铸造中华民族的民族精神上起了决定性的作用。"①自强厚德不仅是中华民族精神的重要组成部分,也是中华传统美德的典型代表。"自强不息"是自立之道,"厚德载物"是立人之道,由此可见,二者都是个人处理人际关系的依据,是传统美德中关于个体层面的要求,具有丰富的内涵。首先,"自强不息、厚德载物"是中国古人智慧的结晶,是"天人合一"思想的重要体现。"天人合一"思想是《周易》中的重要内容,是中国古人通过观察纷繁芜杂的宇宙万象,探究出的关于"天地人"运行的客观规律。"自强不息"着眼于客观事物的运动与变化,认为"天道"运行是生生不息、周而复始的,强调君子应该效仿"天道",培养积极进取的个体修养美德;"厚德载物"则强调事物之间的相互关系,认为万事万物都是普遍联系的,所以君子要像大地一样具有博大宽厚的德性,对待他人要豁达包容,对待万物要博爱众生,对待自然要和谐共处等。可见,自强厚德是中华传统美德中处理人与人、人与社会、人与自然关系的重要准则,蕴含了丰富的人生哲理和处世智慧。其次,自强不息、厚德载物精神塑造了中华民族的崇高人格。中华民族是一个饱经沧桑与磨难的民族,经历过战火纷飞、民族分裂、外族侵略等数不胜数的天灾人祸,但中华民族却始终屹立于世界东方,延绵了数千年,这其中的奥妙可以归结为中国人民继承发扬了自强不息、厚德载物的传统美德。鲁迅先生曾把"埋头苦干"和"拼命硬干"的杰出人物称为"中国的脊梁",他们艰苦奋斗、永不停息的进取精神经过历代仁人志士的躬身实践,逐渐融入中华民族的血液之中,激励着一代又一代的中国人奋勇向前。"文王拘而演《周易》;仲尼厄而作《春秋》;屈原放逐,乃赋《离骚》;左丘失明,厥有《国语》;孙子膑脚,《兵法》修列;不韦迁蜀,世传《吕览》;韩非囚秦,《说难》《孤愤》;《诗》三百篇,大抵贤圣发愤之所为作也。"(《报任安书》)在这些古圣先贤们的人生际遇中,都生动体现了他们自

---

① 张岱年:《张岱年自选集》,重庆:重庆出版社1999年版,第5页。

强不息、厚德载物的个体修养美德和崇高人格。

习近平总书记指出:"自强不息、厚德载物的思想,支撑着中华民族生生不息、薪火相传,今天依然是我们推进改革开放和社会主义现代化建设的强大精神力量。"①中华传统美德历久弥新,在今天仍然焕发出耀眼的光芒,在民族复兴的道路上,弘扬自强不息、厚德载物美德,始终是中华民族继往开来、走向复兴的不竭动力。深入挖掘中华传统美德中自强厚德的思想精华,结合时代背景赋予新内涵,对于培育和践行社会主义核心价值观、提升国民价值观自信具有积极意义。培育自强厚德个体修养美德,可以从以下几个方面入手。一是不惧困难、超越自我。"艰难困苦,玉汝于成""仁者不忧,知者不惑,勇者不惧",始终保持昂扬向上的人生态度,不断提升自身境界,在遭遇挫折与阻碍时,矢志不渝,勇于战胜自我,坚持不懈去实现自己的人生理想。二是革故鼎新、不懈追求。"革,去故也。鼎,取新也。"(《杂卦传》)"革"即革除阻碍事物发展的东西,"鼎"即更新、增补新的内容。"穷则变,变则通,通则久。"(《周易·系辞》)事物的发展日新月异,要善于审时度势,顺应社会发展的新趋势,抓住机遇,才能不断提升自身境界,始终处于不败之地。三是兼济天下、豁达包容。孟子曰:"穷则独善其身,达则兼济天下。"②作为天地万物之中的一员,个人的命运与国家、民族的命运是紧密相连的,国家繁荣昌盛、民族兴旺发达,个人才会得到幸福。因此,在国家和民族处于危险存亡之际,要不怕牺牲,用舍我其谁的勇气担起民族大任。"海纳百川,有容乃大。"万事万物均有其存在的价值与意义,也必有其可取之处,所以要用谦逊的态度与人交往,看待事物,博采众长,锤炼君子品格。

---

① 《习近平谈治国理政》(第1卷),北京:外文出版社2014年版,第158页。

② 朱熹:《四书章句集注》,北京:中华书局2011年版,第329页。

二、爱国如家

作为中华民族的传统美德,"爱国"始终是贯穿中国历史发展的一条主要脉络,在数千年的民族历程中熠熠生辉,同时也是最重要的个体修养美德。"在五千多年的发展中,中华民族形成了以爱国主义为核心的团结统一、爱好和平、勤劳勇敢、自强不息的伟大民族精神。"[1]"爱国"是一个历史范畴,在不同的历史时期,因时代背景差异而具有不同的内涵。有关"爱国"的思想论述,最早可以追溯到"周君岂能无爱国哉"(《战国策·西周策》),汉代荀悦提出"亲民如子,爱国如家"(《汉纪·惠帝纪》)。经过几千年的传承与发展,"爱国"思想内涵不断得到充实,形成了独具民族风格与特质的中华传统美德,其核心情愫可以归结为以下几个方面。

一是对祖国山河的深厚热爱。国家是一个民族生存、繁衍、壮大的地方,每个人都会对赖以生存的自然地理环境产生天然淳朴的依恋情感,只要提到自己的祖国,就会从心底迸发出强烈的国家认同感和民族自豪感,形成情有独钟的爱国情怀。这首先表现在对祖国壮丽山河、风俗习惯、民族文化和语言文字等的无限热爱和尽情讴歌上。中国国土辽阔、地大物博,拥有柔美的西湖,雄伟的黄山,浩荡的长江、黄河,同时在此基础上,中国人民用自己的劳动与智慧创造出辉煌灿烂的中华文明。古往今来,无数文人墨客用他们饱含深情的笔墨来表达爱国热情,书写出浩瀚壮丽的篇章。"白日依山尽,黄河入海流。""日照香炉生紫烟,遥看瀑布挂前川。飞流直下三千尺,疑是银河落九天。""岱宗夫如何?齐鲁青未了。造化钟神秀,阴阳割昏晓。"当我们吟诵这些诗句时,联想到其中的情境,定会被大自然的鬼斧神工所折服,为自己的国家而感到自豪与骄傲。另外,对祖国的深厚热爱还体现在建设祖国的伟大创造、

---

① 《全面建设小康社会,开创中国特色社会主义事业新局面——在中国共产党第十六次全国代表大会上的报告》,载《人民日报》第1版,2002年11月18日。

无私奉献精神上。中华儿女对祖国的热爱之情是在参与祖国开发创造的实践中逐步确立起来的。优越的地理环境和丰富的物产为中华民族的繁衍生息提供了坚实的物质条件,同时我国先辈在遵循客观规律的基础上,充分发挥主观能动性,用自己的双手辛勤劳动,用自己的智慧不断改善生存条件,使之更加有利于中华民族的发展壮大。早在原始社会时期,就有燧人氏钻木取火、神农尝百草和大禹治水的神话与传说,他们不惧艰险、勇于创造,为中华民族的生生不息打下了坚实的基础。"爱国"美德代代相传,"四大发明""都江堰""万里长城",这些人类奇迹正是中华民族伟大创造精神的生动写照。

二是忧国忧民的使命感与责任感。古代家国同构的社会结构将国家与个人紧密结合起来,国家的发展决定个人的生死存亡,个人的利益只有在国家这个大背景下才能得到实现与保障。因此,我国历代古圣先贤都非常关心国家和民族的前途命运,具有忧国忧民的传统美德。《易经·乾卦》曰:"君子终日乾乾,夕惕若,厉,无咎。"①意思是君子在白天振作不已,直到晚上还警惕慎行,这样即使遇到危险也不会受到伤害。《孟子》提出:"生于忧患,死于安乐。"唐代魏徵吸取隋朝灭亡的教训指出:"思隋氏以为殷鉴,则存亡之治乱,可得而知。若能思其所以危,则安矣;思其所以乱,则治矣;思其所以亡,则存矣。"②这段话可以说是中国古代"居安思危"思想的深刻总结。还有陆游的"位卑未敢忘忧国"、杜甫的"安得广厦千万间,大庇天下寒士俱欢颜"和范仲淹的"居庙堂之高则忧其民,处江湖之远则忧其君"等,这些千古绝唱无不彰显着他们的赤诚之心。历代志士仁人忧国家之兴衰、民族之强弱、人民之困苦,不仅在思想上有所体现,他们也付诸实践之中。在中华民族发展史中,每当国家处于水深火热之时,爱国英雄们就会发扬"国家兴

---

① 黄寿祺、张善文:《周易译注》,上海:上海古籍出版社2016年版,第3页。

② 黄钊:《中国道德文化》,武汉:湖北人民出版社2000年版,第418页。

亡,匹夫有责"的美德,投身报国行动中去。班超投笔从戎、林则徐虎门销烟,他们在国家、人民危难之际,能够顾全大局、勇于担当,表现出强烈的责任感与使命感。

三是大义凛然的献身精神。献身精神是指能够为国家和民族的发展贡献出自己的一生甚至牺牲生命。具体表现为当国家的利益受到侵犯,并与个人利益冲突时,能够自觉牺牲个人利益,将生死置之度外,坚持国家利益至上的英雄气概。中国历史上经历了多次反侵略战争,每一场都体现了中国人民英勇抗争、不怕牺牲的大无畏精神。正如曹植的"捐躯赴国难,视死忽如归"、文天祥的"人生自古谁无死,留取丹心照汗青"、史可法的"一死以报国家"、林则徐的"苟利国家生死以,岂因祸福避趋之"和谭嗣同的"我自横刀向天笑,去留肝胆两昆仑"等,不一而足。他们的壮烈之举,不仅保卫了祖国的疆土,捍卫了民族的尊严,而且激发了炎黄子孙对于祖国的热爱之情,砥砺中华儿女为民族的兴衰拼搏进取、百折不挠。另外,"爱国"传统美德还有谋求自强、心系故土等思想内涵,其中蕴藏着丰富的哲理与启示,值得后世学习借鉴。

"爱国"是一种历史范畴、一种意识形态,具有鲜明的时代特征和历史局限性。作为一种延续了几千年的中华传统美德,在古代"爱国"始终与"忠君"思想紧密联系在一起,如"忠君报国""精忠报国",不仅受到人们的推崇,而且成为衡量个人人生价值和精神境界的道德准则。这种"忠君爱国"思想的产生根源于古代中央集权的封建国家制度和家国一体、家国同构的宗法制社会结构。在两千多年的封建王朝统治中,君主作为封建专制国家的人格化象征,常被与"国家"联系在一起,君主打着"朕即国家"的名号进行统治,而历史上的朝代更替也以君主的变动为标志。在这种文化熏陶下,"忠君爱国"思想不仅作为封建君主统治国家的政治工具得到广泛认同,而且发展为一种道德规范和行为准则,最终演化成对国家、民族的认同与忠诚。①"宗法,是以血缘关系为纽带,通过尊奉共同祖先,确立亲族间的尊卑长幼秩序,来维系亲族间的关系,以及规定继承秩序和不同地位的亲族成员各自不同的权利与义务的法则。"②倡导父为"家君",君为"国父","君子之事亲孝,故忠可移于君。事兄悌,故顺可移于长。居家理,故治可移于官"(《孝经·广扬名章第十四》)。家国同构宗法制必然导致高度集权的君主专制,君主视国家为个人财产,将忠君与爱国联系起来,并作为一种自然权利对臣民进行统治。一方面,利用忠君思想限制臣民的言论与行为,僵化人民的思想,使百姓心甘情愿臣服于其统治;另一方面,利用忠君思想为自己的专制统治和不当行为辩护,赋予其合理性。总之,家国同构的国家结构体系和封建专制国家制度将国家和君主等同起来并视为一体,把忠君当作爱国的具体表现。

忠君与爱国有着本质的区别。忠君可以分为对君主盲目崇拜的"愚忠"和以江山社稷为重,将社稷与君主区别开来的"明忠",即孟子主张的"民为贵,社稷次之,君为轻"。我们倡导的"爱国"美德应该是对祖国的热爱之情,而不是对君主的盲目追随。忠君不一定是爱国,爱国不是只能通过忠君来实现。古代将忠君与爱国结合起来,既有其积极作用,也有其消极影响。积极的方面是有利于提升整个民族的凝聚力和向心力,在国家危难之际能够团结起来、一致对外,保卫祖国疆土、维护国家主权。在统治阶级实行仁政、政治开明的情况下,有利于维护社会稳定。消极影响在于长期处于统治阶级的压迫之下,臣民逐渐奴化,丧失爱国热情,阻碍国家的长远发展。另外,将国家前途命运完全寄托于一人之手,全凭个人好恶统治国家,具有极高风险性和不稳定性。随着封建专制制度的瓦解,"忠君"思想早已消逝在历史的长河中,不再体现于当代

---

①　郭广银:《社会主义核心价值观研究丛书·爱国篇》,南京:江苏人民出版社2014年版,第70页。

②　唐凯麟:《中华民族爱国主义发展史》(第1卷),武汉:湖北教育出版社2001年版,第73页。

的"爱国"美德之中。

三、敬业乐群

自社会分工出现以来,我国就产生了"敬业"思想,从古至今,个人想要获得一份谋生之道,就必须要具备"敬业"美德。在中国古典文献中,"敬业"作为整个词语出现的频率并不高,"敬"和"业"经常是单独出现,但通过拆字分析、深入挖掘,就会发现中华传统敬业美德的丰富内涵。"敬"是古代伦理思想史上的一个重要德目,是为人处世的基本态度与重要原则,在古汉语中经常被使用,《尚书》《诗经》《周易》《论语》《孟子》《荀子》《礼记》等文献中均有记载,主要表现为一种恭敬礼貌的待人接物方式和细致谨慎的处世态度。[①]《诗经》中对"敬"有"凡百君子,各敬尔身"(《小雅·雨无正》)、"民之讹言,宁莫之惩? 我友敬矣,谗言其兴"(《小雅·沔水》)等论述,由此可见,《诗经》的"敬"多取警戒、慎重之意。《周易》中"敬"主要取"恭敬"之意,如"君子敬以直内,义以方外,敬义立而德不孤""不速之客来,敬之终吉""以讼受服,亦不足敬也"。《论语》中"敬"出现二十几次,根据所"敬"对象不同分为敬事、敬人、敬鬼神三类。"务民之义,敬鬼神而远之,可谓知矣。"(《论语·雍也》)这里的"敬"指对鬼神恭敬但要远离。"敬事而信"(《论语·学而》)、"居处恭,执事敬"(《论语·子路》),这里的"敬"与现代意义上的"敬业"含义相同,意思是对待事业要认真负责,不怠慢。"今之孝者,是谓能养。至于犬马,皆能有养;不敬,何以别乎?"(《论语·为政》)这里的"敬"是指要敬爱父母,以礼事亲。另外,孟子、荀子以及宋明理学家也有很多关于"敬"的论述,不断丰富着"敬"的思想内涵。值得注意的是,"敬"在古代经常与"礼""仁"等社会伦理范畴放在一起讨论,共同表现为一种处理社会伦

---

① 杨明:《社会主义核心价值观研究丛书·敬业篇》,南京:江苏人民出版社 2014 年版,第 46 页。

理关系的道德修养方法。

《辞海》主要将"业"作为名词和动词使用,作名词主要有大版、学业、事业、家业等意,作动词主要有以……为业、继承、传承之意。在古代文献记载中,"业"最早出现于《尚书》,"若颠木之有由蘖,天其永我命于兹新邑,绍复先王之大业,底绥四方"(《尚书·商书》)。用来劝诫百姓迁都以继承先王的伟大事业。"功崇惟志,业广惟勤。"(《尚书·周官》)这是周成王告诫百官要忠于职守、勤勉于事业。可以看出,"业"最早用于指代政治层面的事业、功业。《周易》提出"德业观",对"事业"进行界定,"化而裁之谓之变,推而行之谓之通,举而错之天下之民,谓之事业"(《周易·系辞》)。认为只有能够"变通"和"兼济天下"的事情才能被称作"事业"。《周易》提出"崇德广业"的人生价值追求,认为只有拥有高尚品德和情操的人才能取得事业成功,在道德修养与事业成功之间建立起对应关系,成为后世"内圣外王"理念的价值依据。朱熹将"业"的内涵扩延到普通民众,如"责其不事农业而从师远游也""然君子造基业于前,而垂统绪于后"等。总体来看,"业"最初多用于描述政治上的"大业""功业",后面逐渐扩展到臣子、百姓的日常事务中,与现代意义上"业"的含义大致相同。由此可以看出,古代"业"的突出特征是"德业观",将德性修养作为取得事业成功的必要条件,使其具有道德内涵。

通过拆字形式对"敬"和"业"进行考察,对我们研究"敬业"美德有很大帮助。其实,"敬业"作为一个词语最早出现在西汉时期《礼记》一书中。《礼记》中记载:"古之教者,家有塾,党有庠,术有序,国有学。比年入学,中年考校。一年视离经辨志,三年视敬业乐群,五年视博习亲师,七年视论学取友,谓之小成。九年知类通达,强立而不反,谓之大成。"(《礼记·学记》)可以看出,"敬业乐群"最初指的是古代学校对学生进行考核的一个必要阶段,与我们今天所说的"敬业"精神截然不同。两宋时期,"二程"和朱熹对"敬业"内涵进行了新的充实,"敬业者,专心致志以事其业也"(《朱子全书》)。"敬业"思想已经进入人们的日常生活当中。近代梁启超结合古代的"敬业乐群"思想,提出"敬业乐业"的说法,认为"敬业"就是要富有责任心,做好本职工作,严格按照要求完成工作任务,就像他在《敬业与乐业》一文中提到"怎样才能把一种劳作做到圆满呢?唯一的秘诀就是忠实,忠实从心理上发出来的便是敬";"凡做一件事,便把这件事看作我的生命,无论别的什么好处,到底不肯牺牲我现做的事来和他交换。"乐业"就是工作时要心情愉悦,能够在劳作中找到"趣味"。"这件事分明不能不做,却满肚子里不愿意做。不愿意做逃得了吗?到底不能。结果还是皱着眉头,哭丧着脸去做。这不是专门自己替自己开玩笑吗?我老实告诉你一句话:'凡职业都是有趣味的,只要你肯继续做下去,趣味自然会发生。'"①就是说既然逃避不了工作,何不苦中作乐呢?至此,"敬业"的观点基本形成,并逐渐演化为一种个体修养美德,成为当代社会职业道德的重要准则。

中国传统"敬业"美德涉及多个领域,具有丰富的内涵,首先,"专心致志,以事其业"是传统敬业美德的前提,只有拥有"专"的品质才能取得事业成功。"专"即专心致志、尽心竭力。"不专心致志则不得也。"(《孟子·告子上》)"人心惟危,道心惟微;惟精惟一,允执厥中。"(《尚书·大禹谟》)意为做任何事情都要专心致志、心无杂念、一心一意。其次,"功崇惟志,业广惟勤"是传统"敬业"思想的核心。"勤"同样是中华民族的传统美德之一,对个人修养与为人处世都有很大的帮助,其重要性在"敬业"思想中表现得非常明显。"勤"要求做到勤勉不懈,即要勤恳工作,不偷懒懈怠。孔子云:"饱食终日,无所用心,难矣哉!"(《论语·卫灵公》)指出那些饱食终日、无所事事、胸无大志、游手好闲的人,很难拥有成功的事业与前途。主张每个人都应"执事敬""事思敬""修己以敬",即要刻

---

① 梁启超:《敬业与乐业》。此文是1922年8月14日梁启超在上海中华职业学校所作的演讲,收入《饮冰室合集(5)·文集》之三十九。

苦、勤奋，为事业而不断努力。同样"业精于勤荒于嬉，行成于思毁于随"。"民生在勤，勤则不匮。"（《左传·宣公十二年》）强调只有勤奋工作，事业才能取得成功，整日嬉闹只会一事无成。再次，"精益求精"是传统"敬业"思想的进一步提升。精益求精的意思是在完成既定任务的基础上追求更高要求与效果，是更高层次的理想追求。一般人在完成本职工作后便止步不前，只有少数人追求更进一步，而这也是他们获得成功的关键。《诗经》有言："如切如磋，如琢如磨。"用于比喻君子们的品行修养要像打磨玉石一样精益求精、不断锤炼，这种切磋、琢磨何尝不是"敬业"美德的进一步体现！最后，"乐业"是传统"敬业"美德的内在精神保障。干一行爱一行，既然选择从事一份职业就要发自内心地热爱，对自己的职业产生认同感与自豪感，只有这样才能激起工作热情，出色完成任务，从而实现人生价值。老子主张"安其居，乐其业"；孔子在学习、工作时达到了"发愤忘食，乐以忘忧，不知老之将至"的状态，可见他在学习、工作时的愉悦心情。"知之者不如好之者，好之者不如乐知者。"正是这样一种敬业、乐业精神，孔子创立了儒家学说，成为万世师表。

四、诚实守信

作为个体修养美德的诚信是指个体把诚信内化为自身的品德与情操，以作为生存发展和为人处世的道德准则。根据道德主体的不同可以将诚信分为个体诚信和社会诚信，"人而无信，不知其可也"是个人诚信的体现，"童叟无欺""贾而好儒"是社会诚信的体现，个人诚信是社会诚信的基础，只有多数人具备诚信品德，才能形成诚实守信的社会道德风尚；社会诚信是个人诚信的体现，并对个人诚信产生反作用。相比于社会诚信，个人诚信的道德属性体现得更加明显，在传统文化中也更加重视培育个人诚信修养。中华民族讲求诚信的历史非常悠久，从字源上来说，早在三千多年前的甲骨文中就已经出现包含诚信之意的"允"字了。《尔雅》记载道："允,信也。"将"允"解释为诚信。传统文化中"诚"和"信"均有真实无欺之意,有时还可以互通解释,如许慎在《说文解字》中讲道："诚,信也,从言,成声。""信,诚也,从人,从言。""诚"字最早见于《尚书》,"神无常享,享于克诚"(《尚书·太甲下》)。这里的"诚"意指对鬼神的笃敬之情。朱熹指出："诚者何? 不自欺不妄之谓也。"(《四书章句集注》)他认为"诚"就是客观反映事物的真实情况,不欺骗自己与他人。"诚"是《中庸》的核心思想,"诚者,天之道也;诚之者,人之道也。诚者,不勉而中,不思而得,从容中道,圣人也。诚之者,择善而固执之者也"(《中庸·第二十章》)。意思是说真实无妄是万事万物天生的道理,同时也是做人的基本准则,只有修养达到天下至诚的人才能知晓天地之理。由此可知,古人认为"诚"是人的本性,并将其作为衡量个人能力的道德标准。综上可得,"诚"主要涉及人的心态,注重内心道德的修养,而"信"更加侧重外在表现,是一种与人交往的行为准则。在文字记载中,"信"其实要比"诚"出现得早,文字记载也很多。同"诚"一样,"信"一开始也是表达对鬼神的虔诚,"所谓道,忠于民而信于神也。上思利民,忠也;祝史正辞,信也"(《左传·桓公六年》)。后来,"信"逐渐成为君子的行为规范,"人而无信,不知其可也"(《论语·为政》);"言必信,行必果"(《论语·子路》)。这两句话中都将"信"作为人之为人的重要条件。

概括来说,"诚信"可以分为这样四层含义。一是言而有信,言出必行。要说话算数,特别是说到做到,如果整日谎话连篇,那说的就是胡言乱语。"言之所以为言者,信也;言而不信,何以为言?"(《谷梁传·僖公二十二年》)"一言既出,驷马难追"就是这个意思。二是信守承诺,做出的约定一定要实现。"有所许诺,纤毫必偿;有所期约,时刻不易,所谓信也。"(《袁氏世范》)意思是许下的诺言,一分一毫也必须兑现;与别人约定的时间,一时一刻也不能更改,这就是信。三是表里如一,不自欺欺人,表面一套、背后一套。正如韩非子的"内外相应,言行相称"和朱熹的"如十分底话,只说七八分,犹留两三分,便是不尽,不得谓之忠。以实是就言上说,有话只据此实物说,无便曰无,有便曰有,若以无为有,以有为无,便是不以实,不得谓之信。忠信非判然二物,从内面发出,无一不尽,是忠,发出外来,皆以实,是信"(《朱子文集·卷十二》)。四是说真话,为人真诚。"以信接人,天下信之;不以信接人,妻子疑之。"意思是说,如果一个人不坦诚,那么自己的妻子都会对他产生怀疑。

尚诚守信是儒家伦理的基本精神和价值理念。追求真善美、摒弃假恶丑、诚实做人、反对欺诈是人类的普遍美德,也是中国传统道德的基本准则。[①] 在儒家学者看来,"古之欲明明德于天下者,先治其国;欲治其国者,先齐其家;欲齐其家者,先修其身;欲修其身者,先正其心;欲正其心者,先诚其意"。认为个人修养是"齐家""治国""平天下"的根本,而好的修养的关键就在于真诚。孔子是儒家学派最早系统论述诚信美德的。孔子的"道"被其弟子们认为是"忠恕"之道,曾子说:"夫子之道,忠恕而已矣。"(《论语·里仁》)"忠"即尽心为人,中人之心;"恕"即推己及人,如人之心。"忠恕"的实质就是以对待自己的态度去对待他人,对他人持有一种尊重和负责的态度,这与"诚信"美德是相契合的。因此,孔子十分欣赏为人诚实甚至木讷的弟子,非常厌恶言行放荡、虚假浮夸之人。子曰:"刚毅、木讷、近仁。"(《论语·子路》)"仁者,其言也讱。""木讷"和"讱"并不是心智方面的欠缺,而是形容一种慎言的态度,孔子认为这是君子应该具备的品德之一,"君子欲讷于言而敏于行"(《论语·里仁》)。相反,他却直斥道:"巧言令色,鲜矣仁。"(《论语·学而》)"巧言令色"就是"致饰于外,务以悦人",说话做事的目的都是讨好别人,夸夸其谈、弄虚作假,是孔子非常讨厌的行为,所以在《论语》中孔子多次表达了自己的厌恶态度。孔子的"诚信"思想不仅表现在态度上,还运用于教学实践中。孔子要求弟子"入则

----

① 房广顺主编:《社会主义核心价值观与中华传统文化》,北京:人民出版社 2015年版,第 250 页。

孝,出则弟,谨而信,泛爱众,而亲仁"(《论语·学而》)。特别强调"知之为知之,不知为不知"的学习态度,受此影响,孔子的弟子们十分重视"诚信"美德的修养,曾子"三省"中就有"与朋友交而不信乎"的"诚信"内容。孟子提出了"信人"的完美人格,认为"好人"即"信人"。"'善人也,信人也。''何谓善? 何谓信?'曰:'可欲之谓善,有诸己之谓信,充实之谓美,充实而有光辉之谓大,大而化之之谓圣,圣而不可知之之谓神。'"(《孟子·尽心下》)在孟子看来,"信"是"美""大""圣""神"的根基。① 荀子在之后也提出"大人""小人"的概念,"大人"指有诚信的人,"小人"指虚假的人。"尚诚守信"也是儒家所倡导的立身之本。子曰:"人而无信,不知其可也。大车无輗,小车无軏,其何以行之哉?"(《论语·为政》)一个人没有诚信,就像车子没有轮子一样,是无法行走,没有立足之地的。古人将是否诚实守信作为衡量一个人品行的重要指标,如果一个人没有诚信,是不会得到人们的认可和统治者重用的,也就更没有前途发展之说。儒家学者把"诚信"看得如此之重,足见诚信在中国传统伦理文化发展中的重要地位。

"诚信"虽然是中华民族的传统美德,但是由于传统"诚信观"产生发展于传统社会之下,所以不可避免地带有一定的局限性。首先,传统"诚信观"局限于熟人社会,作用范围小。自给自足的小农经济,使每个人的生活圈子都非常狭小,日常仅与家人、朋友交往,所以中国人一般只相信自己认识的熟人,对陌生人一直存有警惕之心,在"害人之心不可有,防人之心不可无""人心叵测"等传统语句中就有所体现。从长远来看,这种局限性不利于中华民族与外界的互通往来,尤其阻碍了古代商业的发展。其次,传统"诚信观"很难普及并取得成效。古代倡导的"诚信"美德是一种理想的人生境界,要求自觉遵守诚信原则,并主动付诸实践之中,这需要很强的自我约束性和较高的道德修养才能够做到。而且,古代缺

---

① 宋林飞:《中华传统美德·诚信卷》,南京:南京大学出版社2008年版,第8页。

乏一定的诚信制约机制，人们的权利无法得到保障，导致传统"诚信观"的道德成效较低，无法达到理想预期。因此，现代社会在传承弘扬传统"诚信"美德时要注意克服这些局限性，以取得更好的道德成效。

五、仁者爱人

在中国哲学的历史演变与发展过程中，"仁"的观念由来已久，贯穿于整个中国传统道德体系。先秦时期，孔子以爱推仁，孟子以心性释仁，荀子以礼论仁；汉代，董仲舒将"天人感应"引入仁爱体系；隋唐时期，仁学实现道统化；宋明理学时期，用生生、体用言仁，将仁普遍化、本体化。可以看出，虽然在不同时期，"仁"的具体内涵存在差异，但仁学体系始终是以"爱人"为核心，作为人的伦理道德准则存在于传统文化之中。就"仁"这个概念来讲，许慎《说文解字》说："仁，亲也，从人二。""仁"就是"亲"，"亲"就是与人与人之间相互关爱、相互尊重，用善良之心和友善之举来处理人与人、人与社会、群体与群体之间的关系。仁爱思想虽然是儒家学派的代表学说，却并非儒家首创。道家学派创始人老子就已经使用"仁"的概念，"居善地，心善渊，与善仁，言善信，政善治，事善能，动善时"（《道德经·第八章》）。这里的"仁"就是与人友善的意思。此外，法家和墨家也有很多关于"仁"的思想，如韩非子认为"仁者，谓其中心欣然爱人也"（《韩非子·解老》）。墨子提出："视人之国，若视其国；视人之家，若视其家；视人之身，若视其身。是故诸侯相爱，则不野战；家主相爱，则不相篡；人与人相爱，则不相贼；君臣相爱，则惠忠；父子相爱，则慈孝；兄弟相爱，则和调。"（《墨子·兼爱中》）不过，历史上第一个系统论述"仁"并将其确立为儒家学说基石的是孔子，自此仁爱思想便成为儒家学说的一条中心脉络。"仁者爱人"原文出自《孟子·离娄下》："君子所以异于人者，以其存心也。君子以仁存心，以礼存心。仁者爱人，有礼者敬人。爱人者，人恒爱之；敬人者，人恒敬之。""仁者爱人"的意思是仁者是充满仁爱之情,满怀仁爱之义的人。经过几千年的发展,儒家仁爱思想具有了更加丰富的内涵。

一是"泛爱众生"。孔子提出"仁"的学说是为了挽救当时"礼崩乐坏"的社会现实,他认为"仁"是"礼"的内在依据,没有"仁"作为支撑,"礼"也根本不可能得到实现,因此,孔子将"仁"放在"五常"之首,这也足以说明其对"仁"的重视程度。在孔子的影响下,"仁"成为整个儒家学说的基本内核,之后的思想也都基本围绕"仁"展开。孔子认为"仁"的基本内涵是"爱人","弟子,入则孝,出则弟,谨而信,泛爱众,而亲仁"(《论语·学而》)。他认为"爱人",不仅要爱自己的父母兄弟,还要爱朋友,进而爱天下之人,在一定程度上反映了孔子的人道主义精神。孟子继承并发扬了孔子的思想,将孔子人与人之间的爱扩展为对"物"之爱,"君子之于物也,爱之而弗仁;于民也,仁之而弗亲。亲亲而仁民,仁民而爱物"(《孟子·尽心上》)。君子爱自己的亲人,也会爱天下百姓;爱天下百姓,也会爱惜万物。"物"主要指有生命的动物。孟子认为实施"仁爱"是层层推进的,首先是亲爱父母,其次是友爱他人,进而爱惜万物,是一个逐步疏远的过程。可以看出,孟子的"仁爱"思想与孔子还是有所不同,是对孔子"仁爱"思想的进一步延伸。到了宋明时期,受佛教和道教的影响,儒家"仁爱"思想进一步发展,提出"民胞物与"学说。张载在《西铭》中提出:"乾称父,坤称母;予兹藐焉,乃混然中处。故天地之塞,吾其体;天地之帅,吾其性。民,吾同胞;物,吾与也。大君者,吾父母宗子;其大臣,宗子之家相也。尊高年,所以长其长;慈孤弱,所以幼其幼;圣,其合德;贤,其秀也。凡天下疲癃、残疾、惸独、鳏寡,皆吾兄弟之颠连而无告者也。"(《正蒙·乾称篇》)意思就是说乾坤就像父母,我们生于天地之间,和天地万物本性相同,万物都是我们的同胞,都需要我们去爱护。张载不仅继承了孔孟"仁爱"思想,而且将"仁爱"精神扩展到万事万物之中,由"爱己"到"爱人"再到"爱物",体现了"天人合一"思想。

二是"推己及人"。儒家所提倡的"泛爱众"理想目标如何才能实现呢？儒家学者给出的方法是推己及人，秉持忠恕之道。孔子说："能近取譬，可谓仁之方也。"（《论语·雍也》）作为扩充仁爱的方法，"能近取譬"即"将心比心"，站在别人的立场上，设身处地想一想：如果是我，我会怎么做，我是否愿意接受。不以自己的主观意识评判，试图与对方产生情感上的共鸣。值得注意的是，儒家的"仁爱"思想是以"亲亲"为原则，建立在以血缘纽带为基础的宗法体制之上的。儒家思想中有"亲亲，仁也；敬长，义也"（《孟子·尽心上》）。"君子笃于亲，则民兴于仁。"（《论语·泰伯》）"君子务本，本立而道生。孝弟也者，其为仁之本与！"（《论语·学而》）由此可以看出，儒家"仁爱"的本质是对"孝""敬"等亲情的推广，由爱己推广到爱亲人，再由爱亲人推广到爱别人，最终推广到爱世间万事万物。不过，由此也可以看出，儒家的"仁爱"是差等之爱。孝敬父母是最重要的"仁爱"，然后从爱亲到爱物层层递减，这与墨家所倡导的"兼爱"思想有所不同。施行"仁爱"的方法更具体地说就是"忠恕"之道。"忠"就是"己欲立而立人，己欲达而达人"，自己想要飞黄腾达的时候，要考虑到别人想要成功的愿望，去帮助他们实现目标，类似于"穷则独善其身，达则兼济天下"的意思。"恕"就是"己所不欲，勿施于人"，自己不想承受的东西，也不要强加于别人身上。"忠"和"恕"分别从积极和消极两个方面论述了"推己及人"，是一个问题的两种表述，不能将二者割裂开来。①

　　三是"和为贵"。儒家"仁爱"原则处理的是社会中的人际关系，前提条件是必须承认每一个人在社会中的独立主体地位，他们的道德品质决定"仁爱"的施行情况。儒家对交往主体的肯定，意味着必须承认交往主体存在的差异性。② 这种差异性可以通过"求同存异"即"和为贵"得以解决。《论语·学而》记载："礼之用，

　　① 马永庆等编：《中国传统道德概论》，济南：山东大学出版社 2000 年版，第111 页。

　　② 黄明理：《社会主义核心价值观研究丛书·友善篇》，南京：江苏人民出版社2014 年版，第 71 页。

和为贵。先王之道，斯为美。"主张用"礼"来促进人际关系的和谐。"和"是自然界的运行规律，也可以作为人际关系的交往准则。儒家"贵和"内涵可以概括为以下三个方面。一是以"和而不同"为准则。"和"并不是要所有人的想法都一致，而是允许出现不同声音和意见，在此基础上进行讨论、协商，从而得出最佳方案。二是以"修己以德"为前提。儒家的仁爱思想要求主体首先要具备完善的道德修养，以此为基础，然后才能去爱人，"克己复礼为仁"，如果一个人没有较高的道德人格，就会容易出现随波逐流、同流合污等问题，是很难做到"以仁爱人"的。三是以"当仁不让"为原则。与人交往时要勇于表达自己的意见和看法，不要因为自己处于少数人立场便不敢发声，或者随意听从别人的意见，只有坚守住自己的原则和立场，"当仁不让"，才能发现真理。由此可见，儒家"和为贵"思想对于处理人际关系交往中的矛盾具有重要作用。

第三节　传统美德中个体修养美德的当代表达

习近平总书记在 2014 年的文艺工作座谈会上的讲话中指出："中华民族在长期实践中培育和形成了独特的思想理念和道德规范，有崇仁爱、重民本、守诚信、讲辩证、尚和合、求大同等思想，有自强不息、敬业乐群、扶正扬善、扶危济困、见义勇为、孝老爱亲等传统美德。中华优秀传统文化中很多思想理念和道德规范，不论过去还是现在，都有其永不褪色的价值。我们要结合新的时代条件传承和弘扬中华优秀传统文化，传承和弘扬中华美学精神。"①党的十八大以来，习近平总书记高度重视传承中国优秀传统文化，弘扬中华传统美德，并将其作为培育和践行社会主义核心价值观的文化基因和历史脉络。中华传统美德是中华民族数千年历史和

---

① 《习近平在文艺工作座谈会上的讲话》，载《人民日报》第 2 版，2015 年 10 月 15 日。

文化的凝练与升华,是中华民族优秀品格与崇高精神的融合,为中华民族的生存壮大提供源源不竭的动力支持。但由于中华传统美德是建立在封建专制的小农经济基础之上的,带有一定的历史和阶级局限性,所以在新时代继承和弘扬传统美德,要去粗取精、去伪存真,坚持古为今用、推陈出新的方法,有针对性地对传统美德进行创造性转化和创新性发展,赋予其新的时代内涵。社会主义核心价值观是在继承传统价值观合理内核的基础上,赋予其新时代特征的一种崭新表达,既富含历史底蕴,又具有时代特色。"爱国、敬业、诚信、友善"是社会主义核心价值观中关于个人层面的道德要求和行为规范,是对爱国如家、敬业乐群、诚实守信、仁者爱人等传统个体修养美德的传承、转化和超越,是个人实现中华民族伟大复兴的道德支撑。

一、社会主义爱国观对传统爱国如家美德的当代诠释

对于一个国家来说,爱国是一面永不褪色的旗帜;对于一个民族来说,爱国是一团永不熄灭的火焰;对于一个时代来说,爱国是一首永不停歇的旋律。中华民族历来就有爱国的光荣传统,"爱国"美德自古就根植于炎黄子孙的血脉之中,是中华传统美德的重要组成部分,是民族精神的集中体现,也是中华民族历久弥新的精神武器。无论是范仲淹"先天下之忧而忧,后天下之乐而乐"的忧国忧民意识,还是顾炎武"天下兴亡,匹夫有责"的责任担当,抑或是林则徐"苟利国家生死以,岂因祸福避趋之"的献身精神,无不体现着古圣先贤们的爱国之情,也正是这些发人深省的警句激励着一代又一代的英雄豪杰们为中华民族的繁荣兴盛不懈奋斗。在国家备受欺凌、处于生死存亡之际,他们就去寻求救亡图存之路;当国家走向兴盛之时,他们就去探索复兴之法,将"为天地立心,为生民立命,为往圣继绝学,为万世开太平"作为不懈追求的人生目标。对于每一个中国人来说,爱国之情早已深入骨髓,并成为所有人义不容辞的责任与使命。社会主义核心价值观的爱国观是传统爱国如家美德的当代诠释,爱国观传承了"爱国如家"思想的合理基因,主要包括对祖国疆土之爱,深深眷恋着自己生存发展的土地,不容许任何人对它有所侵犯;对骨肉同胞之爱,铭记自己炎黄子孙的身份,与各民族团结一致,谋求共同发展;对中华文明之爱,折服于中华民族上下五千年的悠久历史所形成的文明魅力。

爱国作为一个历史范畴,会因社会政治经济文化的差异而具有不同的内涵,因此在中国历史进程中的每一个阶段都会有不同的时代表达,既一脉相承,又不断转化创新。中国当代的爱国主义既不同于国外的爱国主义,也与中国古代和近代的爱国主义存在较大差异。在中国当代,爱国不再与忠君相联系,我们所热爱的是中国共产党领导的社会主义的中华人民共和国这个整体,爱国主义的本质就是坚持爱国和爱党、爱社会主义高度统一。坚持爱国与爱党的统一,是因为中国共产党是真正代表国家和民族利益、全心全意为人民服务,最彻底、最革命的无产阶级政党。习近平总书记指出:"中国共产党一经成立,就把实现共产主义作为党的最高理想和最终目标,义无反顾肩负起实现中华民族伟大复兴的历史使命,团结带领人民进行了艰苦卓绝的斗争,谱写了气吞山河的壮丽史诗。"①中国共产党将马克思主义基本原理与中国具体实际相结合,带领中国人民取得革命的胜利,走上了实现中华民族伟大复兴的道路。爱国主义与爱社会主义的统一,是因为社会主义挽救和发展了中国。在近代中国,中华民族遭受了帝国主义的侵略和封建主义的压迫,面临亡国灭种的危机,由于软弱的资产阶级无法承担起救亡图存的重任,这个担子只能落在无产阶级身上。中国共产党在马克思主义理论的指导下,经过革命实践选择了一条农村包围城市,武装夺取政权的道路,最终取得了新民主主义革命的

---

① 《决胜全面建成小康社会　夺取新时代中国特色社会主义伟大胜利——在中国共产党第十九次全国代表大会上的报告》,载《人民日报》第 1 版,2017 年 10 月 28 日。

胜利,成立了中华人民共和国,完成了新民主主义向社会主义的转变。社会主义道路是能够拯救中华民族的道路,也是唯一一条道路,这条道路的发现是历史的必然,同时也是中华民族的幸事。虽然我们取得了反帝反封建战争的胜利,但是此时的中国已满目疮痍,加上之前的闭关锁国政策,中国经济长期落后于世界,发展生产力、改善人民生活水平成为紧要任务。党的十一届三中全会召开之后,我国做出全面深化改革的重大决策。经过四十多年的努力,中国在政治、经济、文化、军事、科技等方面取得了举世瞩目的成就,中国人民从此真正"站"了起来。可以看出,只有社会主义才能救中国,也只有社会主义才能发展中国。因此,我们在爱国的同时必须坚持爱中国共产党与爱社会主义的高度统一。

不同时期的爱国主义具有不同的时代主题和任务。中国古代的爱国主要是与忠君联系在一起,将忠君作为自身爱国理想实现的主要路径。近代爱国的主题是救亡图存,反帝反封建,实现国家独立与民族解放。中国当代的爱国主题则是建设有中国特色的社会主义,紧迫任务是发展社会主义市场经济。社会主义核心价值观中的爱国观是以马克思主义为指导的,是带有中华民族特质的精神,是中华民族精神的核心。改革开放以来,我国虽然取得了举世瞩目的成就,但仍处于并将长期处于社会主义初级阶段的基本国情没有变,这也是我国当前最大的"实际"。因此,建设有中国特色的社会主义必须从这个实际出发,不能急头猛进,得意忘形。和平与发展是当今时代的主题,我们应该把主要精力放到经济发展上来,将改革开放作为着力点,坚持"四个全面"战略布局和"五位一体"总体布局,促进社会主义市场经济体制不断完善,早日实现全面建成小康社会的奋斗目标。爱国主义与发展社会主义市场经济是密不可分的,爱国主义作为一种强大的精神力量,能够动员、鼓舞广大人民群众达成共识,凝神聚气,形成一股巨大的民族向心力,为发展社会主义市场经济而艰苦奋斗。"必须发扬爱国主义精神,提高民族自尊心和自信心。否则我们就不可能建设社会主义,就会被种种资本主义势力所侵蚀腐化。"①

　　党的十八大提出的社会主义核心价值观是得到全社会广泛认同、共同追求的社会主义价值理念,"爱国"是社会主义核心价值观公民层面的首要价值准则,是对每一个人的基本道德要求,需要依赖每一位社会成员去培育和践行。马克思指出:"全部社会生活在本质上是实践的。"②爱国主义的本质和生命力在于实践,在于每一位社会成员的自觉行动。爱国并不是对于社会中某一部分群体的道德规范,也不是放在口头说说的溢美之词,而是每个公民义不容辞的使命和责任,需要付诸实践,将爱国之情转化为强国之志,最终落实为报国之行。就像顾炎武所说的"天下兴亡,匹夫有责",只要身为国家中的一员,不论从事什么样的职业,都有义务为了国家的繁荣兴盛而努力。"在当代中国,看一个人是否真正爱国,就要看他是否以主人翁的姿态投身于社会主义制度现代化建设的伟大实践,是否以自己的聪明才智为国家富强、民族振兴、人民幸福作出应有的贡献。"③爱国是新时代实现中国梦的精神支柱,爱国主义始终是把中华民族团结起来的精神力量,能够增强全国各族人民实现中国梦的共识,激发实现中国梦的意志,坚定实现中国梦的信心。伟大的梦想需要伟大精神来支撑,今天我们比历史上的任何时期都要接近实现中华民族伟大复兴的梦想,相信在爱国精神的鼓舞下,我们定能够实现这个伟大目标。

　　社会主义核心价值观中的爱国观是对传统爱国如家思想的传承、转化和超越,既继承了传统美德中符合时代要求的内容,又赋予了其时代特色,实现了传统美德与当代社会主流价值观的完美融合。在日新月异的当今社会中,需要继续结合具体实际,不断实现传统美德的当代价值观转化。

---

　　①　《邓小平文选》(第2卷),北京:人民出版社1993年版,第369页。

　　②　《马克思恩格斯选集》(第1卷),北京:人民出版社1995年版,第56页。

　　③　卞敏:《中华传统美德丛书·爱国卷》,南京:南京大学出版社2013年版,第15页。

二、社会主义敬业观对传统敬业乐群美德的当代分析

职业分工和职业道德建设在中国传统社会早就已经出现,《周礼·考公记》中就有对当时的社会职业进行分类的记录,它将当时的职业划分为王公、士大夫、百工、商旅、农夫、妇功六类,即"国有六职",并指出不同职位所应承担的社会职责。在以后长期的职业发展中,中国传统社会逐渐形成了一套相对完善和系统的职业道德体系,"敬业"思想成为体系的核心内容。孔子提出"执事敬""事思敬""修己以敬",孟子也强调"天将降大任于是人也,必先苦其心志,劳其筋骨,饿其体肤,空乏其身,行拂乱其所为,所以动心忍性,增益其所不能"(《孟子·告子下》)。意思是说,要想成就一番事业,必须经受种种苦难,磨炼心性,达到至高的道德境界。另外,在中国传统文化中还有许多成语、诗句和故事生动体现了传统"敬业"美德的深刻内涵,如克己奉公、兢兢业业、敬业乐群、任劳任怨等成语,"业精于勤荒于嬉,行成于思毁于随""敬业者,专心致志,以事其业也"等名句,匡衡"凿壁偷光"、车胤"萤囊照书"等故事。

马克思指出人与动物的本质区别就是劳动,"自由自觉的劳动"是人之所以为人的标志,劳动最终的价值目标是实现"自由而全面发展"。社会主义敬业观便是以马克思主义劳动观为重要基石的。敬业观是公民在职业生活中的价值准则,是公民职业道德的核心要求,也是职业价值观的灵魂。社会主义敬业观是对传统敬业乐群美德的分析转化,对个人的职业生活乃至人生价值的实现具有重要意义。作为当代社会的一员,每个人为了自身的生存发展都必须要寻求一份赖以谋生的职业,在一定意义上说,从事一份正经工作就是一个人成为"社会人"的标志,之后的职业发展情况又会成为衡量人生价值的标准。而事业成功的关键因素则在于具有崇高的"敬业"精神,因为只有具备科学的职业理想、恭敬的职业态度、坚定的职业操守等重要条件,才能取得事业上的成功。现代化的快速发展使社会分工更加精细,职业价值观对整个行业和

社会生活也都至关重要。每一个行业都是由众多职业构成,每一位从业者的职业观念汇聚成了整个行业的道德理念。因此,只有多数从业者都具备良好的职业操守,才会在整个行业,进而在全社会形成一股"敬业"风气,引导形成充满正能量的社会风尚。

需要我们着重注意的是,社会主义敬业观和资本主义敬业观虽然都是当代职业价值观,但是由于生产资料所有制和主流价值观导向不同,二者存在本质的区别。首先,社会主义敬业观是以劳动为中心的职业价值观。劳动是创造物质财富和精神财富的有目的的活动,是人类社会生存和发展最基本的条件,"劳动创造了人本身",因此,社会主义敬业观必须以劳动为中心。马克思主义所强调的"劳动"是对资本主义社会"劳动"的批判,反对一味追求剩余价值、物质利益的劳动,因此社会主义敬业观主要提倡的是对职业精神价值的追求,与唯利是图、斤斤计较的资本主义敬业观完全不同,向往的是以社会主义生产方式为基础,最终达到共同富裕的社会。其次,社会主义敬业观是以为人民服务为导向的职业价值观。马克思主义强调人民是物质财富和精神财富的创造者,是社会变革的决定力量,反对个人主义的英雄史观,认为人民群众才是真正的历史创造者。个人的力量总是有限的,而众人的力量则是巨大的,所以只有将个人的力量汇聚成一股合力,才能成为推动社会发展的决定力量。因此,社会主义敬业观强调的是集体劳动,而不是个人劳动;社会主义敬业观提倡的是整个中国特色社会主义事业的成功,而不是个人的成功。习近平总书记提出实现中华民族伟大复兴的中国梦,将"个人梦"融入中国梦,把个人、集体和国家的命运联系在一起,只有国家、集体的利益得到保障,个人的利益才能得到实现。这种利益共同体模式决定了人们之间存在共同的理想与奋斗目标,那就是为实现中华民族的伟大复兴而努力奋斗,这与资本主义敬业观所提倡的个人主义、利己主义截然不同。另外,社会主义敬业观是以人的全面发展为目标的职业价值观。中国传统敬业观受到封建等级观念的制约,敬业仅仅是谋生的需求,最终指向是更好地服务于封建王朝的统治者,受制于"人的依赖性"。资本主义敬业观则受制于"物的依赖性",是对资本家剥削工人手段的美化,工人们越"敬业",受到的压迫就越多,就更难以摆脱资本主义的压迫。而社会主义敬业观克服了资本主义敬业观的弊端,致力于真正实现人的自由全面的解放,使劳动不再是压迫人的手段,而是成为实现人的解放的途径,使劳动成为自由自觉的活动,在发展生产力的同时,提升人的精神境界,最终实现人的全面发展。

社会主义敬业观是社会主义中国繁荣发展的不竭动力。一个国家在由衰弱走向兴盛的过程中,国民素质在其中起着关键性的作用,在国家建设过程中,敬业观是国民素质中的核心要素。改革开放以来,中国经济得到快速发展,创造了多个世界奇迹,推动了中国特色社会主义事业的飞跃,这与十一届三中全会以来注重道德修养、着力提升国民素质有着重大关系,全国人民积极响应国家号召,投入建设中国特色社会事业之中,尽心做好自己的本职工作,科学安排工作任务,以高度的工作热情为中国特色社会主义事业添砖加瓦,成为中国特色社会主义事业的建设者和接班人。目前,我国注重培育和践行社会主义敬业观,不断提升整个社会的敬业度和道德水平,净化社会风气,必将为中华民族的伟大复兴提供源源不竭的精神动力。

三、社会主义诚信观对传统诚实守信美德的当代理解

在中国传统社会中并没有相应的社会制度对人们的日常行为和社会活动进行规范,但整个社会却能够井然有序地运行,这主要归功于诚实守信美德的约束作用。"人而无信,不知其可也""言必信,行必果"等都体现出古人对诚信品德的重视与提倡。"诚信,是传统道德理性最基本的体现,也是社会和谐的根基,可谓优秀传统

文化中的瑰宝。"①诚信不仅是一种个人品行,更是一种社会责任;不仅是一种道义,更是一种准则。传统诚信虽然是过去的美德,但是并不局限于过去,正如哈耶克先生所说,"在某些方面,传统比人类的理性更为优越"②。传统诚信美德在当代并没有失去其价值,而是与社会主义市场经济相适应,进一步发展为社会主义核心价值观中的诚信观,作用于社会中的各个领域。

社会主义社会必须要加强诚信建设。自改革开放以来,我国经济在获得蓬勃发展的同时,也出现了一些社会问题和矛盾,个人主义和功利主义严重腐蚀着人们的精神世界,追名逐利成为普遍现象,诚信缺失,这严重制约了社会经济的发展,也带来了众多负面影响。中国目前正处在社会转型的重要时期,社会矛盾和冲突增多,对于诚信美德的需求也更为迫切。不过,讲诚信的社会风气不会自发形成,需要进行培育与塑造。2001年中共中央印发《公民道德建设实施纲要》,把"明礼诚信"确定为公民基本道德规范之一。2013年中共中央办公厅印发的《关于培育和践行社会主义核心价值观的意见》指出:"广泛开展道德实践活动,以诚信建设为重点,加强社会公德、职业道德、家庭美德、个人品德教育,形成修身律己、崇德向善、礼让宽容的道德风尚。"③党的十八大以来,习近平总书记提出要加快社会主义诚信建设的步伐,要从相关制度入手。2014中央文明委出台《关于推进诚信建设制度化的意见》,指出采取切实有效的手段对失信行为进行严厉打击,如对失信事件进行曝光、对失信人的相关消费行为进行限制等。时代在不断进步,对个人的要求也会更加严格,当今社会,诚信不仅仅是个人的

---

① 房广顺主编:《社会主义核心价值观与中华传统文化》,北京:人民出版社 2015年版,第 261 页。

② [英]F. A. 哈耶克:《不幸的观念》,刘戟锋、张来举译,北京:东方出版社 1991年版,第 105 页。

③ 《十八大以来重要文献选编》(上),北京:中央文献出版社 2014 年版,第 584页。

道德准则与行为规范,更是促进社会发展的重要理念,党的十八大提出的社会主义敬业观超出了传统敬业观的范畴,赋予了其新的时代内涵,使其作用于整个社会领域,发展为一种新型现代诚信观。

诚信是社会主义市场经济发展的内在要求。党的十四大正式将我国经济体制改革的目标确定为建立社会主义市场经济体制,实行以公有制为主体、多种所有制经济并存的所有制结构和按劳分配为主体、多种分配方式并存的分配制度,着力发展市场经济。在现代市场经济条件下,诚信是立业之本,是个体职业稳定的基础,企业成功的关键,同时也是社会有序运行的保障,是处理各种交往关系和商业行为的准则。对于个人而言,诚信是高尚的人格魅力;对于企业而言,诚信是宝贵的无形资产;对于社会而言,诚信是有效的治理工具;对于国家而言,诚信是优质的国际形象。市场经济具有自发性和盲目性,将追求利润的最大化作为终极目标,因此有些人为了获得巨大的物质利益而不择手段,做出失信行为,扰乱市场秩序,严重影响市场经济活动的质量与效率。社会主义市场经济的持续健康发展,可以依靠诚信的内在约束力,培养人们热爱职业、对职业负责的道德情感,引导人们自觉遵守职业操守和纪律,做到爱岗敬业、诚实无欺,增强道德自律,保证市场经济活动的规范有序进行。

诚信是构建社会主义和谐社会的重要基石。党的十六届六中全会明确提出了构建社会主义和谐社会的指导思想,将民主法治、公平正义、诚信友爱、充满活力、安定有序、人与自然和谐相处作为构建和谐社会的总要求,其中"诚信友爱"就是倡导全社会诚实守信,互帮互助,形成和睦的社会风气。习近平总书记在十九大报告中提出:"为把我国建设成为富强民主文明和谐美丽的社会主义现代化强国而奋斗。"构建和谐社会单靠法律和制度是难以实现的,还需要道德的内在软约束,我们很难想象,一个缺乏伦理道德,只能依靠法制来强制约束人们的社会是如何能有序运转的。首先,诚信能够为构建和谐社会提供科学的社会管理。社会是一个庞大的系统,从经济领域到政治领域,再到文化领域,法律、制度和道德是常用的管理手段,其中诚信管理是进行科学社会管理的核心内容。诚信管理属于软管理,能够获得社会成员情感上的接受和心理上的认同,能够使社会成员更主动地接受管理,营造互信共赢的社会氛围,尽可能避免社会冲突和矛盾的出现。其次,诚信能够有效解决社会矛盾。每个社会都不可避免地会产生矛盾,无论大小,如果不及时有效地解决这些矛盾,就会演变为剧烈的社会冲突,产生严重的后果。如果用法律等强制手段去解决这些社会冲突,即使最后矛盾得到解决,但往往人们的心里并没有真正认可和接受,所以矛盾也并没有得到彻底解决,在下一次会发展成更大的矛盾爆发出来。而诚信能够实现人与人、心与心之间的交流,能够在保障双方尊严的基础上进行心灵沟通,做到利益公平、人格平等,是解决社会矛盾的有效途径。最后,和谐社会需要每一位讲诚信的社会成员共同构建。只有所有人都坚持诚信原则,真诚待人,和谐社会才有构建的可能。如果有的人坚守住了自己的诚信,却被丧失诚信的人欺骗,经常受到伤害,他们就会产生质疑与动摇,不再相信社会的诚信机制,久而久之,他们也就守不住自己的本心,和谐社会也就难以为继了。所以说,人人讲诚信、人人守诚信,是构建和谐社会的道德基础。

四、社会主义友善观对传统仁者爱人美德的当代实践

中国传统文化博大精深、源远流长,是人类智慧的伟大结晶,仁爱思想就是其中的核心和精髓之一。"樊迟问仁。子曰:'爱人。'"(《论语·颜渊》)"仁"就是"爱人",是儒家处理人际关系的道德准则之一。在中国古代社会中,几乎所有的德行都可以包含在"仁"的范围之内,如义、礼、信、孝、忠等,"仁"是以家庭为出发点,向社会、国家范围的拓展。我们可以将儒家的"仁爱"分为三个层次,首先是"爱亲人"。"君子务本,本立而道生。孝弟也者,其为仁

之本与!"(《论语·学而》)孔子认为,人最基本的就是孝敬父母,爱自己的亲人。其次是"泛爱众"。推行"己欲立而立人,己欲达而达人"的"忠"和"己所不欲,勿施于人"的"恕"去爱所有人。最后是"爱万物"。儒家认为"仁爱"不仅体现在"爱人"上,还应体现在"爱物"上,提倡"天人合一""民胞物与"。友善观是传统"仁者爱人"思想在当代的生动表达,我们党历来非常重视这一传统美德在新时代的传承与发展。早在2001年,党中央就把"友善"正式纳入《公民道德建设实施纲要》,与"爱国守法、明礼诚信、勤俭自强、敬业奉献"一起作为公民基本道德规范。在党的十八大报告中,"友善"被正式提升为公民个人层面的核心价值观,从"道德规范"到"核心价值观",足以看出传承"友善"美德的重要性。社会主义友善观以平等和公正为前提,具有时代性、民族性和历史性的特征,是自爱与他爱、权利与义务、个人与集体的统一,不仅强调人际交往的和谐,还强调人与自身、人与自然、国家与国家之间的和谐,对于公民道德素质的提升、和谐社会的构建、国家的繁荣具有重要的促进作用。

社会主义友善观有助于提升公民自身道德修养。习近平总书记指出:"古人说:'大学之道,在明明德,在亲民,在止于至善。'核心价值观,其实就是一种德,既是个人的德,也是一种大德,就是国家的德、社会的德。国无德不兴,人无德不立。"[①]"修身以道,修道以仁。"(《中庸》)自古以来,我国就非常重视个人道德的修养,强调个人的"修身",力图通过"修身"达到"齐家""治国""平天下"的人生目标。培育和践行友善观要明悉什么是友善,如何才能做到友善。首先,友善必须要对自己友善,要爱自己,重视自己的价值,关注自己的身心健康和未来发展,不断追求更好的自己。每个人都知道要爱自己,但是在现实之中却往往最容易忽视自己,为了工作经常熬夜加班伤害自己的身体,为了亲人朋友往往委屈自己,但是

---

① 《十八大以来重要文献选编》(中),北京:中央文献出版社2016年版,第3页。

要明白，爱他人之前要先爱自己，自爱也是一种美德。其次，要爱他人。在公共生活之中，我们必须要与他人进行交往，但是在交往过程中会因各种各样的原因而产生摩擦与冲突，甚至有人会破口大骂、胡搅蛮缠，这时我们要让自己拥有一颗平和的心，尊重他人，试着从他人的立场来考虑问题，用宽容之心来处理与他人之间的矛盾，毕竟冲动是解决不了任何问题的。最后，要做"善行"。友善并不仅仅是善良的品行，它还强调知行统一，我们不仅要尊重、信任他人，还要去主动帮助他人。所谓"赠人玫瑰，手有余香"，每个人都难免会遇到困难和挫折，如果我们能够伸出援手，不仅能够救人于水火之中，而且还能提升自身价值，获得精神满足，何乐而不为呢！

社会主义友善观有助于改善社会不良风气，维护社会和谐稳定。纵观近几年社会道德领域出现的热点问题，从"小悦悦事件"到"扶不扶"争论，再到"让座""广场舞地盘之争"等，都暴露了当前我国社会道德弱化问题。针对上述问题，学术界使用"道德冷漠"这一概念进行分析，"道德冷漠"是指对他人或他物漠不关心，排斥、推卸道德义务的消极道德态度。万俊人先生指出："它是指一种人际道德关系上的隔膜和孤独化，以及由此引起的道德行为方式的相互冷淡、互不关心，乃至相互排斥和否定。"[①]我们不能让这种道德问题继续发展下去，培育和践行社会主义友善观势在必行，要努力营造一种"人人为我，我为人人"的良好社会风气。友善即友爱、互助、向上向善，是心灵的窗户，也是一张处理人际关系的王牌，能够向他人传递友好、亲近的信息，与对方建立起一种和谐的交往关系，也能够通过个体行为将自己的善意传递给对方，让对方敞开心扉接纳你。友善就像是春雨，用爱滋润整个世界；友善就像炭火，用爱温暖你的身躯。当所有人都以友善为价值目标，培育与人为善、乐于助人的道德情感，着力构建相互尊重、和谐包容的人际关系时，就会形成良好的社会风尚，促进和谐社会的发展。

---

① 万俊人：《再说"道德冷漠"》，沈阳：辽宁人民出版社 1998 年版，第86—87 页。

　　社会主义友善观有助于实现中华民族伟大复兴的中国梦。中国梦就是实现建设富强、民主、文明、和谐、美丽的社会主义现代化强国的目标，要想实现中国梦，必须要走中国道路。中国道路就是社会主义道路，是和平发展的道路，和平意味着友善。实践证明，友善不单能影响到个人，还能够通过对个人的作用影响到整个国家的繁荣发展，关乎国家建设的成功。友善观能够凝聚起全国各族人民大团结的力量，形成广泛的社会共识，助力中国梦的实现。在友善观的作用下，大家都能够和睦相处，相亲相爱，社会矛盾和冲突大幅度减少，人们有更多时间和精力投身于自身的工作中去，而且工作效率和质量也会得到提高，最终结果便是整个社会工作效能的提升。另外，友善观还能够增强我国软实力。当今社会各个国家之间更加注重软实力之间的竞争，软实力实际上就是国家的文化力量，表现为一个国家的创造力、文化影响力等。中华民族拥有悠久的历史与文化，传统美德更是数不胜数，传统友善观在当代的传承与发扬，提高了我国公民的精神境界和道德修养，树立了和平友爱的大国形象，增强了中国文化的国际影响力。

第七章
中华传统美德创造性转化的困境

党的十八大以来,习近平总书记在多个场合多次使用"文化基因",用以指明中华优秀传统文化与社会主义核心价值观之间的内在关系。中华优秀传统文化基因具有跨越时空、超越国度的永恒魅力和当代价值。党的十九大报告指出,要"推动中华优秀传统文化创造性转化、创新性发展",深入挖掘中华优秀传统文化蕴含的思想观念、人文精神、道德规范,培育和践行社会主义核心价值观。中华传统美德作为中华优秀传统文化中的重要组成部分,其思想内涵乃至于表达形式内在地包含对中国传统价值观精华的传承和转化,因此,由传统美德视角展开对社会主义核心价值观的审视,发掘并利用核心价值观所内含的传统美德要素,有助于为积极培育和践行社会主义核心价值观提供时代化的方式和大众化的路径,从而实现内在的真正的价值观自信,顺利推进社会主义核心价值体系建设。

既然对社会主义核心价值观的培育最终要落脚到践行层面,那么针对中华传统美德究竟如何创造性转化以实现提升价值观自信的目标,就不能仅仅只做理论上的阐释推导,而应该从实践维度开展调查研究。为此,本章拟以实证调研为起点考察目前提升价值观自信指向下中华传统美德创造性转化的困境问题,具体包括创造性转化现状的实证研究,创造性转化困境的表现、特点和影响因素等内容。

第一节　中华传统美德创造性转化现状的实证研究

本实证研究主要是通过问卷调查,了解中华传统美德创造性转化对价值观自信提升的影响作用现状,围绕"为什么要转化—为什么能转化—哪些内容需要转化—转化的问题和困难—如何实现转化"的逻辑展开阐述,提出以提升价值观自信进行中华传统美德创造性转化的新的研究视角。研究内容包括人们对中华传统美德的认知、践行和传承现状,查找现状与目标间的差距。通过把握中华传统美德与价值观自信之间的内在联系,揭示中华传统美德创造性转化与价值观自信存在的主要问题,分析造成创造性转化困难的主要因素。理论上,把中华传统美德的创造性转化和创新性发展、培育和践行社会主义核心价值观、增强文化自信和价值观自信等重大理论命题统合起来进行实证上的论证与分析,厘清传承和弘扬中华传统美德与培育和践行社会主义核心价值观、增强价值观自信之间的内在联系,深入分析其内在关系和共通之处,有效推进它们之间的良性互动;实践上,立足当前中国社会发展的实际情况,以增强价值观自信为方向引领,探索中华传统美德创造性转化、创新性发展的总体构想和实施体系,为科学制定中华传统美德创造性转化切实有效的具体行动方案提供决策参考。

一、研究设计

(一) 问卷编制

为了更好地探讨价值观自信与中华传统美德的内在联系,本书采用问卷调查法,通过前期文献查阅确定调查的维度,自编《传统美德和价值观自信调查问卷》,针对性地获取相关信息并进行定量分析。该问卷共分为两部分。第一部分是人口学变量题目,收集样本性别、年龄、住址、户籍状况和政治面貌等方面的信息,以便对数据进行更详尽、更精确的分类和分析;第二部分是正式问卷,收集大众对传统美德和价值观自信的看法和践行、传承行动等方面的信息。正式问卷共计 27 题,内含 19 个单选题,6 个多选题和 2 个开放题。问题设计包含四方面的内容,分别为:对中华传统美德的认知,如"您认为中华传统美德在当今社会是否适用";对中华传统美德的践行,如"您认为下列传统道德最需要在当今社会大力弘扬的三项是";对中华传统美德的传承,如"您的家庭是否有家训家风的传承";价值观自信,如"您认为弘扬社会主义核心价值观是否能够增强民众自信心和社会凝聚力"等。问卷具体内容详见本节末尾的附件。

(二)施测对象与过程

本研究采用方便取样的调查方式,通过线下问卷纸笔作答的形式,于 2019 年 7 月至 8 月对江苏省内部分高校、企事业单位和基层街道等展开调查,共发放问卷 2 005 份,所有发放的问卷全部回收。首先,进行数据清洗。将有超过 20% 空缺选项的样本视为无效样本并予以剔除,剩余有效样本 1 980 个,有效率为 98.8%。其次,分析样本的人口学特征。在有效样本中,性别结构较为均衡,其中男性 1 043 人,占总样本数的 52.7%;年龄结构多为中年阶段,其中 35—50 岁人群占 39.6%,20—35 岁人群占 36.3%,50 岁以上人群占 24.1%;户籍所在地及政治面貌较为集中,其中城镇户口 1 550 人,占总样本数的 78.3%;共产党员 1 493 人,占样本总数的 75.4%,共青团员占 5.9%,群众、其他党派或无党派人士共占 18.7%;家庭住址主要分布于南京、苏州、淮安、徐州,依次占 18.7%、16.7%、14.1%、13.6%,另有 180 人未明确填写地址,共占 9.1%。

表 7.1　各样本区域分布量及百分比

地址	频次	百分比(%)	地址	频次	百分比(%)
盐城	80	4.0	无锡	70	3.5
连云港	90	4.5	南京	370	18.7
常州	40	2.0	苏州	330	16.7
徐州	270	13.6	镇江	50	2.5
淮安	280	14.1	未填	180	9.1
宿迁	80	4.0	合计	1 980	99.8
扬州	140	7.1			

注:因表格内百分比数值统一保留小数点后一位,故百分比总值存在误差。

二、数据分析

(一) 大众对中华传统美德的认识

1. 认知来源

在对中华传统美德的认知的来源问题上,共有 1 980 人作答,如图 7.1 所示。其中位列前三的认知来源分别是"学校教育""家庭教育"和"社会活动",选择人数分别占 83.8%、77.2%、69.1%,选择人数均远多于一半。可见学校、家庭、社会三方是大众对中华传统美德的主要认知来源,同时可认为这三方也是学习中华传统美德的重要方式或途径。而选择较少的认知来源是"亲身经历""同辈交流"和"网络教育",分别占 47.4%、34.9%、33.9%。由此可见,在对中华传统美德的弘扬和传承中,首先要重点关注学校教育,加大该方面的投入和支持,其次是在家庭教育和社会教育中加强宣传。这些无疑是中华传统美德创造性转化宣传的重要实践场所,要充分利用使之有效开展。值得说明的是,在网络迅速发展和发达的当今社会,通过"网络教育"认知传统美德的人数占比反而最少,这需要引起关注,并充分利用好网络教育这一学习媒介。

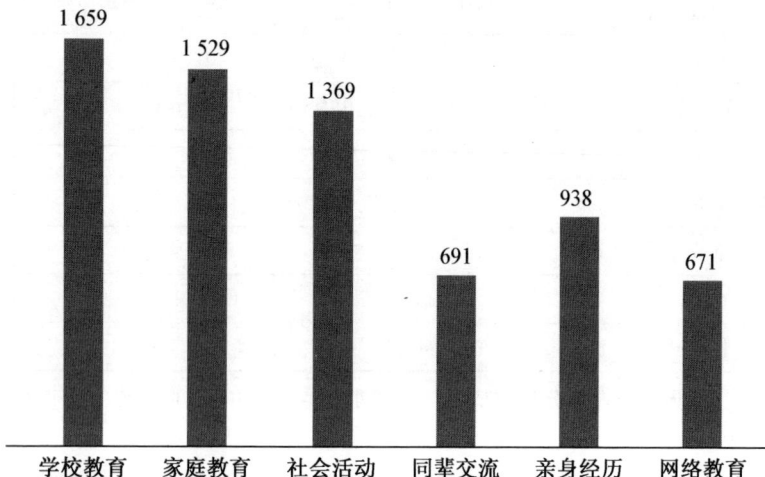

图 7.1　大众对中华传统美德的认知来源

　　将性别和对中华传统美德的认知来源选择进行交叉表分析,9人未填写性别,因此共有符合要求的数据 1 971 个,其中男性1 039 人,女性 932 人。可以发现,男性与女性群众对中华传统美德的第一认知来源均为"学校教育",选择频次(占比)分别是 820(78.9%)和 830(89.1%);排名第二的均是"家庭教育",选择频次(占比)分别是 777(74.8%)和 743(79.7%);排名第三的均是"社会活动",选择频次(占比)分别是 697(67.1%)和 663(71.1%);选择最少的均为"网络教育",选择频次(占比)分别是 284(27.3%)和 378(40.6%)。另外,我们可以发现,男性在排名前三的认知来源中,选择人数均多于女性;但女性各选项选择的占比均高于男性,且在选择最少的三种来源中选择人数多于男性。由此可见,女性在多选题上的选项数更多,说明女性对中华传统美德的认知来源更广。

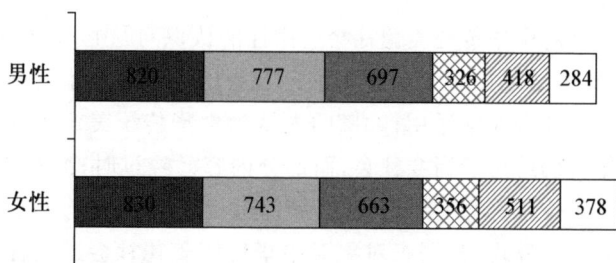

图 7.2　不同性别的人对中华传统美德的认知来源选择频次

　　将年龄和对中华传统美德的认知来源选择进行交叉表分析，共有 1 980 人正确作答，其中 20—35 岁 719 人，35—50 岁 784 人，50 岁以上 477 人。可以发现，35—50 岁年龄段群众对中华传统美德的认知最主要来源为"家庭教育"，选择频次（占比）是 644（82.1%），其次是"学校教育"和"社会活动"，选择频次（占比）分别是 631（80.5%）、564（71.9%）；而 20—35 岁和 50 岁以上人群最主要来源均为"学校教育"，这与总体分布一致，选择频次（占比）分别是 677（94.2%）、375（78.6%）；排名第二的均是"家庭教育"，选择频次（占比）分别是 539（75.0%）、334（70.0%）；排名第三的均是"社会活动"，选择频次（占比）分别是 498（69.3%）、263（55.1%）。

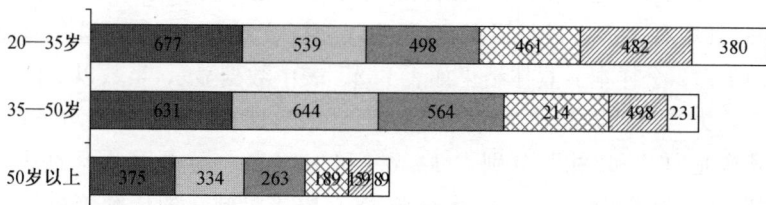

图 7.3　不同年龄段的人对中华传统美德的认识来源选择频次

2. 社会适用性

在大众对中华传统美德社会适用性的认识问题上,共有1 980人作答,具体结果如图 7.4 所示。有 74%的人认为中华传统美德仍然在当今社会非常适用;23%的人认为中华传统美德中的部分精华转化后仍适用于当今社会,而部分内容已经过时;另有 3%的人认为中华传统美德的所有内容经转化后都可适用当今社会。在我们的调查中发现,被调查对象对中华传统美德社会适用性多呈积极和理性的态度,没有人认为中华传统美德已完全过时,这是中华传统美德创造性转化的大众基础。

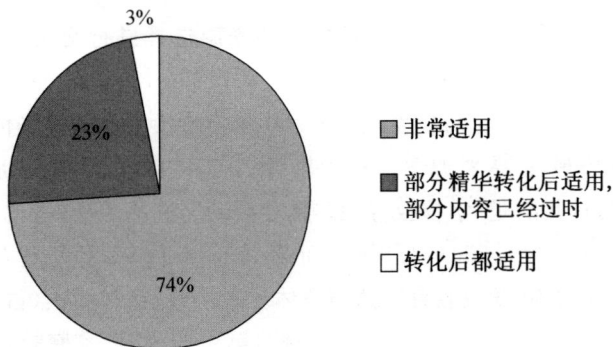

3%

23%

74%

■ 非常适用

■ 部分精华转化后适用,部分内容已经过时

□ 转化后都适用

图 7.4　大众对中华传统美德的社会适用性的认识

3. 社会缺乏

在当今社会最缺乏哪种传统美德的问题上,共有 1 961人作答,其中有 189 人进行了多选,因此仅分析按要求进行了单选作答的 1 772 个样本。具体结果如表 7.2。表中数据显示,半数以上的人认为当今社会最缺乏的传统美德是“信”,即诚信,共占 57.1%;其次是“仁”和“礼”,分别占 14.7%和 13.6%。而占比最少的是“智”,仅有 20 人选择。由此看来,大众眼中最缺乏的传统美德是“诚信”,最不缺乏的传统美德是“智慧”,这在一定程度上反映了社会环境中大众对“诚信”品质的渴求和重视,因此该结果将对未来

的中华传统美德创造性转化重点提供有力依据。

表 7.2 大众选择当今社会最缺乏的传统美德频次及百分比

当今社会最缺乏的传统美德	仁	义	礼	忠	孝	智	信	合计
频次	260	120	241	60	60	20	1 011	1 772
百分比(%)	14.7	6.8	13.6	3.4	3.4	1.1	57.1	100.1

注:因表格内百分比数值统一保留小数点后一位,故百分比总值存在误差。

将性别和当今社会最缺乏的传统美德选择进行交叉表分析,10 人未填写性别,189 人对该题进行了多选,21 人未作答,因此共有符合要求的数据 1 760 个,其中男性 911 人,女性 849 人。可以发现,男性与女性群众认为社会中最缺乏的传统美德均为"信",选择频次(占比)分别是 520(57.1%)和 489(57.6%),选择最少的三类传统美德均分别为"孝""忠""智";男性中选择排名第二的是"仁",共 160 人,排名第三的是"礼",共 90 人,与总体选择排序一致;而女性中选择排名第二的是"礼",共 150 人,排名第三的是"仁",共 100 人,与男性正好相反。

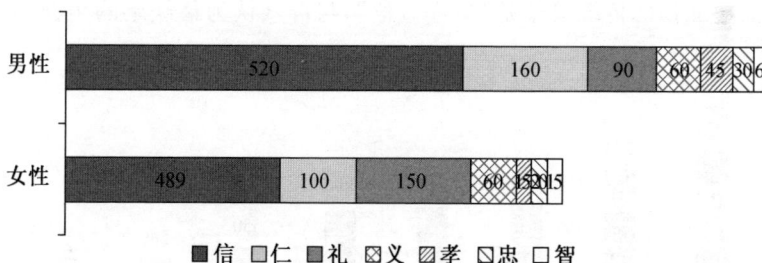

图 7.5 不同性别的人认为当今社会最缺乏的传统美德选择频次

将年龄和社会中最缺乏的传统美德选择进行交叉表分析,190人对该题进行了多选,18 人未作答,因此共有符合要求的数据1 772 个,其中 20—35 岁 621 人,35—50 岁 780 人,50 岁以上 371

人。可以发现,各年龄段群众认为当今社会最缺乏的传统美德均为"信",选择频次(占比)分别是310(49.9%)、397(50.9%)和212(57.1%),选择最少的三类传统美德均分别为"孝""忠""智";20—35岁和35—50岁年龄段中群众选择排名第二、第三的分别均是"仁""礼",与总体选择排序一致;而50岁以上群众选择排名第二、第三的则是"礼""义",由此反映了较大的年龄差异选择。

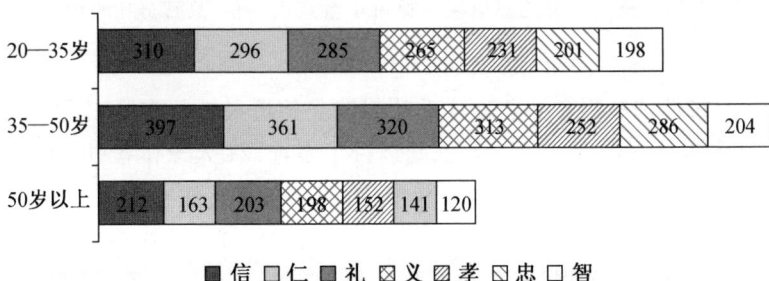

图7.6 不同年龄段的人认为当今社会最缺乏的传统美德选择频次

4. 社会弘扬

在当今社会最需要大力弘扬的传统美德的选择上,共有1 980人作答。具体结果如图7.7所示。共有1 550人认为当今社会最需要弘扬的传统美德是"恪守诚信",与群众认为最缺乏的美德即

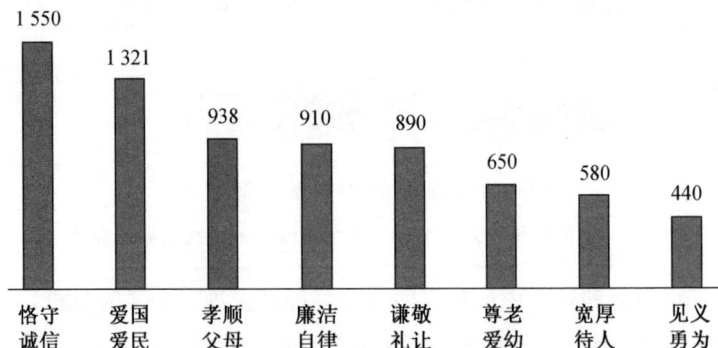

图7.7 大众认为当今社会最需要大力弘扬的传统美德选择频次

"信"形成呼应,共占78.3%;其次是"爱国爱民",共1 321人,占66.7%。而占比最少的人选择是"见义勇为",仅占22.2%,不足四分之一。由此看来,大众眼中最需要弘扬的传统美德是"恪守诚信"和"爱国爱民",弘扬支持度较小的传统美德是"见义勇为",这在一定程度上同样反映了社会环境中大众对"诚信"品质的重视。而"见义勇为"的弘扬支持度较小可能因为在日常生活中,大众接触到的见义勇为情景较少。

将性别和当今社会最需要大力弘扬的传统美德选择进行交叉表分析,10人未填写性别,因此共有符合要求的数据1 970个,其中男性1 042人,女性928人。可以发现,男性与女性群众认为社会中最需要弘扬的传统美德均为"恪守诚信",选择频次(占比)分别是832(79.8%)和718(77.4%);支持度最少的传统美德均为"见义勇为",选择频次(占比)分别是271(26.0%)和170(18.3%)。男性中选择排名第二、第三的分别是"爱国爱民"和"孝顺父母",选择频次(占比)分别是641(61.5%)和594(57.0%);而女性中选择排名第二、第三的分别是"廉洁自律"和"孝顺父母",选择频次(占比)分别是469(50.5%)和409(44.1%),而选择弘扬"爱国爱民"的有369人,占39.8%,仅排名第五。由此可见,男性与女性显现出较大的性别选择差异。

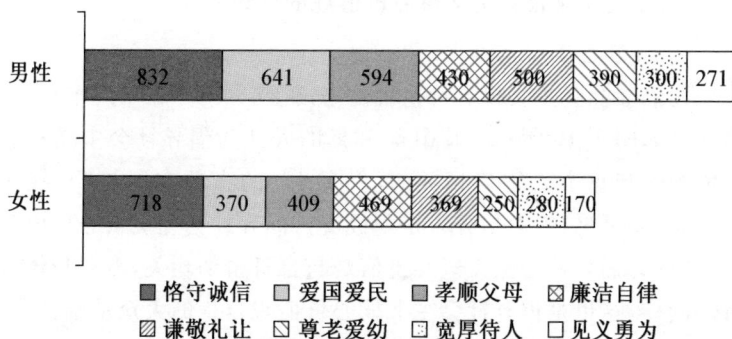

图 7.8　不同性别的人认为当今社会最需要大力弘扬的传统美德选择频次

　　将年龄段和当今社会最需要大力弘扬的传统美德选择进行交叉表分析,其中 20—35 岁 719 人,35—50 岁 784 人,50 岁以上 477 人。可以发现,各年龄段群众均认为社会中最需要弘扬的传统美德为"恪守诚信",选择频次(占比)分别是 512(71.2％)、638(81.4％)和 375(78.6％);其次均为"爱国爱民",选择频次(占比)分别是 401(55.8％)、558(71.2％)和 323(67.7％)。20—35 岁支持率较少的是"尊老爱幼",仅有 138 人,占 19.2％;35—50 岁及 50 岁以上支持率最小的均为"见义勇为",选择频次(占比)分别是 186(23.7％)和 85(17.8％)。可见,"尊老爱幼"的美德在较年轻人的心中弘扬意识不强。

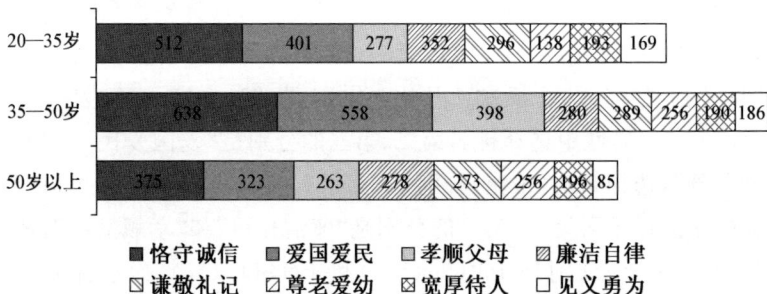

图 7.9　不同年龄段的人认为当今社会最需要大力弘扬的传统美德选择频次

(二)大众对社会主义核心价值观的认识

1. 倡导态度

　　在倡导社会主义核心价值观的态度上,共有 1 980 人作答,具体结果如图 7.10 所示。其中有 99％的人认为倡导社会主义核心价值观是与每个人密切相关的,仅有 1％的人的态度是"与我无关"。由此可见,绝大部分人是积极支持倡导社会主义核心价值观的,并认为倡导社会主义核心价值观与自身密切相关,需要身体力行。同样,这也是提升社会主义核心价值观自信的大众基础。

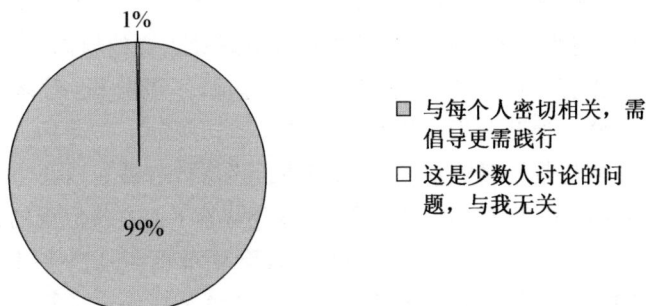

图7.10 大众对倡导社会主义核心价值观的态度

2. 了解程度

在对社会主义核心价值观的了解程度上,我们的设置是通过正确选择出能体现"爱国"价值观的名句来衡量。在对名句中社会主义核心价值观"爱国"的了解程度上,共有1 970人作答,具体结果如图7.11所示。其中,84%的人选择了"天下兴亡,匹夫有责"的正确选项,正确认识到该名句体现了社会主义核心价值观中的"爱国"思想;此外还有13%的人选择了"以信立身,以诚处世"等不当选项。该结果也从一定程度上说明大众对社会主义核心价值观的了解程度仍不足,还需进一步宣传以提升大众对核心价值观多方面内容的认识和了解。

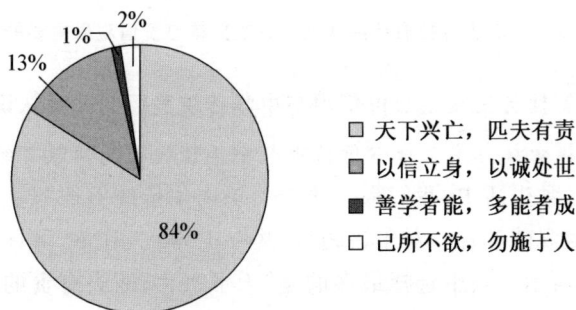

图7.11 大众对名句中体现"爱国"价值观的认识

3. 影响树立社会主义核心价值观的原因

在影响社会树立社会主义核心价值观最主要的原因上，共有1 970人作答，其中38人选择了多个选项，不予分析，对剩余的1 932个样本展开分析。具体结果如图7.12所示。一半的人认为"社会急剧变革及腐败现象、不正之风等"是影响树立社会主义核心价值观最主要的原因；其次是"全球化背景下西方价值观的渗透和冲击"，选择该选项的人占17%。社会变革迅速是当今社会最真实的特征写照，而腐败现象和不正之风更是社会主义新时代的敏感话题，也是大众最能直观感受到的社会风气。因此更多人认为社会急剧变革以及腐败现象、不正之风才是影响社会树立社会主义核心价值观最主要的原因，这是无可厚非的。

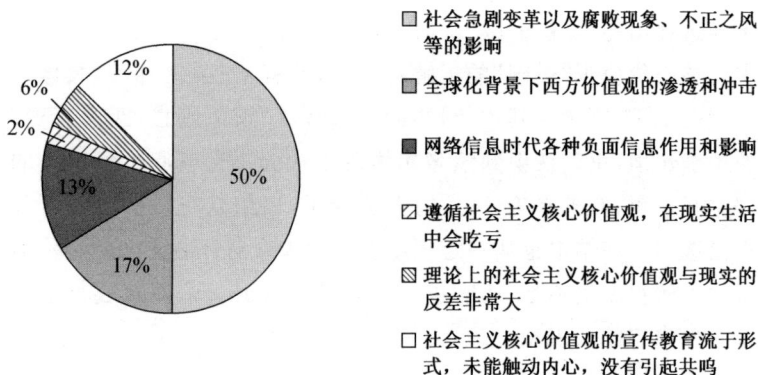

□ 社会急剧变革以及腐败现象、不正之风等的影响

■ 全球化背景下西方价值观的渗透和冲击

■ 网络信息时代各种负面信息作用和影响

▨ 遵循社会主义核心价值观，在现实生活中会吃亏

▧ 理论上的社会主义核心价值观与现实的反差非常大

□ 社会主义核心价值观的宣传教育流于形式，未能触动内心，没有引起共鸣

图7.12　大众认为影响社会树立社会主义核心价值观最主要的原因

（三）社会主义核心价值观与中华传统美德的关系认识

1. 接受社会主义核心价值观与中华传统美德的教育经历

在日常生活中，我们都会接受关于中华传统美德与社会主义核心价值观的教育。对于该题目，共有1 980人作答，具体结果如图7.13所示。其中选择最多的是"天下兴亡、匹夫有责的家国情怀教育"，占87.9%；其次是"仁爱共济、立己达人的社会关爱教

育",占 84.3％;再次是"正心笃志、崇德弘毅的人格修养教育",占
78.3％。而三种教育内容都选择的共有 1 510 人,占到了 76.3％。
由此可见,绝大多数的人都接受了社会主义核心价值观与中华传
统美德的相关主题教育,且较多人接受过多方面、多元化的相关教
育,这些教育背景是利用提升价值观自信进行中华传统美德创造
性转化的前提。

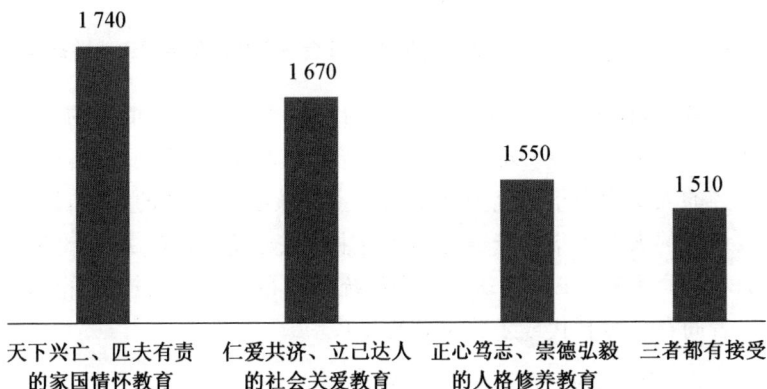

图 7.13　大众接受的关于传统美德与社会主义核心价值观的教育

2. 对社会主义核心价值观与中华传统美德的关系认识

首先,我们观察了大众对中华传统美德有效推进社会主义核
心价值观实践是否符合当代发展趋势的态度,共有 1 970 人作答,
具体结果如图 7.14 所示。其中有 92％的人认为中华传统美德有
效推进社会主义核心价值观实践是非常符合当代发展趋势的,另
有 8％的人对此呈不确定的态度。这说明中华传统美德有效推进
社会主义核心价值观实践作用具有时代意义,值得并鼓励我们接
下来去深入探讨二者关系。

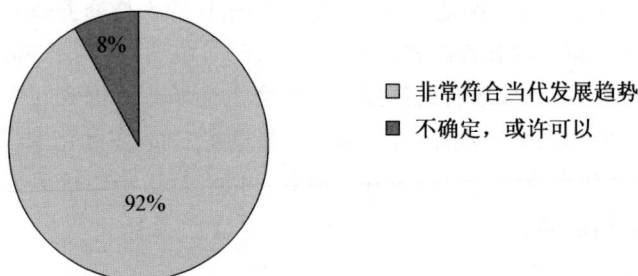

图 7.14　大众对中华传统美德有效推进社会主义核心价值观实践的态度

其次,在大众对中华传统美德与社会主义核心价值观的关系认识上,共有 1 970 人作答,具体结果如图 7.15 所示。其中有 97%的人认为中华传统美德是社会主义核心价值观的渊源,即绝大多数的人对中华传统美德与社会主义核心价值观的关系上持正面看法。另有 3%的人认为中华传统美德与社会主义核心价值观二者间存在可替代或矛盾对立的关系。

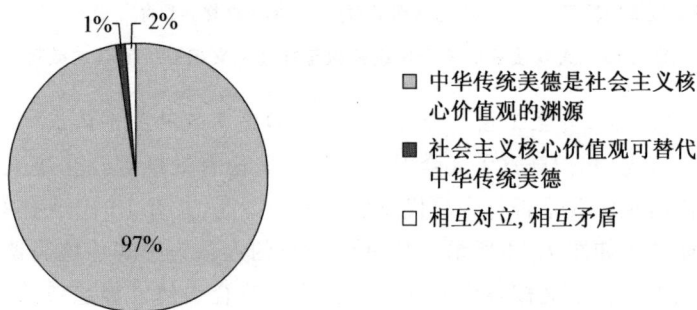

图 7.15　大众对中华传统美德与社会主义核心价值观的关系认识

而在提炼社会主义核心价值观对中华传统美德的影响态度上,共有 1 980 人作答,具体结果如图 7.16 所示。有 82%的人认为提炼的社会主义核心价值观能较好地体现中华传统美德内容,另有 18%的人认为提炼的社会主义核心价值观能在一定程度上体现中华传统美德内容,而并没有人认为提炼的社会主义核心价

248

值观不能体现中华传统美德内容。

以上探讨二者关系的结果发现,绝大多数人对二者关系持积极态度,二者互相影响,互相作用,这是我们以提升价值观自信进行中华传统美德创造性转化的有效依据。

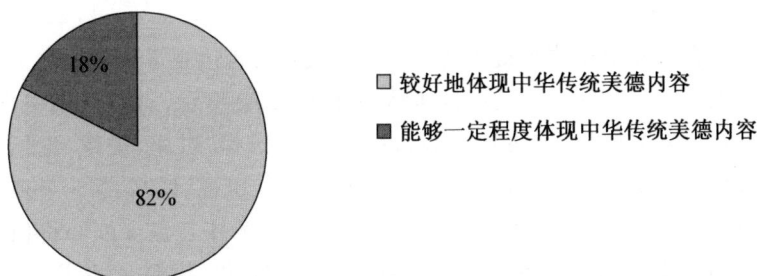

图 7.16　大众对提炼社会主义核心价值观对中华传统美德影响的态度

3. 中华传统美德对社会主义核心价值观的具体作用

关于中华传统美德能为社会主义核心价值观的培育提供哪些内容的问题,共有 1 980 人作答,其中 18 人选择了选项中的全部内容,不予分析,对剩余 1 962 人的数据进行分析,具体结果如图7.17 所示。91%的人认为中华传统美德能为社会主义核心价值观的培育提供重要的思想源泉,而选择"丰富的时间载体""生动的涵育功能"和"深厚的群众基础"的人较少,分别占 2%、4%、3%。

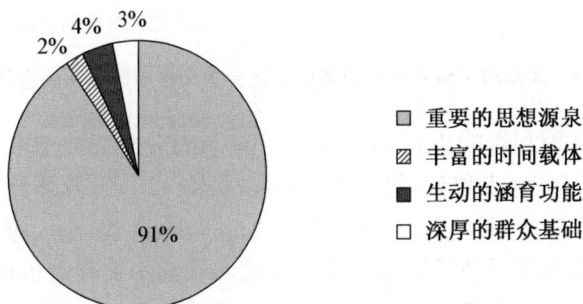

图 7.17　大众对中华传统美德对社会主义核心价值观的具体作用的态度

由此可见,绝大多数人将中华传统美德视为培育社会主义核心价值观的重要思想源泉,而非其他方面,即二者存在的相关关系主要体现在思想内涵上。

(四) 中华传统美德的传承

1. 传承途径

在大众对中华传统美德与社会主义核心价值观了解途径的选择上,共有1 980人作答,具体结果如图7.18所示。选择"网络、手机等新兴媒体"的占比最高,占22.6%;选择"讲座、讲堂、论坛等群众性文化组织创建活动"和"广播、电影、电视、话剧、综艺节目等"的分别占21.2%和20.2%,成为大众了解社会主义核心价值观的主要方式;"报刊、书籍等传统媒体"和"标语、横幅、宣传栏等"两种途径相对而言选择比例较小。从大家的选择中可以看到,当今培育社会主义核心价值观更依赖于新兴媒体和线下学习两种方式。

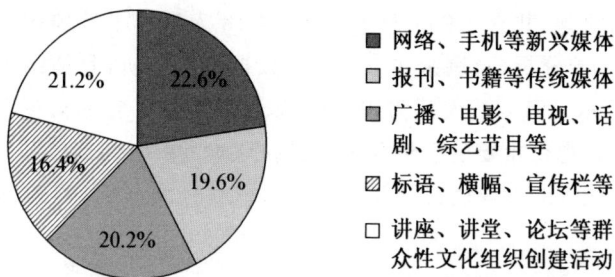

图7.18 大众对了解中华传统美德和社会主义核心价值观的途径选择

对性别和影响因素的选择进行交叉表分析,10人未填写性别,共有1 970人作答,男性1 042人,女性928人,具体结果如图7.19所示。可以看到,男性最喜欢通过讲座、讲堂、论坛等群众性文化组织创建活动了解中华传统美德和社会主义核心价值观,选择频次(占比)为791(75.9%),其次是网络、手机等新兴媒体,选择频次(占比)为781(75.0%);女性最喜欢通过网络、手机等新兴媒体了解中华传统美德和社会主义核心价值观,选择频次(占比)高达809(87.2%);男性和女性均最不喜欢标语、横幅、宣传栏等,选择频次(占比)分别为601(57.7%)和559(60.2%)。

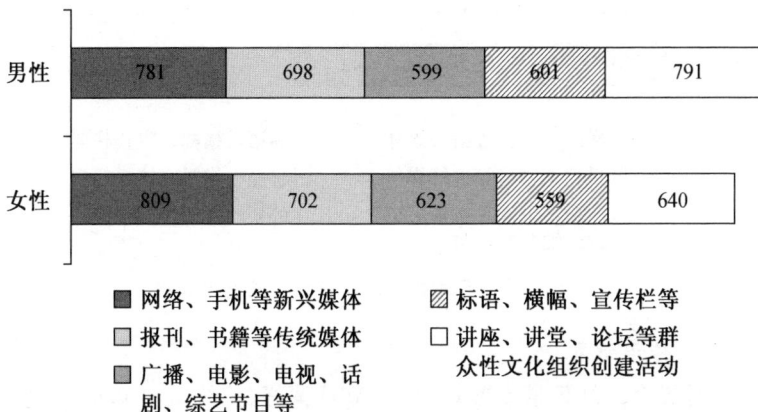

男性
| 781 | 698 | 599 | 601 | 791 |

女性
| 809 | 702 | 623 | 559 | 640 |

■ 网络、手机等新兴媒体　　▨ 标语、横幅、宣传栏等
□ 报刊、书籍等传统媒体　　□ 讲座、讲堂、论坛等群
▨ 广播、电影、电视、话　　　众性文化组织创建活动
　 剧、综艺节目等

图 7.19　不同性别的人对了解途径的选择频次

将年龄和影响因素的选择进行交叉表分析,10 人未填写年龄,共有 1 970 人作答,20—35 岁 719 人,35—50 岁 783 人,50 岁以上 468 人,具体结果如图 7.20 所示。可以看到,20—35 岁和 35—50 岁年龄阶段的人,在了解渠道的选择上没有差异,其选择顺序依次为"网络、手机等新兴媒体""讲座、讲堂、论坛等群众性文化组织创建活动""广播、电影、电视、话剧、综艺节目等""报刊、书籍等传统媒体""标语、横幅、宣传栏等";50 岁以上年龄段的人,最常通过网络、手机等新兴媒体了解中华传统美德和社会主义核心价值观,选择频次(占比)为 351(75.0%),其次是报刊、书籍等传统媒体,选择频次(占比)为 334(71.4%)。这说明新兴媒体的传承形式已得到广泛认可,但对于较大年龄的人,传统传媒依然是其了解社会主义核心价值观的重要途径。

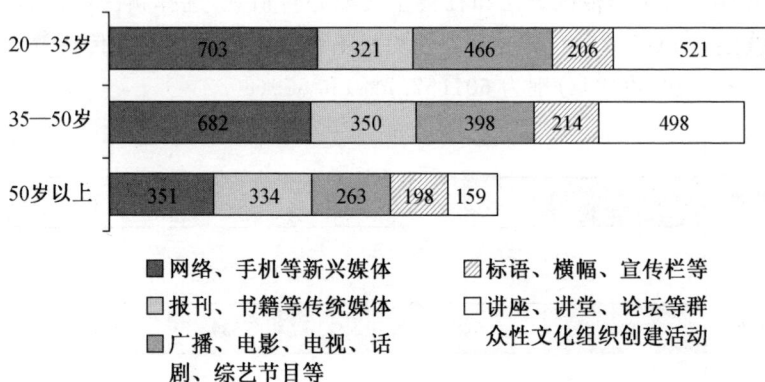

图 7.20　不同年龄的人对了解途径的选择频次

2. 传承结果

对民众的红色景点参观、传统节日偏好、传统节日知识、纪念活动参与、家风家训传承这 5 个方面进行调查，从而了解中华传统文化的传承现状，共有 1 970 人作答，具体结果如图 7.21 和图 7.22 所示。

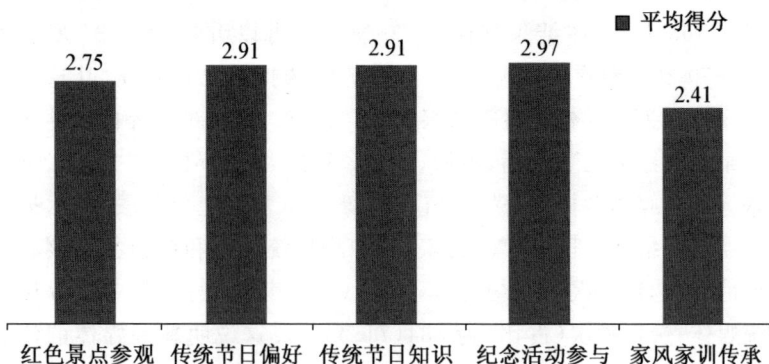

图 7.21　传承结果各题目平均得分

252

第七章 中华传统美德创造性转化的困境

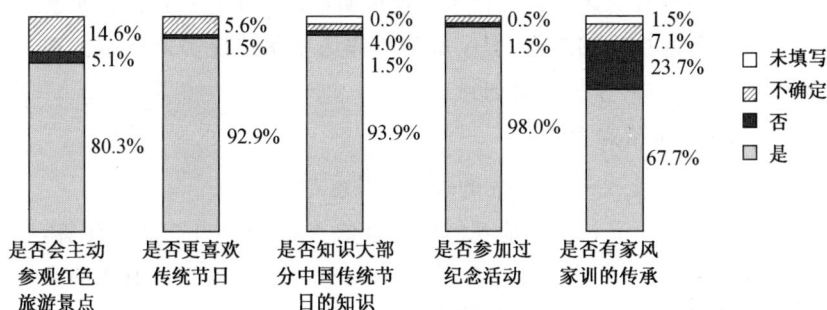

图 7.22 不同传承活动的选择情况

总体而言,对 5 道题目的得分进行计分,选择"是"计 3 分,选择"不确定"计 2 分,选择"否"计 1 分,缺失值不计分。得到红色景点参观、传统节日偏好、传统节日知识、纪念活动参与、家风家训传承这 5 道题目的平均分分别为 2.75、2.91、2.91、2.97 和 2.41,把各题得分加总得到传承结果维度的总分,总分为 13.95。说明中华传统文化的传承效果良好,尤其是传统节日和纪念活动较广泛地受到群众的了解和喜爱。

在节日传承方面,93.9%的人表示自己知道大部分(超过 5个,例:春节、元宵节、龙抬头、清明节、端午节、七夕节、中秋节、重阳节、腊八节等)中国传统节日的日期以及节日相关的故事和习俗,且相比于西方节日,92.9%的人更喜欢过中国传统节日。这说明中国传统节日不论在知识还是内容上都得到了较好的传承,有利于借助中国传统节日发扬中华传统美德,从而增强价值观自信。

在实践传承方面,纪念活动参与度最高,有 98.0%的人参与过至少一个"五四"青年节、"七一"建党节、"八一"建军节、"十一"国庆节、抗日战争胜利纪念日等纪念活动;80.3%的人选择会在参观完地方著名历史文化景点(例:北京故宫、南京中山陵等)后,主动去参观当地的红色旅游景点;但在家风家训传承方面略有欠缺,仅有 67.7%的人表示家庭中有家风家训的传承,而 23.7%的人表示家庭中没有家风家训的传承。这说明活动及景点这样的传承载体受到普遍接受和欢迎,但家庭传承作为中华传统美德传承的重要组成部分,其作用仍要加强。

(五)价值观自信

1. 社会主义核心价值观的内容和理论自信

在社会主义核心价值观的内容自信方面,共有1 980人作答,具体结果见图7.23。可以看到,大众对社会主义核心价值观的内容一致呈认同态度,80.8%的人对其非常认同,16.2%的人比较认同,但也有3.0%的人一般认同,说明在培育社会主义核心价值观的过程中仍要加强对内容的解释与宣传。

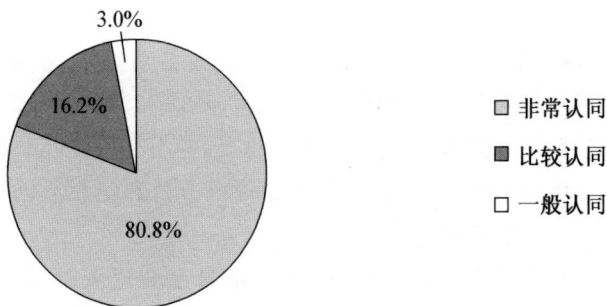

图7.23 大众对社会主义核心价值观内容的认同

在社会主义核心价值观与日常生活联系方面,共有1 980人作答,具体结果见图7.24。可以看到,大众对社会主义核心价值观与人民日常生活联系一致呈认同态度,71.8%的人认为与人民日常生活联系非常紧密,24.7%的人认为与人民日常生活联系比较紧密,但也有3.5%的人认为与人民日常生活联系一般紧密,说明在培育社会主义核心价值观的过程中仍要加强与人民的生活联系。

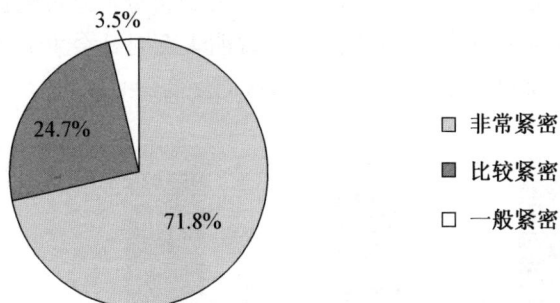

图7.24 大众对社会主义核心价值观与日常生活联系的认同

在社会主义核心价值观的理论自信方面,共有1 980人作答,具体结果见图7.25。可以看到,大众普遍认为马克思主义理论在当代仍具有指导价值,可以作为社会主义核心价值观的理论指导,占92.4%,但也有1.0%的人认为马克思主义理论在当代已经没有指导价值,6.6%的人表示不确定。在培育社会主义核心价值观的过程中仍要加强对马克思主义理论价值的解释。

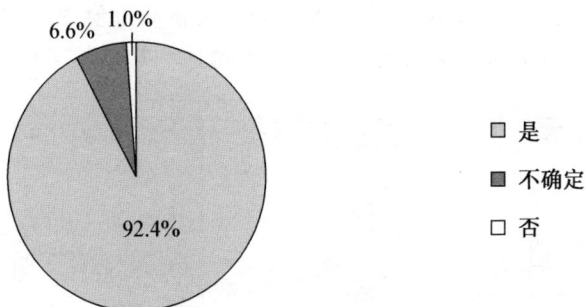

图7.25 大众对马克思主义理论在当代指导价值的认识

总体而言,对3道题目的得分进行计分,选择"非常认同""非常紧密""是"计3分,选择"比较认同""比较紧密""不确定"计2分,选择"一般认同""一般紧密""否"计1分,缺失值不计分。得到在内容认同、日常生活联系认同、马克思主义理论指导地位认同上的平均分分别为 2.78、2.68、2.91,把各题得分加总得到价值观内容自信维度的总分,总分为 8.37。说明大众对社会主义核心价值观的内容及理论等方面自信心强,认同度高。

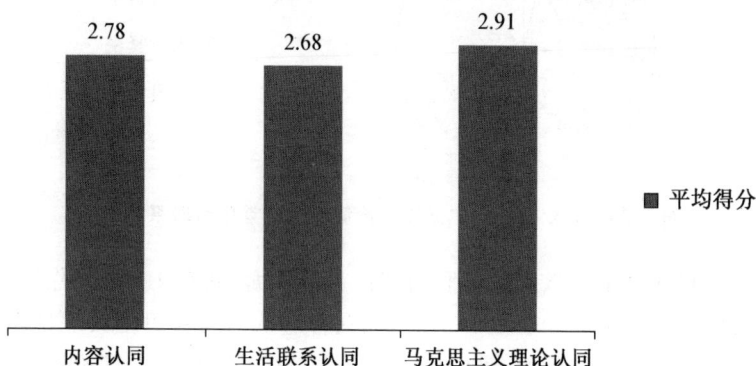

图 7.26　价值观内容自信各题目平均得分

2. 社会主义核心价值观的价值自信

在社会主义核心价值观的价值自信方面,如图 7.27,共有 1 980 人作答。97.5%的人认为社会主义核心价值观有利于增强民众自信心和社会凝聚力,2.5%的人对这一观点持不确定态度;

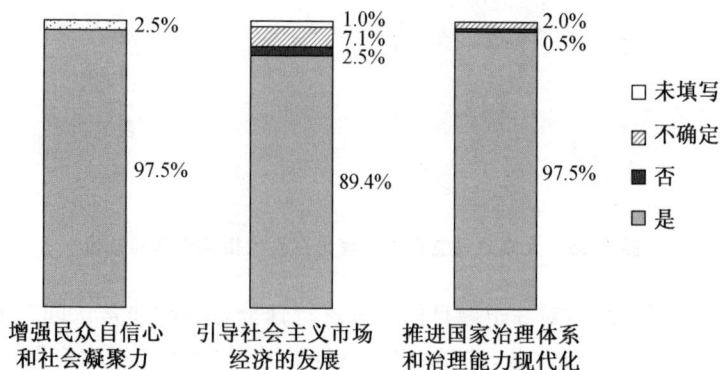

图 7.27　大众对社会主义核心价值观价值的认同

89.4％的人认为社会主义核心价值观有利于引导社会主义市场经济的发展,7.1％的人对这一观点持不确定态度;97.5％的人认为社会主义核心价值观有利于推进国家治理体系和治理能力现代化,2.0％的人对这一观点持不确定态度。

由此可见,人们对社会主义核心价值观的认可度较高,自信心较强,普遍认为社会主义核心价值观在文化自信、经济发展与国家治理方面均能发挥重要作用;但相比之下,人们对其在社会主义市场经济发展中的认识略微欠缺。

总体而言,对3道题目的得分进行计分,选择"是"计3分,选择"不确定"计2分,选择"否"计1分,缺失值不计分。如图7.28所示,得到社会主义核心价值观在增强民众自信心和社会凝聚力、引导社会主义市场经济的发展、推进国家治理体系和治理能力现代化方面的价值作用态度的平均分分别为2.98、2.85、2.97,把各题得分加总得到价值观价值自信维度的总分,总分为8.80。说明大众对社会主义核心价值观在文化、经济与政治各方面的作用一致认可。

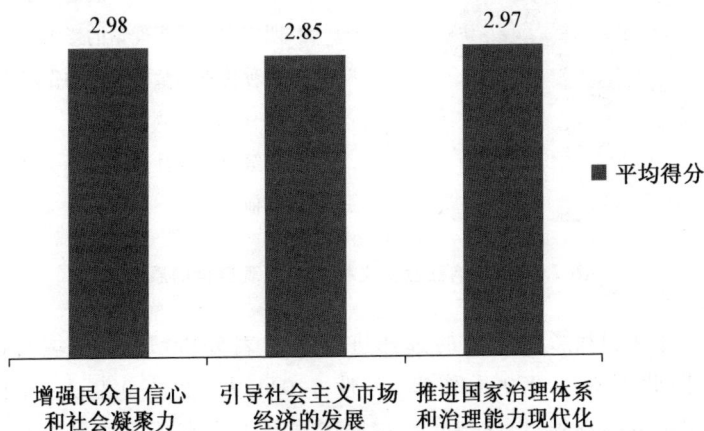

图7.28 价值观价值自信各题目平均得分

　　最后,将价值观内容自信维度和价值观价值自信维度的得分加总得到价值观自信总维度的得分,总分为 17.17,由此可见社会主义核心价值观建设卓有成效,民众文化自信较强。

　　3. 价值观自信的影响因素

　　在价值观自信的影响因素方面,共有 1 970 人作答,具体结果见图 7.29。人们认为最主要的原因是"有些领导干部和教育者作风不正",有 20.8%的人选择了这一原因;次要原因是"各种传媒的负面信息的作用和影响",有 20.5%的人选择了这一原因;"培育方式单一、空洞乏味""徒有形式而缺乏实质"也是重要的影响因素,占比依次为 17.3%、15.8%;较少的人认为"西方主流思想理论的影响"和"政策倡导与社会现实不一致"影响了社会主义核心价值观自信。由此可见,人们认为榜样、大众传媒、教育方式和教育内容对增强价值观自信意义重大,但外部影响与政策本身的影响相对较小。

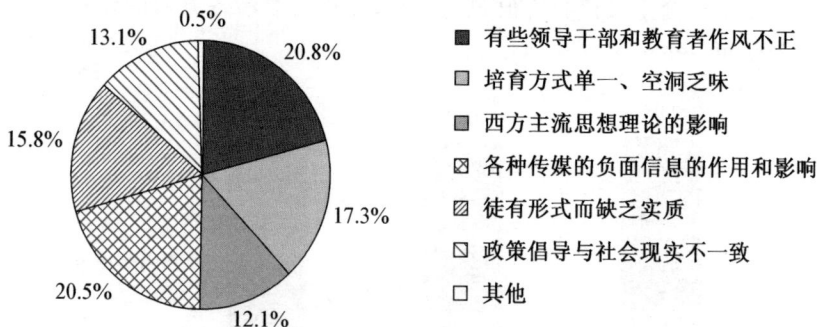

0.5%　20.8%　13.1%　15.8%　17.3%　20.5%　12.1%

- ■ 有些领导干部和教育者作风不正
- □ 培育方式单一、空洞乏味
- ▨ 西方主流思想理论的影响
- ▨ 各种传媒的负面信息的作用和影响
- ▨ 徒有形式而缺乏实质
- □ 政策倡导与社会现实不一致
- □ 其他

图 7.29　影响社会主义核心价值观自信的原因

　　将性别和影响因素的选择进行交叉表分析,10 人未填写性别,因此共有 1 970 人作答,男性 1 041 人,女性 929 人,见图 7.30。可以看到,男性与女性在原因选择上没有顺序差异,"有些领导干部和教育者作风不正""各种传媒的负面信息的作用和影响""培育方式单一、空洞乏味"这三项原因是占比前三的选择,选择频次（占比）分别为 781（75.0％）和 589（63.4％）、761（73.1％）和 580（62.4％）、581（55.8％）和 559（60.2％）。

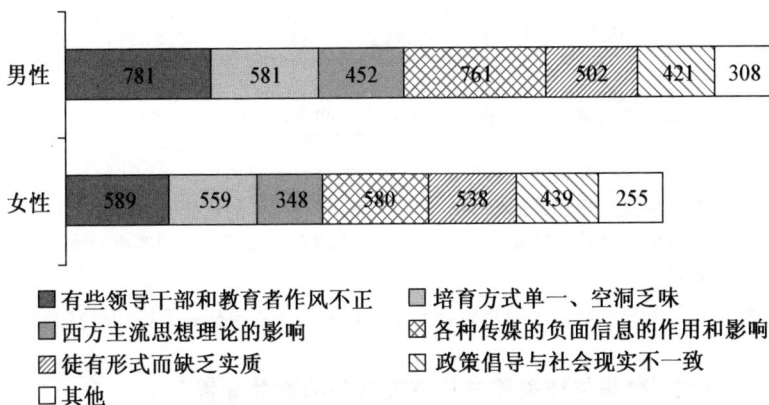

图 7.30 不同性别的人对影响社会主义核心价值观自信的原因的选择频次

对年龄和影响因素的选择进行交叉表分析，共有 1 970 人作答，20—35 岁 719 人，35—50 岁 783 人，50 以上 468 人，见图 7.31。可以看到，35—50 岁年龄阶段和 50 岁以上年龄阶段的人在原因选择上顺序差异不大，"有些领导干部和教育者作风不正""各种传媒的负面信息的作用和影响"这两项原因，是占比前二的选择；20—35 岁年龄阶段的人认为"徒有形式而缺乏实质"是影响社会主义核心价值观自信的首要原因，选择频次（占比）为 512（71.2％），此外"各种传媒的负面信息的作用和影响""培育方式单一、空洞乏味"这两项也是影响社会主义核心价值观自信的重要因素，选择频次（占比）分别为 498（69.3％）和 442（61.5％）。说明青年人与中老年人对于社会主义核心价值观的影响因素的看法略有不同，这对面向不同年龄段的人采取不同方式加强社会主义核心价值观培育具有重要参考意义。

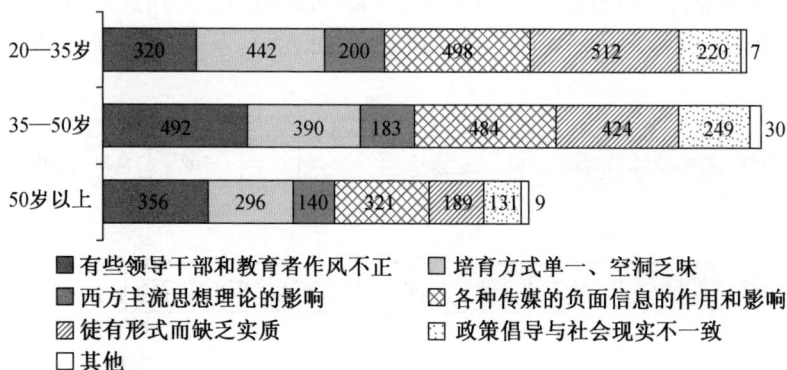

图 7.31　不同年龄的人对影响社会主义核心价值观自信的原因的选择频次

（六）中华传统美德与价值观自信的相关分析

为了进一步探讨传统美德、核心价值观以及价值观自信之间的关系,本书使用了相关分析的分析方法。详细结果见表 7.3。本书共分析了 5 个连续变量,分别为对美德社会适用性的积极认知、对倡导核心价值观的积极认知、对美德和价值观二者关系的积极正确认知、践行价值观的情况以及价值观自信程度。价值观自信又可以进一步分为内容自信和价值自信两个维度。其中内容自信、价值自信与价值观自信三者总分两两呈显著正相关,且价值观自信量表的内部一致性系数 $a = 0.731$,可认为该量表有合格的信度。

从表 7.3 结果来看,对美德社会适用性的积极认知与对美德和价值观二者关系的积极正确认知呈显著中等正相关,其中 $r = 0.341$、$p < 0.01$;践行价值观的情况与价值观内容自信和价值自信两个维度均有显著中等正相关,相关系数值分别为 $r_1 = 0.316$、$p < 0.01$,$r_2 = 0.310$、$p < 0.01$;另外,践行价值观的情况与价值观自信程度呈显著中等正相关,其中 $r = 0.365$、$p < 0.01$,说明价值观自信水平越高,践行价值观的情况也越好,二者相辅相成。最后,结果中未发现对美德社会适用性的积极认知、对倡导核心价值

观的积极认识、对美德和价值观二者关系的积极正确认知等变量
与践行价值观的情况或价值观自信的显著关系,这可能与数据结
果有关。描述性统计中表明,对美德社会适用性的积极认知、对倡
导核心价值观的积极认知、对美德和价值观二者关系的积极正确
认知等变量的结果较为一致,绝大多数人都会选择偏向积极的选
项,而选择低分选项的数据量远远不足,这便导致了相关分析的不
显著性。但这从另一个角度表明,大众对美德和价值观以及二者
关系,存在更积极和更准确的认知。

表 7.3 相关分析结果

	1	2	3	4	5	6
1. 对美德社会适用性的积极认知						
2. 对倡导核心价值观的积极认知	−0.043					
3. 对美德和价值观二者关系的积极正确认知	0.341**	−0.034				
4. 践行价值观的情况	−0.084	−0.051	−0.149*			
5. 内容自信	−0.048	−0.041	−0.027	0.316**		
6. 价值自信	−0.048	−0.021	−0.082	0.310**	0.453**	
7. 价值观自信	−0.056	−0.038	−0.057	0.365**	0.910**	0.782**

注:** 表示在 0.01 水平(双侧)上显著相关;* 表示在 0.05 水平(双侧)
上显著相关。

三、研究总结

总体来看,大众对中华传统美德和社会主义核心价值观的认
知准确、践行丰富、传承良好,但在认识中华传统美德与核心价值
观之间的关系,传承和弘扬中华传统美德,提升社会主义核心价值

观自信的过程中也存在问题。具体来看,可以归纳为如下几点:

第一,网络、手机等新兴媒体已经成为各个年龄段了解中华传统美德和社会主义核心价值观的首要途径。在了解途径的选择中,"网络、手机等新兴媒体"被选择了1 600次(共1 980人),"讲座、讲堂、论坛等群众性文化组织创建活动""广播、电影、电视、话剧、综艺节目等""报刊书籍等传统媒体"的选择频次分别为1 532、1 410和1 394,选择"标语、横幅、宣传栏等"的频次最低,只有1 153。男性对讲座、论坛的选择率更高,女性对网络、手机的选择率更高。从三个年龄段来看,都倾向于首先选择网络、手机等新兴媒体。

由此可见,新兴媒体的运用对于培育和践行社会主义核心价值观具有必然性,政府需要采取行动发挥网络、手机等的新兴媒体的优势,加强文化建设,例如"学习强国"平台就是一个较好的应用实践。此外,线下的讲座、论坛或电视等传统媒体的作用也不能被忽略,要重视新兴媒体与传统媒体、线上形式和线下形式的有机融合,将新兴媒体的数字化优势与传统媒体的科学化优势充分结合,促进中华传统美德和社会主义核心价值观的传播。

第二,在快速发展的互联网时代,网络虽然是认识了解中华传统美德的首要途径,但比起传统的教育方式,网络教育仍不是大众认知中华传统美德的主要来源。在中华传统美德的认识来源问题上,传统的"学校教育""家庭教育"选择人数分别占83.8%、77.2%,远多于选择"网络教育"的33.9%。上文提及,虽然网络、手机等新兴媒体已经成为了解中华传统美德的首要途径,但比起学校教育、家庭教育,网络教育的传播力度仍然不足。大众更少或更难从网络教育中了解到中华传统美德。因此,对中华传统美德的弘扬和传承,在关注学校教育和家庭教育之外,还要重点加大在网络教育方面的投入、支持以及规范,保证在良好的、安全的网络环境下,让更多的各个年龄段的人能够通过网络学习到中华传统美德。建议相关宣传工作者充分利用好网络教育这一学习媒介,这或许比传统式教育更加便捷。此外,网络教育的过程中,重要的是信息安全,需要及时审核更新有关中华传统美德的信息,取其精华、去其糟粕,多宣传积极正面的案例以启发更多的当代人。这是适应当今社会发展的必然要求。

第三,对中华传统美德和核心价值观的认识较为积极,对其关系的理解较准确,但需要关注和改变部分群众的不当认识。在对中华传统美德和核心价值观社会价值的认识上,74%的人认为传统美德适用于当今社会,有23%的人认为部分转化后适用,更有99%的人大力支持倡导核心价值观,92%的人认为利用中华传统美德推进社会主义核心价值观实践是符合当代发展趋势的,82%的人认为提炼的社会主义核心价值观能较好地体现中华传统美德,这都是积极的态度。而在对其关系的认识上,84%的人能正确理解爱国价值观,88%的人接受过爱国教育,97%的人能正确认识到中华传统美德是社会主义核心价值观的源泉,91%的人能正确认识到中华传统美德能为社会主义核心价值观的培育提供重要思想源泉。综上所述,绝大多数人的评价是积极的,认识是准确的。但我们更要关注那些中立甚至消极的评价,更加深入地了解这些人的所思所想,再对症下药争取改观这些非积极的态度。对于对二者理解不当或对二者关系认识不准确的情况,也应该查漏补缺,找到问题的缘由,通过正面、正确的宣传,适当简化宣传途径,改进宣传方式,以使更多的人正确认识到中华传统美德和社会主义核心价值观及其关系,这是以提升价值观自信进行中华传统美德创造性转化的前提。

第四,"诚信"是社会中最缺乏也是最需要大力弘扬的传统美德,社会亟须形成以诚信为主的社会风气,减少腐败现象和不正之风。在最缺乏和最需要弘扬哪种中华传统美德的问题上,57.1%的人认为最缺乏的传统美德是"诚信";又有78.3%的人认为当今社会最需要弘扬的传统美德是"恪守诚信";另有50%的人认为社会急剧变革及腐败现象、不正之风等是影响树立社会主义核心价值观最主要的原因,这种现象最直接地反映了社会中缺乏"诚信"。以上结果也提醒我们"诚信"的社会需求和重要性,反腐正风任重而道远。在习近平新时代中国特色社会主义思想的指引下,社会反腐任务受到极大的重视,并取得了重大进展和突破。接下来在国家和社会层面,则需要持续紧张把关,坚持反腐,扬诚信之风毫不松懈;而对个体来说,最重要的就是从自身做起,无论在工作、生活还是学习中都务必恪守诚信。工作中不偷工减料,按时按质按量完成自身的工作;生活中更需要以诚待人,家人、朋友甚至陌生人都会是感受诚信的对象;学习中谦逊谨慎,保持科学精确的研究精神,切勿学术造假等。

第五,中华传统文化的传承效果良好,民众对传统节日、纪念活动、红色景点等态度积极,参与度高,但在家风家训的传承上需要加强,发挥家庭教育作用。大众在了解传统节日、喜欢传统节日和参与纪念活动的选择比例上均超过90%,在主动参观红色景点的选择比例上超过80%,传承家风家训的选择比例最低,只有67.7%。作为中华优秀传统文化的表现形式,传统节日、红色景点或纪念活动等都是承载和传播社会主义核心价值观的重要载体。首先,政府部门可以通过构建传统节日的文化教育体系,潜移默化地培养民众的传统美德意识;其次,利用文化组织机构的载体,设立红色景点或相关博物馆及纪念馆,使大众在参观与欣赏中体会社会主义核心价值观;最后,需要重点加强家庭教育在文化建设中的作用,使其更好地与学校教育和社会教育相互补充,在个体成长的方方面面建立文化认同。

第六,在增强社会主义核心价值观自信的过程中,要重点注意端正领导干部和教育者的作风,正确处理各种传媒的负面信息,同时须注意不同年龄阶段的人影响因素的差异性。在社会主义核心价值观自信的影响因素选择上,总体来说,"有些领导干部和教育者作风不正"被选择了1 374次(共1 980人),"各种传媒的负面信息的作用和影响"被选择了1 385次,选择比例较高。从不同年龄段的人来看,"有些领导干部和教育者作风不正""各种传媒的负面信息的作用和影响""培育方式单一、空洞乏味"这三项原因在35—50岁年龄阶段和50岁以上年龄阶段的人中选择较多,分别约占70%、60%、50%。但25—30岁年龄阶段的人认为"徒有形式而缺乏实质"的影响最大,占71.2%;其次是"各种传媒的负面信息的作用和影响",占69.3%。这说明不同年龄阶段的人因生活环境、思想观念等的差异,受到的影响因素也不同。作为社会主义核心价值观建设的中坚力量,领导干部和教育者应该是核心价值观的榜样示范者,因此政府部门需大力倡导甚至采取措施监督广大领导者与教育者发挥模范带头作用,进而带动群众。此外,面对中老年群体时,要注意提高其分辨不良信息的能力,面对青少年群体时,要注意避免在教育活动中出现形式主义作风,将内容宣传与实践真正落到实处。

附件:传统美德和价值观自信调查问卷

亲爱的朋友:

您好! 为深入了解中华传统美德创造性转化对提升社会主义核心价值观自信的影响作用,更加有效地传承和弘扬中华传统美德,提升社会主义核心价值观自信,本课题组正在进行"以提升价值观自信为指向的中华传统美德创造性转化研究"的相关研究。为此,组织了本次的问卷调查工作。问卷调查采用匿名方式,您所提供的信息会受到严格保密,仅为研究所用,请您放心回答。

您的积极配合对我们的研究非常有价值,期望得到您的支持!

南京大学"以提升价值观自信为指向的
中华传统美德创造性转化研究"课题组
二〇一九年六月

一、受访者个人信息

A1. 性别:(1) 男　(2) 女

A2. 年龄:(1) 20 岁以下　(2) 20—35 岁　(3) 35—50 岁

(4) 50 岁以上

A3. 住址:_____省_____市/县_____街道/乡镇

_____社区/村组

A4. 户籍状况:(1) 城镇　(2) 农村

A5. 政治面貌:(1) 共产党员(包括预备党员)

(2) 共青团员　(3) 民主党派

(4) 无党派人士　(5) 群众

二、对中华传统美德及社会主义核心价值观认识理解的现状调查

B1. 您认为中华传统美德在当今社会是否适用?【单选题】

(1) 非常适用

(2) 部分精华转化后适用,部分内容已经过时

(3) 转化后都适用

(4) 完全过时

B2. 您认为中华传统美德与社会主义核心价值观的关系是怎样的?【单选题】

(1) 中华传统美德是社会主义核心价值观的渊源

(2) 社会主义核心价值观可替代中华传统美德

(3) 相互对立,相互矛盾

(4) 相互独立,没有关系

B3. 您对倡导"社会主义核心价值观"的基本看法是?【单选题】

(1) 与每个人密切相关,需倡导更需践行

(2) 这是少数人讨论的问题,与我无关

(3) 没有必要

B4. 您对当前提炼的社会主义核心价值观的看法?【单选题】

(1) 较好地体现中华传统美德内容

（2）能够一定程度体现中华传统美德内容

（3）不能体现中华传统美德

B5. 您觉得中华传统美德能否有效推进社会主义核心价值观实践？【单选题】

（1）非常符合当代发展趋势　　（2）不确定，或许可以

（3）不可以，无实际意义　　　（4）不关心

B6. 您认为中华传统美德能为社会主义核心价值观的培育提供什么？【多选题】

（1）重要的思想源泉　　　　（2）丰富的时间载体

（3）生动的涵育功能　　　　（4）深厚的群众基础

B7. 您认为影响社会树立社会主义核心价值观最主要的原因是？【单选题】

（1）社会急剧变革以及腐败现象、不正之风等的影响

（2）全球化背景下西方价值观的渗透和冲击

（3）网络信息时代各种负面信息作用和影响

（4）遵循社会主义核心价值观，在现实生活中会吃亏

（5）理论上的社会主义核心价值观与现实的反差非常大

（6）社会主义核心价值观的宣传教育流于形式，未能触动内心，没有引起共鸣

（7）其他

B8. 题目下列名句中体现出社会主义核心价值观基本内容之一"爱国"的是？【单选题】

（1）天下兴亡，匹夫有责　　（2）以信立身，以诚处世

（3）善学者能，多能者成　　（4）己所不欲，勿施于人

B9. 您认为下列传统道德最需要在当今社会大力弘扬的三项是？【多选题】

（1）爱国爱民　　　　　　　（2）谦敬礼让

（3）廉洁自律　　　　　　　（4）恪守诚信

（5）宽厚待人　　　　　　　（6）见义勇为

（7）孝顺父母　　　　　（8）尊老爱幼

B10.您认为当今社会最缺乏哪种传统美德?【单选题】

（1）仁　　　（2）义　　　（3）礼　　　（4）忠

（5）孝　　　（6）智　　　（7）信

B11.您对中华传统美德的认识的来源是?【多选题】

（1）学校教育　　　　　（2）家庭教育

（3）社会活动　　　　　（4）同辈交流

（5）亲身经历　　　　　（6）网络教育

B12.日常生活中,您接受过哪些关于中国传统美德与社会主义核心价值观的教育?【多选题】

（1）天下兴亡、匹夫有责的家国情怀教育

（2）仁爱共济、立己达人的社会关爱教育

（3）正心笃志、崇德弘毅的人格修养教育

（4）其他＿＿＿＿＿＿＿＿＿＿＿＿＿＿＿＿＿＿＿＿＿

B13.您一般主要通过什么方式了解中华传统美德与社会主义核心价值观的相关内容?【多选题】

（1）网络、手机等新兴媒体

（2）报刊、书籍等传统媒体

（3）广播、电影、电视、话剧、综艺节目等

（4）标语、横幅、宣传栏等

（5）讲座、讲堂、论坛等群众性文化组织创建活动

B14.如果时间充裕,在参观完地方著名历史文化景点（例:北京故宫、南京中山陵等）后,您是否会主动去参观当地的红色旅游景点?【单选题】

（1）是　　　（2）否　　　（3）不确定

B15.您更喜欢过西方节日（例:圣诞节、情人节、平安夜等）还是中国传统节日?【单选题】

（1）西方节日　（2）中国传统节日　（3）不确定

B16.您是否知道大部分（超过5个,例:春节、元宵节、龙抬

头、清明节、端午节、七夕节、中秋节、重阳节、腊八节等)中国传统节日的节期以及节日相关的故事和习俗?【单选题】

(1)是　　　　(2)否　　　　(3)不确定

B17.您是否参加过"五四"青年节、"七一"建党节、"八一"建军节、"十一"国庆节、抗日战争胜利纪念日等纪念活动?(参加过1个即可)【单选题】

(1)是　　　　(2)否　　　　(3)不确定

B18.您的家庭是否有家训家风的传承?【单选题】

(1)是　　　　(2)否　　　　(3)不确定

B19.您认同社会主义核心价值观中的内容吗?【单选题】

(1)非常认同　　　　　　　(2)比较认同

(3)一般认同　　　　　　　(4)基本不认同

(5)完全不认同

B20.您认为社会主义核心价值观与人民日常生活联系紧密吗?【单选题】

(1)非常紧密　　　　　　　(2)比较紧密

(3)一般紧密　　　　　　　(4)基本不紧密

(5)完全不紧密

B21.您认为马克思主义理论在当代是否还具有指导价值?【单选题】

(1)是　　　　(2)否　　　　(3)不确定

B22.您认为弘扬社会主义核心价值观是否能够增强民众自信心和社会凝聚力?【单选题】

(1)是　　　　(2)否　　　　(3)不确定

B23.您认为社会主义核心价值观是否可以引导社会主义市场经济的发展?【单选题】

(1)是　　　　(2)否　　　　(3)不确定

B24.您认为社会主义核心价值观建设对于推进国家治理体系和治理能力现代化是否有帮助?【单选题】

（1）是　　　　（2）否　　　　（3）不确定

B25. 您认为影响社会主义核心价值观自信的主要原因有哪些？【多选题】

（1）有些领导干部和教育者作风不正

（2）培育方式单一、空洞乏味

（3）西方主流思想理论的影响

（4）各种传媒的负面信息的作用和影响

（5）徒有形式而缺乏实质

（5）政策倡导与社会现实不一致

（6）其他＿＿＿＿＿＿＿＿＿＿

B26. 您觉得在推进中华传统美德创造性转化以提升价值观自信的过程中需要注意什么？【开放题】＿＿＿＿＿＿＿＿

B27. 您觉得中华传统美德中最需要进行创造性转化以提升价值观自信的内容有哪些？【开放题】＿＿＿＿＿＿＿＿

第二节　中华传统美德创造性转化困境的表现和特点

对待中华传统美德，我们需要有效处理继承和创造性转化的关系。中华传统美德蕴含着丰富的思想道德资源，但是这种资源并不直接为现代社会的发展提供现成的道德滋养，它们在内容、性质、功能等方面也难以直接成为现代社会道德建设的思想来源。因此，为了充分发挥中华传统美德对于现代中国社会发展的潜在的资源性意义，使之成为涵养社会主义核心价值观的重要源泉，必须实现中华传统美德的创造性转化。

中华传统美德的创造性转化，就是对蕴含在中华传统美德中的思想理论、价值观念、规范体系、实践模式等内容进行创造性转换、重组和改造，经过科学的鉴别、筛选和扬弃之后，使之符合现代社会发展的需要并成为中国特色社会主义道德体系的有机组成部分。中华传统美德创造性转化这一概念自提出以来，受到各界人士的高声呼吁和实践。鉴于我国中华传统美德源远流长，当今社会发展迅速，部分中华传统美德难以适应当代社会的节奏，这就需要我们"取其精华、去其糟粕"，对中华传统美德进行创造性转化。

实证调研为我们提供了正确认识中华传统美德创造性转化困境的一隅，当前，中华传统美德创造性转化中的确出现一些问题和困境，本节主要从转化内容、转化路径、转化环境、转化主体四个方面加以展开说明。

一、主要表现

(一) 转化内容缺乏共识

转化内容含糊繁杂，导致视角各异，理解不一，难以形成共识，转化导向目标不明确。中华上下五千年孕育的文明，缤纷多彩，但如此庞大的文明体系也会造成诸多问题。鉴于中华传统道德体系的庞杂繁复性，其创造性转化的内容也会存在较多的复杂烦琐性，让大众难以精确理解和实践，让学者难以抓住核心去探索。一是对于转化内容的挖掘缺乏系统性。对中华传统美德进行创造性转化时需要确定继承什么、扬弃什么、转化什么，对内容的挖掘、筛选是首要工作。由于中华传统文化内容博大精深，资料浩瀚无边，如何梳理出对提升社会主义核心价值观起到根基作用的资源，绝非易事，目前业界在这方面的工作还缺乏深层次、系统性的统筹规划，内容标准多是由研究者个人判定，这就为统一共识埋下了障碍。二是对于转化内容的理解存在差异。所谓创造性转化，就是指中华传统美德在理念、表达、内容、形式等多个方面的现代转型，主要是立足中华传统文化本身而努力，因此，要解决"老树发新芽"的问题，就要找出"老树"和"新芽"的共通联系之处，目前业界研究中华传统文化和社会主义核心价值观的学者对二者尚未完全形成共识，比如对于"公正"这一价值观的理解，古今中外皆有差别，究竟取谁舍谁，如何形成一个共同的认识还任重道远。

由此可见，在进行中华传统美德创造性转化时，难以达成共识，同时找不到合适的研究切入点和有效的创造性转化途径。

（二）转化路径还需创新

转化路径过于笼统，缺乏针对性、有效性，表现为缺乏喜闻乐见和通俗易懂的形式载体，影响力、感召力不足。中华传统美德创造性转化内容难以形成一致性，不利于找到合适的切入点，进而导致转化途径和方式也缺乏针对性和有效性。一是转化形式单一枯燥。目前对中华传统美德创造性转化的形式缺少科学包装、整体提升、现代美化、系统打造，有些仅是对传统美德进行简单复现和理论阐述，缺乏与现实生活的深度融合，阐释过于表面化、学术化，远离大众，与实现社会主义核心价值观融入大众日常生活的要求还存在较大距离，影响力十分有限。二是转化技术比较陈旧。目前关于中华传统美德的创造性转化路径多从理论上出发，较少考虑非学术界的群众对其的理解程度和在日常生活中的实践可行性，偏向采用传统的理论宣讲、出版书籍、图片展示等方式面向大众进行宣传，虽然也会少量运用新媒体等新兴形式加以辅助，但缺乏系统思维和品牌意识，尚未形成主流，不利于中华传统美德创造性转化的广泛传播。三是转化载体平台部分缺失。中华传统美德的物质性文化载体，比如博物馆、建筑、书画、报刊甚至电视、广播、微博、微信、专业文化网站等传播载体，在维护、提升文化精神方面的作用日益薄弱，泛娱乐化、浅阅读化现象比较明显，难以真正支撑起中华传统美德创造性转化的繁复工作。非物质性文化载体，比如音乐、舞蹈、戏曲、歌谣、语言等富含特色的艺术形式，在传承文化美德方面具有一定的局限性，还需要不断提档升级。

（三）转化环境有待改善

总体而言，我国目前在对传统美德进行转化时仍以政府为主导，较少发挥市场调节的作用，"头重脚轻"的现象普遍存在，导致中华传统美德创造性转化的环境氛围不够。这里的环境更是一种宏观的社会层面观察的现象、规律、风气。一是大众对中华传统美德的作用和价值重视度不够；有些人陷入"文化自卑论"，存在弱者心态，认为中华传统文化中的美德观念在世界文化潮流中不具有竞争力，国外文化才是先进的，应该多加吸收；有些人认为中华传统美德已然不适应于时代发展的潮流，是落后过时的；有些人甚至将传统美德看作现代科学精神和现代文明发展的障碍，这些思想观念都为中华传统美德的创造性转化增加了前进阻力。二是家庭、学校、社会多方合力不足。人不能脱离社会而单独存在，社会环境对人的影响是无形的，具有潜移默化的作用。中华传统美德的创造性转化需要在社会这个大环境下进行，更需要家庭、学校的共同努力，营造出一个和谐向善正能量的社会环境。近年来，市场经济的飞速发展带来了物质上的富足，但也使很多人忽视了对精神的追求。在逐利的过程中，损人利己、见利忘义的行为屡见不鲜，西方腐朽思想也在不断冲击人们的思想观念，家庭、学校和社会三方的教育力量作用不同、分工不同，可惜未能相互补充形成合力，在弘扬中华传统美德方面还有很大的提升空间。

（四）转化主体动力不足

中华传统美德创造性转化以人为主体，也可进一步延伸到文化创新企业等市场主体。当前对中华优秀传统美德进行创造性转化的主体相对不足，创新动力不强。一是领导干部未能充分发挥组织管理作用。社会主义核心价值观的本质属性要求全社会共同参与，贯穿政治、经济、文化、社会和生态文明建设的各领域，需要党和政府有意识地倡导，其中领导干部责任重大。然而当前经济指标先行的现象依旧屡禁不止，"重迹不重绩"现象时有发生，对精神文明建设多停留在完成任务层面，难以调动群众参与核心价值观建设的积极性和主动性。二是专业人才匮乏。中华传统美德的创造性转化是一项复杂的项目工程，不仅需要研究中华传统文化的专业人士，还需要包括马克思主义理论、社会学、伦理学、政治学、法学、教育学等各个领域的专业人士共同参与，当前这些领域的人才还主要停留在本学科的研究工作上,并未真正对中华传统美德和社会主义核心价值观开展深入有效的合作研究,不利于深入挖掘传统美德创造性转化的内在学理支撑。三是文化产业发展还不成熟。当前,在对中华传统美德进行传承和发展时,仍然是以政府为主导,较少部分能够进入现代市场体系。一些文化企业在对中华传统文化中的美德观念进行转化利用时,对其市场前景缺乏信心,例如在宣扬爱国主义的电影、电视、传统戏剧演出等文化作品时,比较依赖政策扶持而忽略市场营销,在捕捉市场和观众需求时不够敏锐,对弘扬中华传统美德的艺术表达形式改造不足,原创能力较弱,作品附加值较低,存在表面化复制等现象,在无形中增加了通过对中华传统美德进行创造性转化以提升社会主义核心价值观自信的难度。

二、基本特点

(一)时代性

中华传统美德作为核心价值观的思想源泉和理论前提,具有悠久的历史传统,是中国实践最深的价值根基,具有广泛且深厚的群众基础。在中国传统社会中被强调和鼓励的价值观,比如仁爱、诚信、民本、和合、正义、大同等都可以为培育社会主义核心价值观提供价值资源。随着时代的发展,中华传统美德创造性转化也出现相应的困境,具有明显的时代印记。从一般意义上讲,现代与传统的矛盾在现代化过程中如影相随。传统是从过去延传至今的精神维度,构成了现代社会结构发生发展的前提性条件。中国的现代化历程与传统文化的关系颇为复杂,有时候甚至是尖锐和激烈的冲突。中国传统文化是基于自然农耕经济和宗法血缘关系产生与发展的,不可避免地打上了时代的烙印,带有历史的局限。"传统文化在其形成和发展过程中,不可避免会受到当时人们的认识水平、时代条件、社会制度的局限性的制约和影响,因而也不可避免会存在陈旧过时或已成为糟粕性的东西。"①今天看来,中国传统文化与社会主义市场经济、民主政治、先进文化、社会治理等还存在需要协调适应的地方,基于此,中华传统文化中的道德观念也必须进行创造性转化和创新性发展。但是在转化过程中,由于价值观形成的历史背景、社会环境、政治制度等各方面因素不同,传统价值观与现代核心价值观会在一定程度上存在错位现象。正如美国社会学家威廉·奥格本在分析社会文化时指出,文化在发生变化时各部分变化的速度往往是不同步的,有的部分发生变化慢,有的部分发生变化快,从而在各部分、各要素之间出现不平衡现象,产生差距、错位等问题,进而引发一系列的社会问题。非物质文化的变化常常滞后于物质文化的发展,在非物质文化内部发生变化较快的是制度文化,接着是风俗文化和道德文化,最后才是价值观文化。因此,只要社会继续向前发展,道德也必将随之向前发展。然而道德发展与社会发展的不同步性,导致在每一次社会转型、变革时期都会出现这样或那样的道德问题,传统美德由于其产生的土壤历史悠久,若要将其转化成能够适应现代社会的核心价值观,并希冀其对新发道德问题提出解决之道,就要做到与时俱进、推陈出新,与时代共同发展,才能持续为当今中国现代社会发展提供强大的精神动力和文化自信。

(二)复杂性

中华传统美德创造性转化困境呈现出的复杂性特点,可以从中华传统美德本身与如何正确对待中华传统美德两个方面进行考察。一方面,中华传统美德内容博大精深、浩瀚无边,要立足现实、凸显问题,挑选和确立"转化"的合理对象,从中华传统文化中尤其是传统美德中挖掘出合理、科学、符合时代要求的部分。现在学界对于传统文化继承的态度存在两种极端情况。一是忽视民族的主

---

① 《习近平在纪念孔子诞辰 2565 周年国际学术研讨会暨国际儒学联合会第五届会员大会开幕会上的讲话》,载《人民日报》第 2 版,2014 年 9 月 25 日。

体性，打着所谓"现代性"和全球化旗号的"终结论"，它将中国近代以来落后挨打的原因仅仅归结于传统文化，却没有找到长期以来寻求民族振兴的力量的源头，追求融入所谓现代世界的主流，眼光向外，盲目"西化"。二是将现代化和全球化带来的"困境"作为理由，是一种希望由此反证出人治主义文化和中华传统美德完善性与优越性的"终结论"，它以复古的心态去理解文化复兴，忽视历史上的挫折和教训，热衷于美化过去的东西，排斥先进思想，厚古薄今，看似坚守传统，实则阉割中华传统文化的整体优势。这两种极端思想在对中华传统美德的继承和转化上也存在市场，务必要警惕。中华传统美德是一个道德宝藏，包含着丰富的道德资源，用之不尽，取之不竭。但是，在实现中华传统美德的创造性转化时是否应该将所有的传统美德都加以转化呢？这就涉及应该挑选和确定哪些传统美德作为我们的转化对象的问题。其实，并不是所有的传统美德都有转化的必要。因为，各个时代有其自身的使命、任务和问题，判断哪些传统美德能够成为转化对象的标准就是时代的需要，即这些传统美德是否符合现代社会发展的需要，能否为解决现代社会的道德问题提供支持，能否为建设符合时代要求的新道德提供资源。另一方面，对社会主义核心价值观与中华传统美德之间对立统一的关系把握不够准确。其实二者是不可偏废的。首先，二者是对立的，社会主义核心价值观不等同于中华传统美德，不可用中华传统美德中的核心价值资源取代社会主义核心价值观；其次，二者又具有统一性，社会主义核心价值观与中华传统美德相融、相通、相依，具有高度的契合性，中华传统美德为社会主义核心价值观提供沃土滋养，社会主义核心价值观为中华传统美德的转化提供方向引领。但是当前社会上对于二者之间的区别和联系的解释不多，往往是"大锅乱炖"型的宣传普及，要么就是对传统道德不加辨识地大肆宣扬，精华、糟粕共同存在，难见社会主义核心价值观的身影；要么就是只提社会主义核心价值观，对其内容的传统美德源头只字不提，或只是一笔带过。这两种做法都无法让民众深入理解传统美德与核心价值观的真正内涵,甚至会造成认识上的混乱,无法理解二者究竟是怎样对立统一的,如此一来,就更谈不上内心的认同了。

(三) 长期性

社会存在决定社会意识,社会实践决定价值观念的生成,因此我们的价值观形成过程根植于中国人民的实践。但其中的问题在于二者无法实现同步,一方面,通过实践获得的成就往往先于通过实践生成的价值观自信,二者存在时间差;另一方面,价值观念具有理想性,远远高于现实存在,不能在实际中达成统一。这就涉及如何立足中国实际,处理符合中国特色的价值观问题。这是价值观自信的逻辑起点。党的十八大以来,习近平总书记从保障国家长治久安、巩固中国共产党治国理政的战略高度来强调社会主义核心价值体系建设和社会主义核心价值观培育问题,将其作为凝魂聚气、强基固本的基础工程。因此,继承和弘扬中华传统美德,就要把传统文化中人文教化的社会治理功能和鼓励人们向上向善的道德修养价值充分继承和弘扬起来,与社会发展需要相结合,使之为当代中国社会主义核心价值观培育服务,为中国共产党治国理政服务,为改革开放和社会主义现代化建设服务。因此,旨在提升价值观自信的中华传统美德创造性转化不是一个在短时间内就能完成的工程,它需要时间沉淀,是一个旷日持久、潜移默化的发展过程。然而在现实中,在进行中华传统美德创造性转化的时候,更多关注的是工具理性层面的操作问题,对于价值理念层面的设计站位不够高,功利性较强,对长期性特点把握不够准确。一方面,混淆中华传统美德创造性转化的长远目标和阶段目标。在培育和践行社会主义核心价值观的过程中,往往会将对中华传统美德进行创造性转化以提升核心价值观认同度的阶段目标与充实涵养核心价值观建设以为推动中华民族伟大复兴中国梦的实现提供精神动力和坚强支撑的长远目标混淆,使得实际工作的开展缺乏抓手和落脚点。另一方面,在实践过程中容易将中华传统美德创造性转化目标功利化。社会主义核心价值观分别从国家、社会、个人的层面实现了各类价值观念的多元聚合,融通了中国特色社会主义理论、中华优秀传统文化以及世界优秀文化成果,体现了中国共产党凝神聚气的价值共识。但是在现实工作中,由于指标、考核等原因,在提升核心价值观自信过程中往往会出现片面追求速度、业绩的情况,对中华传统美德的转化浮于表面、流于形式,简单与核心价值观的 24 字内容进行对应即算转化,大大影响了目标的神圣性和严肃性。

第三节　制约中华传统美德创造性转化的因素

根据辩证唯物主义观点,任何事物的产生、变化和发展都是内因和外因共同作用的结果。其中,内因是指促进事物变化、发展的事物本身的因素,是一切发展变化的基础和根据;外因则是促进事物变化、发展的外界因素,是通过作用于事物本身,引起内因运动而起作用的。内因与外因是相对存在且可相互转化的,对于内因和外因在事物变化发展中的作用和性质,既不可盲目等量齐观,又不可"眉毛胡子一把抓"。因此,对于任何事物变化、发展的分析,既要注重其内在根据的内因,又要注重其外部条件的外因。正确认识二者的辩证关系,才能全面深刻地把握住事物的变化现状以及未来发展趋势。

根据辩证唯物主义关于内因和外因的基本观点,我们对制约中华传统美德创造性转化因素的分析,拟从内、外两个维度来展开。其中,内在因素主要体现为传统价值观在国家、社会、公民层面固有的局限性,外在因素则主要表现为时代洪流下价值观危机的影响,包括经济发展、社会场域、文化发展以及科技发展等。除以上诸多因素外,还存在宗教信仰、意识形态、生活习俗等其他因素,在此就不一一展开。

一、内在因素：传统价值观固有的局限性

中国特色社会主义核心价值观在国家、社会和公民三个层面的要求和倡导，主要生发于中华传统道德中的优秀价值观念和思想成果。但深入剖析这三个层面的内容，会发现它们都无法完全抹除传统价值观的痕迹，仍然会或多或少带有那个时代的烙印和无法克服的局限性。

（一）传统价值观在国家层面上的保守性

"富强、民主、文明、和谐"是中国特色社会主义核心价值观在国家层面上的要求和倡导，这其实与中国传统价值观中一直强调的国富民强、"王道"思想一脉相承，都是以追求国家繁荣昌盛、人民安居乐业、社会和谐稳定为最终目标。但是传统价值观念形成的土壤是高度集权的封建君主专制。因此，在此社会制度和环境下，其对人民的关心和关爱更多是为了巩固专制统治，其所倡导和弘扬的价值观也是通过驯化人们的思想为维护封建专制统治而服务，因此不可避免地具有一定的时代局限性。中国共产党倡导并积极培育的核心价值观则完全是以人民为中心，为了最广大人民根本利益的、真正的、实实在在的人民价值观。

传统价值观为实现富国强国目标所采取的手段非常重视道德性和正义性，认为只有采取正当合理的手段所实现的才是真正的富国强国，否则就不能视为实现了"王道"理想。正如孔子所说："不义而富且贵，于我如浮云。"但是从根本上来说，这个"王道"思想落脚点往往是为了维护一国统治的稳定，更直接点来说，是维护一国之主统治的稳定。可以说，在专制集权社会中，"王道"在本质上来说是一个人的"家天下"，维护和实现专制统治的长治久安才是真正目的，上升到国家层面只是为了披上一层华丽虚假的外衣，

如同梁启超所言:"二十四史非史也,二十四姓之家谱而已。"①社会主义核心价值观从追求和探索国家富强的方面而言,包含两个层次的意义:其一,人民的富裕,既指物质丰饶,也指精神富足;其二,国家的强大,即以经济实力为基础的综合国力的强盛,包括政治、军事、文化、科技、教育、人才等多个方面。二者虽然层次不同,但是联系密切,相互影响,连为一体,都是以人民的利益为最高宗旨,充分体现出代表最广大人民根本利益的中国共产党的政治属性,构建起全新的阶级基础,寻找全新的实现路径,依托最为坚定的无产阶级,在新的历史起点上为实现中华民族伟大复兴开辟一条富国强民的康庄大道。

现代意义上的民主观念起源于古希腊,原意为"人民的权力",即指人民通过自己选举产生地区代表治理社会事务以实现个人意愿。现代意义上的民主制度是一种按照平等和少数服从多数原则来共同管理国家事务的国家制度,其目的是防止社会公共权力被少数人践踏和滥用。中国古代原本也有"民主"一词,据《尚书》记载,周公旦曾言"惟天时求民主",意为人民的君主是上天决定的,这与现代观念里的民主是相反的。古代的"民主"不是人民当家作主,而是做人民的主人,君主怎样垂拱而治,人民怎样按预期而为,国家怎样长治久安;作为封建社会纲本的儒家形成了一套民本思想,在能够维护君主封建专制统治的条件下适当限制统治者的暴政和高度集权,希冀部分开明的君主能够考虑人民的实际生活情况,减轻对人民的奴役,让百姓日子过得好一些。但因为民本思想的前提预设是君主统治人民,这些举动是改变不了传统社会专制和特权制度的,更改变不了君上民下的社会本质。可见,中国古代社会仅用语言和观念构建的民主价值观只是一种仁人志士的美好幻想,其本质仍是君本位之下统治者奴役和愚昧百姓的工具,所谓"民本"思想只是用以外在粉饰封建统治的幌子,根本目的在于利

---

① 梁启超:《饮冰室合集第一册·文集之九》,北京:中华书局1989年版,第3页。

用这种思想进一步巩固封建统治。

中华文明是世界文明古国中唯一薪火相传而未间断的,作为礼仪之邦,知礼明礼、崇礼尚礼向来被人们所追求。可以说,正是传统价值观中的明礼追求让中华民族文明进程加快,让我们能够在和谐有序的社会环境中不断进步。但是,也要客观地认识到,传统礼仪可以端正人的思想行为,帮助人修身立德,但根本目的仍然是服务于封建专制制度,当作为美好德行的礼成为国家统治的工具和封建制度的组成部分之后,就成了一种压迫和剥削的手段,一定程度上丧失了其积极性的一面。鲁迅先生曾对传统礼教做过强烈批判,通过"狂人"说出封建礼教无非借助"仁义道德"掩饰"吃人"的赤裸真相。在培育和践行社会主义核心价值观的过程中,最重要的前提是要剔除传统道德中腐朽的礼教礼制观念,只有这样,才能将传承到的传统价值观思想精华转化为推动社会主义思想道德建设的有益成分,促进社会明礼达仪。正如刘泽华所言:"礼曾在华夏民族生活规范化的过程中发挥积极作用,其中许多合理的东西时至今日仍持续性地熏陶并影响着人们。但是,由于礼以传统和习俗为基础,陈陈相因中许多规定因过于程式化而走向僵化,导致礼滞后于生活,只得在历史洪流中扮演着保守的角色。"①

和谐理念是中华传统文化的思想精髓。以和为贵、和而不同、世界和谐、天人和谐等理念已经融入现代中国人的日常生活中,但其在传统价值观中的局限性也必须加以指出。在传统价值观中,儒家提倡的人际和谐实质上是建立在传统伦理秩序基础上的、有差别的"和",讲求长幼有差、贵贱有别,带有很深的阶级烙印。这种和谐追求无形中为社会整体的"不和"埋下了极大隐患。道家提倡的"道法自然"和谐理念则是对争霸、战争、杀人、暴政社会现实的无奈和逃避,从某种程度上来说是脱离社会实际的幻想,因而希

① 刘泽华:《先秦礼论初探》,载《〈中华文化〉研究集刊》第四辑,上海:复旦大学出版社1987年版,第59—60页。

望通过倡导小国寡民来实现无为而治的理想,实际上违背了人类社会发展规律,不利于促进社会和谐发展。"禅宗倡导身心和谐的路径是对佛性的领悟和自性的顿悟,最终摆脱人世间的烦琐和嘈杂,通过自主观照实现清净和通透。"①而中国特色社会主义所倡导的国家层面的和谐,是在马克思主义关于人与社会和谐共处理论的指导下,结合传统和谐思想进行的当代转化,以社会实际发展状况和人的现实需求为立足点和落脚点,追求社会全面的、可持续的发展,是以实现人的自由而全面的发展作为奋斗目标和想要实现的道德追求,是对传统以和为贵价值观的发展和超越,是更适用于当代中国社会的价值理念和体系。

(二)传统价值观在社会层面上的落后性

"自由、平等、公正、法治"作为基于社会层面所倡导的核心价值观,传承并生动体现了"为仁由己,百家争鸣""爱无等差""去私就公""唯法为治"等传统价值观及文化精髓。但在实践中,观念上的自由、平等、公正和法治往往难以真正实现。自由的实现条件苛刻,平等的追求受制于不平等的环境、人治对法治的制约,公正的实现缺乏保障,社会层面中一些落后的传统价值观尤为突出。

"放任个人自由,则强者横行,弱者向隅。没有自由,人的本性就不能有创造性;但对个人自由不加压抑,则社会正义就不能彻底实现。"②在封建专制统治的历史背景下,传统社会中人们对于真正身心自由的追求几乎无门,因而对于自由观念的理解,从儒家追求的道德自由,到道家向往的无为自由,再到禅宗修养的佛性自主,都只是更多追求心灵上的慰藉,寻求在不自由的境地中找寻一隅精神的自由,其本质上是一种对专制和特权的精神逃离。事实

---

① 温小勇:《怡养涵育:培育社会主义核心价值观的传统理路》,北京:中国社会科学出版社 2015 年版,第 145 页。

② 〔英〕汤因比:《历史研究》(下),曹未风等译,上海:上海人民出版社 1997 年版,第 414 页。

上,在人类历史进程中出现的各种社会形态,都不存在任何形式的绝对自由。只有当前中国特色社会主义背景之下以马克思"人的全面解放"理论为指导的社会层面的"自由",才实现了一定程度上的真正自由,并且为人的自由全面发展提供充分实在且有宪法制度保障的自由权利。

德沃金说:"平等的关切是政治社会至上的美德。"①作为不平等社会的特殊产物,平等是承认社会差别的价值追求。但是在制度保障缺位的情况下,仅凭借伦理道德的力量去追求人民与统治者之间的地位绝对平等,是不切实际的。而且基于平均主义的统治阶级的平等观,主张在阶级差别基础上尽量缩小财富差别,创造一个相对公平的社会环境,从根本上也是为了维护统治阶级的相关利益。相较而言,当前我国大力倡导的平等价值观从观念形态上打破了传统价值观寻求平等的固有屏障,为确保人们平等权利的有效实现提供了一种合理的机制。

"一个社会如果缺乏公正,一个社会如果缺少了起码的准则,那么,由此带来的必然是全方位的、十分有害的负面影响。"②中国传统的公正观孕育于等级结构森严的封建社会,人治色彩浓厚,其目的是从根本上维护以"礼制"为核心的专制主义制度。尽管我国古代早已出现过法治观念,闪烁着为普通群众追求平等地位和权利的思想光芒,但是受制于当时的主流价值观念,法治的思想和地位远远弱于人治的主导权利,在实践中也无法形成兼具系统性、保障机制和有效的约束惩罚制度的法律体系,很难为处于弱势地位的困难群众提供保障和维护,更无法做到让普通百姓享受到应有的社会发展成果和福利。

---

① 〔美〕德沃金:《至上的美德:平等的理论与实践》,冯克利译,南京:江苏人民出版社 2008 年版,第 1 页。

② 吴忠民:《走向公正的中国社会》,济南:山东人民出版社 2008 年版,第 6 页。

（三）传统价值观在公民层面上的保守性

"爱国、敬业、诚信、友善"作为基于公民层面所倡导的核心价值观，与传统价值观中爱国如家的家国情怀、敬业乐群的奉献精神、诚实守信的处世准则是一脉相传的，具有一定的积极性。但是不可否认的是，传统社会中对于爱国的界定，更多是与"家天下"的一国之君相关，是忠诚的体现，尤其强调要忠于国君；虽说"三百六十行，行行出状元"，但是职业是分"士农工商"三六九等的，与尊卑等级密不可分；诚信更多是对道德层面的约束，缺乏政治的或法律的保障；友善互助的范围也受封建制度的影响，具有一定的局限和狭窄性。可以说，受制于传统社会封建保守的小农经济以及专制的社会制度，个体的价值观念认知与实践存在与之同频的保守特征。

尽管民族精神作为强大的动力源，持续推动着社会进步、民族发展、国家稳定，但在传统的家国同构的社会结构下，爱国思想不可避免地带有明显的忠君意识。正所谓"普天之下，莫非王土，率土之滨，莫非王臣"，人们对国家和民族的忠诚和归属意识便自然地转变为对君主的忠诚，将爱国与忠君自然而然地画上等号。从现代视角来看，这种爱国行为实际是一种"愚忠"，因为这种爱是没有原则和理智、盲目且糊涂的爱。社会主义核心价值观一如既往甚至是更加重视对爱国观念的倡导与培育，是因为爱国思想是新时代调整个人与国家、民族之间和谐关系的重要准则与规范，是科学理性、合理有效维护国家根本利益、促进民族发展的思想道德指引，是把"个人价值的实现同推动国家的繁荣发展对接，把人生意义的提升同增进最广大人民的福祉相连，不断加深对祖国悠久历史、灿烂文化的认同，不断增强做中国人的骨气和底气；就是让个人梦想与国家梦想紧密结合，把我们的国家建设好，把我们的民族发展好"①。

---

　　①　任仲平：《凝聚当代中国的价值公约数——论培育和践行社会主义核心价值观》，载《人民日报》第 2 版，2015 年 4 月 20 日。

　　我国传统文化针对各行各业的共性情况提出了敬业观念，"专"是传统敬业思想的前提条件，因此带有根深蒂固的职业层次和等级观念。元代进一步将职业的等级次序制度化，致使世俗观念中职业的尊卑等级更加固化，部分职业被认定就是比其他职业高级，某些职业被认定就应该由卑贱的人来做，这种职业等级的划分其实也是社会对人进行阶级划分的缩影。用今天的眼光来看，以职业类型为依据，片面强制地将人划分为等级类别，不仅有失个人的道德水准，更是对他人人格的侮辱，不利于和谐社会的构建和社会的长期稳定发展。职业不分贵贱，只要在自己的岗位上兢兢业业，真诚付出，努力劳动，就是平凡岗位上的英雄，是值得人们尊敬的。因此，中国特色社会主义语境下的敬业观念就是"指向一切在法律框架下通过诚实劳动获得合理收入的劳动者及其所从事的社会职业"①。

　　传统社会之下的诚信价值观更多强调的是对个人品质的一种道德准则约束，本质上是为了维护封建社会伦理秩序。但是由于过分强调人们内心的信念和良知自觉，在人治高于法治的封建君主专制制度下，不仅缺乏国家法律制度的强制约束，还存在等级森严的阶级制度，使得这种伦理道德准则的实现具有很大的难度，甚至会出现损害他人权利以享受特权的不公正现象，难以保障"好人"的正当权益。因此，诚信的"自律"特征要求我们必须借助现代信用制度、国家法律规范等客观"他律"手段加以辅助与保障。

　　传统价值观中的友善观念是对以儒家为代表的仁爱精神的外化表现和精华凝练，是"一种基于小农经济和宗法制度产生的家族伦理的道德情感，其保守性正表现于这种友善观念根深蒂固的家族色彩，即由家庭、姻亲关系到邻里之间的友善关爱"②。但是这

---

　　①　温小勇：《怡养涵育：培育社会主义核心价值观的传统理路》，北京：中国社会科学出版社 2015 年版，第 148 页。

　　②　温小勇：《怡养涵育：培育社会主义核心价值观的传统理路》，北京：中国社会科学出版社 2015 年版，第 149 页。

种友善观念具有保守性，惠及的对象仅限于小范围，与现代社会呼吁的大爱、博爱、慈善观念还相差甚远。今天，我们更加鼓励社会公民能够以更加宽广的胸怀去关爱、帮助有需要的人，甚至可以放眼全世界，通过提高自身的道德素养，大力推动文化强国建设，为构建人类命运共同体贡献一己之力。

二、外在因素：时代洪流下的价值观危机

道德是社会的道德，而社会也是有道德的社会。任何一种离开人的存在和社会发展的道德，是不可能获得运用、丰富和发展的。这就意味着，道德在拥有相对独立性的同时，也与社会场域、经济条件、文化教育、互联网发展等多种外部因素相联系。这些因素的变化，在一定程度上影响和制约着道德的发展。中华传统美德是否可以成功进行创造性转化，进而提升社会主义核心价值观自信，也与这些外部因素息息相关。

（一）市场经济的双面性

在马克思的观点中，"思想、观念、意识的生产最初是直接与人们的物质活动、物质交往，与现实生活的语言交织在一起的。人们的想象、思维、精神交往在这里还是人们物质行动的直接产物"①。社会客观存在决定社会意识形态，社会意识是社会活动的产物。作为社会物质生产活动的经济决定着社会特殊意识形态的道德，它的形成、发展在一定程度上又能够维护和促进社会物质生产、经济活动，即经济决定道德，道德反作用于经济。

中华传统美德的形成具有深深的历史烙印，要将其创造性转化成现代社会的核心价值观，就必须适应现代社会的生产力和生产关系。自改革开放以来，我国大力发展社会主义市场经济，此举对于解放和发展社会生产力，促进国家经济发展，提升人民生活水

---

① 《马克思恩格斯选集》（第1卷），北京：人民出版社1995年版，第72页。

平具有显著作用。更重要的是,在经济发展过程中塑造了独具中国特色、中国风格、中国形象的国民精神,人们的民主精神、法治意识、爱国情怀、创新思维逐步增强,国民素质和道德水准显著提升,极大地调动了人们的积极性和创造性,物质文明和精神文明建设取得巨大成效。但我们也要认识到,市场经济本身存在着局限性和消极性,要警惕其盲目性、趋利性、自发性等弊端对人们的思想产生的不利影响,努力避免个人主义、拜金主义、享乐主义的产生和泛滥,加强政府对于道德领域的把控。市场经济的弊端主要表现在以下三个方面。一是对利益利润的无限追逐。在经济活动过程中,对经济利益、经营利润的适当追求,是保证现代经济发展的重要条件,因为"人是理性的,追求个人经济利益,是人类一切活动的根本,是人的本能要求"①。但事实上,许多参与经济活动的主体在日常经济过程中却不是理性的,对于经济利益、利润的追求,超出了合理的范畴,尤其是垄断资本面对巨额利益的时候,往往翻越道德的藩篱,铤而走险,甚至走向犯罪的道路,正如马克思所说:"如果有20%的利润,资本就会蠢蠢欲动;如果有50%的利润,资本就会冒险;如果有100%的利润,资本就敢于冒绞首的危险;如果有300%的利润,资本就敢于践踏人间一切的法律。"②对利益的无限追逐,无时不像魔咒一样牵引着许多经济主体走向犯罪的道路。而对于法律之上的道德,却变成了许多资本打擦边球的边界。一些企业为了追求更多、更大的利润常常违反职业道德,侵入公共领域,从而形成经济垄断,绑架公共利益,造成政治上的腐败、文化上的浅薄,时刻威胁着社会的正常秩序与和谐稳定。二是商业行为中的恶性竞争。现代市场经济既然遵从市场规则的经营,那么就必然涉及彼此间的竞争。市场鼓励竞争的初心,在于通过相互

---

① ［美］加里·S.贝尔:《人类行为的经济分析》,上海:上海人民出版社1995年版,第55—56页。

② 《马克思恩格斯全集》(第17卷),北京:人民出版社1963年版,第258页。

之间的竞争实现生产要素的最优配置,产生最大经济效益,以完成优胜劣汰。为公平起见,市场会制定一些相互约定的规则、法律来保证竞争的顺利进行,然而在具体的市场商业行为中,总是存在部分企业因巨大利益的驱动和提升竞争力的需要,采取一些不正当的、有悖于商业道德的甚至是非法的竞争手段来参与市场竞争,从而违背了市场公平、透明、诚信等原则,扰乱了市场秩序,形成一系列破坏社会秩序的道德问题。三是消费行为的异化。现代社会中的消费已经不仅仅满足于对必需物质的功能性消费,还追求对符号的象征性消费。对此,鲍德里亚曾指出:"消费系统并非建立在对需求和享受的迫切要求之上,而是建立在某种符号(物品、符号)和区分的编码之上。"①也就是说,消费不仅仅停留在简单的衣食住行上,它变成消费者的一种"自我实现",消费是为了体现"自我价值",成为"炫耀"的手段和主要表现形式。消费不仅仅是纯粹地使用或消费物料及商品,还演变为标榜"与众不同"、凸显"标新立异"的行为,更多地成为身份、阶级和地位等的象征。在这一消费模式下,拜金主义、虚荣攀比的消费文化悄然兴起,对市场秩序和社会道德产生了不小的冲击。

(二)社会治理的复杂化

自中华人民共和国成立以来,70多年峥嵘岁月,经过亿万中国人民的努力,中国创造了经济快速发展和社会长期稳定两大奇迹,一跃成为世界第二大经济体,目前已全面建成小康社会,消除了困扰中国人民数千年的绝对贫困问题,人们的幸福感、获得感、满足感、安全感得到极大满足。按照党中央的既定战略部署,2020年我们实现了消除绝对贫困,全面建成小康社会的伟大目标。但是我们依旧要清醒地认识到,"中国长期处于社会主义'初级阶段'的基本国情没有变,仍然是世界上最大发展中国家的国际地位没

---

① [法]让·鲍德里亚:《消费社会》,刘成富译,南京:南京大学出版社2014年版,第61页。

有变"①,中国未来的发展仍然面临着诸多困难和挑战。首先,存在发展不平衡不充分的突出矛盾。中国人口众多,国土辽阔,生态环境、物质资源等自然因素千差万别,这使得各个地区的经济发展水平、人文环境、交通建设等方面各有不同,城乡之间、区域之间、行业之间发展不平衡不充分问题非常突出,各方面的差距较大。其次,民生短板制约发展。主要体现在四个方面。一是城乡、地区和社会成员之间收入差距悬殊。改革开放后实施的"让一部分人和地区先富起来"的战略,对于激发要素积极性、优化资源配置、增强市场竞争、提升发展效率、促进经济发展具有不可忽视的积极作用,但同时也带来了城乡、地区社会成员之间收入差距不断拉大的负面效应,效率和公平二者关系失衡,引发了一系列社会矛盾,不利于社会稳定。二是青年就业结构性问题突出。就业是民生之本。每年新增就业人群中有八成是应届毕业生,尤其在大学扩招之后,毕业的大学生数量逐年递增,解决就业问题成为民生焦点。由于国内产业转型升级,教育培养的人才结构尚未与劳动力市场需求结合,劳动者技能水平和岗位需求不匹配的矛盾突出,尤其体现在产业发展的岗位无法同步吸收增长的大学生,导致劳动力市场出现了"有人无岗"和"有岗无人"的结构性矛盾,白领岗位稀缺,蓝领岗位缺人。加之高校专业的设置主要考虑学科完整性而非市场需求性,从而使得很多大学生"毕业即失业"。三是老龄化问题逐渐显露。在享受过之前的人口红利之后,我们不得不面对人口老龄化问题,目前中国 60 岁以上的老年人接近 3 亿,老龄化程度约 20%,这种人口结构使得我国养老问题面临巨大压力,如何构建老有所养、病有所医的养老保障体系,解决养老保障水平刚性增长与经济发展周期波动的矛盾,是当代中国亟须解决的社会课题。

---

① 《决胜全面建设成小康社会　夺取新时代中国特色社会主义伟大胜利——在中国共产党第十九次全国代表大会上的报告》,载《人民日报》第 1 版,2017 年 10 月 28 日。

四是国内外环境更加复杂多变。当今世界正经历世界百年未有之大变局,国际形势波澜诡谲,各种不确定性因素明显增多。

(三)多元文化思潮的冲击

社会文化对人们出现什么样的思想、选择什么样的行为起着重要的导引作用。这就意味着道德的形成与发展,是特定社会条件、经济发展、文化发展等综合作用的产物。文化与道德之间的辩证关系,总是呈现于一定的社会历史条件下,道德问题的发生与社会普遍的文化水平成反向关系,而社会道德水平的发展程度又受到社会文化的影响。传统美德能否成功实现创造性转化,与所处的文化环境密不可分。但是随着经济的发展,社会在转型过程中也对精神文化的发展产生了较大影响。一是传统文化的式微。从历史上看,滥觞于先秦的中国传统文化,经秦汉的发展,至隋唐达到全盛时期,后来整体发展式微,尤其在近现代社会中出现的民族危机和西学东渐,使其遭遇到前所未有的挑战。由于传统文化内容、形式等缺乏活泼、时尚因素,较难吸引年轻人群体,加之在网络社会中的宣传力度不够,使一些优秀的思想、观念或被曲解、或被忽略、或被抛弃。所幸,近年来的"国学热"和"文化自信"的提出,为优秀传统文化的复兴带来了曙光。二是外来文化的强势。随着网络的高速发展,来自不同地区、国家和民族的文化思想通过互联网汇聚在一起,供所有人了解、学习和借鉴。然而,某些西方发达国家充分利用在网络虚拟社会中的先发优势和技术优势,强悍地将代表自身文化的价值、理念、商品或服务等输入其中,将其塑造成目前网络虚拟社会中的"主流文化"。这样一来,民族文化主义与西方自由主义、文化保守主义与文化激进主义、文化现实主义与文化虚无主义产生激烈冲突,让受众更加六神无主。三是网络虚拟文化的娱乐化、庸俗化。较之传统的现实社会,网络虚拟社会是一个活色生香的世界,孕育于其中的网络虚拟文化,多以感性的、娱乐的方式出现,常常被贴上"好玩""好听""好看"等刺激感官愉悦的标签来得到道德主体的"认可",即经典必须笑谈、优秀必须娱乐、高尚必须低俗才能得到他人"认可",但"价值理性、人文关怀和社会责任却被拒之'网'外,这种'娱乐化'倾向很容易使道德主体在快餐化、平面化、拷贝化、恶搞化的狂热追求中陷入盲目被动文化消费模式,进而因感官的娱乐消遣而将思想的意义放逐"①。许多经典的道德文化就在这样的"娱乐化"审美情趣的引导下被肢解得支离破碎,那些优秀的伦理故事就在这样的"无厘头"文化的带领下被冲击得遍体鳞伤。

"重义轻利""重理轻欲""重德轻法"等在中华传统美德中表现出来的突出特点,已经深入民族骨髓,是国人内心深处最稳固的价值追求,并逐渐成为中华民族的社会心理、民族品格和行为方式,支撑着中华文明经历了上千年的风风雨雨。尽管从中华民族传统文化中形成的价值观具有一定的逻辑自洽性,但是仍不可忽视,其作为道德这样一种社会意识,是具有历史性特点的。当社会制度和社会形态发生深刻变化,生产力和生产方式产生巨大变革后,以此社会背景为土壤的传统价值观必然会很难以原貌立足于新的社会环境。传统儒家文化主导下的中国传统价值观虽然是建立在小农经济、封建专制、宗法社会等基础上的,但是对其进行全盘否定和割裂是错误的,因为这种价值观在中华文明中经过长期社会实践,已被证明是华夏儿女优秀特质凝结而成的精神结晶。任何外来文化和西方思想都不能抹杀和改变中华优秀传统价值观的统一性和连续性。但是故步自封、孤芳自赏也是错的,价值观念的更新不仅要立足本土,也要吸收外来先进文化,要充分吸收最先进的科学思想,对传统价值观进行合理化"扬弃",从而保证中国传统价值观时刻保持生命力,拥有新的时代内涵,实现传统价值观"辩证的连续"。

---

① 魏雷东:《后现代主义视域下的大学生网络道德问题研究》,载《中国青年研究》2011年第3期。

第八章

中华传统美德创造性
转化的原则与要求

中华传统美德创造性转化是一个国家、民族发展进步的有力支撑，也是提升价值观自信的必由之路。在转化过程中，必须以马克思主义为指导，牢牢把握中华传统美德在当前社会主义精神文明建设中的应有地位，坚持以文化人，以德润心，进而指引人们的道德实践，构筑向上、向善的道德力量。不难看出，当前，在推动中华传统美德创造性转化过程中，要从古今关系立论，一方面立足现实，始终与时代发展、国家进步以及人民需求相契合；另一方面尊重历史发展规律，不割断历史，反对趋向文化保守主义的错误论调。从深层次来说，要将有价值的历史文化资源转化升华为提升价值观自信的支援性资源，以古鉴今，古为今用。基于如上背景，从本章开始，我们将讨论的重点转向提升价值观自信指向下的中华传统美德创造性转化的基本原则、主要要求以及评估效果的衡量指标等内容。

第一节 中华传统美德创造性转化的基本原则

原则，是指人们在日常社会生产生活中理应遵循的规则或准则，联系到具体的社会实践，是指人们在开展实践活动时必须遵循的基本要求或规定。深入推进中华传统美德的创造性转化，需要遵循以下基本原则。

一、思想性

资本主义意识形态建立在私有制经济基础之上，坚持以物（资本）为本的价值取向，决定了其核心价值观带有为少数资产阶级服务的片面性和阶级局限性。但与此截然不同的是，社会主义核心价值观从国家、社会和个人维度出发，确保最广大人民群众的根本利益和基本诉求，是人类历史进程中孕育而成的优秀文化成果，体现了人民性的主体逻辑。相较于资本主义核心价值观，社会主义核心价值观的典型特色优势在于始终坚持马克思主义，并创造性地实现了马克思主义中国化的伟大飞跃，同时，也是对中国特色社会主义理论指导性和引领性的坚持，具备了高度的科学思想性特质，在理论品质及价值追求方面体现出极强的深刻性和极高的先进性。社会主义核心价值观的内涵特质凸显了社会主义最本质的精神要素，既是对中华民族精神的凝练总结，也是对传统价值观合理内核的传承积淀。在此基础上，要对中华传统美德进行创造性转化，首先需要明确思想性这一重要的基本原则，将马克思主义道德观和社会主义道德观相结合，坚持弘扬中华传统美德与巩固马克思主义指导地位相结合，继承并发展社会主义道德，深刻把握并正确运用其内在关联和逻辑理路，增强文化自信和价值观自信。

一方面，坚持马克思主义道德观，追求先进性和深刻性的统一。马克思主义认为，人的全面发展主要涉及社会化和个性化两个方面的内容。人在社会上的全面发展为个性化的实现提供了前提和基础，个性化的发展也为整个社会的进步提供了活力要素。但从根本来看，无论是社会化进步还是个性化发展，都离不开人与自然、人与社会、人与人之间关系的和谐共处以及人的主观能动性的充分发挥。"社会化的人，联合起来的生产者，将合理地调节他们和自然之间的物质变换，把它置于他们的共同控制之下，而不让它作为一种盲目的力量来统治自己；靠消耗最小的力量，在最无愧于和最适合于他们的人类本性的条件下来进行这种物质变换。"①"爱国、敬业、诚信、友善"是社会主义核心价值观从个人层面提出的明确的道德诉求,将其作为处理各种社会关系的价值行为准则,要求充分发挥人的主观能动性,将国家前途、民族命运和个人发展结合起来,促进彼此间的全面协调发展,由此奠定理论指导基础和价值导向目标。社会主义核心价值观对爱国、敬业、诚信、友善的倡导与弘扬,必然要将人的主体精神贯穿到社会实践中去,在各种实践活动中彰显出以人为本的活力和光彩。以此为基本前提,坚持巩固马克思主义指导地位,始终遵循科学社会主义原则,并不断进行马克思主义中国化发展,充实自身,实现理论和实践上的革故鼎新,从而为国家层面的"富强、民主、文明、和谐"价值追求和社会层面的"自由、平等、公正、法治"价值目标提供深刻而有力的理论思路与实践指导,更好地彰显社会主义核心价值观的民族性、科学性和先进性。中华民族发展实践表明,社会主义核心价值观首先带有深厚的民族底蕴,是对中华传统美德的深刻传承;其次坚持开放包容、兼容并蓄的原则,立足现实,把马克思主义基本原理同中国实际结合起来,合理借鉴世界优秀文明成果,熔铸于中华优秀传统文化体系,体现在中国人民的伟大社会实践之中。历史和现实告诉我们,社会主义核心价值观从始至终都坚持马克思主义关于人的全面而自由的发展理论,坚持共产主义信仰和中国特色社会主义信念,将实现人的全面自由发展作为追求的理想彼岸,从本质层面上摒弃了资产阶级私有制带来的人的片面性和畸形性发展。同时,立足于马克思主义立场观点和方法,在传统社会与现实世界之间开辟出一条人的全面发展通道。马克思主义中国化代表着中国共产党既坚持马克思主义基本原理,又注重在科学实践中发展马克思主义,而这正是推动马克思主义时代化的生动写照。通过理论创新和改造的根本途径,产生了社会主义核心价值观这一马

---

① 《马克思恩格斯文集》(第7卷),北京:人民出版社2009年版,第928—929页。

克思主义中国化最新理论成果。在中华人民共和国成立以来的70多年的时间里,中国共产党带领人民进行革命、实践与改革,成功带领国家走向富强、民主、文明的生产和生活实践,使人民群众过上了更加美好的生活。尤其是改革开放以来,整个社会关系变得更加和谐有序,和谐成为社会的重要主题,人的价值得到更多体现,并配备了多样化、根本性的价值实现方式。科学发展观的进一步提出,更是将社会的和谐价值取向放在了发展的核心关键位置上,成为党治理国家和社会发展的基本方略和战略导向。

　　另一方面,坚持社会主义道德观,追求继承性与发展性的统一。核心价值观是一个社会价值体系的精华,是整个价值体系中最本质、最具导向性的内容,支撑着整个国家和社会的价值体系。所以说,这不仅是对国家未来价值理想的概括,更是对以往民族历史、传统的总体概括、传承。"我们对今天和明天的世界文化格局的理解,必须建立在对昨天的理解的基础上。大家知道,任何一种文化,任何一种文明,都是有连续性的,从这个意义上讲,如果我们不了解一种文明的昨天,那么,对其今天和明天的状况是难以作出清晰的判断的。"[①]带有明显社会主义性质和中国特色的社会主义核心价值观是当前中国社会价值体系最本质、最集中的思想内核,它所提出的要求和倡导的内容不仅继承了中国传统价值观的优秀精华,而且有效融合了人类历史上类似圣西门、傅里叶等先进人物对社会主义社会的价值构想。这也充分证明,社会主义核心价值观应该成为全体中国人民自觉遵守和维护的价值立场和行动准则,真正做到内化于心、外化于行,最后成为人们的价值观念和文化传统长期固定下来,为进一步推入实践领域奠定思想根基,实现薪火相传和历久弥新的价值传递和理念更新。与此同时,社会主义核心价值观,批判继承了人类文明史上关于社会主义价值理想的科学成分,创造性地生产出既有先进理论指导又有中国特色的

---

① 赵林:《赵林谈文明冲突与文化演进》,北京:东方出版社2006年版,第219页。

社会主义核心价值观。不容忽视的一点是,任何一个民族,尤其是拥有五千多年历史文化底蕴的中华民族,站在新的历史条件下倡导和培育核心价值观,一定不能切断民族的文化传统和历史血脉,而是要以历史积淀和民族特质为前提,结合新的时代发展要求进行创造性转化、创新性发展。社会主义核心价值观不仅反映出我国当前社会发展和国家规划的长远价值追求,而且体现出对在历史上发挥了重大作用的那些鼓舞人心、发人深省、激励人们永不言弃、顽强拼搏的价值观合理内核的继承与融合。社会主义核心价值观所具有的多质化内涵,使其始终保持富有活力的先进精神特质,并持续为推动我国文化的大发展、大繁荣,建设社会主义文化强国提供活力因子;传统价值观所具有的兼容精神和人文理念,为我们在多元价值观交流和冲击中进行正确、理性的价值判断和行为选择提供了根本遵循和思想指引。综上,对中华传统美德进行创造性转化,即对传统价值观进行现代转换和观念提升,需坚持马克思主义的正确思想性指引,为中华民族伟大复兴提供统一的指导思想、坚定的理想信念、强大的精神支撑和基本的规范准则。

二、现代性

现代性转化是中华传统美德实现创造性转化的关键。中华传统美德是经过几千年的历史沉淀下来的,是经过历史和人民检验的,这既是其自身所具有的巨大优势,又在一定程度上阻碍了其现代性的发展。传统美德虽然带有浓厚的历史底蕴和历史沿革,但是如果缺少了一定的时代特色,就不一定能够被人们所接受,成为永远流传、生生不息的一种道德文化,所以对于保持其生命力和影响力来说,进行现代性转化至关重要。诚然,传统美德的现代性转化要经历复杂的推进过程,既不能改变传统美德的根本内核,还要流畅地把时代因素完美地融合进去,做出新的选择、诠释与更新,这不是一个简单的问题,对于新时代的中国而言,必须要立足于现代化建设发展实践,将其与当代社会文化相融合,实现互通互助式发展。具体如何做，一是要把建设社会主义现代化强国作为其转化的根本目标，二是把形成先进的社会主义思想道德体系作为转化的基本内容，三是把提升国民思想道德水平作为转化的具体内容，四是将培育"四有"新人作为转化的成果检验标准。总之，要做好扬弃取舍和创新发展，使得中华传统美德不因时代变迁而褪色，成为生生不息的文化动力，促进社会主义先进文化建设，不断推动中华民族向前发展。

要做到与当代文化相适应。习近平总书记指出："培育和弘扬社会主义核心价值观必须立足中华优秀传统文化。牢固的核心价值观都有其固有的根本。抛弃传统、丢掉根本，就等于割断了自己的精神命脉。"①所以，我们所推崇的创造性转化是指对中华传统道德中依然能够适用于现代社会的优秀美德，即对符合当代文化需求、对经济社会发展具有推动作用的内容加以改造，将其内涵作为社会主义核心价值观的基本精神涵养，对于传统道德中的"不良基因"，要用历史唯物主义进行分析，看到其存在的时代局限性，坚决摒弃。中国具有漫长的农耕实践，形成了丰富的小农文化基因体系。有些道德基因具有明显的阶级性和时代局限性，比如"君为臣纲、父为子纲、夫为妻纲"的纲常名教思想、重男轻女、重道轻器等思想糟粕，需要加以剔除。社会主义核心价值观不是对中华传统文化的全面继承，而是基于时代发展变化，坚持在马克思主义指导下，取其精华、去其糟粕，推陈出新地对中华优秀传统文化的内涵加以转化、拓展、完善，增强其影响力和感召力，实现中华优秀传统文化的创造性转化。改革开放以来，党和国家顺应全球化发展大势，始终以开放包容的姿态迎接并融入世界闻名浪潮之中，坚持用马克思主义立场、观点、方法吸收世界文明和中华民族传统文化的优秀成果，上升到国民价值观层面发展和创新中国特色社会主

---

① 《习近平：把培育和弘扬社会主义核心价值观作为凝魂聚气强基固本的基础工程》，载《人民日报》第1版，2014年2月26日。

义文化建设。如提出坚持"以人为本"的科学发展观,建设社会主义现代化强国,大力追求人的自由而全面的发展,维护社会的公平正义等,不断充实丰富着当代文明价值观,这些都是中华优秀传统文化的创造性转化和超越性升华。

要做到与现代社会相协调。核心价值观也是一个历史范畴,因此在不同的历史时期和社会模式下,由于经济、政治、文化等社会要素的差异,人们所具有的思想意识、价值观念会有很大的不同,不同社会形成的价值观体系也会有所差异,我们不能简单地对其进行定义归类。社会主义核心价值观作为现代中国社会价值体系的精华,是最先进、最合理的价值观念和文明体系,在人与自然的相互关系中集中体现了当代社会主义生产力的发展需求,在人与人的相互关系中将时代因子融入传统价值观内涵,实现了时代性和民族性的完美融合。习近平总书记强调:"一个民族、一个国家的核心价值观必须同这个民族、这个国家的历史文化相契合,同这个民族、这个国家的人民正在进行的奋斗相结合,同这个民族、这个国家需要解决的时代问题相适应。"[①]大力倡导社会主义核心价值观,仅仅汲取中华优秀传统文化的养分是不够的,过去已成为历史,历史资源早晚会被用尽用光,只有不断融入新的时代因素,中华文化才能够熠熠生辉,永远散发出耀眼的光芒。因此,对中华传统美德进行创造性转化,必须全面正确认识当前世情国情,增强融合发展意识,筑牢道德之基,促进中华优秀传统文化与文化建设实践相统一,坚定信心为社会主义现代化建设添砖加瓦。目前,我们已经实现全面小康的奋斗目标,脱贫攻坚取得巨大成效,人们的文化水平得到质的飞跃,思维方式和道德水平也不能按照过去的标准进行衡量和规定,不同时期社会发展情况、发展特色以及人们的思想道德水准都大不相同。我们不能一概认为,人们的思想道

---

① 《习近平:青年要自觉践行社会主义核心价值观——在北京大学师生座谈会上的讲话》,载《人民日报》第 2 版,2014 年 5 月 5 日。

德一定会随着经济的发展而进步,衰退也是有可能的,我们要充分预估到这种情况。我们必须立足于中华民族伟大复兴战略全局和世界百年未有之大变局相互激荡的社会现实,将中华传统美德的思想内核与现时的发展实际结合起来,进一步把固有的思想精华转化为鲜活的文化动力,借助"新的综合"和"新的创造",实现中华传统美德的当代发展和表达,创造中华文明新的辉煌。

要做到与中华民族伟大复兴相同步。自古以来,一个国家、一个民族只有拥有先进的文化,才能够繁荣富强、兴旺发达;一旦自己的文化腐朽僵化,那这个国家和民族只有等待灭亡的悲惨结局。中华文明作为世界上唯一没有中断的文明,中华民族能够自信自强地屹立于世界民族之林,其重要的原因之一就在于拥有博大精深、源远流长的中华文明。当今世界,和平与发展仍然是时代主题,整个世界基本处在相对和谐稳定的状态,因此当代国家的竞争不仅是经济上的比拼、政治上的博弈,还体现在文化的碰撞与冲击上。以经济、政治、军事为主要内容的"硬实力"和以意识形态吸引力为主的"软实力"是支撑当代国家强盛的两大支柱,国与国之间的斗争越来越频繁地体现在"软实力"方面。习近平总书记强调:"中华优秀传统文化是中华民族的精神命脉,是涵养社会主义核心价值观的重要源泉,也是我们在世界文化激荡中站稳脚跟的坚实根基。增强文化自觉和文化自信,是坚定道路自信、理论自信、制度自信的题中应有之义。"①面对当前风起云涌、波澜诡谲的国际形势,中华民族迫切需要建立具有中国特色、符合中国实际的核心价值观念,也就是内含中华传统美德价值底蕴、推动中华民族向前向上发展的思想资源。大同社会、全面小康是全国人民的梦想,心忧天下、报效祖国的担当和奉献意识构成中华民族前行的坚强动力,脚踏实地、艰苦奋斗的敬业精神推动中华民族伟大复兴的中国

---

① 《十八大以来重要文献选编》(中),北京:中央文献出版社 2016 年版,第 135页。

梦得以实现。基于国家、社会、个人的科学视角和价值要求，社会主义核心价值观为改革开放的持续推进和中国特色社会主义现代化建设指明价值导向，提供价值指引和实施原则。坚持发展大众喜闻乐见的文化，用通俗、易懂的语言将核心价值观传播到人民大众中去，不断扩大影响力和感召力，坚定人们社会主义意识形态信心，有效抵御西方思潮的强烈冲击，形成推动建设社会主义现代化强国新征程的强大精神纽带与精神动力。

三、大众性

中华传统美德的一个根本特性就是重视人伦日用，寄托于日常生活中琐碎小事进行春风化雨，润物无声，所谓"圣人教人，只是就人日用处开端"（《陆九渊集·卷三十五·语录下》)，就是要把基本的道德伦理融入人们生活的方方面面。因此，中华传统美德创造性转化必须要认识到人民主体地位，重视人民的作用，坚持面向大众、服务人民，正确发挥其人伦日用的教化育人作用，促进传统美德和日常生活实践辩证联结，甚至是水乳交融，真正让其中蕴含的丰富伦理理念在日常生活实践中生根发芽，日用而不觉，发展为人们的日常生活习惯。人民是社会实践的主体，是历史的创造者。任何国家、任何民族的文化是否具有顽强的生命力，关键在于其主流文化能否得到人民的认同与认可，任何高高在上、脱离群众的文化体系和价值观念不可能得到传承与发展，更不会被应用于实践中去。在中国传统社会中，很多仁人志士将"为天地立心，为生民立命"作为自己一生的追求与理想，饱含着对民生的深切关怀与同情，"民本"思想作为我国一脉相承的治世理念，成为维护国家安全与统一的厚重情操。早在西周，我国就已出现"敬天保民"思想，《尚书》提出"民惟邦本，本固邦宁"的论述。先秦儒家在此基础上进行拓展，提出了以民本为基础的"仁政"思想。另外，中国自古就有"由人化文，以文化人"的说法，人对文化的形成起着关键作用，形成的文化反过来又会对人进行多样的教化。比如，世家大族代代相传的家风、家训,口口传诵的儒道经典、唐诗宋词不仅是人们的思想结晶,更对后世的人们为人处世产生了重要的影响。古代社会不具备现代传播手段和渠道,主要依靠戏曲、话本、民歌等民众喜闻乐见的大众文艺传播文化、宣扬价值观,这些作品上演种种悲欢离合感人故事的同时,往往夹杂着对主流价值的赞同,也就是对主旋律的弘扬。究其实质,社会主义核心价值观体现着社会主义先进文化的本质特征,代表着当代中国最深层的价值取向,凝聚着全国各族人民价值观的"最大公约数",是最能体现广大人民根本利益的价值观。因此,要凝聚广大群众,就需要凭借其深厚的群众基础去孕育磅礴的民族力量,从而汇聚万众一心的发展动力。

要满足人民群众的精神文化需求。中华传统美德转化是有着深深的"泥土"气息的,如果缺乏与现实生活的深度融合,脱离了群众基础,则不仅背离了中华传统美德创造性转化的初衷,更是对转化成果的呈现无济于事,白费精力。因此中华传统美德的创造性转化必须从大幅提升人民物质生活水平等现实情况入手,体现在最终目标和具体落实手段上,否则就会变成"无本之木""无源之水"。中华传统美德的创造性转化要切中要害,精准贯彻,持续开展,只有对接好人民群众,润物无声,融入人们日常生活实践点滴小事中,才能构建起群众自发改造机制,从自身做起,形成全民性的传统美德创造性转化体系。中华传统美德大众化改造过程,需找准人们的兴趣点和共鸣点,满足人们的精神文化需求,对中华传统美德中仍然能够适用于当代社会,促进人们更好地进行社会生活的传统德目进行全新阐释,赋予其新的时代内涵和生活意义;不断丰富人们的精神世界和道德境界,让人们将遵守道德规范作为一种自觉的行为习惯。值得注意的是,中华传统美德的大众转化不仅要从内容着手,选对正确的手段和途径也非常关键,在形式上要选用人们喜闻乐见的、通俗易懂的方式,灵活运用新媒体技术和现代传播平台,增强中华传统美德的生动性、形象化、吸引力,使中华传统美德教育达到更好的效果。

要符合人民群众的话语表达方式。话语是思想的流露和表达,是人与人之间进行精神交流的中介。一个好的内容如果没有采取有效的表达方式,即使内容再丰富、再形象、再生动,都不会引起人们的共鸣和关注,也不会富有感染力和影响力,更不会产生任何实际效用。"加强对优秀传统文化思想价值的挖掘,梳理和萃取中华文化中的思想精华,作出通俗易懂的当代表达,赋予新的时代内涵,使之与中国特色社会主义相适应,让优秀传统文化在新的时代条件下不断发扬光大。"①自从我国推行白话文之后,人们在日常生活、学习、工作中已经很少接触文言文了,而中华传统美德相关著作大都是用文言文进行阐述的,这种话语表达方式已经不再符合当代人们的表达方式和思维习惯,必须要结合时代语境进行必要的创新和转换,只有使中华传统美德具备时代内涵特色,才能够被人们认可和接受。如"重民本"可以表达为"坚持人民主体地位","己欲立而立人,己欲达而达人"可以表达为和睦相处、相互尊重,"大同社会"也可以理解为我们今天的和谐社会等。中华民族是具有深厚历史底蕴的民族,每一位中华儿女自小便沉浸在中华文明的熏陶当中,所以接受传统美德内涵是没有问题的,我们只需实现表达方式的载体创新和转换,将中华传统美德在内容和形式上实现更好地提升,使其能够被更多的人所了解、践行和弘扬,让人们做到内化于心、外化于行,以奠定提升社会主义核心价值观的群众基础。

四、开放性

当今世界,随着政治、经济全球化的持续推进,各个国家、民族在文化方面的交流日益频繁,文化成为国家和民族的重要名片,文化软实力成为国际竞争的主要因素。人类文明与人类社会的发展

---

① 《关于培育和践行社会主义核心价值观的意见》,北京:人民出版社2013年版,第17页。

进程表明,不同文明之间的交流、碰撞、融合是推进文明深刻变革、实现内生发展的主要机制,就像存在数千年的中国封建制度正是在资本主义浪潮下才在百年的时间里被颠覆,诞生了人民当家作主的中华人民共和国。一个民族、一种文化如果一味故步自封、妄自尊大,是不可能发扬光大的,甚至最终会走向灭亡。只有勇于开放、善于学习、能够包容的国家和民族,才能够在保持底蕴与特色的同时真正汲取到其他文明的营养成分,做到以我为主、为我所用,才能将自己的文明发扬光大,屹立不倒。同样,也只有这样的民族和文明,才能在促进自身发展的同时,推进整个世界文明历程,实现人类共同发展。

要汲取世界文化精华,体现人类价值观发展的先进方向。"中华民族具有五千余年连绵不断的文明历史,创造了博大精深的中华文化,为人类文明进步做出了不可磨灭的贡献。"①对于中华民族而言,中华文化源远流长,在几千年历史的沉淀中,凝练出了本民族最深层的精神追求,形成了本民族独有的精神标识,为民族精神生生不息、民族实力发展壮大提供了丰厚滋养。②对于每一位中华儿女而言,中华优秀传统文化犹如民族基因,早已植根在中国人内心,悄无声息地浸润着人们的精神气质,潜移默化地影响着人们的行为方式。这就要求我们必须汲取丰富的精神养料,以提倡好和弘扬好社会主义核心价值观,充分保障其生命力和影响力。③在此需要说明的是,对优秀传统文化的弘扬不等于"唯我独尊""孤芳自赏"。拒绝和排斥一切外来文化,这种僵化保守的做法与当今这个开放包容的世界格格不入,根本行不通。正所谓"文明因交流而多彩,文明因互鉴而丰富"④,人类文明在交流互鉴中不断进步,世界亦在这一过程中得以和平发展。要使中国特色社会主义在与

①　《习近平谈治国理政》(第1卷),北京:外文出版社2014年版,第39页。

②　《习近平谈治国理政》(第1卷),北京:外文出版社2014年版,第164页。

③　《习近平谈治国理政》(第1卷),北京:外文出版社2014年版,第170页。

④　《习近平谈治国理政》(第1卷),北京:外文出版社2014年版,第258页。

资本主义的博弈中赢得绝对优势,必须要牢牢掌握我国的发展主动权,坚持海纳百川、兼收并蓄理念,不断加强同世界人民的沟通与交流,吸收借鉴世界各国的优秀文明成果,坚持以我为主、为我所用。同时,也要引导人们在合作交流的过程中,不能妄自尊大、鄙视弱小,也不能妄自菲薄、崇洋媚外,要在相互尊重、相互平等的基础上进行跨国交往。要坚持底线思维,任何情况下都要维护国家主权和根本利益,不得出现任何损害国家、有辱民族的言行。中国特色社会主义从来就不是盲目抵触西方文化和思想的,而是充分借鉴吸收如自由、民主、平等、博爱、法治、人权等这些人类文明优秀成果,将它们融入社会主义本质要求中,使之与中华传统文化精髓并存,服务于社会主义的发展和进步,向世界充分显示我国当代先进文化的先进性、开放性和包容性,致力于中华文化与世界文化的交流与共鉴。

要积极发扬民族优势,为世界文化多样性贡献中国智慧。在这个中华民族伟大复兴战略全局和世界百年未有之大变局相互交织、相互碰撞的鲜明时代,中国日益走近世界舞台的中央,承担起更多的国际责任,向全世界展现了我国的大国担当。中华文明是世界上唯一没有中断的文明,是因为我们中华民族能够充分尊重和保护我国历史上的优秀文明成果,能够承继古人遗留下的精神财富和宝贵经验,能够凝聚成千古流传的历史文化传统。习近平总书记指出:"历史和现实都表明,一个抛弃了或者背叛了自己历史文化的民族,不仅不可能发展起来,而且很可能上演一幕幕历史悲剧。"①因此,首先,我们必须坚持批判继承,引导人们学习、领悟、发扬中华民族历史上的优秀文化传统,要坚持用马克思主义的立场、观点和方法帮助人们树立正确的历史观,坚持历史唯物主义,反对历史虚无主义。要通过党史、国史、改革开放史、社会主义

---

① 《习近平在中国文联十大、中国作协九大开幕式上的讲话》,载《人民日报》第2版,2016年12月1日。

发展史的教育,帮助人们客观看待和评价历史事件与历史人物,既不夸大历史,也不歪曲历史;要通过对中华优秀传统文化、革命文化、社会主义先进文化的学习,讲清中华民族历史的发展脉络和基本走向,帮助人们认清爱国主义精神在中华民族历史中的重要作用,厚植爱国主义情怀。其次,要充分挖掘历史文化中蕴含的爱国主义教育资源,善于运用丰富的历史素材开展教育和宣传。如将各个时期能够体现爱国主义精神的历史人物事迹、重大历史事件转化为文艺作品进行传播,在陶冶人们情操的同时,加深对我国历史文化传统的认同。继承中国优秀传统文化的价值观念、道德理想和伦理品质,形成在全社会范围内能够获得广泛认可和接受的道德体系,是力行中华传统美德创造性转化的实践证明,是培育和践行社会主义核心价值观的重要路径,也是促进中国与世界一同发展进步的助力器。随着国际形势的日益紧张,不同国家对于意识形态等上层建筑层面内容更为关注,中国始终对霸权主义、强权政治保持高度警惕,着力于抵御外来腐朽思想文化的冲击,保护本民族的文化特色,立足自身丰厚的历史底蕴发扬民族文化,力图增进人们的文化认同感和文化自信心,使人们认识到,文化要成为世界的,必须先成为民族的。各个国家只有先保护好、发扬好、践行好本民族的优秀文化,才能够保持先进性和科学性,才能够具备促进世界文化发展进步的条件,才能够为其他国家和民族所借鉴。作为拥有几千年民族文化的中华民族理应承担起这个责任,将自己流传千年的优秀文化和道德规范传承下来,让其焕发出新的时代生机,并进一步推广到全世界,作用于全人类,提升整个人类种群的思想道德境界,为世界文化多样性贡献中国智慧和中国力量。

第二节　中华传统美德创造性转化的主要要求

中华优秀传统文化作为中华民族的显著优势和最深厚的文化软实力,其优势价值的发挥不能完全顺其自然,而是需要一个创造性转化的过程。对待中华传统美德亦是如此,需要我们处理好继承与创造性转化二者之间的关系。习近平总书记指出,"中国古代就有崇仁爱、重民本、守诚信、讲辩证、尚和合、求大同等思想,其中就有很多具有永恒价值的内容",要"努力实现中华传统美德的创造性转化、创新型发展"。[①] 中华传统美德可谓一座思想道德宝库,蕴藏着丰富的教化资源,但是受其内容、性质、功能等方面的限制,难以直接为现代社会道德建设提供思想基础,难以直接为现代社会发展带来道德滋养。在此背景下,为充分发挥中华传统美德潜在的资源性意义,涵养社会主义核心价值观的重要源泉,推动现代中国社会发展,必须在基本原则的指导下,从国家、社会、个人三个维度准确把握中华传统美德创造性转化需要注意的几方面要求。

一、国家层面:体现"国家意志",满足国家安定需要

(一)明确富强是社会主义现代化的基本价值目标

富强是社会主义核心价值观的首位目标,反映了国之命脉、民之所盼,蕴含了治国理政的基本诉求,体现了一个民族共同体的深层意志,这是实现"两个一百年"奋斗目标和中华民族伟大复兴中国梦的重要支撑。在我国的历史长河中,富强思想古已有之,比如"足国之道,节用裕民"(《荀子·富国》)。一代又一代中华儿女为了实现国家富强和民族振兴而不懈奋斗,尤其是在近代反侵略斗争中,用生命和鲜血,捍卫了国家的安全和尊严,这正是对我国传统美德的生动实践。因此,在新的历史方位下,我们要对社会主义核心价值观中的富强的概念范畴形成科学的认识,也就是正确把握其中所表达的逻辑内涵。第一,表现在国强与民富的关系上。这里的"富强"继承了国家政治美德中民富国强的思想传统,凸显

---

① 《习近平关于社会主义文化建设论述摘编》,北京:中央文献出版社 2017 年版,第 138 页。

出美好政治愿景的一以贯之性。一方面，使民富裕，民富是国强的前提和基础。前文已讲了民富的必要性和重要性，这不但是我国古代政治文化的内在追求，也是我们今天的奋斗目标。另一方面，国家强盛，国强是民富的条件和保障。国强体现为国家拥有巨大的经济财富和强大的综合国力，这为更好地满足人民物质和精神的双重需求提供了政治保证。所以，人民富裕、国家强盛这二者是统一的，互为条件，相辅相成。第二，表现在先富和共富的关系上。这里的"富强"升华了传统意义上平均主义的富裕，从我国最大的国情实际出发，追求的是全方位、多层次和宽领域的富裕，体现了社会主义的精神属性。从深层次讲，社会主义的富强观，实际上是一种公正的价值表征，相异于资本主义富强观，是兼顾效率与公平的辩证旨归，致力于"解放生产力，发展生产力，消灭剥削，消除两极分化，最终达到共同富裕"①的现代化价值目标。其中，也鼓励一部分地区和人民先富裕起来，注重发挥榜样的示范带动作用，这样能够有效地调动人们的生产生活积极性，从而实现共同富裕的价值目标。除此之外，我们还应该明白这一富强观承袭了传统富国思想，对社会经济、军事力量等方面的客观实力提出要求，并在此基础上创造性地融入了社会政治生活的内容元素，从而使得这一理论观念更具有感召力和影响力。

（二）明确民主是社会主义始终高扬的旗帜

民主是人类社会普遍追求的价值理念，是社会主义的核心政治理想，是中国共产党人的一面旗帜，发挥着广泛协商、凝聚共识的优势，彰显了社会主义的本质力量。马克思认为，"在民主制中，国家制度、法律、国家本身都只是人民的自我规定和特定内容"②。其实，这进一步说明了社会主义制度中"人民主权"的深层逻辑，也为一国的政权合法性和秩序稳定性提供了价值遵循。事实上，我

---

① 《邓小平文选》（第3卷），北京：人民出版社1993年版，第373页。
② 《马克思恩格斯全集》（第3卷），北京：人民出版社2002年版，第41页。

国的社会主义民主超越了传统社会中维护封建专制统治的民本思想,也明显区别于资本主义制度中所谓的"普世价值"的不彻底的民主理论。换言之,民主具有一定的历史性和阶级性,与当时社会历史发展的条件以及当政者的宗旨性质紧密相关。回顾过去,早在上古时期就已出现民主实践,尧舜禹的"天下为公""勤勉为民"无疑是早期践行民主的生动体现。传统民主价值观,虽然具有一定的历史局限性,但是对当时国家治理产生了重要的推动作用,而且在后来又发展出"民贵君轻""立君为民"等优秀民本理念,而这与今天的民主思想具有一定的契合点。毫无疑问,我们要坚持马克思主义的立场,认清民主的历史范畴。核心价值观中所提倡的民主观之所以能够被称为完全意义上的人民民主,是因为其脱胎于古代民本思想中的精华,并在此基础上加以提炼、总结和升华,高度契合中国共产党人立党为公、执政为民的政治追求。习近平总书记对人民民主问题予以高度重视,多次发表重要讲话,明确指出"为人民而生,因人民而兴,始终同人民在一起,为人民利益而奋斗,是我们党立党兴党强党的根本出发点和落脚点"①。从各个方面强调人民群众的主体地位,特别关注人民群众的生产生活问题,而这些都可以在传统美德中找到思想渊源。需要注意的是,中国特色社会主义民主是一种新型的民主,既继承了传统民本思想的精华,又立足于本国国情的实践需要,并且体现了时代发展的客观要求,可以说具有广泛性、彻底性等特征,为此,在新时期要继续发扬社会主义民主政治。

(三) 明确文明是社会主义的重要特征

文明是世界历史发展进程的深层映照,是国家文化软实力的核心部分,是建设社会主义现代化强国的重要法宝,与此同时,也表征了社会进步和人民幸福的应有之义。从社会主义核心价值观

---

① 习近平:《在党史学习教育动员大会上的讲话》,载《求是》2021年第7期。

的角度来说,作为国家层面中的"文明"集中体现着中华民族深厚的文化底蕴和社会主义精神文明建设的方向特质,是在传承中国优秀传统政治文化深刻内涵的基础上发展起来的。从根本上来说,这一文明价值观的形成和发展绝非一蹴而就的,需要在探索与实践中不断地丰富和完善,而且在这一过程中应该始终秉持过去、现在和未来动态统一的价值理念,绝不能割裂历史、故步自封和因循守旧。比如,人类命运共同体、生命共同体、以人民为中心等理念,既是对传统文明思想的继承,又创造性地赋予其新的现时内涵和未来指向。对于我国而言,若要实现国家的长治久安和文明的长远发展,必须以中国先进文化的前进方向为指引,正确处理好本土性、外来性和当代性之间的内在关系,推陈出新,兼收并蓄,不断自我更新、自我完善,善于从历史与现实的互动交融中汲取前进力量,展现中华文明的生命力和创造力。因为任何一种文明都记录着共同体成员特有的社会记忆,也是对民族文化基因、精神气质的深层印记。于当前现实而言,文明的程度决定了社会整体风貌的塑造水平和个人道德素质的提升水平,所以要在保留民族文明禀赋的前提下构筑现代文明新秩序,实现传统文明的现代转型,从而达到真正意义上的时代自觉和行动自觉。为此,中国特色社会主义文明价值观,必须内含国家政治美德的历史文化传统,植根于改革开放的伟大实践,遵循文化建设的客观规律,同时面向世界,博采众长,以开放的姿态、向上的状态使中华传统美德的创造性转化与时代发展融合,与人民需求共鸣,努力实现物质文明和精神文明的同步发展,更好地在新时代下提升文化自信和文化自觉。

(四)明确和谐是中国特色社会主义的本质属性

自人类社会产生以来,对和谐的追求已然成为一种基本的价值取向。和谐,自古以来就是中华文明所依循的价值内核。在我国古代,"和"与"谐"一般是分开的,但在以儒家为代表的传统思想中,不乏对"和合"思想的阐述,尤其体现在对各种关系的协调处理上,具有独特的伦理性和政治性特色,极大地唤起了民族认同感和价值共识力。大致而言,和谐思想涵盖了人与自身、社会、自然,以及国家与国家等多个层面的价值准则,比如"自强不息""以和为贵""天人合一""和而不同"等传统美德,在这些关系的处理上起到了很好地调和作用。尤其是对于矛盾冲突的解决提供了方法论指导,也有机地融入了新时代坐标下的物际关照和人文关切。可见,这是物与物、人与物以及人与人关系的必然走向。在这一价值视域下,我们需要认清理想与现实的距离,要明白由于当时社会历史条件和小农经济发展水平的限制,传统和谐价值观是很难成为现实的,因为等级观念依然根深蒂固。社会主义核心价值观中的和谐思想,既与过去相联系也相区别,它是基于国家社会的发展实际,追求一种全面的、动态的和更高层次的和谐,充分肯定了人民的主体性,体现了以人民为中心的内在功能指向。此外,对于传统"和合"思想的当代性表达,还离不开生产力的高度发展和社会文化的高度繁荣,其提供了充足的物质和精神资源,于时代、于国家、于人民而言,这都是一种合目的性实践。可以说,和谐是一国文明发展的动力,是一国现代化水平的象征,特别是社会主义和谐观以人民为本位,切实保障人民群众的根本利益,坚持与世界各国人民和平相处,有力打破了"国强必霸"的传统历史逻辑。从这个意义上说,要始终立足中华优秀传统文化,继承发扬中华民族的"和合"理念范型,遵循价值建设的一般规律,切实做到内化于心、外化于行,将社会主义和谐观与构建和谐社会的实践结合起来。

二、社会层面:体现社会基本属性,满足社会发展需要

(一)明确自由是社会主义的价值理想

作为一种价值理想,自由不仅是马克思主义的核心旨归,也是社会主义的内在要求,是国家意志与个人意志的高度统一,也就是人民意志的集中表达。从现实意义上讲,促进和实现自由,与促进和实现正义、平等、法治相互统一,在推进社会主义现代化强国建设方面均有着重要意义。社会主义核心价值观中的自由,继承和

发展了马克思主义自由观,以"实现人的自由而全面发展"为根本
目标,同时也传承和创新了中国传统自由观。从历史的角度而言,
"自由"一直是中国传统文化中的重要价值取向之一,并在中华民
族五千余年的历史进程中,内化为一种自觉的精神追求。就中国
特色社会主义的发展来说,自由是改革开放的动力源,是社会主义
民主政治的必然要求,也是发展社会主义先进文化的基本保障。
马克思提出:"权利决不能超出社会的经济结构以及由经济结构制
约的社会的文化发展。"①因此,社会主义自由观,其本质内涵是实
现整体意义上的自由,当然,这绝不是对个人自由的否定,而是主
张建立在个人全面自由的基础上,促成全人类的自由解放,最终达
到自由人的联合体,这无疑是合规律性的目标指向。我们上面所
谈论的自由,以唯物史观为哲学基础,以社会伦理美德为思想渊
源,以集体主义为基本原则,涉及政治、经济、文化、社会、生态等各
个领域。不言而喻,这是一项艰巨而复杂的长期性任务,不能脱离
客观规律盲目而上,而是要系统性谋划、科学性布局,使之与当前
的社会经济文化发展实际相符合,与人民对美好生活的向往相契
合,从解放和发展社会生产力开始,逐步实现自由的终极追求。因
为只有社会生产力获得了极大的发展,才能最大限度地汇聚各方
力量资源,从而为拓宽自由实现的深度和广度奠定坚实的基础。
但是,自由也是相对的、具体的,具有一定的历史范畴,需要刚性制
度的调适和规约,这一方面有利于使公民的自由和权利得到尊重
保护,另一方面也有利于引导公民依法行使自身的自由和权利。

(二)明确平等是社会主义制度的基本价值原则

作为一种基本价值原则,平等是社会主义国家背景之下对社
会价值的高度概括及其本质诉求的生动表达,集中展示了社会主
义现代化国家的精神标识,决定了社会主义社会的价值标准、目标

---

① 《马克思恩格斯文集》(第3卷),北京:人民出版社2009年版,第435页。

和总体导向。我们今天所倡导的平等既包含了普遍的平等共性,又具有鲜明的民族个性,可以说是中国特色社会主义平等观。因为这充分展现了人民当家作主的根本内核,也就是人民自己来行使管理、治理的自主权,而不是处于被动、受支配的地位。"均平"思想是我国传统价值观中所提倡的基本原则,从某种意义上讲有其存在的合理性,内含了一定的经济平等、人际平等思想,对社会有序发展和伦理关系维系起着积极性的推动作用。可以说,这一传统平等观为社会主义核心价值观提供了充足的思想基础,比如"等贵贱,均贫富""知天子之与己皆天之所子"①。社会主义核心价值观中的平等,是对传统平等价值观的理论升华,体现了社会主义的基本特征,表达了对人格与权利平等的积极认可。具体而言,社会主义平等观以公有制为基础,反映出社会生产力水平和生产关系性质,代表人民群众的利益和情感诉求,实质上是一种过程与结果的平等、内容与形式的平等。因此,我们必须正确认识平等,正确看待其历史性和阶级性特征,明确社会制度和环境的差异同样也会造成对平等的不同理解。此外还应认识到,平等的真正实现无法一蹴而就,而是一个持续性的、螺旋式的长期发展过程。基于此,需要清楚地认识到,社会主义平等的实现与当前的生产方式相关联,坚持从社会主义初级阶段这一现实条件出发,深化体制改革,创新激励机制,提升社会创造活力。马克思曾说:"因为如果没有这种发展,那就只会有贫穷、极端贫困的普遍化;而在极端贫困的情况下,必须重新开始争取必需品的斗争,全部陈腐污浊的东西又要死灰复燃。"②可见,发展是实现平等的必由之路,在此基础上要进一步夯实物质基础、制度保障和文化建设的根基,不断缩小和消除差距,真正保证平等的真实性和广泛性,彰显社会主义制度的优越性。

---

① 陈鼓应:《庄子今注今译》,北京:中华书局1983年版,第106页。
② 《马克思恩格斯文集》(第1卷),北京:人民出版社2009年版,第538页。

（三）明确公正是社会主义的基本价值取向

公正是社会主义的基本内容，是社会关系和制度精神的价值体现，是一个国家得以持续发展、长久运行的灵魂所在，所以公正不可缺位。如同罗尔斯做出的论断："正义是社会制度的首要价值，正像真理是思想体系的首要价值一样。"[①]一旦离开了公正，社会发展将失去前进的精神指引，偏离正确的价值取向。社会主义核心价值观中的公正，保留了中国传统社会伦理美德，比如"天下为公""先义后利""公正为民"等，这些都极大体现了圣人先贤对人格道义和群体意识的坚守，在今天仍发挥着重要的价值意义。从根本上来看，公正观必须要在实践中才能得到真正体现，中华人民共和国成立以来，党和国家领导人在实现公正公平的道路上做出了巨大的努力，进行了一系列的探索与实践，制定出台了诸多方针政策，始终牢记公正的根本要求。所以，在新的历史时期，公正仍然是我国现代发展的最基本要求，但是任务艰巨，道阻且长。为此，要契合当今的世情、国情、党情来理解社会主义公正观，并在中国特色社会主义伟大实践中使之落地生根，更好地凝聚起全体人民的磅礴力量，共同建设公正的社会主义国家。习近平总书记在讲话中多次强调，全面深化改革倚赖于公平正义，为此必须要"不断克服各种有违公平正义的现象，使改革发展成果更多更公平地惠及全体人民"[②]。否则，如若缺失公平正义，老百姓不能实实在在地获益，甚至衍生出更多不公平，那么改革就毫无意义。因而，要继续倡行公正观，在全面深化改革的前提下，建立健全内容丰富、形式科学的社会保障体系，缩小城乡、地域收入差距，营造和谐向上、有序参与的社会环境，促进我国社会政治文明发展。同时，

---

① ［美］约翰·罗尔斯：《正义论》，何怀宏等译，北京：中国社会科学出版社1988年版，第1页。

② 《习近平：切实把思想统一到党的十八届三中全会精神上来》，载《人民日报》第2版，2014年1月1日。

要从制度设计上加快推进社会公平正义,严厉打击特权思想和现象,破解社会发展的困境难题,具体落实在与人民群众生活息息相关的诸多领域,比如政治参与、经济收入、教育就业、住房保障、就医养老等,真正让人民群众享受到社会主义的发展成果。

(四)明确法治是现代社会治理的基本方式

法治是立国兴邦的基本方式,是德治的必要保障,是实现自由、平等、公正的重要途径。在人类社会中,法治被看作一种普适性原则,承载着人们对正义秩序的价值需求,象征着合乎情理的权利话语权,意味着在很大程度上决定着社会治理的效力。党的十九大明确将"坚持全面依法治国"这一思想作为新时代背景下我国坚持和发展中国特色社会主义的基本方略之一,同时对此也提出了一些新要求,切实保障良法善治。新时代中国特色社会主义法治价值观,是共同体成员价值共识的"最大公约数",也是践行社会主义核心价值观的机制保障,明确规定什么可为与不可为。其基于"刑德兼施、德本刑用"等传统法治思想,结合本土性元素进行现代性转化,突出德法共治,强调"科学立法、严格执法、公正司法、全民守法",形成了较为完备的中国特色社会主义法治体系。从中可以发现,传统社会伦理美德从道德之维为现代法治建设提供参考,但是社会主义法治建设是一个不断发展的过程,一方面需要不断健全法律制度,做好宣传教育工作;另一方面需要不断提升法律意识,增强公民的体悟认同,这是同一过程的两个方面,绝不能被分割开来。所以,推进社会主义法治建设,要始终坚持党总揽全局、协调各方的领导核心作用,保证法治、德治两手抓,既要植根于中国特色社会主义伟大实践,又要创新发展传统法治价值观。具体来看,要注重宪法和法律的实施力度,深化司法体制改革,深入开展宣传教育,加强执法监督,从根本上保障广大人民群众的权利,在推进依法治国的进程中走进法治时代。我们知道,"治不必同,期于利民"(《默觚下·治篇五》),所以要坚持开放和包容的文化立场,立足本民族法治实践,积极汲取国外法治建设的有益成果,以此更好地坚定文化自信,不断提升全社会法治文明水平。

三、个人层面:体现日常行为准则,满足公民立命需要

(一)明确爱国是民族精神的核心

爱国,是我国人民团结奋斗的精神力量,已经刻印在每一个中华儿女的骨髓之中,成为中华民族源远流长的文化基因。在几千年的历史进程中,无论是奴隶社会、封建社会还是社会主义社会,都延续着弘扬爱国主义精神的传统,爱国成为每个人的应有之义。舍身为国者荣、卖国求荣者耻,一直都是国人普遍认可的道德准则和规范,约束着人们的行为。经过几千年的历史沉淀,尤其是近代以来的风雨洗礼,构筑和形成了伟大的民族精神,其中爱国主义居于首位,因为这是最深层、最有力量的情感,也彰显出中国人民一直以来不畏艰险、保家卫国的道义担当。社会主义核心价值观把爱国作为个人层面中的第一要求,可以说是将个人与国家紧紧联系在一起,并将其上升为国家理性层面要求,充分体现了党和国家对弘扬和践行爱国主义精神的高度重视。爱国是具体的,是可以实实在在体现到每个人的行为上的,是需要用行为证明检验的;不是抽象的、说说即可的。中国特色社会主义社会进入新时代,社会主义矛盾的变化对爱国提出了新的要求,时代的变化发展也赋予了爱国新的内涵,也正是因为如此,爱国才能够紧跟时代潮流,为推动中国特色社会主义事业提供内在动力。面对当前中华民族伟大复兴战略全局和世界百年未有之大变局相互激荡、相互交织的情形,我们更加需要弘扬爱国主义精神,坚定爱国意志,引导人们将个人梦融入中国梦和世界梦之中,坚持在服务国家、服务社会中实现人生价值。从目前来说,我国已如期完成"全面建设小康社会"这一百年奋斗目标,成功迈向全面建设社会主义现代化强国的新征程,弘扬爱国主义精神首先要使人们对我国的发展进程有一个清晰的认知,意识到祖国的伟大强盛以及自身的使命担当,与国家发展、社会进步保持同步节奏,不断提升自身能力,这是国家对

我们每个人的期待,也是我们身为中华儿女所应承担的责任。社会主义核心价值观的爱国观是理性的爱国观,要求我们理性看待、审视有关爱国的言行、舆论、事件,维护国家统一和民族团结,同一切妄图破坏国家团结的分裂活动做斗争,旗帜鲜明地保持社会主义坚定立场,在中国共产党的领导下实现我们民族的伟大复兴。尤其是当面对民族冲突和矛盾时,我们更要沉着冷静,用马克思主义立场、观点和方法审视问题的本质,在维护国家根本利益的基础上最大限度保障好各民族人民群众的利益。爱国不仅体现在国家大事上,在每个人的日常工作、学习中都能有所践行,每个平凡人坚守住自己的岗位,尽职尽责,就是爱国;每个学生认真学习,陶冶情操也是爱国。只要我们始终能够与国家利益和国家尊严荣辱与共,恪行"严守国家秘密,保卫国家安全"的最高准则,就能够为社会主义现代化建设保驾护航。同时我们也要推动爱国主义教育日常化、把社会主义爱国观落实到具体的行为实践中。

(二)明确敬业是职业道德的灵魂

敬业传统自古有之,是中华民族的传统美德之一,"一年视离经辨质,三年视敬业乐群"(《礼记·学记》),古代教育将敬业作为学生发展的第二阶段标准。即使在今天,我们对敬业的重视依然没有减轻,热爱、敬重自己的工作与事业成为当代社会职业道德的灵魂,是约束人们职业行为的基本道德规范。国家的发展、民族的进步是需要世世代代、千千万万的工作者共同来建设的,拥有一份赖以谋生的职业是生活在当代社会的必然要求,因此,每个人都需要融入祖国建设发展历程中,体现出个人的价值。习近平总书记指出:"必须树立劳动最光荣、最伟大的观念,充分调动人民的劳动积极性,形成科学的劳动观,通过劳动来改变生活。"[①]不难看出,只有具备坚定的信仰信念和高度的职业素养,人们才能更好地明

---

① 《习近平在同全国劳动模范代表座谈时的讲话》,载《人民日报》2013年4月29日。

确自身的奋斗目标和保持强大的敬业精神,并以极大的勇气面对工作中出现的各种磨难,妥善处理好工作矛盾和问题,在工作中实现自我成长与蜕变。敬业是社会主义核心价值观的重要组成部分,也恰恰印证了敬业价值观在新的历史时期依然发挥着重要的意义,既是个人职业道德的深层体现,也是时代发展的客观要求。我国拥有十四亿多人口,是一个劳动强国和大国,如果全民能够秉持敬业精神,兢兢业业工作,就会激发出中华民族强大的创造力和凝聚力,成为支撑我国推进现代化建设的一股无坚不摧的力量。随着第三次科技革命的持续开展,对劳动者的要求越来越高,尤其是对高水平人才的需求逐渐增大,不仅需要劳动者勤勤恳恳工作,更需要其具备较高的技术水平和专业知识。虽然社会条件发生了变化,但是满足人民对美好生活的向往始终是不变的追求,这不仅是党和国家的使命,也是对奋斗在各个岗位上的工作者提出的要求。新时代的敬业观,需要每个人的努力,要自觉地将小我融入大我之中,心存大志,勇担大任,坚持为国家建设贡献自己的力量,无愧于祖国、无愧于人民。在新技术平台上,人们的沟通交流更加深入、合作更加紧密,而这也很好地反映在敬业价值观上,以敬业精神为内在依托,人们获得了知识和能力上的增长,并将其运用到具体的社会实践之中,实现了对自身潜力的有力挖掘。

(三) 明确诚信是公民道德的基石

诚实守信是人类千百年来传承下来的优良道德品质。人无信不立,诚信是为人处世的基本道德底线,是个人成长的基石,也是社会正常有序运转不可缺少的必要条件。缺失诚信不仅会失去个人的节操,更会失去他人的信任和认可,得不偿失,甚至如果成为一种风气,人与人之间的信任荡然无存,整个社会也会分崩离析。社会主义核心价值观中对于诚信的宣扬倡导,一方面是继承和发展中华传统诚信美德的必然结果,另一方面更是当今社会的迫切需要。随着西方资本主义思潮持续涌入我国,人们的思想受到资本主义腐蚀,拜金主义、个人主义、享乐主义之风盛行,出现各种违法乱纪、失信行为。因此,在当代社会,我们更需要培养人们的诚信观念,在工作时秉持诚实守信的经营态度,真心实意地待人接物,脚踏实地,为人民服务,共同构建一种和谐向上的社会局面。另外,我们应该明确,建立在市场经济基础之上的社会主义敬业观不仅是一种道德规范,更是一种"法律诚信",失信言行会受到法律的惩罚与制裁,这是诚信美德区别于其他道德的鲜明特征。因此,诚信价值观,一方面体现了传统诚信思想中的个人诚信向现代社会群体诚信的创造性转化,表明了一种基于认同的共同体意识;另一方面说明了在继承传统义利观的同时,也不否认个人利益的正当性。可以说,这是一种新型的诚信观,有机融入了义利统一的价值理念,流露出家国一体的强烈情怀,依此逻辑,才能真正理解个人的独创精神,也就是主张充分激发个人独特个性,适当满足个人发展的一定欲望,从而激起个人向上向善的积极性和主动力,更好地为经济社会的发展累积更大的力量,以达到实现人生价值的内在目标。此外,社会主义诚信观是将社会关系从熟人形式向市场关系转化,不仅要将诚信作为熟人之间遵守的规范,也要将其作为整个人类社会和交往关系中的原则,秉持互惠互利、合作共赢的理智化目标。最后,社会主义诚信观是将重义轻利的传统思想向开放包容的现代诚信理念转化,也就是在此基础上进行现代意义上的实践升华,体现出一定的法律规范效力,并且切实与时代发展需要相承接。

(四)明确友善是社会和谐的润滑剂

当代社会与古代社会的显著区别就是人们之间的交往打破了血缘、地域的限制,交往范围和交往空间得到极大扩展,成为真正意义上的社会公民,甚至是世界公民。这就要求人们不仅要对具有血缘关系的亲友友善,还要对其他交往人员表达出友好关系。友善观的树立,是公民之间关系的有序协调,推动了和谐社会关系的构建,成为社会价值体系的规范之一。"仁爱"观念作为儒家的核心思想被世代传袭,"己所不欲,勿施于人"就是孔子"仁者爱人"

思想的生动表达。在社会主义市场经济快速发展、交往关系持续深入的中国社会,友善作为维持人际和谐关系的重要道德规范被列入社会主义核心价值观基本规范,是对中国传统仁爱思想的批判继承,主要表现在团结统一、理解尊重、包容合作、互敬互爱等方面。友善对个体的道德要求,体现了人的本质规定性,也就是人的社会属性;友善是一个人胸襟和修养的表现,影响到个人在学习、工作、交往等多方面的言行,渗透在社会的各个领域和层面。个体将友善作为处理人际关系的道德基础,既有利于形成良好的交往氛围,也有助于推动和谐社会的建设。弘扬社会主义友善观,需要开展相应的主题活动,使人们在这些活动中真切体悟到友善向上、奋发有为的积极力量,培养自己的友善思想。另外,中国传统仁爱观与社会主义友善观的显著区别是:传统仁爱思想建立在内在自律约束基础之上,主要依靠个体的自觉和追求;而社会主义友善观既主张内在自律,又辅之以外在他律约束,通过制定颁布一系列法律和规章制度从客观角度予以保障。榜样的教育、引领与示范是培育当代友善观念的重要方式,同时需要辅以保护善行义举的保障机制。[①] 因此,可以通过设立见义勇为奖和宣扬道德模范,在全社会营造惩恶扬善的良好道德风气,对公民友善道德行为进行宣扬和奖励,鼓励更多人开展友善言行,并将其进一步发展为一种自发、自觉的行为和观念。此外,引导公民遵守法律法规,积极有序地参与公共事务,充分发挥自身的能力优势,在这一过程中有利于培育和发展人们的友善价值观,并使这一价值观的引领力、影响力更好地得到巩固和提升。

---

① 沈壮海、刘水静:《友善:处理人际关系的基本准则》,载《人民日报》第16版,2014年2月17日。

第三节　中华传统美德创造性转化的评估指标

中华传统美德的创造性转化就是在一定的思想和原则指导下,甄选出其中所蕴藏的思想理论、价值观念、规范体系乃至实践模式,深挖其时代价值与现实意义,并运用适当的方法加以改造、重组,推动其朝着契合现代经济社会发展需求的方向创造性转换,直接服务于社会主义核心价值观的培育和践行工作。因此,转化是一项科学工程,需要设立一定的衡量指标加以评估其转化效果。

一、设立意义

中华优秀传统文化蕴含着丰富的价值观念,待以深入发掘、整理、凝练和阐发。在新的历史条件下,为进一步创新、发展中华优秀传统文化的价值意蕴,焕发其时代生机与活力,助推社会主义核心价值观培育工作,需要依据转化对象的具体情况,结合现实需求,通过赋予时代新义、改造表达形式、增补充实内容、拓宽延展内涵等方法进行科学"转化"。

(一) 以实事求是的态度促进科学转化

对中华传统道德价值观进行科学的扬弃,是中华传统美德价值观现代性转化的前提。设立衡量指标的第一要务就是对中华传统道德进行辩证地分析,科学地扬弃,吸收其合理内核,并在新的历史条件下转化创新,发扬光大。如前文所述,中华传统道德由三类不同的道德成分构成,中华传统美德的创造性转化需要以此为内容基础。一是存在明显错误的,需要被去除的"糟粕"。这类道德观是传统封建社会背景中围绕统治阶级私利生成的道德规则和价值准则的代表,在内容和形式上也是消极落后的,如"三从四德"。二是在中华传统道德中属于先进、正确的思想,需要被继承和发扬的"精华"。这类道德观在中华民族发展历程中始终深深影响着社会发展的进程,对于民族精神的培育和国民价值观的塑造发挥了重要作用,且在今天依然存在,起着重要的道德规范和约束作用,如谦恭、诚信、礼让等。三是"精华""糟粕"共存,精华占大部分,糟粕需要加以摒弃或转化的传统道德。这类道德价值观,如"仁""礼""孝""忠"等,由于古代封建君主专制制度的影响,具有一定的历史局限性,要想在现代社会中发挥积极作用,必须从社会发展的实际需要出发进行改造、充实和更新,使其发展为内容、价值、方式等各方面均契合现今社会发展的新道德,这也体现了道德的发展性。所以,在前述三类传统道德成分中,除第一类有悖中华传统美德,是应当予以摒弃的道德糟粕外,后两类均是有待被继承和发扬的中华传统道德重要内容,具有极高的转化可能和价值,为中华传统美德创造性转化提供了道德资源和内容基础,需要我们在鉴别的基础上区分对待、扬弃继承,以最大程度地克服中华传统道德价值观中固有的局限性。

(二) 以与时俱进的精神助力现代转化

为深入转化中华优秀传统文化的价值观,需要在扬弃的基础上,赋予并丰富其新的时代内涵。设立衡量指标的关键就是要在扬弃的基础上,明确哪些传统美德价值观能够在新的历史条件下生发出新的时代内涵,进而通过转化提升,继续焕发传统美德的现代生命力。2014 年,习近平总书记在纪念孔子诞辰 2565 周年大会上强调,由于传统文化的形成和发展深受当时的经济条件、社会制度和人们的认知水平等因素影响,在时代的推演进程中部分文化难免已经陈旧过时甚至沦为糟粕,这就要求人们不能盲目照搬或是一味套用传统文化,需要结合当前的时代要求和实践需要进行正确取舍与扬弃,坚持古为今用、推陈出新,通过与现代文化相通相融,实现中国传统文化的创造性转化与创新性发展,服务于以文化人的时代任务。[①] 此处所谓的"古为今用、推陈出新"和"创造

---

① 《习近平在纪念孔子诞辰 2565 周年国际学术研讨会暨国际儒学联合会第五届会员大会开幕会上的讲话》,载《人民日报》第 2 版,2014 年 9 月 25 日。

性转化与创新性发展",便是要着眼于新的时代发展潮流,立足于当代社会实践需求,为中华优秀传统文化价值观赋予时代解释,丰富时代内涵。例如,"不患寡而患不均"的传统思想体现了古代传统社会中人们对于社会公平正义的渴求与期望,虽然从表面上来看和现代社会中的公平正义价值取向类似,都是要求在社会中建立起公平正义的秩序,但是又存在本质不同,因为这种价值观是建立在小农经济基础之上的,具有绝对平均主义倾向,且这种绝对平均主义在实践中也被证明是有缺陷的,在太平天国运动的《天朝田亩制度》中体现尤为明显,因此必须要对其进行价值扬弃。今天,社会生产力水平高度发达,生产社会化程度迅猛提升,人们更加推崇公平正义的价值观。因此,在批判继承传统思想中朴素的公平价值观念的同时,要着重克服其受小农经济基础影响而形成的绝对平均主义的局限性,吸收现代社会中公正思想的正确内容,处理好"寡"和"均"的关系,将传统的公平正义思想经由创造性转化和创新性发展,成为公正、平等的社会主义核心价值观,大力培育、践行和弘扬这一价值观念,在全社会提倡按规矩办事、按程序做事的法治思维,努力创造公权力依法接受监督、让权力在阳光下运行的社会氛围,以思想之力推动社会主义现代化建设,迈向共同富裕的社会主义奋斗目标。

(三)以贴近大众的意识推动创新转化

中华优秀传统文化价值观的现代性转化,不仅要丰富时代内涵,还要创新话语表达方式。设立衡量指标的目的就是希望通过符合现代话语体系的表达方式,将中华传统美德运用于人们的日常生活中,形成人们共同生活及其行为的准则和规范,对社会生活中遇到的问题进行一定的约束和调节。话语是思想的流露和表达,是人与人之间进行精神交流的中介。深刻的思想需要恰当的表达方式加以承载,否则思想本身再深刻也不会变成富有感染力和影响力的话语。为此,《关于培育和践行社会主义核心价值观的意见》明确指出,要"加强对优秀传统文化思想价值的挖掘,梳理和萃取中华文化中的思想精华,作出通俗易懂的当代表达,赋予新的时代内涵,使之与中国特色社会主义相适应,让优秀传统文化在新的时代条件下不断发扬光大"①。这里为传承和发扬中华优秀传统文化价值观提出了更加切实的要求,即要从现代人的特点和需求出发,创新发展并将话语风格和方式转换为易于被群众理解和接受的模式,进而认同并主动传播和践行,从而维护社会秩序,解决社会问题。如同样是强调人民的重要性,"民为邦本"的话语表达还不能直接体现出人民的核心地位,现代"以人为本"的话语表达就更加准确贴切;再比如同样是强调社会秩序的仁爱互助,"仁者爱人""和合"理念比较抽象,很难实现大众化传播,换成"换位思考""将心比心"等通俗话语,简单易懂,大众更易接受。总而言之,只有积极创新和转换表达方式,才能进一步推动中华优秀传统文化的现代性转化,让中华优秀传统道德观和文化价值观被大众所了解、理解和认同,并进一步将其内化、践行和弘扬。

二、主要内容

关于实现中华传统美德的创造性转化这一问题,毛泽东同志曾就其实质做出比喻,指明对待中华传统美德应有的科学态度。他认为中华传统美德之于当代,犹如食物之于口腔咀嚼、胃肠消化,需要在传承中华传统美德的同时区分精华和糟粕,并及时摒弃糟粕,吸收有助于日后发展的精华部分。换言之,中华传统美德创造性转化的过程是对于道德体系的再创造、再生产,需要围绕道德发展的一般规律进行。在现实实践中,为了更加准确地评估中华传统美德的转化效果,需要对衡量指标加以细化,主要涵盖解释力、影响力、践行力等,从而更加全面精准地追踪转化全过程,进而及时调整转化不够合理的地方,不断校准中华传统美德对社会主

---

① 《中共中央办公厅印发〈关于培育和践行社会主义核心价值观的意见〉》,载《人民日报》第1版,2013年12月24日。

义核心价值观的内涵补充和精神支撑。

（一）解释力

转化的首要前提是要使大众理解，把握传统美德同社会主义核心价值观的关联和差别；转换的重点在于反映人际关系一般规律的价值观念、彰显中华民族伟大精神的价值观念和契合社会主义市场经济的价值观念，既有传统继承又有时代创新，因此解释力主要包含继承度和创新度两个指标。

继承度主要考察中华传统美德是否能在转化过程中较为准确地以社会主义核心价值观的需要为基础，将值得提倡的传统美德内容进行利用、保留和延续，做到不忘本来、立足自身、植根塑魂。每个民族的道德进步往往以批判继承本民族传统道德资源为出发点，并以此为契机不断前进。对传统美德进行创造性转化，需要将中华民族传统美德作为当代中国社会主义道德建设的重要来源和依据，使传统美德与新道德得以继承和延续。建设新道德，必须以不断变化的社会生活实践为"源"，同时也要坚守传统美德这个"流"。中华传统美德是指曾存于中华民族历史中、时至今日仍有蓬勃生命力的、优秀的道德规范和道德行为等的总和。我们应站在文化自信的高度去审视中华传统美德的时代价值，做到发自内心地认同、真情实感地接受、脚踏实地地践行，以其中蕴藏着的精髓、精华作为当代中国道德建设的养分，涵养中华儿女的精神家园。今时今日，孝顺、齐家、团结、忠信等中国大小传统的道德信念仍然作为大众内心的主流价值持续地发挥着效用。对于儒家推崇的仁、义、礼、智、信、忠、孝、诚、恕等道德标准，可以在撤除其历史负面性后，对其中的合理成分加以活化和提炼，使其作为一种积极的正向因素融入日常生活和现代化建设进程之中，帮助解决现代社会的弊病。因此，尊重自己本土的伦理资源，是检验中华传统美德创造性转化实效性非常重要的一项指标，同时，推动传统核心价值的现代性转化和创新性发展，也有利于支撑起社会前进过程中公共理性的发展。

　　创新度主要考察中华传统美德在转化过程中，能否根据社会的变迁和时代要求的变化，古为今用、推陈出新，紧跟时代潮流地丰富和发展社会主义核心价值观，也就是要做到创新发展和当代表达。而这一转化的重要价值目标是实现与当代社会、现代文化的有机融合，达到优势互补的理想效果。具体要求主要体现在四个方面。第一，得出义利关系的更优解。对利益的趋从一定程度上是现代经济发展的基本动力，但对求利取向的把握则需要人们保持高度的清醒和自觉。"重义轻利"是我国传统的伦理观念之一，其中的"轻利"可能已经不再适用于时代发展需要，但其批判"不义而利"、突出"以义驭利"的观念在今天仍有其正面价值。第二，促进和与争的平衡发展。我们知道，社会竞争在推动社会发展的同时，也造成了一定的负面后果。"贵和"是我国传统的伦理观念之一，将其引入现代社会的竞争机制中，能够以"和"的凝聚性淡化"争"的破坏性、以"和"的有序性协调"争"的失序性、以"和"的稳定性消解"争"的紧张性，实现争而不乱、争而无伤，达成和与争的动态平衡，使社会健康有序发展。第三，达成个体与整体的动态互补。有些西方思想家认为个体追求自身的利益行为，在累积发展中最终有利于实现社会福利最大化，也就是"私恶即公德"。值得注意的是，市场经济的固有缺陷需要对其进行人为调节，将"重群克己"思想的合理因素引入个人意识的建构，有利于防止利己主义的肆意横行，同时对集体主义意识的巩固提升具有重要作用。第四，实现现实性与超越性的共融共通。市场经济中的利益机制，促使人们关注现实的物质生产追求，在一定程度上促进了效率的提升，但可能使人变得浅薄和物化。区别于实用主义的现实观，中华传统伦理突出强调高于现实的精神追求，以"内圣外王"的人生目标、"立功、立德、立言"的人生价值引入社会运行过程，有利于促成人们淡化欲望、摆脱空虚，以更宏大的气概、更从容的态度去获得更大的成功。所以，是否能够结合现实进行创新发展，也是衡量中华传统美德创造性转化效果不可忽视的一项指标。

（二）影响力

转化的关键是要通过对中华传统美德的继承创新,协调整合优秀道德资源,启导人们坚定文化自信,实现文化自觉,进一步形成社会主义核心价值观深层认同,努力构筑和谐有序的道德风尚,壮大社会发展软实力,因此影响力主要包含传播度和认同度两个指标。

传播度主要考察能否以人们喜闻乐见的方式讲述中华美德、中国精神和中国故事,能否并行传承中华传统美德与拓宽社会主义核心价值观受众群体的双重主线。将中华传统美德故事讲好、将社会主义核心价值观建设做好,不仅要创新形式,同时也要赋予新的符合现代审美的标准。近年来兴起的国漫热,就很巧妙地利用传播中华优秀传统文化的契机,传递了主流核心价值观念,一经上映就引发热议的《哪吒之魔童降世》就是一个很好的例子。电影对哪吒父亲李靖这一人物形象的塑造,使其在人们心目中不再是那个固守道德教条而不爱哪吒的人,而是一位外表严厉内心慈爱和甘愿牺牲自我的父亲,同时,哪吒母亲的形象塑造兼具传统女性爱子如命和现代女性独立坚强的特质。这种设置更为契合现代社会的价值观念,因此受到了观众们的广泛认可。还有诸如《中华好家风》《中华好故事》《经典咏流传》等道德建设类文化节目,运用讲故事、知识竞赛、经典诗歌与音乐相结合等方式,为中华传统美德的广泛传播创造了有利条件,极大地拓宽了传统美德教育的辐射范围,有力推动了社会主义核心价值观的广泛传播。因此,如何以有效途径传播传统美德,从思想伦理层面夯实社会主义核心价值观的群众基础,是评价转化成果影响力的重要指标。

认同度主要考察能否在创造性转化中华传统美德的过程中,使大众接纳、理解和认同社会主义核心价值观的相关道德内容,从而推动其作为一种价值引领和追求,成为普遍的社会意识。一定意义上,认同度的高低直接关系着培育和践行社会主义核心价值观成效的好坏。我国现代文明的重要根基之一就是优秀传统文化，传统美德作为其中的核心要义，不仅增强了人们对民族文化的自豪感、认同感，也为践行社会主义核心价值观奠定了坚实的文化基础。文化认同对国家安全的重要性毋庸置疑，需要在历史中形成对集多民族特点为一体的中华文化的自我认同。正如法国社会学家迪尔凯姆的观点，文化是一种集体意识，抑或是社会良知或共同价值体系，其功能就在于保持稳定的社会秩序，一旦文化遭遇瓦解或失效，社会将会步入无序的状态。只要是走在时代发展前列的民族，其民族精神中都鲜明地体现出民族性和时代性的辩证统一。这一情况要求我们必须深入理解中华文化的内涵，领悟中华文化的精髓，牢固树立中华文化的自信心，始终坚持中华文化的自主性，只有这样我们才能在不被同质化的同时以其他民族的优秀文化丰富自身。因此，真正将中国文化精神融入大众骨子里，成为国民的内在心理认同，体现在日常伦理、文化教养和思想境界上，是衡量转化成果影响力的又一重要指标。

（三）践行力

转化的最终目的是要以中华传统美德的创造性发展，助力社会主义核心价值观内化于心、外化于行，成为大众的行为习惯，在日常生活中自觉践行，以促进良好社会风尚的形成，进而为社会经济发展提供强大推动力。因此，践行力主要包含促进社会风尚度和推动经济发展度两个指标。

促进社会风尚度主要考察中华传统美德创造性转化能否为社会主义核心价值观提供优秀传统文化支撑，与社会主义先进文化共同发力，将广大人民群众团结在马克思主义和社会主义核心价值观的旗帜下，以提升精神文明素养、培育高尚气质品格为着力点，提高民众思想觉悟，努力塑造良好社会风气，实现价值观自信自觉。从历史发展来看，价值观自信自觉与国民文化道德素养共生共长、相互促进，因此在某种程度上，促进社会风尚度是检验中华传统美德是否践行了创造性转化的一个重要指标。从道德情操的角度而言，中国优秀传统文化在延续和发展中华民族的精神文明中起到了重要的作用,它博大精深,蕴含着微观层面的个人品德、家庭美德建设和宏观层面的职业道德、社会公德建设等高度契合社会主义核心价值观的相关内容,为中华民族生生不息、发展壮大提供了丰厚滋养,为实现中国梦提供了强大的动力支持和价值资源。因此,要推动广大民众将讲仁爱、重民本、守诚信、崇正义、尚和合、求大同的传统文化真正融入血液中,践行在日常生活中,推动社会和谐风尚的形成。

推动经济发展度主要考察对中华传统美德进行的创造性转化,能否动员社会各界力量积极参与,激励人们讲求公平正义、公序良俗、社会责任和社会效益,能否调节和处理好各种利益之间的矛盾冲突,能否长效助推社会主义市场经济发展。对于建设社会主义现代化强国、实现中华民族伟大复兴中国梦的宏伟目标而言,培育和践行好社会主义核心价值观亦是题中应有之义。中华传统美德的创造性转化不是抽象的、虚幻的,它是由每个个体的日常生活、具体理想、勤恳奋斗共同构成的。社会主义核心价值观也不是"高高在上"的,它与人们的生活轨迹紧密相关,与国家的发展进步休戚与共。因此,创造性转化中华传统美德和培育践行社会主义核心价值观要牢牢贯穿经济发展实践和社会治理全过程,推动经济发展度也必定是衡量中华传统美德创造性转化成效不可忽视的一个重要指标。

三、运行机制

社会主义精神文明建设要全面深入借鉴人类优秀文明成果,尤其是在自身发展历程中孕育积淀的中华传统美德,要把继承发展中华传统美德摆在提升价值观自信更加突出的位置。习近平总书记强调,要把"弘扬优秀传统文化和发展现实文化有机统一起来,紧密结合起来,在继承中发展,在发展中继承"①。因此,中华

---

① 《习近平谈治国理政》(第 2 卷),北京:外文出版社 2017 年版,第 313 页。

美德的创造性转化过程是一个系统的运行机制,内在有着一定的运行逻辑,要避免生搬硬套,应正确取舍,将优秀的历史文化资源融入当下现实的文化建设实践之中,不断发展壮大中华传统美德的价值底蕴。

第一,确定转化内容。这一创造性转化的根本目的在于形成适合中国特色社会主义建设的价值观念、伦理思想和道德规范,以此构建中国特色社会主义道德体系和实践模式。其中,建设和发展社会主义文化是其目的指向,这也决定了要以现实社会为基点,以引领风尚为旨归,大力加强思想道德建设,推动提升价值观的自信力、践行力。因此,要立足于现实的道德问题,以道德建设的根本任务为目标,秉持科学理性原则,选择、确定转化内容和对象。遵循此方法论要求,同时以新时代我国经济社会发展背景为契机,审时度势、正本清源,深入挖掘中华传统文化的时代价值,并以此为基准推动中华传统美德创造性转化。

第二,优化转化方式。要以辩证继承基本原则对中华传统美德加以转化,以促进社会主义核心价值观的培育和践行,把中华传统美德与社会主义先进文化结合起来,在继承的基础上推动创新发展,在创造性转化的同时做好传承弘扬,这事关提升全社会的价值共识,事关顺利推进我国文化建设的伟大进程。既不能妄自菲薄、随便丢弃中华优秀传统文化,也不能妄自尊大、躺在传统文化遗产上睡大觉。要有理性辩证的心态,认识到中华传统文化绵延不绝、博大精深的特征,清晰识别文化精华与糟粕。弘扬中华优秀传统文化,不能简单粗暴地照搬照抄,要坚持继承与批判相统一,结合新的时代条件和实践要求,激活其中的内在生命力,展现厚重的价值底蕴和文化胸怀,强化民族共同体意识,有力契合社会主义先进文化的内容旨趣,从而实现新时代下的现代性转化和创新性发展。

第三,跟进转化过程。这一创造性转化需要与时代同向同频,与人民紧密结合,在具体的转化实践中补充完善其时代内涵,丰富发展其话语表达,切实增强传统美德的传播力、感召力。若要实现中华传统价值观的创造性转化,把握好转化过程尤为重要,因为在明确为什么要转化、要转化什么内容、采取什么方式之后,就是真正的转化实践过程了。与理论相比,实践具有直接实现性,是将价值观付诸现实的重要一环。在过程实现中,最关键的是要在充分认识和理解的基础上,让中华优秀传统文化中蕴含的治国经验、人性美德、爱国精神、忠诚仁厚等与社会主义核心价值观中的核心思想相契合,进一步结合社会建设、改革创新、民族复兴以及世界命运共同体的时代要求,不断探索优秀传统文化中蕴藏的内在逻辑和现代价值。

第四,评估转化效果。这一创造性转化是否成功是需要加以评估的,具体有两点标准。其一,评估是否契合坚持和发展中国特色社会主义的实践需要,即是否有利于促进社会主义先进文化的科学发展,解决当前我国社会的主要矛盾,实现中国特色社会主义新征程。其二,评估是否符合新时代背景下中国特色社会主义的价值理想,即是否有利于树立马克思主义信仰,弘扬中国特色社会主义共同理想,培育和践行中国特色社会主义核心价值观。只有依照以上两点进行基本对照,及时有效地评估转化效果,反馈并解决转化问题,才能更加有效地进行文化传承,破除文化复古主义、文化虚无主义的藩篱,解决好当前我国社会的主要矛盾,进而踏上新时代中国特色社会主义伟大新征程。

第五,巩固转化成果。在推进中国传统价值观创造性转化的过程中,要妥善处理好各种关系,坚持明晰需求、综合创新,尤其是对提升价值观自信的涵养功能,在进行成功转化后,需要积极探索可行路径,夯实转化成果,加以科学规范、巩固完善。一要提高研究水平,加大理论研究投入和力度,进一步夯实转化成果的理论基础。二要加强宣传普及教育,提升大众对中华优秀传统文化的兴趣,激发大众自觉弘扬传统优秀文化的社会责任感,进一步打牢转化成果的受众对象基础。三要重视转化成果研发,要特别关注转化成果的完整性,不管是有形的还是无形的内容成果,都要同等对待,理性保护,为之后的转化提供良好经验。四要加大转化实践力度,要积极探索人们喜闻乐见的路径方式,与人们的生产生活高度融合,推进优秀传统文化转化创新,而不是仅仅停留于口号层面,应牢牢从现实实践出发,切实让人们在身体力行地参与体验中深化认知,增强认同。五要完善相关体制机制,立足于大视野、大格局,加快构建制度化、常态化的运行机制,坚持自身的精神独立性,为传承和发展优秀传统文化提供制度规约。六要优化传承创新环境,积极创设利于传承创新传统文化的发展氛围,多措并举合力共为,为之注入新动力、展现新景象。

文化兴则国家兴,文化强则国家强。中华民族在几千年的历史进程中积累了丰厚的文化资源,这是我们中华文化的精髓,是新时代公民道德建设的精神源泉,更是国家发展的不竭动力。继承和发扬中华传统美德,不是复制粘贴式地全盘接收,而是希望在这一过程中使传统美德中的精神成为涵养社会主义核心价值观的重要源泉。通过主动挖掘中华民族丰厚的历史资源、文化资源和思想资源,找到古今价值的契合点,进而阐发传统文化的现代意义,不断提炼中华民族独特的精神标识,以更好地传承中华传统美德,使其在新的历史条件下焕发新的生机与活力,实现自身的创造性转化与创新性发展,为践行社会主义核心价值观奠定基础,提升整个民族由内而外的价值观自信。从这种层面上来说,对中华传统美德的创造性转化绝不是一朝一夕就能完成的,而是一个久久为功的工程。我们要尊重而不盲从,以正确的态度、科学的理念对待中华优秀传统文化,深入挖掘文化经典、历史遗产、文化古籍承载的丰厚道德资源,传承古圣先贤、仁人志士、民族英雄等的崇高精神,让中华文化基因更好地植根于人们的思想道德意识和观念中。同时,要通过更加踏实可行的实践,在新时代背景下,深入阐发其中所蕴含的讲仁爱、重民本、守诚信、崇正义、尚和合、求大同等思想理念,并进行继承创新,挖掘出见义勇为、孝老爱亲、自强不息、扶正扬善等传统美德中的现代内涵,积极推动传统美德在现代社会中的融合和发展,提升道德建设的时代性与实效性,彰显中华传统美德的时代价值和永恒魅力。

第九章

中华传统美德创造性转化的路径

对于创造性转化中华传统美德、提升价值观自信,习近平总书记曾指出:"坚守我们的价值体系,坚守我们的核心价值观,必须发挥文化的作用。民族文化是一个民族区别于其他民族的独特标识。要加强对中华优秀传统文化的挖掘和阐发,努力实现中华传统美德的创造性转化、创新性发展,把跨越时空、超越国度、富有永恒魅力、具有当代价值的文化精神弘扬起来,把继承优秀传统文化又弘扬时代精神、立足本国又面向世界的当代中国文化创新成果传播出去。只要中华民族一代接着一代追求美好崇高的道德境界,我们的民族就永远充满希望。"①这一讲话立足中华传统美德,为提升价值观自信指向下的中华传统美德创造性转化指明了方向。立足当前中国社会发展的实际情况,以增强价值观自信为方向引领,研究探索中华传统美德创造性转化、创新性发展的总体构想和实施体系,为科学制定切实有效的具体行动方案提供了决策参考。

第一节　中华传统美德创造性转化的日常融入

培育是重点,践行是关键。中华传统美德创造性转化是一个长时期、多层次、多维度的过程,践行方法是基于实践主体已具备

---

① 《习近平谈治国理政》(第 1 卷),北京:外文出版社 2014 年版,第 106 页。

的价值认知,结合个体差异化的身份特征、现实需要和价值诉求进行培育,让其融入人们日常的学习、工作、生活中,逐渐使不同利益主体都能充分感受到中华传统美德创造性转化的必要性及践行的可行性,将核心价值观内化为人们精神追求的同时,使其外化为人们的自觉行动。

一、提高认知:纳入国民教育主渠道

提高对中华传统美德创造性转化的认知是一切的关键。增强人们的价值观自信,首先要做的就是提升公民尤其是广大党员干部和青年们对中华传统美德的认识,让人们明白什么是中华传统美德,中华传统美德包含的内容以及如何使个人具备这些中华传统美德,也就是增强中华传统美德认知培养。要想做到这些,主要途径在于将中华传统美德纳入国民教育主渠道,加强中华传统美德教育,让人们在潜移默化中将中华传统美德入耳入脑并内化于心。为了提高教育的有效性,应该夯实思政课堂主阵地,把握中华传统美德的理论性;充分利用课程思政,提升中华传统美德认知水平,从而紧紧抓住弘扬中华传统美德这条线,适时改造增添新的时代内容,促进对中华民族传统美德的传承和转化。

(一) 夯实思政课程主阵地,把握中华传统美德的理论性

中华优秀传统文化是我国优渥的理论土壤,孕育出了社会主义核心价值观等诸多智慧果实。学校的一切工作都是为了育人,"思想道德建设应以优秀传统文化为根基,汲取养分,培育和践行我们社会主义自己的核心价值观"[①],所以,发挥思想政治教育课在中华传统美德教育中的土壤作用十分必要。思想政治教育课教学水平的高低,关系到学生的思想政治素质,也直接关系到国家民族的长远发展。要发挥思想政治理论课的主阵地作用,积极推进

---

① 刘云山:《着力培育和践行社会主义核心价值观》,载《党建》2014年第2期。

中华传统美德进教材、进课堂、进头脑。

　　首先,要深入挖掘中华传统道德资源,梳理出自古以来有关中华传统美德的完整脉络,对其主要内容进行凝练、总结。一种理论能否被人们接受,并且运用到实践中,做到内化于心、外化于行,关键在于其是否具有真实性、科学性、有效性,能否对人们的生产生活进行有益指导,正如马克思所说:"理论只要说服人,就能掌握群众;理论只要彻底,就能说服人。"①理论能够说服群众,才能证明理论是正确有效的,才能够形成集体认同,形成价值观自信。因此,在思想政治课堂进行中华传统美德教育,必须以形成系统、科学、完备的传统道德理论体系为前提。通过运用辩证唯物主义和历史唯物主义的主要观点,诠释中华传统美德在新时代背景下的价值,深入发掘对中华民族产生深远影响并符合马克思主义理论、中国具体实际的传统美德资源,使传统美德德目与当前学校德育内容相衔接,构建"用真理说服人、用真情感染人、用真实打动人"②的中华民族传统美德内容体系。将学校课堂作为中华传统美德教育的"主阵地",依据学生的认知规律、成长规律和心理特点,以及青少年在社会化过程中所接触的社会关系顺序,由浅入深、由表及里、循序渐进,分组、班、专业、系、院、学校逐级学习传统文化知识,实现多层次、分学段、全方位的学习体系。同时,也可以划定学习模块,有针对性地展开学习教育,重点突出传统文化中值得传承和发扬的部分,把中华传统美德的内容纳入教学过程。

　　其次,可设置专门的中华传统美德教育新课程,优化教学内容和教学任务。在进行新的课程改革的前提下,学校可把传统美德教育内容增加到学校课程设置中,立足五千余年中华传统文化,结合学校情况,开发校本课程。要围绕学生核心素养开展课程建设,

---

　　①　《马克思恩格斯全集》(第1卷),北京:人民出版社1995年版,第116页。

　　②　《习近平关于国防和军队建设重要论述选编》,北京:解放军出版社2014年版,第228页。

鼓励学校开发和利用周边的教学资源,开设具有学校特色的美德专题课程,并将修习传统美德课程设为全校学生的必修内容,构建完善的传统美德基础理论课程体系,依照国家建设要求全面提升传统美德必修课教育水平。教师要积极引导学生自发培育践行中华传统美德,紧紧围绕传统美德教育任务和内容,主动进行传统美德课程发展研究,不断提升自身的道德修养水平,落实立德树人的根本任务。学校要积极开设继承与创新传统美德专业示范点,定期举行优质传统美德公开课,建立传统美德教育效果评估机制,检验教育目标实现度,及时总结教育经验,探索传统美德教育客观规律和发展问题,为学生养成良好道德品质提供良好平台,为学生形成符合传统美德和时代精神的道德和品行提供有益指导。努力营造一种积极培育和弘扬传统美德的浓厚氛围,将传统美德教育融入理想信念教育、爱国主义教育、社会主义教育中去,形成相互促进、相互补充的国民教育体系。

最后,要改进教学方式方法,多渠道融入中华传统美德要素。利用微课、MOOC 等新的教学形式,将中华传统美德教学内容与新媒体技术相结合,增强课程的生动性、趣味性,引导学生在校园贴吧、微博、微信等平台上进行传统优秀文化的沟通交流,发表一些观点和文章,激发学生的学习兴趣和探索欲望,寓教于乐,提升课堂教学的吸引力和感染力。在利用案例教学、专题教学等方式强调传统美德教育课重要性的同时,还要体现思想政治教育课的趣味性与严谨性,注重艺术性的表达,将小道理讲清、讲实,做到晓之以理、动之以情。同时,要将社会实践活动作为传统美德课堂教育的重要补充途径,通过开展校外调研实训等培育学生的职业素养,提升学生的道德水准,实现教学相长效果。也可以鼓励学生多看一些经典书籍,参与有关中华优秀传统文化的讲座、节目,邀请相关名家进校教学,在参与这些活动陶冶情操的同时,感受中华传统美德的独特魅力,学习为人处世的古代智慧,养浩然之气,塑高尚人格,不断提高道德素养和精神境界。

(二)充分利用课程思政,提升中华传统美德认知水平

古代社会虽然没有现代社会的完备教学体系和先进教学手段,但是道德教育方法依然丰富多样,如寓教于乐教育法,将道德教育内容融入人们日常娱乐活动中,在诗词歌赋中提升道德修养;典型教育法,将具有高尚品德的人物故事编写成话本或戏剧,让人们学习、仿照;言传身教法,古代教育者一般都是道德高尚的长者,他们以身作则,严于律己,用自己的人格魅力去影响、教育学生。以上这些教育方法对于提升道德修养具有重要意义。学校开展道德教育,可以在古代教育方法的基础上,进一步改良,借助现代化手段,实现"思政课程"到"课程思政"的转变。

"课程思政"是新时代高校思想政治教育改革的新命题,通识课程作为学校教育中的基本环节,在整个课程体系中发挥着打牢学生的知识结构、培养学生的基本素质、增强学生的社会责任感的作用,根本目的在于培养全面发展的社会主义建设者和接班人,其思想政治教育功能的发挥对提升价值观自信有较大的影响。当前学校的通识课程主要由大学语文、计算机基础、心理健康、就业指导等具有广泛性、基础性、非专业性的课程构成,道德教育主要表现在通过将中华传统美德内容渗透到通识课程教学过程中,实现对学生的道德熏陶。也就是说,中华传统美德教育并不只有思政课教育这个途径,还可以将其渗透融入各个学科的教学过程和内容中,各个类型的课程、课堂都可以作为道德教育的阵地和渠道。因此,我们要构建起以思政课程为主阵地、其他课程为辅助渠道的道德教育平台,全方位提升学生的中华传统美德认知水平。

首先,加强教师人才队伍建设,发挥中华传统美德教育者的主导作用。教师作为中华传统美德的教育者和影响者,在传播中华传统美德知识、提升学生道德认知和道德水平方面起着关键作用。因为只有自身的道德品质良好,才能更好地言传身教,直接将传统美德传授给学生。一方面,要让学校教师们充分认识到进行道德教育的重要性和必要性,明白"课程思政"的要求和建设过程,树立

强烈的思政教学意识。在教学过程中,要及时引入社会热点话题,引导学生运用所学的人文专业知识探究相关的道德问题,科学合理地分析各类社会问题;要在自然科学通识课中经常引入优秀科学家的个人事迹和奋斗历程,让学生在学习专业知识的同时也能够提升自己的人文素养和思想道德水平。如历史学科教学,教师可以通过学习历史上的重大事件、英雄人物事迹,引出其中蕴含的中华传统美德品质,让学生在切实的案例中感受中华民族顽强拼搏、艰苦奋斗的伟大民族精神;针对数学、物理学科,教师可以在讲解公式定理时,及时引入这些知识的积累过程,如我国古代指南针、圆周率、地震仪、水车的发明,让学生深切感受古代人民的伟大智慧,努力学习其身上的精神品质,不断增强民族自尊心、自豪感。从上可以看出,只有作为道德引导者的教师充分发挥好自己的作用,扮演好相应的角色,才能帮助学生全面理解中华传统美德的真正内涵,助力其成为现代社会进行中华传统美德创造性转化的主力军,使这种转化能够持续不断地进行下去。所以,不同学科教师要秉持"人人都是德育工作者"的理念,主动提升自己的思政教学能力,学习学科中蕴含的道德知识,做好传统美德的传播者。另一方面,要不断提升教育者素质和教学水平,定期开设培训班,致力打造一批专业从事美德教育的教师队伍。明确教师责任与义务,提高政治理论水平,增强"四个意识",坚定"四个自信",在做好专业知识教学的同时,积极主动将中华传统美德相关要素融入学科内容,将中华传统美德与专业知识、专业特色巧妙结合,开展富有中华民族魅力的专业课堂。同时也要做好社会实践教学工作,组建中华传统美德教育讲师团,积极深入各个角落,进行道德宣传教育和渲染,选拔一部分学生担任宣讲人员,积极调动所有学生参与到教学过程中来。

其次,以学生为主体,激发中华传统美德渗透客体的学习自觉性。教师不仅是学生品德培养的引导者,还是学生德育情感的激发者和德育行为的促进者。要坚持以学生为中心,学会从学生的角度进行思考,以学生的生活经验为主,切实发挥学生主体能动性。可以对学生进行提前分组,让其思考明确交流任务,促进其能够积极主动地参与课堂,自觉受中华传统美德力量的感召,进而自然而然地融入其中。多多听取学生的建议和意见,让学生充分了解中华传统美德的时代价值,引导学生提高自身的美德素质,真正发挥课程思政活动育人的作用,致力于把学生培养成具有中华传统美德品质的合格的中国特色社会主义建设者和具有丰富创新能力的高素质人才,这是我国教育方针的要求,也是思政课程改革的具体要求。

最后,加强不同载体的思政特色嵌入,提升中华传统美德渗透载体的广泛性。一是结合各个学科、各门课程的特点,将传统美德的元素融入课堂。可以调整传统美德知识在人文学科课程中的比重,在理工科课堂中适时增加传统美德知识,使传统美德逐步渗透到学科的课堂当中。中华传统美德形式多样,内涵丰富,大多学科都蕴含着一定的美德思想,所以需要找准彼此间的内在契合点,自觉将中华传统美德融入各学科内容体系之中,努力拓宽美德教育的途径。可以在把握学生接受思想教育特点的基础上,在充分了解当代青年的真实需求的基础上,从教育学、心理学角度出发,在教学中选择适当的切入点融入传统美德,以直接教育、间接教育或重点教育等方式,将中华传统美德思想精髓融入各学科中,向学生传达美德思想,不断影响学生的日常行为,利用课堂教学,实现弘扬中华传统美德的目的。二是要将传统美德要素融入学科教材,增强中华传统美德在各学科教学中的渗透性。教材是各学科教学的载体,应该反映的是科学、正确的内容,要传递正确的价值观,如果教材内容出现问题,就会使整个道德教育偏离正轨。因此,教材编写者应该具备高度的理论素养和道德水平,政治立场坚定,了解、熟悉马克思主义理论、毛泽东思想、邓小平理论、"三个代表"重要思想、科学发展观、习近平新时代中国特色社会主义思想内涵,将其巧妙地融入各学科教材中去。另外,教材应该紧跟国情发展,及时更新教材内容及数据,及时将我国建设伟大成就反映到教材中,增强教材的时代性和趣味性,提升学生的阅读、学习兴趣。三是借助多种手段、途径,积极组织开展培育学生中华传统美德的第二课堂活动。第二课堂在时间和空间上都更加开阔自由,更易为学生所接受,要充分利用第二课堂,多开展类似道德模范的评选活动、志愿者服务等实践教育活动,多鼓励学生参与学生社团活动,逐步、分层次地把中华传统美德融入人们的学习、工作以及生活实践中。让同学们在活动中感知榜样的带动作用,在服务他人中践行中华传统美德,感受互助的愉悦,在实践过程中深化对价值观和传统美德的内涵认识,使传统美德教学内容更加贴近学生的生活,推动学生进行自我教育,加强对其的认同感,从而主动践行,形成良性认知循环,达到传统美德教育的理想效果。

二、深化情感:发挥仪式教化功能

习近平总书记指出:"要充分利用我国改革发展的伟大成就、重大历史事件纪念活动、爱国主义教育基地、中华民族传统节庆、国家公祭仪式等来增强人民的爱国主义情怀和意识,运用艺术形式和新媒体,以理服人、以文化人、以情感人,生动传播爱国主义精神,唱响爱国主义主旋律,让爱国主义成为每一个中国人的坚定信念和精神依靠。"[①]古往今来,任何仪式都不是漫无目的的宣示、呈现,而是与特定的时代要求、文化背景以及国家政权高度契合,有其预期所要表达的主题目标。所以,仪式始终具有鲜明的旗帜、深层的灵魂,是传播主流声音、彰显主流价值、引导大众舆论的关键一环。为此,要将中华传统美德的内容有机地嵌入、融入国家、社会和家庭之中,使仪式主题与中华传统美德的精神内涵、价值共识高度契合,深化群众的情感认同,尤其是借助各种有形和无形的象

---

① 《习近平:大力弘扬伟大爱国主义精神 为实现中国梦提供精神支柱》,载《人民日报》第 1 版,2015 年 12 月 31 日。

征符号将主题价值进一步推向深入,由此使社会主义核心价值观传得更远、覆盖更广、影响更大。

(一) 建设好国家公祭的官方仪式

人类学家凯瑟琳·贝尔对仪式进行了分类,也就是"仪式或'生命危机'仪式,历法仪式,交换和共享的仪式,减灾的仪式,宴会、禁食与节日的仪式、政治仪式"[①]。作为一种政治仪式,国家公祭是一个国家为纪念曾经发生过的重大民族灾难而设立的国家纪念活动,能够更好地缅怀过去,铭记历史,具有符号象征和文化传承的重大意义。祭礼不仅是人与天地、祖先沟通的桥梁,而且是跨越时空的活态媒介,以国家公祭的形式来铭记过去,铭记先人的悲痛,铭记我们中华文化的血脉延续,有助于增强人们的爱国主义情感,表达人们追求和平的决心。在国家公祭这样展现国家对死难同胞的悼念、对侵略者的憎恨以及对和平的捍卫的仪式洗礼之下,人们更容易凝聚成一个在国家认同、民族认同、历史认同上更加牢固的共同体。

所以,要建设好国家公祭的官方仪式,要优先选取典型的、有代表性的象征物进行再生产,尤其在纪念馆、博物馆、展览馆等红色文化教育基地进行展演讲述,加深人们对历史事件的认识,有助于提升对主流价值观认同的仪式化效果。鉴于象征物的"多示性""多值性""多义性",要以文字、图片、短片和纪录片等多种形式,诉说象征物的前世今生,激活象征物的历史文化资源,拉近人们与象征物之间的距离,从而让人们准确、直观地感受到象征物的"古老""珍贵""强大",以实现象征物在唤起民族记忆、凝聚集体情感、形塑国家信仰等方面的激励作用,更好地激发人们的爱党、爱国情怀。

同时,要扩大仪式的可视化传播。利用报纸、广播、电视、网络

[①]　Catherine Bell. *Ritual*: *Perspectives and Demensions*, New York & Oxford: Oxford University Press, 1997. 93 – 94.

等媒介,能够即时、有效地传播国家公祭官方仪式的政治文化信息。具体来看,仪式的移动直播能够即时记录仪式现场的每一个环节、每一个画面,并同步报道,可以弥补不在场的人的仪式缺席,使其观看到此时此刻的仪式氛围,并不知不觉地置身其中、感同身受;投放在抖音、快手等短视频平台上的内容,往往是选择仪式中最为精华的部分裁剪出来的,极具感染力和印记力,突破了时空边界,适应人们碎片化阅读的需要,方便人们浏览观看与互动评论;图说仪式往往以关键词为参照对象,以漫画或图片的方式精准提炼仪式的主题价值信息,捕捉最感人的瞬间,定格最具代表性的画面,为人们节省了时间精力,符合人们的情感认知。可以说,这些媒介很好地成了国家公祭官方仪式的参与者和见证人,深化了人们的视觉体验,激发了人们的爱国自豪感和核心价值观自信感,具有强大的说服力与主流价值传播力。

另外,要注重对传统建筑的建设和保护,把保护传统美德和保护文化遗产、保护传统村落相联系,庄严肃穆的传统建筑有利于唤醒人们心中的道德感、仪式感,使中华传统美德的生命力在创造性转化、创新性发展中不断增强。

(二) 把握好传统节日的社会仪式

众所周知,传统节日是不同历史时期的劳动人民在不同的文化背景下形成的,是一个民族国家历史文化积淀的产物,也是宝贵的精神文化遗产,其中也折射出意蕴深厚的传统伦理美德。我国的传统节日主题丰富,形式多样,比如端午节、中秋节、重阳节、春节等,这些都是反映本民族特色的,与社会政治现实相关的,具有集体共通性情感、态度和价值观的节日,也是我们中华民族历史文化的重要组成部分。不言而喻,不同的节日具有不同的寓意,蕴含着不同的传统美德精神,对于维系民族认同、凝聚社会共识起到了非常大的推动作用,并在传承和发展中不断得到深化。

在仪式情境中,各种要素都直接或间接地服务于节日主题,或凸显、或强化、或赋能、或渲染,于无形中传输政治文化讯息,实现

"符号与意义"的共享,成为提升政治认同的助力器。诚然,不同的仪式有不同的主题,不同的主题也有不同的表意呈现,但这并不与民族国家所倡导的主流价值观念相抵触,反而是主流观念在不同仪式中的细化展现与深化融入,以至于能够全方位、多层次、宽领域地传播政治价值观,从而达到良好的仪式化效果。我们知道,中华民族的精神、气质、思想、智慧存在于传统节日当中。因此,要重视对传统节日文化内涵和精神内核的挖掘,将中华传统美德思想寄托于传统节日中,让传统节日逐渐融进现代社会的审美需求,赋予传统节日更多的现代性,使之符合现代社会的价值标准。

一方面,深度挖掘传统节日中的美德精神。高度重视"纪念日"或"节日"等社会时间和为了纪念历史功绩卓越的英雄领袖及影响甚至改变历史进程的重大事件而设定的仪式时间,深挖其中的美德价值和历史文化意蕴。随着现代政治生活的不断发展,纪念性节日成为主要的仪式时间,通过营造极具政治、历史和文化意蕴的时间场,能够成功地追溯与还原过去,不断地再现与重构当下,并"组织、引导和唤起对共同体和国家的集体理想"[①],以纪念性节日为契机,发挥仪式时间的指涉意义,重构、再现过去,关照、映射当下,实现历史与现实的亲密融合,激活人们的传统美德自豪感与现时情感。同时,要合理安排仪式的空间布置,全面构筑仪式展演的"空间感",发挥仪式空间的文化传承、记忆唤醒、价值教育等功能,更好地反映国家权力的民意性诉求,从而更好地传播主流价值,提升参与者身份归属感。例如,国庆阅兵仪式有其规范化的时间流程:礼炮揭幕、阅兵式、分列式、群众游行等。每一部分又被进一步细化为不同的时间节点,甚至精确到每分每秒,显示出一种庄严感、神圣感,给人们以视觉上的震撼与心理上的振奋,使得人们的崇敬之意油然而生,感知、体验到强大的民族力量,同时有助

---

① [美]大卫·科泽:《仪式、政治与权力》,王海洲译,南京:江苏人民出版社2015年版,第76页。

于实现情感体验的亲密契合,促进政治记忆的重构刻写,获得休戚与共的共同体意识,从而达到真正的文化认同和文化自信。

另一方面,引导大众重视中国的传统节日,加强对传统节日的纪念参与。传统节日往往带有一种神圣气势,具有强大的隐喻功能与象征意义,在某种程度上直击人们的内心世界。或者说,它可以将宏大的社会叙事和微观的个体心理有形地连接起来,为个人和政治组织之间搭建起沟通和对话的桥梁。借助传统节日仪式,传播政治主流价值观,强化国家话语力量,规训个体身体实践。这样,人们的价值判断和行为选择很容易会受到集体意识的影响、支配,应该做什么和不应该做什么的界限清晰可见,而社会团结感也能够得到最大提升。所以,要注重加强对每一个传统节日的来源和寓意的宣传,结合时代特点和中国特色进行现代解读,添加适当的创新元素,并引导大众意识到传统节日中所包含的核心价值观内涵,自觉成为社会主义核心价值观的信仰者。

(三) 传承好家风家训的家庭仪式

家庭是每个人人生教育的起点,家长是孩子的启蒙教师,而这与中华传统美德的传承密不可分,因此,要充分发挥家庭伦理道德的精神动能。要把传统美德融入家风家训的家庭仪式中,以达到潜移默化地教化、引导作用。具体来看,家风是家庭文化的标志,以家风家训为代表的家庭仪式,具有基于血缘或婚姻而容易产生情感认同的先天优势,对生活在其中的每一位家庭成员都具有约束力,规训着其思想和行动,耳濡目染地形塑着家庭成员的精神世界,并对他们的价值选择产生深刻而持久的影响。为此,我们要利用家庭仪式的情感域,将其作为传承和弘扬中华传统美德的前沿阵地,创新行孝的现代化实现形式,挖掘家风家训,诠释"新二十四孝"。

一是要创造良好的家庭仪式内容。古代中国是伦理型社会,主要依靠伦理规范来维持社会秩序,尤其是家庭伦理规范,在汉朝就衍生出"以孝治天下"的政治理念,家庭伦理要求被推演于整个社会发展治理。习近平总书记指出:"中华民族传统家庭美德,铭记在中国人的心灵中,融入中国人的血脉中,是支撑中华民族生生不息、薪火相传的重要精神力量,是家庭文明建设的宝贵精神财富。"①家国天下、孝老敬亲、邻里和睦以及家和万事兴等传统家庭美德,依然具有十分重要的当代价值。与此同时,要剥离传统家庭道德中不具有现实意义的因素,努力实现家庭美德的当代转化和表达。要"紧密结合培育和弘扬社会主义核心价值观,发扬光大中华民族传统家庭美德"②。如此,既能承继中华优秀文化,也能使核心价值观具体而鲜活。

二是要发挥家庭仪式中仪式人即长辈的示范作用。仪式是"一种将义务转化为尊崇的周期性机制"③。这就要求仪式人即长辈在家中做好榜样,为后代做好道德模范。在家庭仪式动员中,要充分发挥仪式人即家里长辈在家庭生活实践和仪式实践中的行为导向作用,积极地传递信息与行动示范。事前充分利用情感的社会规范功能,强化或同化主流价值的原有话语力,最大程度地规训长辈的身体实践尤其是行动姿态,使其以身作则,践行中华传统美德要求,在日常生活中做到诚实守信、尊老爱幼等,使子女感受到身份的同质化,为子女提供一致性的情感约束。借助于家庭仪式的象征性与文化域双重作用,受家庭文化的引导,子女会无意识地做出正确的情感反应,调适话语行为和身体实践,自觉践行中华传统美德,使家风家训等家庭仪式成为国家情感的黏合剂,增进传统美德和核心价值观自信的深度。

因此,在家庭仪式中,要始终以提升价值观自信为旨归,促进

---

① 《习近平:在会见第一届全国文明家庭代表时的讲话》,载《人民日报》第2版,2016年12月16日。

② 《习近平在2015年春节团拜会上的讲话》,载《人民日报》第2版,2015年2月18日。

③ 〔美〕大卫·科泽:《仪式、政治与权力》,王海洲译,南京:江苏人民出版社2015年版,第49页。

中华传统美德从"应然"到"实然"的现代转化升华,使之更加生活化。

三、巩固认同:多层次推动落细落小落实

深刻领会中华传统美德的内涵特质与价值意蕴,构建提升价值观自信常态化机制,使其以具像化的表达方式嵌入和融入人们日常生活的方方面面,使中华传统美德做到"百姓日用而不知",从而为社会进步提供强有力的价值支撑。习近平总书记强调:"核心价值观的践行只有从知行合一上下功夫才能外化为人们的自觉行动,内化为人们的行动逻辑。"①加强中华传统美德深入人心,要坚持科学化和可行性原则,高度重视实践内容的深层化和实践形式的多元化,以具体、细小的实践活动为抓手,将传统美德价值理念融入这些主题活动之中,注重古今转化,使之符合现代美的标准,进一步促进对社会主义核心价值观的认同与践行。

(一)积极开展群众性精神文明创建活动

重视"人伦日用"是中华传统美德的重要特征之一,也就是注重将德性培育注入个体的日常生活之中,即"圣人教人,只是就人日用处开端"②,所以弘扬中华传统美德要切实深入看得见、摸得着的社会实践之中,开展群众性精神文明创建活动。

任何观念的传递和精神的养成,都需要广泛的社会基础,需要群众自觉而广泛地参与一系列社会活动。人民群众通过群众性精神文明建设进行移风易俗等改造社会的活动,不仅体现了人民群众对党的领导的坚持,也是自己创造美好生活的伟大实践。依托创建文明城市、村镇、行业,辅以节日庆典活动等内容,不断丰富群众性精神文明活动的形式,把社会主义精神文明建设各项任务具

---

① 《习近平:青年要自觉践行社会主义核心价值观——在北京大学师生座谈会上的讲话》,载《人民日报》第 2 版,2014 年 5 月 5 日。

② 陆九渊:《陆九渊集》,北京:中华书局 2012 年版,第 432 页。

体化,把道德规范、思想观念等无形之物嵌入各种具体的、有形的
实践之中,无形化有形、抽象化具体,使社会主义精神文明建设的
过程成为社会主义核心价值观传承、实现、深化和提升的过程,让
人民群众在参与中升华境界、在活动中培养风气、在环境中陶冶性
情、在亲身实践中接受教育。

第一,深化群众性精神文明创建活动的思想道德内涵。要以
爱国主义教育、社会主义核心价值观教育、理想信念教育、公民道
德教育等方面的教育为抓手,以先进典型为示范,大力弘扬中华民
族优秀传统文化。要以创建文明城市、文明家庭等为载体,突出为
民惠民的宗旨,使人民群众在共享共建美丽家园、美好生活的过程
中,提升幸福感、获得感、安全感,推动群众性精神文明创建高质量
发展。

第二,丰富群众性精神文明建设活动的类型,深入社区和社会
生活。改革开放的深入发展,促进了我国社会结构的转型升级,社
区成为社会管理、服务的重心,而社区是由居民构成的,所以社区
生活对居民的思想影响越来越大。因此,社区要不断发展和完善
传统美德教育的功能,将中华传统美德深入社区生活,在社区举办
各类宣传传统美德的活动。要深入开展多种特色的精神文明创建
活动以满足人民群众日益增长的精神文化需求,维护群众的文化
权益,丰富群众的精神文化生活,增强人民的精神力量。通过培养
和推出施行传统美德教育的先进典范,大力弘扬当代道德楷模先
进事迹,高擎道德精神火炬,厚植中华传统美德的根基;通过建立
传统美德教育的实践基地,以经典特色的传统文化场域化人,以多
彩健康的民俗文化活动育人,引导人们在辞旧迎新、缅怀先贤、孝
老敬老等过程中弘扬文明新风;接续"看真贫、扶真贫、真扶贫"的
脱贫攻坚成果,依托乡村振兴战略进一步弘扬"扶贫济困"的优良
传统,让社会主义核心价值观落地开花;持续推进诚信建设,搭建
志愿服务制度体系,在扎实推进移风易俗中,开展弘扬时代新风
行动。

第三,构建群众多元参与的新格局。规范化开展精神文明创建活动的成效直接受到人民群众参与意愿和共鸣感受的影响,只有为人民群众创造能参与、想参与、勤参与的条件与机会,提升群众参与的积极性和主动性,中华传统美德才能够真正做到融入日常生活、走进情感世界。在乡村,可以尝试开展"星级文明农户""美丽乡村"等创建活动,塑造生产有序、生态良好、生活无忧的风貌;在城市,可以尝试开展"文明社区""文明城市"等创建活动,营造向上向善的风尚。同时,还可以尝试城乡结对,推动形成协同创"文"的整体格局。

第四,明确公正透明的评价体系。评价的科学性、有效性对于提升群众性精神文明创建活动实效、完善反馈和监督环节具有重要的作用。在群众性精神文明创建规范化活动中,需始终坚持评建并举,以公正透明的测评机制促进建设,帮助完善。具体地说,可以利用第三方进行评价,建立常态化的跟进机制,扩大测评结果公示的范围,运用物质奖励和精神奖励相结合,发挥榜样人物、事迹、单位的示范引领作用的方式,将培育和践行中华传统美德转化为有评价标准、可具体操作、易考察评价的创建活动。

(二)充分融入各类社会规范之中

社会规范,是指以一定的社会关系为基础,由一定的社会组织结合自身利益需要和价值观提出并确定的,用以调整人与人之间社会关系的行为规范,具有鲜明的社会制约性特征。要把传统美德思想体现在社会规范中,融入风俗习惯、宗教规范、道德规范、社团章程以及市民公约中,让广大人民群众按照社会主义核心价值观的要求修身立德、为人处世和建功立业,弘扬孝敬、慈善、诚信等中华传统美德,开展节俭养德全民行动和学雷锋志愿服务,助力于中华传统美德的创造性转化。

从社会主义核心价值观的角度出发,各类社会规范不仅是其与人民群众之间相互联结的必要纽带,也是与具体社会生活之间联系沟通的重要途径。要让人们自觉将社会主义核心价值观植根于内心，真正转化为自身的精神追求，离不开各类社会规范的支撑，只有这样才能对人们的工作生活进行指导和约束，才能对人们的一言一行产生影响和支配。失去了社会规范的支持，任何理念形态则难以真正落实落细。所以，要将社会主义核心价值观自然地与日常生活、社会交往、职业发展等领域相融合，使之成为一种基本的价值导向和价值遵循。通过构建全社会普遍适用的奖惩机制，以明确的标准对个体的道德行为进行量化或物化，从而给予其对应的奖惩措施，以奖励的方式鼓励社会各类行善之举，以惩罚的方式遏止社会各类不良行为，使"惩恶扬善"的观念体现在社会各领域、各行业的道德行为规范中，使社会主义核心价值观有效发挥引领思潮、凝聚共识的作用。

社会各部门要自觉遵守从业道德规范，注重中华传统美德要素作用的发挥。比如，在招聘人才时，要把个人的综合素质作为第一考察要素，尤其是对道德素养的判断与评价。换句话说，只有全面客观地选拔录用人才，坚持"德才兼备、以德为先"的价值立场，才能促进企业文化建设，形成正确的舆论导向。诚然，这也有利于树立良好的企业形象，增强稳固发展的活力实力。在培养人才时，除了进行专业的知识培训之外，还要开展道德讲堂活动，并且进一步将二者有机联结起来，大力倡导爱岗敬业、守信尽责、奉献社会的高尚品德，从而真正实现员工在培训中提升自我、完善自我的价值目标。在行业运行过程中，尤其是大众传媒行业，在大力宣扬传统美德的同时，一要注意克服形式主义偏向。一方面，避免因过分倚重古代礼仪而趋向复古主义，忽视传统美德教育的精神实质；另一方面，避免为满足受众的猎奇心理而过度聚焦、大肆渲染流于表面的形式化行为，搁置传统美德内蕴的精神价值。二要注意克服庸俗、媚俗、低俗偏向。避免以搞笑化甚至丑化的形式曲解、贬损传统美德及其典范人物进而迎合部分受众的低级趣味，博取大众的关注度。这就需要坚守媒体人的道德底线，积极传播符合主流意识形态的内容元素，全面正确理解自身的社会责任。既要紧跟时代步伐,不断实现各种文化信息的即时更新,又要立足本土实际,着力推动中华传统美德的现时转换和创新发展,从而唱响主旋律,弘扬正能量。具体来看,通过宣传道德模范和身边的好人好事,促进全社会以他们为榜样,使人民群众对社会主义核心价值观的认识更为理性化,进一步增进情感层面的认同,营造良好的社会风尚。

社会各部门要自觉坚持社会主义荣辱观。我国社会主义道德规范之所以能够实现历史与现实的辩证统一,社会成员之所以能够明确基本的道德准则,重要原因之一就在于坚持了中华民族传统美德的现代延展之一——社会主义荣辱观。个体是社会的基本构成,因此,个体的自由全面发展是社会前进的基础,从这一意义上而言,进行思想道德建设,提升社会整体道德水平,离不开个体道德修养的完善,而社会良好道德氛围的营造也有助于帮助个体道德修养的提升。社会主义荣辱观的主要内容是"八荣八耻",它既是社会营造良好道德氛围的重要遵循,也是全体社会成员立身处世的明确标准,体现了价值规范层面上个体与社会的高度统一。

(三)广泛开展道德实践活动

在中华传统文化中,修身养性被视为人生头等大事,涵养具有"浩然之气"的君子人格是为人的基础。现代社会的高速发展和激烈竞争,促使人们更多地趋从于逐利的规则,这不仅容易导致人们偏离"本心",也给我国传统的道德教化机制带来了巨大冲击。社会发展带来的物质生活的满足、社会转型带来的心理层面的焦虑,使人们愈发渴望内心世界的平和与宁静,这种需求为各类修身养性的活动提供了市场。继承和发展中华传统美德,为人们提升价值观自信提供文化引导,有助于让道德实践成为人们的自觉追求。同时,围绕诚信建设落实社会公德、家庭美德、个人品德、职业道德等方面的道德建设,有助于形成崇德向善、明德惟馨的社会风气。诚实守信是一项基本的为人准则,同时也是政治、经济、司法等领域必不可少的价值准绳。从政治角度而言,诚信是国家机关权威性的重要保证,也是取信于民、让人民满意的必要前提;从经济角度而言,诚信是社会主义市场经济发展的重要动力,只有通过健全覆盖全社会的征信系统,建设企业和个人的信用记录,完善失信约束制度等举措,才能形成守信光荣、失信可耻的导向;从司法角度而言,诚信直接关系着人民群众的诉求能否得到合理对待、人民群众能否在案件处理过程中切实体会到公平正义;同时,诚信也是提升司法公信力、建设法治中国、建立社会诚信体系的应有内涵。在市场经济高速发展的今天,面向全社会各领域、各主体构筑诚信体系,对于促进社会经济发展和文化自信自觉具有重要作用。

以此为基础,要通过组建传统美德现代性转化的指导组织,负责不同传统美德教育主体道德实践的组织领导工作,进而在全社会广泛开展道德实践活动,形成人人讲道德的良好社会风尚。该指导组织可以由学校及科研院所、教育局相关部门、工青团妇等负责群团工作的单位、社区等组成,覆盖学校、家庭、社区等多个方面,对传统美德教育进行全方位、具体化的指导与管理。首先,要注重对学校这一主要阵地开展传统美德教育的组织管理,可以对教育者进行培训,助力提升教育教学水平。同时,抓好传统美德教育教材这一载体的质量,建立起学校层面的、专门性的传统美德教育工作组织机构或领导机构,贯彻落实"三全育人"的要求,实现环环有人抓、层层有人管。其次,要注重对家庭传统美德教育的组织管理,可以通过家校之间的美德教育公约,鼓励家长加入传统美德教育,激励家长以身作则,以良好的家庭氛围保证传统美德教育的效果。再次,各级宣传单位也可以通过建设纪念馆、博物馆等教育基地的方式,丰富传统美德教育的载体。最后,各个社区可以成立有针对性的管理委员会,以章程的形式在社区中强化文明建设。

第二节 中华传统美德创造性转化的实践创新

中华优秀传统美德的创造性转化与创新性发展兼具理论性与

实践性。科学地在实践过程中"创造"和"创新",是真正实现中华传统美德转化与发展的唯一途径,也是真正传承和弘扬中华传统美德并使其彰显时代价值的唯一办法。因此,在将中华传统美德创造性转化融入日常的同时,也要努力探索,不断创新转化形式,在继承中华传统美德的基础上进行改造创新以促使其超越自身,进一步提升社会主义核心价值观在群众中的认同度。

一、始终坚持理论创新是前提

价值观的形成是一个环环相扣、循环往复的过程,需要经历由价值认知到价值认同再到价值实践的逻辑历程。因此,要促进传统美德向核心价值观的转化从理论形态走向实践形态,使其成为一种普遍性的价值准则,并在日常生活实践中内化为人们的行动自觉。可以说,理论创新是其中很重要的一点,是实践创新的必要环节。

(一) 加强社会主义核心价值观理论宣传

理论和实践密不可分。理论来源于实践又高于实践,实践检验理论又矫正理论。为此,要实现中华传统美德和社会主义核心价值观充分联系融合,强大的理论支撑是必不可少的。因此,加强价值观自信的宣传教育,将中华传统美德囊括其中,是推动中华传统美德创造性转化实践创新的重要前提。

从中华传统美德层面来看,创造性转化是指中华传统美德的现代转型,体现在理念、内容、表达、形式等各个层面,重在"转化",对传统美德转化再造,使其更加适应变化了的社会条件。创新性发展,是指中华传统美德的提升超越,重在阐发立足现实并解决当今时代问题的创新内容,重在"发展",把传统美德提升到新的高度和水平。二者既有区别,也有联系,都是以继承、弘扬中华优秀传统美德为基础,为了增强传统美德的吸引力、影响力、感召力,以文化人、以文育人,提升社会成员的思想道德水平。

从社会主义核心价值观层面来看,就其所体现的内容实质而言,它必须充分体现社会主义的本质。社会主义核心价值观只有充分嵌入社会主义的基因,才是真正的社会主义核心价值观。① 中华人民共和国成立后,我国社会主义实践之所以走过一些弯路,很重要的原因就是没有完全真正把握社会主义的本质。在长期的实践探索之后,邓小平深刻指出:"社会主义的本质是解放和发展生产力,消灭剥削,消除两极分化,最终达到共同富裕。"② 所以,提炼社会主义核心价值观需要深刻地体现社会主义的这些本质特征。从中国的具体国情来看,我们今天谈到的社会主义核心价值观,尽管前面没有加定语或者修饰词,但大家都知道它特指的是"中国特色"社会主义核心价值观。③ 因此,社会主义核心价值观应该包括两个方面:一方面是一般意义上的社会主义价值观,是明显区别于资本主义的价值观;另一个方面是关乎我国社会前途发展的中国特色社会主义价值理念,具有鲜明的民族特质和时代特征。也就是说,社会主义核心价值观既要以马克思主义为指导,又要立足于社会主义制度的本质属性。一旦价值与制度发生错节或者"两张皮"现象,都不利于其发挥凝聚共识的作用。简而言之,社会主义核心价值观的提炼要紧扣时代主题,反映社会主义建设、探索经验,反映人民群众的利益诉求。④

可以看出,中华传统美德博大精深,充分吸收其中精华并持续不断地为社会主义核心价值观的培育和践行提供源泉动力,这是一项重大的文化工程,具有深远的战略意义和发展前景。因此,应当从国家层面加强宣传教育,充分发挥高校在理论研究方面的独

---

① 虞崇胜、张建军:《社会主义核心价值观生成的一般规律:基本原则和基本要素》,载《东南学术》2013 年第 1 期。

② 李德顺:《关于社会主义核心价值观的几个问题》,载《上海党史与党建》2007年第 7 期。

③ 刘建军:《"社会主义核心价值观"的三种区分》,载《思想理论教育导刊》2015年第 2 期。

④ 王晓晖:《积极培育和践行社会主义核心价值观》,载《求是》2012 年第 23 期。

特优势,用活用透理论研究成果;同时也要自觉运用媒体的传播优势,建设网上传播阵地,助推社会主义核心价值观建设。具体来看,一方面,积极发挥中心或智库的社会功能,凝聚科研院所、高校、企业等各方力量,更好地激发研究活力;另一方面,以优秀的精神文化作品为传播载体,将社会主义核心价值观的 24 字内容与社会实践、生产发展相结合,充分融入人们的日常生活之中,全面注入社会发展之中,以最大程度地实现认同和践行社会主义核心价值观的理论创新。另外,还要立足时代不断深入发掘中华传统文化的优良内容,以进行创造性转化的传统美德为精神沃土,同时秉持包容互鉴的原则,合理吸收外来文明的有益成分,不断丰富和促进社会主义核心价值观的内涵意蕴和理论创新。

(二)挖掘人民群众实践活动中的思想资源

实际上,从其现实形态上看,社会主义核心价值观是对中华传统美德的丰富发展。虽然这为社会主义核心价值观提供了文化滋养,是其强大而独特的精神支撑,但除此之外,也离不开其他要素的参与,提出需求、整合历史与现实的要素就是作为"现实的人的活动"的实践。社会主义核心价值观是对我国精神文明建设等一系列中国特色社会主义实践活动的基本经验和价值取向的凝练与概括。当然,在形式上,凝练与概括时会使用中华传统美德与其他优秀的文化资源,但就其内容而言,其反映的是中华民族的价值共识,体现的是中国人民的价值追求,表达的是中国特色社会主义,可以说是当代中国最进步的价值观,具有先进性、时代性、广泛性、包容性等特征,因而是马克思主义中国化的,也是只有在人民群众的实践活动中才能挖掘出的具有时代价值的思想资源,在某种程度上赋予了中华优秀传统文化新的时代内涵。在这个探索过程中,我们尤其要注重挖掘中华优秀传统文化的时代价值,对此加以继承发扬,挖掘核心要义,赋予新的含义。如儒家强调的"仁者爱人""博施济众""老吾老以及人之老,幼吾幼以及人之幼"等理念,深刻表达了丰富的人文精神、道德伦理和教化理念,蕴含了以人为本、团结友善、和谐共存等现代价值,将其融入社会主义核心价值观,能够营造崇德向善的社会氛围,并且对人们的思维方式产生潜移默化的影响。其次,我们必须按照时代要求对中华优秀传统文化进行现代性改造。"民惟邦本,本固邦宁""水能载舟,亦能覆舟",体现了古代治国理政的民本思想。过去,学术界往往根据西方理论贬低中国的民本思想,但民本思想经过改造也能够具有与唯物史观相通的真理性,同时富有深厚的政治智慧。为政者务必要认清"民本"的价值内涵,这也是整个中国政治文化的根基所在、血脉所在。只有老百姓生活幸福了,社会才能充满活力,国家才能强盛繁荣,统治者地位才能巩固。我们必须解构民本思想中把统治阶级作为历史主体的内容,恢复人民群众的社会主体地位,确认人民群众是历史发展的基础性力量。这就是说,我们必须对传统民本思想加以创新性改造、阐发,与现代社会相契合,牢牢站稳人民立场,发挥人民主体性作用,这一根本理念需要长期遵循、一以贯之。最后,要直接赋予中华优秀传统文化新的价值意蕴。鉴于中华优秀传统文化是基于中华民族几千年历史演化而铸就的,反映着中华民族在中国大地上的生命体验、观念思考和道德追求,因此带有中华民族固有的文化形态和内涵指向,需要予以现时性元素和现代化转型。基于社会主义核心价值观的核心诉求,只有整体的社会向着正确的目标前进,个体的人们才能过民主、自由、平等、公正的生活,才能在敬业和友善的环境下获得富足而有尊严的生活。无论是"延伸或拓展",还是"现代性改造",或者是"赋予时代性内涵",要取得实际效果,都要基于中国共产党领导人民群众开展的伟大的革命与建设的社会实践。

(三) 广泛借鉴世界文明成果

社会主义核心价值观需要广泛借鉴和科学吸纳优秀的世界文明成果,也就是要符合人类社会发展的文化价值理念。因为任何一种核心价值观都离不开人类共性与自身个性的双重支撑,所以中华优秀传统文化不仅体现了世界文化的共性,更是彰显了本民族的文化特质。中华优秀传统文化的民族性包含和表现了中国人的文化心理结构,这是润泽社会主义核心价值观的源头活水,也是中华民族的文化根基,深刻展现了中华文化的精神标识。这一民族性要求反映了在与世界文明的交流中,一方面要坚定文化立场,坚守民族本色,自觉抵御文化霸权主义,避免陷入全盘西化的泥潭;另一方面要博采众长,兼容并蓄,吸收外来文化有益成果,更好地推动中华文化走出去,避免落入故步自封的窠臼。因此,实现中华传统美德现代性转化要坚持"洋为中用,开拓创新"的价值原则,诚然,这也是立足本民族文化发展实际以及与世界文化的关系的需要。具体来看,社会主义核心价值观既要保持民族个性,又要与整个人类社会发展相一致,也就是要体现当代中国精神,展现当代中国力量。回溯历史,社会主义的发展离不开对人类文明成果的科学吸收,同时又不同于西方国家所谓的"普世价值"观念,而是具有十分浓厚的民族特色,始终以爱国主义为导向,以集体主义为原则,注重把个人价值融入对共同体成员的大爱之中,也就是强调一种大历史观、大国家观。形象地讲,中华传统美德是其鲜亮的文化底色,也是增强民族自豪感、自信心的精神信仰。作为社会主义核心价值观的文化支撑和根基,中华优秀传统文化既是历史的、当代的,也是民族的、世界的,要在古今传承、中外交流的基础上进行建设性转化,诚然,这也体现了其广泛的包容性,也是其强大生命力和持久影响力的关键所在。这样,才能充分挖掘中国优秀传统文化的精神内涵,并进一步在继承中发扬,在实践中转化,推动社会主义核心价值观的丰富发展,唱响时代主旋律。因此,在这一建设过程中,不能简单盲目地对中华传统美德进行弘扬,并且不切实际地加以转化,而是要以马克思主义为指导,以时代诉求为依托,坚持"古为今用,推陈出新""取其精华,去其糟粕"的文化理念,与现代化进程相协调、相适应,由此为中华传统美德注入强大的发展动能,真正实现其创造性转化。因此,要想实现中华优秀传统文化的创造性转化和创新性升华,既需要社会实践的淬炼,也需要借鉴其他文明的优秀成果。尤其是在培育和弘扬社会主义核心价值观的实践中发展提升,有力融通传统与现代之间的文化桥梁,使中华优秀传统文化重新焕发生机活力。我们要坚定不移地坚持中国特色社会主义文化发展道路,立足本来、面向未来、借鉴外来,挖掘民族文化发展活力,努力建设社会主义文化强国。就如习近平总书记在党的十九大报告中指出的,我们"必须坚持马克思主义,牢固树立共产主义远大理想和中国特色社会主义共同理想,培育和践行社会主义核心价值观,不断增强意识形态领域主导权和话语权,推动中华优秀传统文化创造性转化、创新性发展"①。

二、综合运用多种载体是关键

中华传统美德是一个复杂多元的系统,以一种比较稳定的民族性格和社会心理世代延续,并渗透到政治、经济、文化等日常生活中的各个领域,融入人们的精神生活中,从而构成中国社会发展的文化底色和品格。核心价值观是凝聚价值认同的"最大公约数",鲜明地体现了一个社会所追求的文化理想,能够最大限度地整合社会各个利益相关方,凝聚社会整体民心,进而调动行为主体的积极性、主动性和创造性,因此,该价值观始终居于整个社会价值体系的核心地位。社会主义核心价值观是当前社会价值观的"最大公约数",若要切实发挥思想引领的价值导向作用,离不开载体支撑,亦离不开传统美德的内涵支撑,因此,综合运用多种载体对传统美德进行价值观相关的创造性转化是非常关键的。

(一) 建设多样化宣传载体

人民群众接受并认同社会主义核心价值观的过程不是一蹴而就的,需要社会长期对个人施加影响并进行积极有力的引导才能

---

① 《决胜全面建成小康社会　夺取新时代中国特色社会主义伟大胜利——在中国共产党第十九次全国代表大会上的报告》,载《人民日报》第 1 版,2017 年 10 月 28 日。

实现。同理,要想将中华传统美德进行创造性转化,使之与主流价值观相契合,最终被民众内化于心,这一过程并不会自然而然发生。在这一复杂的过程中,各种宣传媒介载体就显得十分重要,因为必须借助它们才能让思想、精神和价值观念以人民可感知的语言、图像、声音等方式被接收并接受,实现广泛宣传和推广。当下,主流思想舆论深刻影响大众心理,而宣传思想工作对传播社会主义核心价值观具有重要作用,是凝聚社会共识、展现价值引导的重要载体。从某种意义上说,理论的宣传程度决定了人们对理论的认可和接受程度,特别是对于像社会主义核心价值观这样一个带有意识形态性质的理论观念来说,更是其关键。其实我们党在理论宣传方面一直有着优良的传统,无论是在社会主义革命中,还是在社会主义建设过程中,都积累了许多科学的宣传理念和方法,这对于在新的历史条件下继承和发扬中华传统美德、提升价值观自信具有重要推动作用。但是,我们也要深刻认识到,对于社会主义核心价值观的宣传不同于一般价值观念的宣传,既有一般理论宣传的共性,更有其特殊性。共性主要体现在要综合运用传统媒体和新兴媒体,充分整合两种媒体资源在宣传方面的导向作用,使所要宣传的价值观能够顺应时代潮流,满足人民需求。特殊性则主要体现在要深入分析人们的社会心理,积极创设一个符合时代要求、体现民族特色,并且能够准确传递主流价值的文化舆论环境。

传播社会主义核心价值观不是一个简单的单向的价值观内容传播,而是需要关注民众的反馈,实现一个复杂的双向的价值观情感呼应,只有这样,才能真正实现主流价值观的入脑入心。这就需要建设好多元化的宣传载体,在民众身边营造出核心价值观的积极舆论场域。一要发展好传统媒体阵地。继续保持报纸、广播、电视等传统媒体的优势,牢牢把握传播领域的主动权、话语权,优化信息互动渠道,让人们在实践中体悟文化宣传的主流价值,继续强化其在民众日常生活中的巨大影响力和号召力。二要开拓好新兴媒体阵地。要充分发挥互联网、手机等移动终端的"麦克风"优势、广场效应,通过积极引导和有效监管,使其在弘扬中华优秀传统美德中吸引大众目光,尤其是要充分调动青年群体的积极性,鼓励青年主动加入宣传社会主义核心价值观的前沿阵地。三要充分利用现代媒体技术,创新宣传手段。时代在发展,短短几十年,已经从"看字"时代、"读图"时代慢慢过渡到"短视频"时代,声音、光影等现代媒体技术的发展促进了传播方式的更新,动态的视像景观远超静态文字对个体精神的感知触动,因此,在对社会主义核心价值观的宣传上,要充分运用现代媒介技术,解放思想,创新宣传方式,做到全方位渗透。特别需要注意的是,在这样一个社会价值观和思想潮流日益多元化的转型背景下,新媒体影响力日渐扩大,正面向上舆论环境的创设十分重要,要充分整合媒体的宣传资源,发挥媒体的引导作用,着力构建科学、理性的主导性传播环境,使社会主义核心价值观深入大众心里并被大众所认同和践行。与此同时,还要明确宣传工作定位,突出内容建设,积极探索综合性评价体系,避免流量优先、效益先行的错误倾向,持续提升舆论引导能力,不断壮大媒体传播能力,努力促成线上线下有机融合,打造舆论宣传新格局。

(二) 充分发挥人的载体效用

中华传统美德是提升价值观自信的历史根基和精神土壤,要在中华儿女的代代相传中,使社会主义核心价值观在中华文化的脉络中得到弘扬,唯有人的精神和行为才能承载文化传统和价值观,因此,要充分发挥人作为主要载体的作用。

党员干部是认同和践行社会主义核心价值观的最核心的群体。中国共产党是人民的政党,是中国人民和中华民族的先锋队,共产党员来源于群众,更要深入群众。共产党员群体的先锋在于党员干部。因此,党员干部在社会主义核心价值观的培育和践行过程中理应自觉走在前列,做出表率,形成正能量。要充分以党章为根本遵循,完善党内相关法规,健全制度保障,对党员干部带头践行社会主义核心价值观提出明确要求,并将其纳入全面从严管党治党中,纳入"不忘初心、牢记使命"主题教育学习中,纳入党史学习教育中,不断在践行过程中总结经验,进一步凝练成新的党内道德规范和纪律要求,努力推动依规治党和以德治党相统一,充分展现共产党人的高尚思想和伟大风范。

在宣传社会主义核心价值观中,知识分子、文化名人和其他杰出人物也是不容忽视的关键群体。习近平总书记曾寄语我国知识分子要主动担当、积极作为,他在看望参加全国政协十二届五次会议的民进、农工党、九三学社委员时提出,希望我国广大知识分子自觉做践行社会主义核心价值观的模范。在习近平总书记看来,勇立潮头、引领创新是知识分子"应有的品格";天下为公、道义担当是知识分子"应有的情怀"。① 在唯物史观中,人是最重要也是最活跃的要素,人才则是活跃要素中的最活跃分子。在中国特色社会主义现代化建设过程中,知识分子是中坚力量,是实现中华民族伟大复兴、引领推动实现中国梦的重要力量,他们有着最前沿的思想、最开放的态度和最智慧的知识,理应承担起时代重任,自觉成为中华优秀传统文化的传承者和弘扬者,成为先进主流价值观的践行者和引领者。文化名人、各领域杰出代表等公众人物也由于自身的社会影响力,成为主流价值观的重要传播者,他们甚至会成为"意见领袖"式的人物,引导着社会舆论的发展。因此,这类公众群体要尤其注意时刻保持清醒的头脑,加强自律自省,提高自身素质,对自己的一言一行负责。公众人物的范围放更宽一点来讲,还包括娱乐明星、运动明星等,这些人拥有非常广泛的青年粉丝群体,要抓住这个绝佳的教育机会和渠道,通过身体力行践行社会主义核心价值观,对青少年做出良好示范,将会对青少年产生广泛的影响和引领作用。

在对社会主义核心价值观的培育和践行活动中,除了要对党

---

① 《习近平:在知识分子、劳动模范、青年代表座谈会上的讲话》,载《人民日报》第2版,2016年4月30日。

员干部、知识分子、文化名人等"大人物"加以要求,也要注重从社会各个层面发掘"小人物",在各行各业的普通群众中,挖掘美丽事迹,发现守护传统美德的榜样典型,在全社会弘扬其精神事迹,传播其奉献和担当意识,实现社会群体全覆盖,从而为践行社会主义核心价值观蓄积强大能量。当前,社会上时常会涌现出"最美"人物,但他们不是轰轰烈烈的"大人物",往往就是你我身边的普通人,过着普通的生活,做着普通的工作,有着普通的经历,他们年龄不一,身份不同,并不是刻意想去做"最美的人",只是在意外发生的一瞬间,他们选择了遵从自己善良正义的内心,才造就了一桩桩"最美事迹"。南京"胖哥"奋不顾身阻拦家暴男对前妻的伤害而身负重伤、"英雄团长"祁发宝誓死捍卫国土、客车司机吴斌用生命的最后 76 秒停车,确保全车乘客安全……可以说,新时代的英雄不再是书本式人物,也不再是"高大全"式的完美人物,而是我们身边的普通人,他们和我们一样有着喜怒哀乐,有着小缺点、小毛病,但这些不足并不妨碍他们成为我们的榜样。因为他们在自己普通的生活中,在自己平凡的岗位上能够始终秉持正义和善良,不卑不亢地展现出社会主义核心价值观的强大力量,让人觉得可亲、可敬、可感、可学。也正是这些最美平民英雄,他们在我们身边默默践行着社会主义核心价值观的深刻内涵,更是将中华传统文化中的无私、奉献、友爱等优秀美德展现得淋漓尽致。将他们作为典型和模范在全社会进行宣扬,会让更多的人感觉到真实可信,也更能让社会成员感受到高尚品德并不是"空中楼阁",对自己的行为加以反思,只要立足本职工作、爱岗敬业、乐于助人,从每一件平凡小事做起,每个人都可以成为这个时代的"英雄"。

(三) 加强党的建设

中华民族的传统美德流传千年,有着深厚的历史积淀,内涵博大精深,是中华民族智慧的结晶和精神的源泉。它与革命道德、社会主义美德一脉相承,后两者都是以中华传统美德为基础,不断继承发展而来的。因此,可以说,中华传统美德同党的建设具有高度的契合性,也是党员干部加强道德修养的重要思想基础。社会主义核心价值观的培育和践行作为党的基层组织建设的重要内容,目的是为党员干部提供正确的道德准则和行为价值取向,进而打牢他们的精神根基。从这个层面上来说,运用好党的建设这个重要载体,是促进中华传统美德的创造性转化、提升价值观自信的重要方法。

要将社会主义核心价值观贯穿党的建设始终,使党的建设成为培育和践行社会主义核心价值观的重要载体和最有力的抓手。社会主义核心价值观明确了中国特色社会主义的发展方向,对于党的先进性建设也提出了内在要求。因此,要想真正实现中华传统美德的创造性转化,必须要将党的建设与社会主义核心价值观结合起来,与从严管党治党结合起来,通过党的先进性建设,把社会主义核心价值观的培育和践行转化为全党的实际行动,为我们党改革开放和社会主义现代化建设提供不竭动力。党的十九大突出强调新时代党的建设总体布局:"要以党的政治建设为统领,把政治标准和政治要求贯穿党的思想建设、组织建设、作风建设、纪律建设以及制度建设、反腐败斗争始终,以政治上的加强推动全面从严治党向纵深发展,引领带动党的建设质量全面提高。"[①]这也为我们创造性转化中华传统美德、推动社会主义核心价值观建设提供了方向指南,在推动制度建设中强化道德规范,在深入推进反腐败斗争中确立道德红线。

要以坚定正确政治方向为重点加强党的政治建设。党的政治建设在新时期党的建设伟大工程中占据统领地位,在党的建设总体布局中居于核心位置,是最根本性的建设,对于国家发展具有举旗定向的重要意义,与传统文化中忠诚爱国、天下为公的国家观一脉相承。因此,新时代党的建设要以坚守党的初心使命为目标,以

---

① 《中共中央关于加强党的政治建设的意见》,载《人民日报》第 1 版,2019 年 2 月 28 日。

为人民服务为核心,将传统国家观与社会主义核心价值观的国家层面相联结,不断强化党内政治建设。要以坚定政治信仰为重点加强党的思想建设。党的思想建设要求党员树立坚定的理想信念,这就需要从传统文化、革命文化与社会主义先进文化中汲取精神之"钙"。传统文化中自强不息、厚德载物的信念观为塑造共产党人追求理想、坚忍不拔的意志品格提供了重要的精神源泉。对于共产党员来说,要增强党性修养,提升思想境界,强化责任担当,坚定共产主义远大理想,脚踏实地参与社会主义事业建设。可以说,这既是对中华传统美德的弘扬,也是践行社会主义核心价值观的生动证明。要以加强干部队伍建设为重点加强党的组织建设。传统文化提倡"尚贤",与当前提倡的"好干部"思想存在相通之处,即以党员干部的德性和品行为重,选拔德才兼备的合格干部。社会主义核心价值观中对于个人层面的要求应该是党员干部的最低要求,因此,好的党员干部应该勤政务实、敢于担当,以实际行动发扬传统美德,践行社会主义核心价值观。要以严肃政治生活为重点加强党的作风建设。我们党来源于群众,也要回到群众中去,因此,保持与群众的血肉联系是我们党最重要的作风。中国传统文化中"黎元为先""利民为本"的民生观是鞭策和检验党员干部行为的重要途径,也是社会主义核心价值观的重要源头。因此,新形势下,党的作风建设要按照"三严三实"的要求常抓不懈,以赢得人民群众的拥护和支持。要以强化党纪党规为重点加强党的纪律建设。古往今来,我国始终高度重视法纪的重要作用,中国传统文化中"法令既行,纪律自正"的思想便与党的纪律建设相呼应,也为社会主义核心价值观的践行提供了依据和保障,要自觉依据党章、党规党纪、国家法律等,使纪律意识内化于心、外化于行。要以严明政治导向为重点加强党的制度建设。自古以来,因时而制、法令必行的制度观念便深入国家治理的每一寸肌肤,对于当前党的制度建设具有一定启发,要以民主集中制为核心,积极探索社会主义核心价值观有效融入党的建设全过程的制度和机制。要以完善惩治和预防腐败体系为重点加强反腐倡廉建设。中华优秀传统文化中"清正廉洁""刚健有为"等思想对为政者提出了基本要求,这也要求社会主义核心价值观建设应当与廉政文化建设有机统一起来,为反腐倡廉建设打下坚实的思想基础,为社会主义核心价值观的培育和践行涵养良好政治生态和文化氛围。

三、推动文化产业发展是重点

社会主义核心价值观首先需要得到有效的培育和传播,方能发挥其应有的作用。在经济全球化和市场经济的大背景下,社会主义核心价值观的传播路径需要进一步拓宽,在保留传统思想政治教育的同时,还要结合时代发展的新情况,运用令人耳目一新的形式,因为"今天的农民已经不在田头听广播了,工人也不在班组读报了,先进文化和意识形态的接收和传播方式发生了根本变化。如果不能掌握意识形态传播和接受的全新方式和革命,我们就会落后,就不能完成历史使命"[1]。在多样化的传播路径中,文化产业无疑是最佳的一种。随着大众文化的发展,找准与日常生活的契合点、共鸣点,将核心价值观与各类日常的文化活动尤其是传统节日、文创产品、影视作品相结合,融会历史文化与现代社会,拉近与大众之间的心理距离,形成富有感染力的文化品牌,也就是通过大众文化所承载的主题价值凸显主流价值理念,而这有助于达到理想的传播效果。

(一)依托品牌建设扩大文化消费,丰富价值观培育新路径

文化品牌是流行着的大众文化的先导,它作为一个兼具影响力、辐射力、认同度的文化标识,为品牌表达价值诉求的同时,也为品牌参与市场竞争提供了有力的支撑,不难看出,文化品牌也蕴含着集体记忆和核心价值。当前,在各种文化思潮交流交锋中,应重

---

① 叶取源:《中国文化产业评论》,上海:上海人民出版社 2006 年版,第 74 页。

点培育具有本民族特色的文化品牌,以便在多元文化碰撞中站稳脚跟,并获得长期发展,凸显社会主义核心价值观的价值意蕴。从这个意义看,文化品牌不仅是一种产品标志,也是具有象征意义的文化符号,它在创造、发展的过程中形成并输送着自身的价值导向。又或者说,品牌代表了受众对品牌所属的企业、研发的产品、提供的服务、创造的价值等方面形成的综合认知和评判,它以一种符号化的形式表达了自身的价值诉求,传递和展现了主流文化价值。所以,文化品牌的形塑与其内蕴的主流文化价值息息相关,主题性的文化产品创意需要紧扣大众现实生活需求,受众的沉浸式体验感如何,也从侧面反映出文化品牌的传播效力,以及对某种生活品位的认同,所以要以此为杠杆,调动人们的文化参与热情。

文化品牌离不开消费者,其主题价值也必须符合消费者的价值诉求和认知方式,实现彼此间的双向互动,促进向上向善向美精神的弘扬。比如,电影品牌的宣传需要面向人民群众主体,把握好文化创新的发力点和兴奋点,这就需要充分发挥市场营销的作用,但营销的内容和手段不能游离于基本的公序良俗之外,而应满足消费者的多样化、个性化文化需求,进一步推动文化价值提升,从而建立起受众对电影的好感与信任,尤其是对其中传递的社会主流价值观的认同感。可以说,文化品牌是提升价值观认同力、影响力的重要依托,在培育符合时代要求的国家特色品牌的同时,使之与社会主义核心价值观相联结,能够使二者在彼此借力的过程中实现双赢。大众通过常态化的文化消费,能够自觉地接受文化品牌所传递的价值观,并且在追逐品牌中进一步增强对其价值观的认同。在大众文化的消费中,文化产品作为诸多载体中的一种,能够有效地增进对应消费群体对社会主义核心价值观的认同。实际上,符合大众需求的文化品牌的构筑和培育,是实现文化产品走入人心的过程,而这与社会主义核心价值观的传播在一定意义上相通。从根本上来说,要始终以社会主义核心价值观为导向,尽量地求得各个文化消费群体之间的共识,从而以利益共同体的形式在文化市场的竞争和博弈中掌握话语权和主导权。因此,各类文化平台要大力弘扬中华传统美德,自觉承担社会责任。其中,企业和社会组织可以利用自身优势和特点,积极开发、科学利用文化资源,生产出更多与市场价值和社会价值相符合、与主流观念和人民价值需求相契合的品牌产品。此外,随着社会的发展,也要增加中高端产品服务的供给量。

(二)保护和开发传统文化资源,建设价值观培育文化基地

中华传统美德发端于中华优秀传统文化,要从传统优秀文化资源中发掘、提取和创新优秀理念、道德和精神,深入推进中华优秀传统文化全方位融入社会大众的教育日常,根植中华优秀传统文化深厚土壤,不断提升文化自觉和文化自信,为社会主义核心价值观的培育和践行注入源源不断的生机和活力。因此,必要的文化基地能够为中华优秀传统文化的传承发展提质增效,进一步扩大社会主义核心价值观的传播力、影响力。

要努力实现社会主义核心价值观生活化,按照内化于心、外化于行两大维度,针对面向公民个人的"爱国、敬业、诚信、友善"四个要求,坚持有场所、有展陈、有讲解、有互动、有成效"五有"标准,促进宣传教育、示范引领、实践养成相统一,依托城市荣誉体系阵地、爱国主义教育基地、劳模工作室、党员示范岗、主题公园、党建工作室、图书馆等各类载体和平台,在机关、村(社区)、学校、企事业单位、商业街区等分类打造核心价值观教育示范基地。让人民群众"可感受",即有浓厚的社会主义核心价值观宣传氛围,使核心价值观无时不在、无处不有,渗透到单位建设的方方面面,让参观者时时、处处都能感受到核心价值观的存在;"可体验",即有总结提炼的工作方法、文明规范的服务标准、精益求精的创新成果,使参观者能够通过亲身体验,体会到工作方法的科学性、服务标准的规范性、创新成果的实用性;"可实践",即有头脑风暴沙龙、典型现身说法、岗位跟班实践等开放式、可互动的活动项目,使参观者能参与其中、身临其境,学有所感、学有所悟。与此同时,在建好基地的同时,更要用好基地,要在常态长效上下功夫,指导各基地开展生活化、接地气的实践活动,使社会主义核心价值观以常态化、具体化的形式,逐渐内化为人们的生活习惯,实现从了解到认同再到践行的转变。另外,在建党百年之际,红色旅游作为一种价值意蕴丰富、特色作用突出的爱国主义教育形式,不仅是弘扬红色文化的重要载体,也是人们接受红色教育的生动课堂,有助于增强人们爱党、爱国、爱社会主义的情感,对加强和改进新时期社会主义核心价值观的弘扬和传播具有相当重要的意义。因此,可以深入发掘红色旅游资源,大力开发文化产品项目,将红色元素融入文创和生活用品中,使其更加贴近人们生活,同时贴合文化旅游新要求、新趋势,以增强人们的参与感、体验感和互动感,也就是使人在共情共鸣中增长革命传统知识,坚定文化自信,从而促进传统价值观与社会主义核心价值观在深层的融合交汇。

（三）创新发展文化资源,提升价值观培育产品吸引力

从内在机理出发,文化产业是提升价值观自信的重要一环。社会主义核心价值观提炼于社会主义价值观,是普遍适用、通俗易懂、彰显本民族特色的价值观念。作为民族源流和时代精神的统一体,其能够为世界各国各民族提供有益的借鉴,特别是其中包含了一些能够广泛引起民众强烈共鸣的、富有中华民族鲜明特色的文化价值理念。同时,在具体实践中,社会主义核心价值观不是"高高在上"的规定,而是一种为人民在公共事务中判断是非曲直提供的标准与方向,是人民普遍的价值趋向和心之所向,尽管其中的内容并非每一个社会成员都能做到,但它或多或少都能引起共鸣并提供指引。结合目前文化产业发展的实际情况,应该重点引导企业关注社会效益,着力生产契合大众多元需求的文化产品,优化高质量供给,促进跨越式发展。也就是说,通过润物细无声的方式推进文化创新,以此实现中华传统美德的创造性转化。提升社会主义核心价值观自信的核心要义就是创新。要大力发扬"走改转"精神,深入群众,研究市场,不断促进文化内容和形式的创新,鼓励各个艺术门类交流沟通,综合运用融媒体手段,生产出围绕主流价值、人民喜闻乐见、市场高度认可的文化产品,以契合人民群众不断丰富的文化需求和不断更新的审美情趣。

要创新运用现代化手段并借助民族文化资源,对传统文化产业进行改造,不断催生并完善文创、动漫、数字等新的文化业态,努力建设覆盖面广、传输高效的文化传播机制。针对其中的少数民族文化,整体上要繁荣发展少数民族文化事业,具体要针对其特色文化开展保护工作,推进出版、译制少数民族语言文字版的党报党刊、广播影视节目等的相关事宜。此外,要与海内外优质文化机构进行密切的交流合作,打造具有中国特色的文化产品和服务,并做好出口的工作,拓宽文化交流互鉴的渠道,使我国文化传播范围得到进一步延展。

第三节　中华传统美德创造性转化的制度保障

"制度承载价值、传递理念,是主流价值体系构建的有效载体和重要保障。"[①]在整个社会中,各行各业都会对推动中华传统美德创造性转化产生一定的影响,提升价值观自信,离不开制度层面的健全完善,以更好地提供规范保障。我们知道,中华传统美德属于道德范畴的软约束,以内在的价值认同和道德自觉调适共同体成员的思想行为,如若缺乏外在的、有效的制度保障,其自身约束效果将难以实现。

一、健全组织领导,强化顶层设计

(一) 发挥党委领导作用,切实肩负起政治责任

在中国特色社会主义现代化事业中,中国共产党是毋庸置疑

---

① 沈壮海:《社会主义核心价值观培育和践行的着力点》,载《思想政治教育研究》2012 年版第 12 期。

的领导核心。所以,要发挥各级党委的领导作用,将社会主义核心价值观的培育和践行工作摆在重要位置,通过明确方向、把握大局、落实监督,切实承担起其应负的政治责任和领导责任。要加强传统美德创造性转化的领导力量,发挥党委领导作用,加强制度安排顶层设计,提升系统谋划战略高度,尤其是对传统美德创造性转化的内容路径、目标指向等进行科学定位和合理布局,为开展落实文化教育工作指明方向,提供遵循。

各级党委要发挥统筹协调作用,广泛调动各方力量,促进各类文化资源整合,确保正确的政治方向和舆论导向,推动形成中华优秀传统文化传承发展的工作新格局。政府要履行好自身职责使命,采取切实有效的措施,组织引导好各方力量,形成参与建设合力,全面推进传统美德创造性转化工作。一是成立专门的领导小组,制定工作方案,部署落实各部门工作,推进考核机制,定期督查指导,强有力地推动传统美德创造性转化。二是建立健全各项制度,强化责任落实,聚焦重点,细化分工,落实规范,为实现传统美德创造性转化保驾护航。除此之外,结合推进情况,建立家庭、学校和社会联动协同机制,全方位提升工作实效。简言之,各部门之间要分工明确,各尽其职,同时又配合有力,相互促进,及时总结交流,顺畅高效地推动工作落实落地。

社会主义核心价值观建设不像招商引资,很快就能出效果,而是需要有全局的视野,立足实际,拿出实实在在的举措,一以贯之,持之以恒。换句话说,要把社会主义核心价值观建设放在更加突出的位置,以此为着力点,加强思想教育,充分把我国的制度优势转化为凝聚共识、社会协同的强大力量,打造人人参与、人人尽责的新格局,塑造向上向善、自尊自信的社会心态。当然,这就需要各级领导干部当好"领头雁",充分发挥"开路先锋"作用,始终保持过硬的政治素养,以百姓心为心,以实际行动深刻践行"为官一任,造福一方"的责任使命。另外,要创新完善领导体制以及工作机制,协调好资源力量,加快推进工作科学化水平。值得注意的是,价值观有其内在的运行发展规律,社会主义核心价值观建设需要顺应规律,凝聚民心,反对任何强制、简单粗暴的做法,否则会适得其反。换句话说,绝不能"一刀切",要努力探索社会主义核心价值观建设创新路径,改进工作作风,彰显领导干部的引领示范作用形象,积极地去感染、鼓舞人民群众,这样才能取得实际效果。

(二)推广公民道德建设评价体系,扩大美德要素占比

公民道德建设综合评价指标体系将公民道德建设纳入了规范化和指标化范畴,具有较高的科学性、实用性、创新性和可操作性。通过测评,大众可以从指标结果中查找出自己的薄弱环节,加强传统美德运用的效果反馈,使道德建设融入日常工作、学习和生活,反思个人行为习惯是否符合传统美德时代意蕴,自觉传承优良传统的内核精神,有利于促使人们参与传统美德创造性转化,不断提高自身的道德素质。

各级党委和政府要立足于坚定文化自信的高度,以中华优秀传统文化传承发展工作为重要抓手,加强宏观指导,站稳人民立场,将其立体化、科学化地纳入文化发展的总蓝图、总规划,并且融入相关考核评价体系。除此之外,有关部门和社会组织要各司其职、各负其责,制定实施方案,创新完善工作机制,推广公民道德建设评价体系。对于领导干部自身而言,要牢牢秉持传统美德中的仁爱精神、民本思想、和合理念等,以此为重要的道德行为评价标准,对标新时代公民道德要求,严于律己,廉洁勤政,坚持为建设好社会主义不懈奋斗。

第一,建立社会化、民主化的评价组织。大力发挥民间道德评议组织的重要作用,引导道德评议组织内的优秀成员自觉融入相应的道德评定队伍。在此基础上,积极向企事业单位、社区等延伸拓展,具体落实道德评价工作,适当建立积分机制,以全方位、多层次了解本单位工作人员的道德表现,从而保证获取道德评价信息的准确性和全面性。

第二,建立科学化、动态化的评价程序。坚持标准性、灵活性

的原则要求,结合各行各业规章制度,将日常的行为规范纳入整体的评价标准之中。广泛征求民意,最大限度集中民智,使其成为自我价值评价和社会评价的行为准则,不能仅停留于观念层面的认可,还要充分落实到具体的道德实践之中。同时,也要完善"执行小组初评—管理办公室初审—领导小组办公室审核"的评价流程,合理有效收集评价信息,科学开展真实的积分评定,以此建立长效化评定体制机制,从而实现评价制度的核心旨归。

第三,建立常态化、互动性的评价反馈。建立信息共享平台,完善道德评价体系。以家庭为单位,以评定信息为内容,以评定积分为参考,建立相应的"道德档案",特别是要形成乡镇—县区—市级网络道德评价数据库,以便为及时更新、反馈共享道德评价信息注入新动力,创造新条件。

二、加强政策保障,推动落地实施

中华传统美德创造性转化的落地生根是一个长期过程,必须建立完善完备的政策保障。就中华优秀传统文化的传承发展来说,要制定实施相关扶持政策,加大相关的经费设施、机构人员等方面的投入力度,更好地突出优秀传统文化对于提升国民教育、价值观自信的重要意义。同时,也要提高这些政策措施的可操作性,注重换位思考,有针对性、协同性地落地实施。

在人员上,增设中华优秀传统文化、传统美德教育的领导机构和专家委员会,为中华优秀传统文化、传统美德教育提供人才保障。坚持全党动手、全社会参与,提升中华传统美德的战略高度。把中华优秀传统文化传承发展的各项目标任务落实到基层一线,与此同时,创新这一传承发展重大项目的首席专家制度,打造培养一批具有国内外影响力的专家代表队伍。充分发挥高校和科研院所在传承优秀传统文化中的重要作用,鼓励和支持优秀中青年人才参加学术研究和交流,承担重大课题和项目。完善人才选拔和培养机制,为人才提供完备的培养培训、评价发现、选拔任用和奖惩激励机制体系,深化职称评审改革,为优秀的人才创造利于脱颖而出的制度环境。积极完善落实人才相关保障措施,多渠道吸收海外优秀人才回国效力。贯彻落实相关荣誉制度,对在文化建设中取得优异成绩的工作者们提供相应表彰和奖励。重视发掘并积极培育植根于基层的特色乡土文化传承者,特别是非物质文化遗产的代表性传承者,同时从多方面为人民群众中的各类文化人才和积极分子提供支持,帮助他们保持热情、发挥效用。加强职业道德建设和作风建设,引导广大文化工作者增强社会责任感,追求德艺双馨,坚决抵制拜金思潮、低俗情趣等不良风气。

在物力上,给予为传统美德转化做出贡献的企业、社区一定的政策倾斜,为中华优秀传统文化、传统美德教育提供物资保障。加强历史文化名城保护工作,制定完善相关奖励、补贴、税收优惠政策,鼓励和支持企业、社会团体与个人参与、建设相关文化项目。免费配备一定的场地设施,积极打造精神文明创建的实践基地、网络阵地和教育平台;借助现代新技术,加强文化馆建设,以此为重要阵地,传播优秀传统文化,使传统美德教育走向大众化、时代化。同时,从文化发展实际出发,有关部门要坚持目标标准,提高传承传播实效。要加强保护民间传统艺术,并出台一系列强有力的政策措施,切实保障传统美德的弘扬践行。

在财力上,设立专项经费用于各项活动的研发和相关的奖励表彰,为中华传统美德创新发展提供资金支持。政府应该结合实际情况,出台相应政策,对各行各业的中华传统美德宣传教育加大人才、资金等方面的倾斜力度。具体而言,要设立、创建活动专项经费,加大各级财政支持力度,实现相关资金流动融合,支持传承发展重点项目,并完善金融支持政策。同时,提高对国家文化遗产的资源设施建设的支持力度,制定专项保护规划,建立各领域、各部门合作共建机制。另外,大力宣扬中华传统美德的重要地位,完善中华优秀传统文化传承发展的激励制度,特别是对促进中华优秀传统文化交流发展做出突出贡献的海内外人士按规定进行奖励、表彰。定期组织评选,评出一定时期内表现好的集体和个人,从精神和物质两方面对切实弘扬传统美德的单位和个人进行激励,发挥其引领和带动作用。

三、完善法律制度,巩固法治基础

中华传统美德的创造性转化不能浮于形式、流于观念,而是要重导向、重机制、重长效,需要外在硬制度的支持,才能获得理想实施效果,才能提升价值观自信。其中,"法律法规是推广社会主流价值的重要保证"[①],若无法律的强制约束,传统美德的传承发展将缺乏坚实的制度基础,难以最大限度地发挥伦理效力。纵观历史不难发现,传统的熟人社会,人们彼此间相互熟识,传统美德的发展空间较大,具有公序良俗的道德规范作用,并且成为一种习性自觉,已然是人们内心的"法律"。相比较而言,现代的陌生人社会,强有力地打破了时空界限,所以仅仅依靠纯粹的教育说服力量是不够的,还需要借助道德制度化或道德法律化,合理规范个体的社会行为,为现代社会弘扬传统美德提供制度保障。

不言而喻,弘扬传承传统美德,需要法律的助力推动。所以,要加强完善立法,将其上升到国家意志层面,借助法律规范的制度准绳,有力保障传统美德的创造性转化。与此同时,要建立相对应的工作机制和监督体系,以国家政策为支撑标准,切实融入地方文化建设工作实际。通过中央地方上下联动,社会参与,全面推进文化传承和创新工作,也为新时代提升价值观自信提供现实的制度场域。

良好的道德立法需要满足两个条件。第一,立法要件清晰。因为并非所有道德观念都可以转化为明确的法律条文,也就是说,道德和法律规范之间也不一定完全重合。所以,在社会生活领域,

---

① 《中共中央办公厅印发〈关于培育和践行社会主义核心价值观的意见〉》,载《人民日报》第 1 版,2013 年 12 月 24 日。

要努力寻求道德与法律的叠合点,并以此为关键点,努力达到道德法律化的实践指向,而这体现在每一位社会成员的思想行为方面。第二,立法标准明确。规范性执法需要以法律为内在依据,而这也要求有明确的道德立法,促进人们价值观认同的内心自觉。其中,要细化规制内容条文标准,以此作为重要的评判标尺,从而做出准确的过程和结果判断,进而对违反者做出"量化"处理。同等重要的是,要建立科学、长效的反馈体系,增强监督合力,完善规范体系。这样,有利于借助政策和法律法规的支持,让一些必要的、有利于社会和谐发展的中华传统美德具有强制性,规范人们的日常生活行为,让群众能够在社会中展现本应有的美德品质,从而带动整个社会的道德水平向更高的层次发展。

我们始终要以人的全面发展为价值目标,注重道德与法律的衔接协调,准确把握法制化道德教育建设,构建动态透明的体制机制。坚持立法先行,提高立法质量。比如,推动教育文化立法,加强管理监督,培养自觉意识。创设传统美德教育的法制环境。在具体的实施实践中,要严格执法资质,突出重点领域,扎实有序推进传统美德创造性转化的制度建设。比如,通过立法保证赡养义务,无论是物质赡养还是精神赡养,对于不当行为进行规范惩处。同时,积极倡导孝亲美德,对于道德榜样,给予适当优惠扶持。不仅如此,还要加强人文关怀,广泛宣传道德理念,建立相应的奖励、保护制度,鼓励乐于助人、见义勇为,消除为善后果顾虑,这无疑是和合共生、立己达人等传统美德的新发展,为美德教育奠定科学的制度保证。

丰富完善文物保护法。比如完善文化产业促进法、公共图书馆法等,切实保障中华优秀传统文化传承发展工作的制度成效,特别是教科文卫体等领域的相关法律法规。第一,加大涉及相关文化保护制度的施行力度,加强对实施情况的监督检查,以便充分发挥各部门的重要作用,更好地明晰自身的工作职责。第二,建立完善的联动实施机制,筑牢合规底线,打击违法经营活动。第三,着力提高法治宣传教育,加强创新发展的自觉意识,促进形成共建共治共享的良好法治环境,从而有力实现中华优秀传统文化的当代表达。另外,各地也要结合发展情况,尤其是传统文化传承保护的现状,因时制宜,因地制宜,制定符合地方实际的法规和规章。

建立相应的规范制度体系。比如市民公约、乡规民约,注重守正创新,健全行为守则,大力弘扬其中所蕴含的中华传统美德,营造良好氛围,传播社会正能量。需要注意的是,中华传统美德的弘扬并非一蹴而就的,需要在推进思想道德建设的过程中长期坚持、常抓不懈,因此必须避免"三分钟热度"的现象。同时,弘扬中华传统美德还需要有意识地将制度规范贯穿其中,通过设立相关机构、构建长效机制,使弘扬中华传统美德的过程有法可依、有章可循,从而得以真正落到实处。

建立明确的奖惩制度。其中,"奖"的作用在于树立榜样典型,以其自身先进事迹去鼓励人、影响人,而这更多地体现为以文育人、以德化民。可以说,有利于倡导正确价值观的核心目标,进而正面引导人们在日常生活中的对照提升、认同践行。而"罚"的作用在于警诫提醒,尤其是对道德失范行为的及时纠正和惩治,以此提高道德意识。比如建立个人信用档案,可以很好地监督共同体成员的诚信道德行为,降低、减少失信行为现象。把二者结合起来,也就是建立跨地区的联合惩戒协同机制,推动实现道德规范、道德自觉。

结　语

　　泱泱中华，上下五千年。奔腾不息的黄河水，孕育了辉煌璀璨的华夏文明。中华传统美德作为中华民族特有的文化基因，根植于中国人的内心，深刻影响着每一个中国人的思维方式和行为特征。讲仁爱、重民本、守诚信、崇正义、尚和合、求大同等核心思想观念，是中国人代代相传的精神瑰宝。孟子以"人性之善也，犹水之就下也；人无有不善，水无有不下"来倡导"仁德"；庄子以"至阴肃肃，至阳赫赫。肃肃出乎天，赫赫发乎地。两者交通成和而物生焉，或为之纪而莫见其形"来提倡"和谐"；韩非子以"奉法者强，则国强；奉法者弱，则国弱"来论述"法制"的重要性……他们的思想，是在时代的进步过程中形成的对事物的总体判断，是人们共同的目标与追求。这样的文化导向，传承至今，仍有强烈的生命力，与现代社会相结合，成为社会主义核心价值观的思想之源。
　　习近平总书记指出："我们生而为中国人，根本在于我们有中国人的独特精神世界。"而保持中国人独特精神世界的重要支撑就在于价值观自信。价值观自信建立在文化自信的基础之上，是对中华民族优秀传统文化的认同与肯定。价值观自信展现了中国人的精神风貌，是民族气质的外化表现，是民族文化的时代象征。社会主义核心价值观具有厚重的历史文化传承性和广泛的民族认同感。价值观自信根源于传统美德，是中华传统美德的浓缩。因而，在培育和践行社会主义核心价值观的过程中，要在坚持中华传统美德的基本框架下，根据实际情况，不断创新和融入新内容，增强中华传统美德的生命力,从而为提升价值观自信提供强有力的文化支撑。

培育与践行社会主义核心价值观,既是要让中华传统美德冒新芽、开繁花,也是对中华民族精神田园的洗礼与浇灌。马克思曾指出:"一切划时代的体系的真正内容都是由于产生这些体系的那个时期的需要而形成起来的。"社会主义核心价值观贯穿于社会的方方面面,渗透于人们的日常生活,是历史沉淀的精华,是文化精神的核心。在利益分化、价值多样的社会转型期,我们更需全面培育和弘扬社会主义核心价值观,增强价值观自信,从细节出发,坚持固本培元,筑牢核心价值观的社会基础,增强价值观的凝聚力、向心力,让文化更具感召力,让价值观落地生根。

让社会主义核心价值观更具生命力和感染力,提升价值观自信,要从传统美德中汲取文化养料。正如习近平总书记指出的那样:"培育和弘扬社会主义核心价值观必须立足于中华优秀传统文化。牢固的核心价值观,都有其固有的根本。抛弃传统、丢掉根本,就等于割断了自己的精神命脉。"所以,要更好地培育和践行社会主义核心价值观,真正让人民从内心认同,既要让社会主义核心价值观在中华传统美德中获得历史支撑和价值支撑,更要使中华传统美德资源适应于当今时代发展的新变化、新要求,真正让其获得创造性转化和创新性发展。

本书通过把中华传统美德的创造性转化与价值观自信联结贯通起来进行系统研究,从创造性转化之必要、创造性转化之可能、创造性转化之困境、创造性转化之路径几个方面入手,探讨社会主义核心价值观与中华传统美德之间的逻辑关系,探究中华传统美德创造性转化的难点与突破点,为传统美德的创造性转化提供衡量标准和目标方向,希望深化对社会主义核心价值观的研究和对中华优秀传统文化传承中的一些重大理论和实践问题的认识,为凝聚共识、增强价值观自信、提高文化软实力和竞争力、破除对西方价值观的迷信和盲从提供一些理论参考。

人民有信仰,国家有力量,民族有希望。核心价值观是一个民族赖以维系的精神纽带,是一个国家共同的思想道德基础。构建具有强大感召力的核心价值观,关系着社会的和谐稳定,关系着国家的长治久安。面对新时代新要求,面对新征程新任务,持续深入地培育和践行社会主义核心价值观,把社会主义核心价值观融入社会发展各方面,切实转化为人们的情感认同和行为习惯,我们还任重道远,只有大力传承和延续中华民族思想精髓、精神基因、文化血脉,才能更好构筑中国精神、中国价值、中国力量,使中华民族以更加昂扬的姿态屹立于世界民族之林。

参考文献

一、马克思主义经典原著

[1]《马克思恩格斯文集》(第 1—10 卷),北京:人民出版社 2009 年版。

[2]《马克思恩格斯全集》(第 2 卷、第 3 卷),北京:人民出版社 2002 年版。

[3]《马克思恩格斯选集》(第 1—4 卷),北京:人民出版社 1995 年版。

[4]《列宁全集》(第 35 卷、第 36 卷),北京:人民出版社 2017 年版。

[5]《毛泽东选集》(第 1—4 卷),北京:人民出版社 1991 年版。

[6]《邓小平文选》(第 1—3 卷),北京:人民出版社 1993 年版。

[7]《江泽民文选》(第 1—3 卷),北京:人民出版社 2006 年版。

[8]《江泽民论社会主义精神文明建设》,北京:中央文献出版社 1999 年版。

[9]《胡锦涛文选》(第 1—3 卷),北京:人民出版社 2016 年版。

[10]《建国以来重要文献选编》(第 1—20 册),北京:中央文献出版社 1998 年版。

[11]《十二大以来重要文献选编》(上、中、下),北京:中央文献出版社 1986 年版。

[12]《十三大以来重要文献选编》(上),北京:中央文献出版社

1991 年版。

[13]《十四大以来重要文献选编》(上),北京:中央文献出版社 1996 年版。

[14]《十五大以来重要文献选编》(下),北京:中央文献出版社 2003 年版。

[15]《十六大以来重要文献选编》(中),北京:中央文献出版社 2006 年版。

[16]《十七大以来重要文献选编》(下),北京:中央文献出版社 2013 年版。

[17]《十八大以来重要文献选编》(上),北京:中央文献出版社 2014 年版。

[18]《改革开放以来历届三中全会文件汇编》,北京:人民出版社 2012 年版。

[19]《习近平谈治国理政》(第 1 卷),北京:外文出版社 2014 年版。

[20]《习近平谈治国理政》(第 2 卷),北京:外文出版社 2017 年版。

[21]《习近平谈治国理政》(第 3 卷),北京:外文出版社 2020 年版。

二、中文论(译)著

[1]《关于培育和践行社会主义核心价值观的意见》,北京:人民出版社 2013 年版。

[2] 习近平:《决胜全面建成小康社会 夺取新时代中国特色社会主义伟大胜利——在中国共产党第十九次全国代表大会上的报告(2017 年 10 月 18 日)》,北京:人民出版社 2017 年版。

[3] 中共中央宣传部:《习近平新时代中国特色社会主义思想学习纲要》,北京:学习出版社、人民出版社 2019 年版。

[4] 吴潜涛:《中国化马克思主义伦理思想研究》,北京:中国人民

大学出版社 2015 年版。

[5] 戴木才:《中国特色社会主义核心价值观的传统、现实与前景》,南宁:广西人民出版社 2011 年版。

[6] 冯友兰:《中国哲学简史》,北京:北京大学出版社 2013 年版。

[7] 罗国杰:《中国传统道德》,北京:中国人民大学出版社 2012 年版。

[8] 罗国杰:《马克思主义价值观研究》,北京:人民出版社 2013 年版。

[9] 张立文:《中国传统文化与人类命运共同体》,北京:中国人民大学出版社 2018 年版。

[10] 张锡勤:《中国传统道德举要》,哈尔滨:黑龙江教育出版社 2009 年版。

[11] 陈先达:《马克思主义和中国传统文化》,北京:人民出版社 2015 年版。

[12] 郭建宁:《社会主义核心价值观基本内容释义》,北京:人民出版社 2014 年版。

[13] 陈来:《中华文明的核心价值:国学流变与传统价值观》,北京:生活·读书·新知三联书店 2015 年版。

[14] 艾四林、王明初:《社会主义主流意识形态与当今中国社会思潮》,北京:人民出版社 2014 年版。

[15] 陈先达:《文化自信与中华民族伟大复兴》,北京:人民出版社 2017 年版。

[16] 甘守义:《社会主义核心价值观学习读本·国家篇》,北京:新华出版社 2015 年版。

[17] 赵长芬:《社会主义核心价值观学习读本·社会篇》,北京:新华出版社 2015 年版。

[18] 陈先达:《文化自信中的传统与当代》,北京:北京师范大学出版社 2017 年版。

[19] 张岱年:《文化与价值》,北京:新华出版社 2004 年版。

[20] 费孝通:《文化与文化自觉》,北京:群言出版社 2016 年版。

[21] 邓国峰:《当代中国的核心价值观》,北京:人民日报出版社 2017 年版。

[22] 薛学共:《中国传统文化与马克思主义中国化》,长沙:湖南师范大学出版社 2010 年版。

[23] 谢晓娟:《社会主义核心价值观研究》,北京:中国社会科学出版社 2012 年版。

[24] 朱颖原:《社会主义核心价值观多维研究》,北京:人民出版社 2013 年版。

[25] 周向军、高奇:《核心价值体系:铸造当代中国文化建设的灵魂》,济南:济南出版社 2013 年版。

[26] 王燕文:《社会主义核心价值观研究丛书》,南京:江苏人民出版社 2015 年版。

[27] 刘翔:《中国传统价值观诠释学》,上海:华东师范大学出版社 2010 年版。

[28] 崔志胜:《社会主义核心价值观融入精神文明建设问题研究》,北京:中国社会科学出版社 2015 年版。

[29] 周谨平、李建华:《社会主义核心价值观的政治伦理内涵》,长沙:湖南大学出版社 2016 年版。

[30] 杨耕、吴向东:《社会主义核心价值观:理论与方法》(上中下卷),成都:四川人民出版社 2017 年版。

[31] 李世黎:《社会主义核心价值观教育论——以高校思想政治理论课为视角》,北京:人民出版社 2017 年版。

[32] 北京大学党委宣传部:《铸魂:社会主义核心价值观十二讲》,北京:北京大学出版社 2017 年版。

[33] 汪信砚:《社会主义核心价值观与当代中国文化软实力研究》,北京:人民出版社 2018 年版。

[34] 本书编写组编:《培育和践行社会主义核心价值观》,北京:人民出版社 2014 年版。

［35］房广顺主编:《社会主义核心价值观与中华传统文化》,北京:人民出版社 2015 年版。

［36］张岱年:《文化与哲学》,北京:教育科学出版社 1988 年版。

［37］黄高才、黄沛钮:《中国文化概论》,西安:西安交通大学出版社 2009 年版。

［38］金元浦、谭好哲、陆学明:《中国文化概论》,北京:首都师范大学出版社 2008 年版。

［39］李宗桂:《中国文化概论》,广州:中山大学出版社 1988 年版。

［40］钱穆:《国史大纲》,北京:商务印书馆 1996 年版。

［41］马永庆等编:《中国传统道德概论》,济南:山东大学出版社 2006 年版。

［42］张学森:《核心价值观的历史演进与当代建构》,北京:人民出版社 2014 年版。

［43］姚小玲、陈萌:《中国传统伦理思想——社会主义核心价值体系构建的文化底蕴》,北京:人民出版社 2015 年版。

［44］赵洪恩、李宝席:《中国传统文化通论》,北京:人民出版社 2009 年版。

［45］骆文伟:《中国传统文化概论》,北京:清华大学出版社 2018 年版。

［46］徐永春:《中国传统文化与思想政治教育》,北京:光明日报出版社 2016 年版。

［47］陈守聪:《中国传统文化的价值与现代德育构建》,北京:光明日报出版社 2012 年版。

［48］耿超:《中国特色社会主义文化自信论》,桂林:广西师范大学出版社 2016 年版。

［49］刘昫:《旧唐书》,北京:中华书局 1975 年版。

［50］朱高亨:《周易大传今注》,济南:齐鲁书社 1979 年版。

［51］孙诒让:《周礼正义》,北京:中华书局 1987 年版。

［52］康有为:《孟子微》,北京:中华书局 1987 年版。

[53] 苏舆:《春秋繁露义证》,北京:中华书局1992年版。

[54] 傅亚庶:《刘子校释——新编诸子集成》,北京:中华书局1998年版。

[55] 王安石:《王安石全集·荀卿篇》,上海:上海古籍出版社1999年版。

[56] 贾谊:《新编诸子集成:新书校注》,北京:中华书局2000年版。

[57] 朱熹:《四书章句集注——新编诸子集成》,北京:中华书局2003年版。

[58] 林逋等:《省心录》,长沙:岳麓书社2003年版。

[59]《大学中庸译注》,王文锦译注,北京:中华书局2008年版。

[60]《孟子译注》,杨伯峻译注,北京:中华书局2006年版。

[61]《荀子》,方勇、李波译注,北京:中华书局2011年版。

[62]《四书五经·中庸章句集注》,朱熹注,北京:中国书店出版社2011年版。

[63]《新书》,方向东译注,北京:中华书局2012年版。

[64]《淮南子·泰族训》,陈广忠译注,北京:中华书局2012年版。

[65]《春秋繁露》,张世亮、钟肇鹏、周桂钿译注,北京:中华书局2012年版。

[66]《尚书》,王世舜、王翠叶译注,北京:中华书局2012年版。

[67] 章梫:《康熙政要》,曹轶译注,郑州:中州古籍出版社2012年版。

[68] 顾炎武:《日知录》,上海:上海古籍出版社2012年版。

[69] 班固:《汉书》,北京:中华书局2012年版,

[70] 范晔:《后汉书》,北京:中华书局2012年版。

[71]《国语》,陈桐生译注,北京:中华书局2013年版。

[72] 朱熹:《孟子集注》,北京:中国社会出版社2013年版。

[73] 韩愈:《韩昌黎》,上海:上海古籍出版社2014年版。

[74] 康有为:《大同书》,上海:上海古籍出版社2014年版。

[75]《韩非子》,高华平、王齐洲、张三夕译注,北京:中华书局2014年版。

[76]《易经》,周鹏鹏译注,北京:北京联合出版公司2015年版。

[77]《道德经》,高文方译注,北京:北京联合出版社2015年版。

[78]《庄子》,方勇译注,北京:中华书局2015年版。

[79]《墨子》,方勇译注,北京:中华书局2015年版。

[80]朱熹:《论语集注》,北京:商务印书馆2015年版。

[81]《论语·大学·中庸》,陈晓芬、徐儒宗译注,北京:中华书局2015年版。

[82]《左传》,郭丹、程小青、李彬源译注,北京:中华书局2016年版。

[83]《论语》,陈晓芬译注,北京:中华书局2016年版。

[84]《孟子》,万丽华、蓝旭译注,北京:中华书局2016年版。

[85]《大学·中庸》,王国轩译注,北京:中华书局2016年版。

[86]《礼记·孝经》,胡平生、陈美兰译注,北京:中华书局2016年版。

[87]《六韬》,陈曦译注,北京:中华书局2016年版。

[88]《史记》,文天译注,北京:中华书局2016年版。

[89]《曾国藩家书》,檀作文译注,北京:中华书局2016年版。

[90]《贞观政要》,骈宇骞译注,北京:中华书局2016年版。

[91]《资治通鉴》,陈磊译注,北京:中华书局2016年版。

[92]黄士毅:《朱子语类》,上海:上海古籍出版社2016年版。

[93]《老子》,饶尚宽译注,北京:中华书局2017年版。

[94]《礼记》,胡平生、张萌译注,北京:中华书局2017年版。

[95]《吕氏春秋》,陆玖译注,北京:中华书局2018年版。

[96]《商君书》,石磊译注,北京:中华书局2018年版。

[97]《管子》,李山、轩新丽译注,北京:中华书局2019年版。

[98]张载:《张子正蒙》,王夫之译注,上海:上海古籍出版社2020年版。

[99] 李光地、张棠、周芳:《注解正蒙　正蒙注》,北京:中华书局2020年版。

[100] 陈至立主编:《辞海》,上海:上海辞书出版社2020年版。

[101] 许慎:《说文解字》,长沙:岳麓书社2020年版。

[102] [英]汤因比:《历史研究》(下),曹未风等译,上海:上海人民出版社1997年版。

[103] [美]罗伯特·达尔:《论民主》,李柏光等译,北京:商务印书馆1999年版。

[104] [德]叔本华:《叔本华论说文集》,范进等译,北京:商务印书馆2004年版。

[105] [美]孟旦:《早期中国"人"的观念》,丁栋、张兴东译,北京:北京大学出版社2009年版。

[106] [美]彼得·M. 布劳:《社会生活中的交换与权力》,李国武译,北京:商务印书馆2012年版。

[107] 柏拉图:《理想国》,郭斌和、张竹明译,北京:商务印书馆2020年版。

[108] [德]尤尔根·哈贝马斯:《交往与社会进化》,张博树译,重庆:重庆出版社1989年版。

[109] [美]丹尼尔·贝尔:《资本主义文化的矛盾》,赵一凡、蒲隆、任晓晋译,北京:生活·读书·新知三联书店1989年版。

[110] [美]塞缪尔·亨廷顿:《变化社会中的政治秩序》,王冠华等译,北京:生活·读书·新知三联书店1989年版。

[111] [德]马克斯·韦伯:《经济与社会》,林荣远译,北京:商务印书馆1997年版。

[112] [英]安东尼·吉登斯:《现代性与自我认同》,赵旭东、方文译,北京:生活·读书·新知三联书店1998年版。

[113] [美]克利福德·格尔茨:《文化的解释》,韩莉译,南京:译林出版社1999年版。

[114] [美]乔治·赫伯特·米德:《心灵、自我与社会》,霍桂恒译,

北京:华夏出版社 1999 年版。

[115] [美]保罗·康纳顿:《社会如何记忆》,纳日碧力戈译,上海:上海人民出版社 2000 年版。

[116] [法]埃米尔·迪尔凯姆:《社会分工论》,渠东译,北京:生活·读书·新知三联书店 2000 年版。

[117] [加]查尔斯·泰勒:《自我的根源:现代认同的形成》,韩震等译,南京:译林出版社 2001 年版。

[118] [美]塔尔科特·帕森斯:《社会行动的结构》,张明德等译,南京:译林出版社 2003 年版。

[119] [法]皮埃尔·布尔迪厄:《实践感》,蒋梓骅译,南京:译林出版社 2003 年版。

[120] [美]理查德·格里格、菲利普·津巴多:《心理学与生活》,王垒等译,北京:人民邮电出版社 2003 年版。

[121] [法]古斯塔夫·勒庞:《乌合之众——大众心理研究》,冯克利译,北京:中央编译出版社 2014 年版。

三、中文论文类

[1] 吴潜涛、张龙飞:《社会主义核心价值观研究述略》,《思想理论教育》2015 年第 6 期。

[2] 孙春晨:《新中国 70 年马克思主义伦理思想研究》,《道德与文明》2019 年第 4 期。

[3] 骆郁廷、王瑞:《论中华优秀传统文化价值观的现代转换》,《江汉论坛》2015 年第 6 期。

[4] 孙熙国:《习近平新时代中国特色社会主义思想的精神实质》,《中国高校社会科学》2018 年第 2 期。

[5] 张立文:《建构中国哲学思想话语体系和学派》,《中国人民大学学报》2017 年第 5 期。

[6] 韩震:《民主、公平、和谐——论社会主义核心价值理念》,《中国特色社会主义研究》2011 年第 2 期。

[7] 张岂之:《习近平总书记论中华优秀传统文化》,《湖南大学学报(社会科学版)》2018 年第 32 期。

[8] 王易、田雨晴:《习近平对培育和践行社会主义核心价值观的新贡献》,《马克思主义研究》2019 年第 11 期。

[9] 戴木才:《论国家倡导社会主义核心价值观的依据、意义和着力点》,《教育与研究》2019 年第 1 期。

[10] 戴木才:《坚定社会主义核心价值观自信的科学依据》,《伦理学研究》2018 年第 3 期。

[11] 王学俭:《当代中国价值观建构应当处理好的四个关系》,《人民论坛》2019 年 S1 期。

[12] 陈秉公:《传统价值观涵养社会主义核心价值观若干理论研究》,《理论探讨》2016 年第 4 期。

[13] 沈壮海:《文化自信之核是价值观自信》,《求是》2014 年第 18 期。

[14] 陈曙光:《价值观自信是保持民族精神独立性的重要支撑》,《求是》2016 年第 4 期。

[15] 高国希:《论作为社会主义核心价值观的"友善"》,《中州学刊》2020 年第 8 期。

[16] 王清玲、程美东:《论社会主义核心价值观与中华优秀传统文化的内在关系——基于文化的双重属性视角》,《学校党建与思想教育》2016 年第 21 期。

[17] 程美东、谭春玲:《冲突与重振:当代中国价值观的建设过程》,《理论探讨》2019 年第 1 期。

[18] 王泽应:《核心价值与民族魂魄——从中国传统价值观到中国特色社会主义核心价值观》,《湖南师范大学社会科学学报》2015 年第 6 期。

[19] 王泽应:《论承继中华优秀传统文化与践行社会主义核心价值观》,《伦理学研究》2015 年第 1 期。

[20] 黄蓉生、田歧瑞:《社会主义核心价值观的红色文化特性探

析》,《思想教育研究》2015 年第 10 期。

[21] 钟明华:《社会主义核心价值观内涵解析》,《山东社会科学》2009 年第 12 期。

[22] 黄蓉生、石海君:《论习近平社会主义核心价值观思想的鲜明时代特征》,《学校党建与思想教育》2018 年第 1 期。

[23] 刘建军:《"社会主义核心价值观"的三种区分》,《思想理论教育导刊》2015 年第 2 期。

[24] 李辉、吕彪:《社会主义核心价值观培育和践行的文化载体》,《思想理论教育》2015 年第 6 期。

[25] 王贤卿、杨晓娟:《以社会主义核心价值观引领二次元文化的融合发展》,《思想理论教育》2018 年第 5 期。

[26] 肖贵清:《中华优秀传统文化与社会主义核心价值观的内在联系——学习习近平系列重要讲话精神》,《南京师范大学学报(社会科学版)》2015 年第 6 期。

[27] 柳礼泉、汤素娥:《社会主义核心价值观生命力的内构特征与外部呈现》,《伦理学研究》2016 年第 6 期。

[28] 王海亮、王永贵:《习近平关于文化自信重要论述生成的四重主体维度》,《思想政治教育研究》2020 年第 6 期。

[29] 郭建宁:《社会主义核心价值观的文化根源及其实践意义》,《毛泽东研究》2015 年第 2 期。

[30] 宋友文:《党的十八大以来中国共产党治国理政的传统文化底蕴》,《马克思主义理论学科研究》2019 年第 1 期。

[31] 胡书芝、何培:《论传统家风与新时代基层社会治理》,《江西社会科学》2020 年第 11 期。

[32] 郝时远:《文化自信、文化认同与铸牢中华民族共同体意识》,《中南民族大学学报(人文社会科学版)》2020 年第 6 期。

[33] 李斌、尉泽:《论新时代坚定文化自信的生成与发展逻辑》,《宁夏社会科学》2020 年第 6 期。

[34] 张丽娟:《推进新时代文化建设的几个实践路径选向》,《理论

视野》2020 年第 11 期。

[35] 梁丹丹、李春华:《新时代中华传统美德创造性转化的三重维度》,《学术论坛》2020 年第 4 期。

[36] 于凌炜:《提升中国特色社会主义文化自信探析》,《理论视野》2020 年第 10 期。

[37] 张琼引、米华:《儒家核心价值理念生活化对社会主义核心价值观生活化的启示》,《湘潭大学学报(哲学社会科学版)》2020 年第 2 期。

[38] 何娟:《社会主义核心价值观实现路径探究——以中华优秀传统文化的视角》,《中学政治教学参考》2020 年第 6 期。

[39] 徐海楠:《论培育和践行社会主义核心价值观的文化自信》,《思想教育研究》2020 年第 2 期。

[40] 邵希芸、金雪辉:《文化自信视域下中华优秀传统文化的传承探析》,《延边大学学报(社会科学版)》2020 年第 2 期。

[41] 崔志胜:《中国传统家书文化对社会主义核心价值观的作用探析》,《马克思主义理论学科研究》2020 年第 2 期。

[42] 顾保国:《论习近平新时代家风建设重要论述的理论逻辑与实践价值》,《马克思主义研究》2020 年第 2 期。

[43] 朱莉涛、陈延斌:《以传统家训家风文化滋养社会主义核心价值观》,《重庆社会科学》2020 年第 9 期。

[44] 胡凤飞、尤文梦:《提升社会主义核心价值观认同的制度之维》,《学海》2020 年第 4 期。

[45] 徐礼红:《中华优秀传统文化的价值意蕴》,《江西社会科学》2020 年第 5 期。

[46] 高远:《社会主义核心价值观的社会功能与培育路径》,《江苏社会科学》2019 年第 6 期。

[47] 佟裴:《以优秀传统文化滋养社会主义核心价值观的几点思考》,《中南民族大学学报(人文社会科学版)》2019 年第 6 期。

［48］杨静娴、钟科代:《社会主义核心价值观的世界性内涵及其时代意义》,《云南行政学院学报》2019年第6期。

［49］吕晓芹、刘文清、张旭敏:《社会主义核心价值观与中华优秀传统文化的辩证关系》,《理论视野》2019年第11期。

［50］邓心强:《中国传统文论涵养"诚信"价值观的文化渊源与关键维度》,《广西社会科学》2019年第2期。

［51］张缅:《习近平优秀传统文化观的理论指向与现实践履》,《广西社会科学》2019年第3期。

［52］邰哈斯其木格、张静:《中华优秀传统文化与社会主义核心价值观融合的内在逻辑》,《中共天津市委党校学报》2019年第4期。

［53］陈青霞:《习近平的中国传统文化观论析》,《河海大学学报(哲学社会科学版)》2019年第3期。

［54］韩美群:《社会主义核心价值观与中华优秀传统文化的关联与融通》,《思想理论教育导刊》2019年第5期。

［55］翟子夜:《社会主义核心价值观:中国传统价值观的创造性转化与创新性发展》,《学术交流》2019年第5期。

［56］王新刚:《论中华优秀传统文化与社会主义核心价值观的内在契合》,《思想理论教育导刊》2018年第12期。

［57］冯志根、胡小强:《涵育社会主义核心价值观的文化逻辑》,《学校党建与思想教育》2018年第23期。

［58］冯东山:《中华优秀传统文化与社会主义核心价值观内在关联研究》,《广西社会科学》2018年第2期。

［59］王红:《中华优秀传统道德文化价值体认系统的生成逻辑探析》,《伦理学研究》2018年第3期。

［60］姚才刚:《社会主义核心价值观的传统文化根基及其实现路径》,《湖北大学学报(哲学社会科学版)》2018年第6期。

［61］陈卫平:《社会主义核心价值观的传统文化根基及其实现路径》,《上海师范大学学报(哲学社会科学版)》2018年第

5 期。

[62] 赵杨、李剑锋:《推动中华优秀传统文化创造性转化》,《人民论坛》2018 年第 29 期。

[63] 沈小勇:《文化传承视域下核心价值的当代建构及实践逻辑》,《学习论坛》2017 年第 11 期。

[64] 杨筱明、杨敏:《传统的"重构"与"新构"——试析习近平传统文化观》,《理论月刊》2017 年第 11 期。

[65] 张文珍:《中国传统价值理念润泽核心价值观的有效方式》,《中州学刊》2017 年第 10 期。

[66] 董朝霞:《文化自信的根本在于核心价值观自信》,《北京师范大学学报(社会科学版)》2017 年第 5 期。

[67] 肖琴:《社会主义核心价值观的历史向度》,《湖湘论坛》2017 年第 5 期。

[68] 陈国平:《中国传统文化与当代中国价值观意蕴》,《学术探索》2017 年第 9 期。

[69] 魏华:《培育社会主义核心价值观的三个维度》,《人民论坛》2017 年第 21 期。

[70] 邓凯文:《情感认同:培育社会主义核心价值观的着力点》,《广西社会科学》2016 年第 12 期。

[71] 李一吉、王效亮:《马克思主义大众化视阈下社会主义核心价值观的培育和践行》,《广西社会科学》2016 年第 12 期。

[72] 王璇:《优秀传统文化与党建结合的价值意蕴》,《人民论坛》2016 年第 35 期。

[73] 关雯文、吕立志:《论社会主义核心价值观的三重理性向度》,《湖南社会科学》2016 年第 6 期。

[74] 江运东:《民族复兴的价值基座:习近平传统文化观研究评析》,《毛泽东思想研究》2016 年第 6 期。

[75] 蒋艳、张长立:《社会主义核心价值观培育的文化困境及其应对》,《学海》2016 年第 6 期。

[76] 梁秀文、夏从亚:《文化自信与社会主义核心价值观》,《中州学刊》2016年第11期。

[77] 杨文英、范宗宪:《基于传统文化的社会主义核心价值观培育》,《教育理论与实践》2016年第31期。

[78] 赵维钢、何历宇:《论社会主义核心价值观话语的建构》,《学校党建与思想教育》2016年第20期。

[79] 林建华:《社会主义核心价值观与当代中国发展的辩证关系论析》,《广西社会科学》2016年第10期。

[80] 郝清杰:《论社会主义核心价值观的基本特征》,《伦理学研究》2016年第1期。

[81] 刘先春、柳宝军:《家训家风:培育和涵养社会主义核心价值观的道德根基与有效载体》,《思想教育研究》2016年第1期。

[82] 李春山、何京泽:《中华优秀传统文化涵养社会主义核心价值观的现实困境与多维路径研究》,《思想教育研究》2016年第1期。

[83] 宋英俊:《培育和践行社会主义核心价值观需要处理好几个关系》,《科学社会主义》2016年第1期。

[84] 刘白明:《社会主义核心价值观对中国传统价值观的继承与超越》,《求实》2016年第3期。

[85] 魏佳:《论社会主义核心价值观与中国传统文化的关系》,《思想理论教育导刊》2015年第12期。

[86] 高山、张若飞:《以文化人:社会主义核心价值观培育践行的着力点》,《思想教育研究》2015年第12期。

[87] 孙代尧、黄斐:《价值文化建构逻辑与社会主义核心价值观的建构》,《中国人民大学学报》2015年第6期。

[88] 吴翠丽:《社会主义核心价值观嵌入日常生活的内在机理与实现路径》,《南京社会科学》2015年第2期。

[89] 邓斌、张伟莉:《中华传统核心价值观的历史变迁与传承》,

《重庆大学学报(社会科学版)》2015年第6期。

[90] 刘伟、陈锡喜:《核心价值观培育和践行的传统经验与当代借鉴》,《中州学刊》2015年第11期。

[91] 方晓珍:《社会主义核心价值观与中国优秀传统文化的关系分析》,《思想理论教育导刊》2015年第11期。

[92] 杨庆毓、李光明:《中华优秀传统伦理文化与培育社会主义核心价值观研究》,《云南民族大学学报(哲学社会科学版)》2015年第6期。

[93] 张智:《习近平论社会主义核心价值观的重大意义》,《思想教育研究》2015年第10期。

[94] 吴向东:《社会主义核心价值观的若干重大问题》,《北京师范大学学报(社会科学版)》2015年第1期。

[95] 刘芳:《中华优秀传统文化:社会主义核心价值观的精神滋养》,《思想理论教育》2015年第1期。

[96] 陈桂蓉:《关于社会主义核心价值观落细落小落实的几点认识》,《思想理论教育》2015年第2期。

[97] 陈泽环:《核心价值观必须同民族、国家的历史文化相契合——基于中西文化基因及其历史命运的考察》,《思想理论教育》2015年第1期。

[98] 李晓辉、李东:《社会主义核心价值观理论价值及实践功能》,《人民论坛》2014年第35期。

[99] 吴翠丽:《社会主义核心价值观嵌入日常生活的困境与消解路径》,《思想教育研究》2014年第1期。

四、报纸文章

[1]《习近平:把思想政治工作贯穿教育教学全过程 开创我国高等教育事业发展新局面》,《人民日报》第1版,2016年12月9日。

[2]《习近平在中国文联十大、中国作协九大开幕式上的讲话》,

《人民日报》第2版,2016年12月1日。

[3]《习近平在纪念马克思诞辰200周年大会上的讲话》,《人民日报》第1版,2018年5月5日。

[4]《习近平出席中国国际友好大会暨中国人民对外友好协会成立60周年纪念活动并发表重要讲话》,《人民日报》第1版,2014年5月16日。

[5]《习近平:把培育和弘扬社会主义核心价值观作为凝魂聚气强基固本的基础工程》,《人民日报》第1版,2014年2月26日。

[6]《中共中央国务院印发〈新时代公民道德建设实施纲要〉》,《人民日报》第1版,2019年10月28日。

[7]《中共中央印发〈社会主义核心价值观融入法治建设立法修法规划〉》,《人民日报》第1版,2018年5月8日。

[8]黄坤明:《推进社会主义文化强国建设》,《人民日报》第6版,2020年11月23日。

[9]沈跃跃:《推动社会主义核心价值观在家庭落地生根》,《人民日报》第6版,2020年8月19日。

[10]何民捷:《既讲法治又讲德治——学习习近平同志参加重庆代表团审议时关于法治与德治的重要论述》,《人民日报》第7版,2018年3月16日。

[11]黄海:《让社会主义核心价值观落地生根》,《人民日报》第7版,2018年2月28日。

[12]《以核心价值观凝神聚力》,《光明日报》第4版,2017年10月13日。

[13]《中办国办印发〈关于进一步把社会主义核心价值观融入法治建设的指导意见〉》,《人民日报》第1版,2016年12月26日。

[14]《核心价值观的生命在于实践》,《光明日报》第1版,2015年4月17日。

[15]《用核心价值观激发文艺正能量》,《光明日报》第1版,2014

年9月1日。

[16] 李建华:《积极培育和践行社会主义核心价值观推进国家治理体系现代化》,《光明日报》第1版,2014年2月10日。

[17]《把核心价值观融入国民教育全过程》,《人民日报》第1版,2014年1月17日。

[18]《中共中央办公厅印发〈关于培育和践行社会主义核心价值观的意见〉》,《人民日报》第1版,2013年12月24日。

[19]《中共十六届三中全会在京举行　全会由中央政治局主持中央委员会总书记胡锦涛作重要讲话》,《中国青年报》2003年10月15日。

五、外文文献

[1] Erikson. *Identity*:*Youth and Crisis*. New York:W. W. Norton & Company 1968.

[2] Henri Tajfel. *Differentiation Between Social Groups*:*Studies in the Social Psychology of Intergroup Relations*. Chapters 1-3. New York:Academic Press,1978.

[3] Henri Tajfel. Social Psychology of Intergroup Relations. *Annual Review of Psychology*,1982.

[4] Betty A. Sichel. *Moral Education*:*Character*,*Community and Ideals*. Philadelphia:Temole University Press,1988.

[5] Catherine Bell. *Ritual Theory*,*Ritual Practice*. New York:Oxford University Press,1992.

[6] Van Gennep. *The Rite of Passage*. London:Routlege & Kegan Paul,1995.

[7] James M. Baldwin. *Dictionary of Philosophy and Psychology*,Volume 1. Bristol:Thoemmes Continuum,1998.

[8] Thomas C. Hunt,Monalisa. *Mullins*:*Moral Education in America's Schools*:*The Continuing Challenge*. Charlotte:

Information Age Publishing，2005.

［9］Assmann，Jan. *Cultural Memory and Early Civilization*：*Writing*，*Remembrance*，*and Political Imagination*. Cambridge：Cambridge University Press，2011.

［10］Kang David. *China Rising*：*Peace*，*Power*，*and Order in East Asia*. New York：Columbia University Press，2007.

［11］John Tomlinson. *Globalization and culture*. Chicago：University of Chicago Press，1999.

［12］David Morriee. *Philosophy*，*Science and Ideology in Political Thought*. New York：St. Martin's Press，Inc. 1996.

六、网页网址

［1］《习近平在同全国劳动模范代表座谈时的讲话》，http://politics. people. com. cn/n/2013/0428/c70731 − 21322732. html，2013 年 4 月 28 日。

［2］《中共中央关于加强和改进新形势下党的建设若干重大问题的决定》，http://cpc. people. com. cn/GB/64093/67507/10130215. html，2009 年 9 月 28 日。

［3］《中共中央关于深化文化体制改革推动社会主义文化大发展大繁荣若干重大问题的决定》，https://www. 12371. cn/2012/09/28/ARTI1348823030260190_3. shtml，2012 年 9 月 28 日。

后　记

　　本书是国家社会科学基金一般项目"以提升价值观自信为指向的中华传统美德创造性转化研究"(16BKS108)的结项成果之一。在与专家、同仁以及课题组成员多次讨论交流的基础上,我最后确定了写作提纲和主要内容,与课题组成员通力合作,终于完稿。

　　在写作过程中,得到了学院领导和同事的关心和帮助以及各位专家学者的指教和鼓励,在此,谨向他们表示衷心的感谢! 同时,还要感谢我的博士生和硕士生的大力支持,杨岩主要完成了第四章的写作,霍然主要完成了第七章的写作,崔兴红、蔡文慧、王藜、王良子等对某些章节的顺利完成付出了辛苦劳动,李静贤、万素军等同学帮助收集了相关资料,并完成了校对等工作。

　　在本书写作过程中,参考、吸收了国内外学术界的相关研究成果,并尽量在文中做了引用注释,特向各位学界同仁表示感谢。

　　最后,特别感谢南京大学出版社黄继东主任的大力支持以及编辑余凯莉老师的辛苦努力,使本书得以顺利出版!

　　由于我的水平有限,书中还会存在很多不足,真诚地欢迎各位专家学者和读者批评指正。

吴翠丽

2022 年 10 月 26 日于南京大学仙林校区